U0632455

国家出版基金项目

分卷主编　王建朗

中华民国时期
外交文献汇编
1911—1949

第八卷

中

中华书局

三、中国大国地位的确立

说明:抗战后期中国积极参与国际事务,国际地位大幅度提升。1943年10月,中国与英、美、苏共同签署《莫斯科宣言》,进一步明确了四强之一的地位。随后,中、美、英首脑在开罗举行最高峰会,讨论对日作战及战后对日处置问题,中国收回了被日本侵占达半个世纪之久的台湾。会议发表的《开罗宣言》影响深远。此后,中国积极参与了新的国际组织的筹建,为确立联合国的宗旨和原则作出了自己独特的贡献。中国成为联合国安理会常任理事国,由此而奠定了政治大国的地位。

本章主要资料来源:

中国第二历史档案馆藏外交部档案

中国第二历史档案馆藏军事委员会参事室档案

中国第二历史档案馆藏国民政府行政院档案

中国第二历史档案馆藏中国银行档案

中国国民党中央委员会党史委员会编,秦孝仪主编:《中华民国重要史料初编——对日抗战时期》第三编《战时外交》(一)(三),台北"中央"文物供应社,1981年(以下简称《战时外交》第1卷、第3卷)

叶惠芬编:《中华民国与联合国史料汇编》筹设篇,台北"国史馆",2001年

郭荣赵编译:《蒋介石委员长与罗斯福总统战时通讯》,台北幼狮文化事业公司,1978年

傅锜华、张力校注:《傅秉常日记》(1943年),台北中研院近代史研究所,2012年

《顾维钧回忆录》第5分册,中华书局,1985年

《中美关系资料汇编》第1辑,世界知识出版社,1960年

　　中央档案馆编:《中共中央文件选集》第 15 册,中共中央党校出版社,1985 年

　　United States Department of State, *Papers Relating to the Foreign Relations of the United States*(《美国外交文件》,以下简称"FRUS"),1943, Vol. 1;1943, China;the Conference at Cairo and Tehran,1943

　　Roosevelt, Elliot: *As He Saw It*, New York,1946

　　Hull, Cordell: *The Memoirs of Cordell Hull*, New York,1948.

（一）中国积极参与国际事务

　　说明:抗战后期中国积极参与国际事务,国际地位大幅度提升。1943 年 10 月,中国与英、美、苏共同签署《莫斯科宣言》,进一步明确了四强之一的地位。随后,中、美、英首脑在开罗举行最高峰会,讨论对日作战及战后对日处置问题,中国收回了被日本侵占达半个世纪之久的台湾。会议发表的《开罗宣言》影响深远。此后,中国积极参与了新的国际组织的筹建,为确立联合国的宗旨和原则作出了自己独特的贡献。中国成为联合国安理会常任理事国,由此而奠定了政治大国的地位。

1. 签署《莫斯科宣言》

（1）会前的研究

宋子文致蒋介石

1943 年 9 月 3 日

　　密呈委座钧鉴:霍尔告文,总统所云世界性组织,数日内将以书面交文,希望不久即能成立。以四强先订协约为根据,大致:(一)四强合组最高委员会,负有武力维持世界安全之责;(二)十一国为理事会理

事(Council Members);所有联合国均为大会委员(Assembly Members),此系临时组织,战后再成立永久性机关云。文叩。江午(三日)。

《战时外交》第 3 卷,第 798 页

陈布雷致王世杰函
1943 年 9 月 26 日

函五〇八号

雪艇先生大鉴:谨启者,奉委座交下吴次长九月廿五日签呈一件,译呈宋部长关于四强宣言草案之全文,并附英文来电,奉谕"交参事室研究"。兹将原件送上,即请誊照办理为荷。祗颂
公绥

弟陈布雷　谨启
九月廿六日

附外交部签呈及英文来电各乙份

中国第二历史档案馆藏外交部档案,761/169

王世杰致蒋介石签呈
1943 年 9 月 28 日

签呈第三二一号

谨签呈者:奉交研究吴次长译呈宋部长关于四强宣言草约全文,遵经详加研讨,谨陈意见如下:

美方所拟此项宣言草约,共计八条,对我均甚有利。细审目前情势,约中各条殆为苏联目前所能接受之最大限度。预料苏联对若干条款(例如第八条)或尚不愿完全接受。复次苏联对日尚保持中立关系,苏方对我国参加此项宣言,尚难免不持异议。因此,我方似不宜于此时增提任何条件。我方政策,在力求此项草约得经四国同意迅速成立。

基于以上考虑,兹拟请钧座饬我外交部,迅向美国政府说明我方态度如左:

（一）中国对美方所拟此项宣言草约完全赞同。

（二）中国盼望美方于英、美、苏三国会议中对苏交涉此案时，将交涉情形随时通知中国，会议时如议及草约条文之修改，中国并盼美方随时与中国磋商。

以上意见是否有当，谨候钧裁。再三国会议将即举行，我政府对美方之答复不可延缓。本案拟请钧座核定后饬外交部从速办理。谨呈

委员长

附缴呈吴次长原呈及英文来电各一件

三二年九月廿八日发出

附件：四强宣言草案译文

外交部译（九月廿五日）

本月廿四日晚奉到宋部长廿一日英文电，嘱译呈钧座。译文如下：

关于四强宣言事，职曾将罗斯福总统及赫尔国务卿迭次通知报告在案，今日（廿一）美国务院面交宣言草案，并口头说明下列四点：（一）此系四强可能共同发表之一宣言草案；（二）此草案同时通知中、英、苏政府；（三）现已建议英、苏政府在未来之三国会议中，考虑此项计划应列入议程之内；（四）中国政府如有意见或评论，须要向美国政府表示者，当为美政府所欢迎。

宣言草案文如下："秘密。美、英、苏、中政府，根据一九四二年元旦之联合国宣言及其后各项宣言，所共同决定各向其现与作战之轴心国家进行战事，直至此种国家在无条件投降下屈服为止之决心；且鉴于其为本身与为其与国对于侵略之威胁谋得解放所负之责任；并鉴于由战争至和平，其演变必须迅速而有秩序；且为建立维护国际和平及安全，俾全世界人类及资源用于武装方面者，可达最低限度起见，用特宣言：

（一）彼等为进行战事而约定之共同行动，当使继续以致力于组织及维护和平与安全。

（二）彼等之中，凡与一共同敌人作战者，对于所有有关该敌人之

投降及解除武装与该敌人之领土及原系他国而沦亡于敌人之土地之占领,均应采取共同行动。

(三)彼等对于敌人违背投降条件之行为,应采取一切必要之措施。

(四)彼等承认,有关最早可能实现之日期,成立一普遍国际组织之必要,以各国平等之原则为根据,无论大国小国,均可为会员,以维持国际和平与安全。

(五)在成立普遍安全制度与重新恢复法律与秩序之前,为维持国际和平与安全起见,彼等得代表国际社会随时会商,并采取共同行动。

(六)为达到上述目的起见,彼等应成立一技术委员会,商讨有关军事问题,包括和平受威胁时,可以使用之武力的组织及力量。

(七)彼等应共同合作,俾彼等自身及全世界之军备负担能实际减轻。

(八)彼等除非为实现此宣言之目的并经共同会商及同意后,不得在他国土地使用其武力。"

谨呈

委员长蒋

中国第二历史档案馆藏外交部档案,761/169

王世杰致蒋介石签呈

1943 年 9 月 28 日

谨签呈者:奉交审核吴次长呈送英国修正四强宣言文稿,并称拟暂不置复等因。遵经将该修正稿与美国所提原稿,比照研究。窃查美稿要点,英稿均经列入,故在原则上彼此可谓并无出入。美稿要点约言之有六:一,四国对于战后和平之维持应采共同行动;二,四国对于共同敌人,暨对敌人占领地域之处理,应采共同行动;三,承认应设立普遍性之国际组织;四,组织专门委员会考虑维持世界和平之武力应如何组织;五,共同裁减军备;六,非经四国共同商定,不对他国土地使用武力。以上诸点,均经英稿列入。英方之修正,其目的不外两项:其一为顾及其他联合国之观感,如英稿第二条文字之修正,第五条增加"并于必要时与其他联合国国家商议"一句。第二为减少苏联之顾虑,如英稿第五条对于采取共同行动一点,措词较有弹性。但细加体察,此种修正究属枝节或文字的修正,对于美稿之精神或原则,并无妨害,我国自不必表示任何异议。惟此项宣言草约,既拟以我国为缔约者之一,我外部于收到英方草案之后,自不能完全毫无表示,否则易启轻视或引起其他误会。基于以上考虑,兹拟请钧座饬外交部迅以左列意旨,答复英政府:

一、美国所提宣言原稿,中国已予赞同。

二、中国认为英国修正稿,已将美国原稿要点完全容纳,亦无损害原稿精神。

三、中国盼望英方与美、苏交涉时,随时与中国磋商。

以上意见,是否有当,谨祈钧裁。谨呈

委员长

附缴呈吴次长原呈,美英两案对照表、及英国修正四强宣言文稿各一件

附件:四强宣言美国原案、英修正案及通过案对照表

美国原案	英修正案	通过案
1. 彼等为进行战事而约定之共同行动,将使继续,以致力于组织及维护和平与安全。	1.(删去"与安全"字样)	1. 彼等为进行与其各个敌人作战而约定之共同行动,将使继续,以致力于组织及维护和平与安全。
2. 彼等之中凡与一共同敌人作战者,对于所有有关该敌人之投降及解除武装,与该敌人之领土及原系他国而沦陷于敌人之土地之占领,均将采取共同行动。	2.………………………解除武装与该敌人领土之占领,暨其他国家沦陷于敌人之土地之解放,均将采取共同行动。	2. 彼等之中凡与一共同敌人作战者,对于所有有关该敌人之投降及解除武装均将采取共同行动。

3.彼等对于敌人违背投降条件之行为,将采取一切彼等认为必要之措施。

3.(美案"条件"原文系 Requirements,即需要之件,英案改 Terms,普通能译为"条件",所差殊少)

3.彼等对于敌人违背投降条件之行为将采取一切彼等认为必要之措施。(条件一语用英案 Terms 字)

4.彼等承认有于最早可能实现之日成立一普遍国际组织之必要,以各国主权平等之原则为根据,无论大国小国,均可为会员,以维持国际和平与安全。

4.…………………
…………………
…………………
…………………
为根据,借以维持国际和平与安全,所有爱好和平国家,无论大小,均能在其中各尽其责。

4.彼等承认有于最早可能实现之日期成立一普遍国际组织之必要,以各爱好和平国家主权平等之原则为根据,此种国家无论大小,均可为会员,以维持国际和平与安全。

(陈布雷先生注:"据傅大使续电,修正案中此条 with a view to joint action 一句,系 with a joint action,修正案全文存委座处。")

5.在重新恢复法律与秩序,及成立普遍安全制度之前,为维持国际和平与安全起见,彼等将代表国际社会随时会商并采取共同行动。

5.…………………
…………………
…………………
…………………
起见,彼等将随时会商并于必要时与其他联合国国家商议,其目的在能代表国际社会,采取共同行动。

5.在重新恢复法律与秩序及成立普遍安全制度之前,为维持国际和平与安全起见,彼等将随时会商并于必要时与其他联合国国家商议,其目的在能代表国际社会,采取共同行动。(照英修正案)

6.为达到上述目的起见,彼等将成立一技术委员会,商讨有关军事问题,包括和平受威胁时可以使用之武力的组织及力量。

6.(照美案)

此条删除

7.彼等将共同合作,俾彼等自身及全世界之军备负担能实际减轻。

7、(将美案第八条改为第七条,文字无修改)

6 彼等在战争终止以后,除非为实现此宣言之目的并经共同会商后,不将在他国领土内使用其武力。(美案第八条移置于此)

8.彼等除非为实现此宣言之目的并经共同会商及同意后不将在他国领土内使用其武力。

8.彼等将共同并与其他联合国家磋商并合作,俾能对于战后军备之规定,获得一实际可能之普遍协定。(系美案第七条,文字有修改)

8、彼等将共同并与其他联合国家磋商并合作,俾能对于战后军备之规定,获得一实际可能之普遍协定。(照英修正案)

此条原案宣言之前文(傅大使来电未提及,想无修改):美、英、中、苏政府根据一九四二年元旦之《联合国家宣言》及其后各项宣言所共同决定各向其现与作战之轴心国家进行战事,直至此种国家在无条件投降下屈服为止之决心,且鉴于其为本身与为其与国对于侵略之威胁谋得解放所负之责任,并鉴于由战争至和平,其演变必须迅速而有秩序,且为建立维护国际和平及安全,俾全世界人类及资源用于武装方面者,可达最低限度起见,用特宣言。

中国第二历史档案馆藏外交部档案,761/169

蒋介石致吴国桢

1943 年 9 月 28 日

外交部吴次长:九月廿五日签呈悉。关于四强宣言草约可即迅向美国说明我方态度如次:(一)中国对美方所拟此项草约完全赞同;(二)中国盼望美方于英、美、苏三国会议中,对苏交涉此案时将交涉情形随时通知中国,会议时如议及草约条文之修改,中国并盼美方随时与中国磋商,希即照此速办为要。中。申艳侍秘。

《中华民国与联合国史料汇编》筹设篇,第 10—11 页

蒋介石致王世杰

1943 年 9 月 29 日

侍秘字第 19559 号

参事室王主任勋鉴:九月廿八日第 321 号签呈悉。关于四强草约宣言,已准如所议意见交外交部速办矣。中正。申艳。侍秘。

中华民国卅二年九月廿九日发
中国第二历史档案馆藏外交部档案,761/169

（2）会议期间的讨论

10 月 21 日会议记录

……他（莫洛托夫）说，苏联代表团在 9 月收到美国政府的初稿以后，立刻想到的第一个问题是，在中国代表不在场的情况下是否可以草拟包括中国在内的"四国宣言"。

国务卿说，如他以前所说，美国政府急于想确定在此次战争中全面地或部分地和美国联合的各国政府，对于在本文件中提出的原则的态度。关于程序问题，国务卿说在研究草案结构方面，凡别人可同意的他都愿意接受；至于中国，他认为为了维护联合国家的统一性，将中国包括在内极为重要。他接着说，中国可以以后签字，其他国家如愿意也可以以后签字，如《联合国家宣言》那样。

莫洛托夫问，在中国没有出席会议的情况下，对草案作某些修改是否会遭到反对。

国务卿回答说，他认为这是有待会议代表们处理的问题，相信在这里同意的文件可以在会议结束以前提交给中国政府。接着他又说，根据中国大使对他所作的确认，中国政府同意"四国宣言"，只是想知道在本会议上对文本所作的任何修改。他接着说，如果本文件在此处完稿，则可在完稿之时，立即通知中国政府并请其参加。

莫洛托夫说，苏联政府的观点是，困难在于如果中国政府为一方而又没有中国代表出席，则不可能对文件作出最后决定；而如果将文件认为是"三大国宣言"，便可以在会议上同意并签字。

国务卿重复他的意见，即认为在会议将文件按四国文件妥善处理后签字，然后交由中国政府似乎合乎逻辑。中国或许赞同，或许不赞同。

莫洛托夫说，他充分了解四国在文件上签字的一切好处，苏联的观点是，这里存在一个大缺点，即如果最初即把中国包括在宣言内，就不能在本会议上对宣言作出最后决定。

国务卿说,美国政府的主要观点是,关于这一宣言的建议和以前旨在将全面地或部分地、在这一方面或另一方面对轴心国进行战争的所有国家结合在一起的《联合国家宣言》完全符合,如果我们放弃联合国家运动的精神、本质及文字,将会导致意见分歧,只能引起混乱。因为在主要问题上,无论是在战争中全面还是部分地和我们联合在一起的每一国家,对所订的普遍性原则都同等地感到利害相关。

艾登说,他认为有两点要考虑:(1)中国这个特殊问题,可以先在这里将"宣言"修改完善并一致同意后,立即向中国提出,如中国同意,就可以在本会议结束前由四国签字;(2)赫尔是否打算让其他国家立即加入本宣言,因为他本人已经将本宣言设想为四国文件。

国务卿答复说,他相信很多国家会申请加入,但是他并不主张这样做。

艾登说,他特别注意到有关军事委员会具体规定的第6节,因为他认为在现阶段不适于将任何其他国家纳入这种委员会。

莫洛托夫说,在这一点上他同意艾登的意见。然后他提议,本会议将本草案视为三大国而非四大国的文件,但是如果确能保证在会议结束前取得中国的同意,再改为"四国宣言"。他说,他提出这个建议是为了使任何不参加会议的第四国,对国务卿提出的宣言文本的赞同独立开来,所有与会者对文本内容都已表示赞同。

国务卿指出,重要的是要考虑到以这一种或另一种方式和我们一起参加战争的所有国家的心理状况,并认为如果将在战争中作出重要贡献的大国排除在外,则对联合国家的统一性将产生极为有害的心理效应。

莫洛托夫说,他完全同意国务卿所说这个问题在心理方面的重要性,唯其如此,他认为如三大国对本草案不能达成一致,则必然对于联合国家其他成员国产生不利影响;由于会议正在讨论宣言草案提出的具体问题,从心理上看,任何不应有的延迟,都会有害于达到大家心目中的目的。因此他提议,会议按联合国家的精神继续考虑具体的建议。

国务卿说,他的意见本来是询问性质的。

莫洛托夫回答说,他欢迎国务卿的意见,但他愿再次表明他的观点,即本文件不应视为必须是四国的宣言。

莫洛托夫建议休会,得到同意。

FRUS,1943,Vol.1,pp.593-595

赫尔会谈备忘录

莫斯科,1943 年 10 月 21 日

在莫洛托夫提出反对中国加入"四国临时协定"以后,我在休息用茶时私下对他说,美国政府对于中国的局面已经并正在做一切可能做的事;我的看法是,将中国从"四国宣言"中排除掉是不可思议的;我国政府认为,中国在战争中已经作为四大国之一出现在世界舞台上,如果在"四国宣言"问题上苏联、英国和美国将它抛弃,极有可能在太平洋地区的政治和军事两个方面都引起极为不利的反响;而我国政府为使太平洋地区的政治和军事局面保持应有的稳定,可能要进行各种各样的调整。我接着又说,就关注太平洋情况而言,英国大概同样受到影响。我进而说,我国的公众意见,会将中国从"四国宣言"中被排除解释为美国政府在莫斯科和苏联携手将中国抛在战场以外,这一消息会使公众舆论令人失望地分裂并受到伤害。以上都是私下和莫洛托夫谈到的,他似乎承认我说的是合情合理的。

……

FRUS,1943,Vol.1,pp.602-603

傅秉常致蒋介石电

1943 年 10 月 23 日

渝。六八一七。密(表)。委员长钧鉴:宋部长钧鉴:极机密。号电计达钧览。今晨续晤赫尔国务卿,谈判情形如下:(1)伊密告四强协定方案前日已在会议中提出,苏联表示赞成,仅对某项条文拟稍加修

改,但并非极关重要者。美方原主张即时通过,苏方主张略缓,俾可将拟修改之处再加研究。(2)伊又告苏联对于英、美在义大利之军事及政治计划极端注意,昨日会中完全讨论此事,苏方请英、美将计划详细告知,英、美已照办。(3)职询苏方尊重英、美第二战线计划是否满意。伊答苏方颇满意,但尚有数点疑惑,请英、美详告,英、美亦将予以满意之答复。(4)伊末言英、美对于欧洲各国疆界问题不拟提出商讨,俟战后再议。(5)职已与约定日内再与晤谈,伊切嘱我方对上述各节严守秘密。谨闻。职傅秉常。梗。

《战时外交》第 3 卷,第 806 页

蒋介石致吴国桢

1943 年 10 月 24 日

外交部吴次勋鉴:十月八日签呈关于英国修正四强宣言文稿悉。查此项宣言草约既以我国为缔约者之一,我方可照下列意旨签复英政府:(一)美国所提宣言原稿,中国已予赞同;(二)中国认为英国修正稿已将美国原稿要点完全容纳,亦无损害原稿精神之处;(三)中国盼望英方与美、苏交涉时随时与中国磋商,希即照此意旨办理为要。中。酉敬侍秘。

《中华民国与联合国史料汇编》筹设篇,第 26 页

傅秉常致蒋介石电

1943 年 10 月 24 日

渝。九一一四。密(表)。委员长钧鉴:宋部长钧鉴:极机密。卡尔大使因职前已表示欲与艾登外相会晤,特予今午邀请午餐,并于餐前介绍与艾登谈话,据言:(1)四强协定现已无大问题,俟通过时即将由赫尔国务卿通知阁下。(2)第二战线之困难在英伦海峡不易渡过,从前英军从法、比撤退时,德军较目前在英之盟军为强,而不能追击者,则因海峡为之拦阻地,现盟军非有充分准备,未便在西欧登陆,因恐万一

失败,则影响前途非浅。职问苏方对英、美此种解释是否满意。伊云尚满意。大约英、美将详细计划通知苏方后,尚能获得苏方谅解。(3)此次开会,苏方态度甚为诚恳,尤以莫洛托夫外长充分表现诚意合作之精神,故会务进行颇称顺利。职问会中尚待讨论之问题必多,将来是否不致发生阻碍困难。伊谓不致有何重大困难。(4)此会开会后,为英、美、苏三方接洽便利,趁此拟成立一常川共同商洽之组织,此项组织或将仍设于伦敦。职傅秉常。敬印。

《战时外交》第 3 卷,第 806—807 页

哈里曼会谈备忘录

莫斯科,1943 年 10 月 24 日

出席人:艾登

国务卿赫尔

哈里曼

……

艾登说,在将中国纳入“四国宣言”方面完全支持国务卿的强硬立场。英国大使表示,他个人坚决赞同这一立场,并指出这一立场在现时的重要性。他提出,可能需要对苏联多少作出一点让步,但不得有损于宣言的“四国”这一方面。他建议,发表的方式可以是由三国会议发出宣言,并连带由参加会议的三国请中国加入,而使其成为“四国宣言”。他的看法是,使中国立即接受不会有困难。这一点小让步或许可以顺利地打消莫洛托夫不愿意使“四国宣言”出自三国会议的想法。国务卿不同意这一让步。

FRUS,1943,Vol.1,pp.622-623

蒋介石致王世杰

1943 年 10 月 24 日

侍秘字第 19902 号

参事室王主任雪艇兄勋鉴：十月十六日第 393 号签呈悉。所拟关于英国修正四强宣言文稿研究意见三项，已交外交部照办矣。中正。西迥。侍秘。

中华民国三十二年十月二十四日发

中国第二历史档案馆藏外交部档案,761/169

10 月 26 日会议记录

国务卿提出前次会议没有解决的中国作为原始签署国参加的问题。

莫洛托夫于是声明，苏联不反对中国作为原始签署国参加，但是由于他很想在会议解散以前签署并发表一项宣言，从技术观点看他对于中国驻苏大使是否能在会议结束前收到必需的授权表示怀疑。

国务卿说，他愿意负责将文本转达给中国政府，确信在会议结束前为使中国签署所必需的授权能下达给这位大使。

莫洛托夫接受了国务卿的建议，但表示强烈希望不得延迟，以免影响会议公布《宣言》内容。

然后，国务卿说他曾想过保证中国作为原始签署国参加的另一种方法，但是他只是将这件事作为一种可能性提出，因为他对于中国驻苏大使能及时收到必要的授权是乐观的。另一种方法是允许中国在会议结束以后 10 天内作为原始签署国签署。

莫洛托夫说，他认为会议完全一致并授权国务卿代表会议将文本提交给中国政府。

FRUS,1943,Vol.1,p.640

傅秉常致蒋介石电

莫斯科,1943 年 10 月 26 日

渝。六八一七。密（表）。委员长钧鉴：宋部长钧鉴：万急。顷邀赫尔国务卿约谈，据告四强宣言草案今午会中通过，略有修改，惟不甚

重要。会中有人谓中国现无代表在此,极力主张仅由英、美、苏三国出名签字,彼坚持须由英、美、苏、中四国出名,中国方面可由中国驻苏大使代表签字。赫尔又告会务不日结束,伊等本月内即将离苏,请职速向政府请训授职签字全权,以便于闭会前同时签字,否则该宣言或将由英、美、苏三国出名签字等语。除将修正文另电陈外,恳速电复,并给予签字全权为祷。职傅秉常。宥。

《战时外交》第 3 卷,第 807 页

傅秉常致蒋介石电

1943 年 10 月 26 日

急。委员长及宋部长钧鉴:极密。今日中文电计邀钧察,三国会议通过四强宣言修正案如下:(电文只列修正各点,为阅览便利起见,经依照整理后将修正案全文列入附表)赫尔言彼在会议中尽最大努力,使中国加入成为四强宣言,故对职之得有全权签字颇为关怀,会议将于本周结束,如职可以签字,即恳电予全权。职傅秉常。

陈布雷签注:(一)授与全权签字之电系二十七日下午九时四十分发出,当可收到。(二)此电于昨日(二十八)下午四时收到后,即送外交部研究整理。兹由外交部吴次长译就,并列一对照表(另附美国原案及英修正案之原文),并呈钧阅。(甲)对照表上第一栏美国原案中蓝笔划出者,为此次通过案删去之字句。(乙)对照表第三栏系通过案,其中红笔标出者为新增之字句。

蒋委员长批示:此修正各案表交参事室审核并研究俄国改正各点之用意详报。中正。

《中华民国与联合国史料汇编》筹设篇,第 30—31 页

蒋介石致傅秉常电

重庆,1943 年 10 月 27 日

急。莫斯科。傅大使:密。宥电悉。中、英、美、苏四国宣言可即由

该大使全权代表中国政府签字,除另由外交部电达外,特复。中正。感。侍秘。

宋子文致蒋介石

1943 年 10 月 29 日

委员长蒋钧鉴:顷接傅大使由美转来 10 月 27 号密电,内称:"赫尔告职,四强宣言已经会议通过,修正各点均非重要,某一方面曾以中国未有代表为辞,欲将中国除外,赫尔言彼尽其最大之努力,始使中国加入。并对于职之得有全权,俾能于周末闭会前签字,颇为关怀。彼并建议由职再将此电经由美国拍钧座,盖恐职前致委座及钧座之两电不能如期抵渝也。如予职全权时,请并经由美国拍发一复电为荷。"等情;除前已通知美国大使电告赫尔及华盛顿,我方已授予傅大使全权签字,并另电傅大使对于赫尔特别致谢外,兹再将其全权由美国复发一份,理合呈请鉴察。职宋子文。

侍从室致王世杰

1943 年 10 月 30 日

径启者:奉委座交下傅大使十月廿六日来电及四强宣言美案、英案与通过案对照表一件,附英文原案三件,除签字一节已奉准去电外,奉谕"此修正案与原案各表交参事室审核,其改正各点当系俄方所提出,是何用意,希研究详报"等因。特检同原案各件,送请查照办理为荷。
此致
参事室王主任

国民政府军事委员会委员长侍从室第二处启

傅秉常致蒋介石电

1943 年 10 月 30 日

渝。九一一四。密（表）。委员长钧鉴：宋部长钧鉴：迭电敬悉。今日下午六时，职到会场与莫洛托夫、赫尔、艾登三外长共同签字，对于四国宣言，互相道贺，共表欣幸，空气非常融洽。美情报司长言，已与英、苏两方约定，于莫斯科时间十一月一日晚十二时，即重庆时间二日晨四时以前不能作任何方式之发表。全文及详情另电呈。职傅秉常。卅。印。

《战时外交》第 3 卷，第 809 页

蒋介石致宋子文电

1943 年 10 月 31 日

外交部宋部长勋鉴：十月廿九日上午十点四十五分未到号代电及附件均悉。所陈授予傅大使全权签字四强宣言一节，应准照办。中。酉世侍秘。

《中华民国与联合国史料汇编》筹设篇，第 35 页

傅秉常致蒋介石电

莫斯科，1943 年 10 月 31 日

渝。密（表）。委员长钧鉴：宋部长钧鉴：四国宣言昨日下午六时签字，并约定莫斯科时间十一月一日晚十二时以前不得发表，该宣言除名称外，内容仍如二十七日英文电所陈，业于昨日两电呈报。职自二十八晚奉到全权电令后，即于二十九日晨持往与赫尔商议。赫尔密告，莫洛托夫对中国态度甚好，对中国加入宣言，自始即表欢迎，所顾虑者此次会议系三国会议，为苏联所召集，今忽一旦加入中国，与此会之召集原定意旨，似稍不符。后经迭次磋商，始获全体同意，故全权电文，彼劝略加修改，以免再生困难，修改之点并非重要，职当即同意。职随即备函三份，分别通知苏、美、英三国外长。三十日下午

四时,职偕同刘参事至美大使馆,由美参事陪至会场,先在客室等候,其时三国外长正在开会,候至六时始邀职至会议室,三外长当即起立欢迎,共围坐会议之圆桌,莫外长坐主席位,赫尔坐于其右,艾登坐其左,职坐赫尔之右,伏罗希洛夫及李维纳夫陪坐,共签宣言。俄文一份由苏方留存,英文三份由美、英、中三方分存。签毕互相道贺,各表欣幸,情绪热烈,其时并有电影机师在场摄影。事毕职即退席,三外长仍继续开会。此次幸获成功,除赫尔始终一力促成外,艾登亦极热诚赞助,莫洛托夫对我国态度亦极佳,当职入会场时,伊对职特别表示亲密之意。苏联因战事发生后,以环境关系,对我向避免接近,此次能同意邀职到会,共同签订宣言,殊属难能可贵。我国自加入此次宣言后,已与英、美、苏三强平等,而居于领导世界政治之地位,对于击溃敌人及重建世界和平均有莫大关系,此皆我委座伟大领导及全国将士、人民七年坚苦抗战之成果,曷胜欣贺。委座暨宋部长应否分别致电美、英、苏三国政府领袖及外长道贺之处,敬祈钧裁。职傅秉常。世。

《战时外交》第 3 卷,第 811—812 页

傅秉常致蒋介石电
1943 年 10 月 31 日

四国宣言发表时间事,昨电计达钧鉴。顷据美方通知,现已决定较昨定时间提前四小时发表,即莫斯科时间十一月一日晚八时,重庆时间一日晚十二时发表。

《战时外交》第 3 卷,第 812 页

中苏美英四国关于普遍安全的宣言
1943 年 10 月 30 日

中国、苏联、美国及联合王国政府一致决心,遵照一九四二年一月一日联合国家宣言及以后历次宣言,对它们现正分别与之作战的轴心

国继续敌对行动,直至各轴心国在无条件投降基础上,放下武器时为止;

感到有使它们自己和同它们同盟的人民从侵略威胁下获得解放的责任;

并承认有必要保证由战争迅速而有秩序地过渡到和平并建立与维持国际和平与安全,使全世界用于军备的人力与经济资源达于最小限度;

特联合宣告:

(一)它们保证用以对其各别敌人进行战争的联合行动,将为组织及维持和平与安全而继续下去;

(二)它们中与某一共同敌人作战者,对于有关该敌人的投降及解除武装等一切事项,将采取共同行动;

(三)它们将采取它们认为必要的一切措施,以防止任何破坏对敌人所规定的条件的行为;

(四)它们承认有必要在尽速可行的日期,根据一切爱好和平国家主权平等的原则,建立一个普遍性的国际组织,这些爱好和平国家无论大小,均得加入为会员国,以维持国际和平与安全;

(五)为维持国际和平与安全起见,在法律与秩序重建及普遍安全制度创立以前,各该国将彼此磋商,并于必要时与联合国家中其他国家磋商,以便代表国际社会采取共同行动;

(六)战事终止后,除非为实现本宣言内所预期的目的,并在共同磋商后,它们将不在其他国家领土内使用其军事力量;

(七)它们将彼此并与联合国家中其他国家会商及合作,俾对战后时期的军备的管制,获得一实际可行的普遍协议。

《反法西斯战争文献》,第137—138页

赫尔谈话备忘录

莫斯科,1943 年 11 月 1 日

中国大使按其所请来访。他说,来访只是对我国政府在会议上为中国尽力再次表示感谢。然后,他问我是否记得会议上还有其他中国政府也会感到关心的事件。

我回答说,没有什么特别的事,但是我可以说,在整个会议期间所有的俄国官员始终非常热诚友好,而且在讨论有分歧的事项时都以令人愉快的语气对我们说出他们的意见。接着我又说,这是一种非常好的精神,正是由此出发,俄国第一次作为一个完全的伙伴,不作任何特殊性质的保留,向着开展国际合作迈进了一大步;一切迹象说明斯大林和他的政府是反对孤立的,是全心全意赞同苏联作为一个完全的伙伴参加通过这次会议和美国、英国、中国一起发动的国际合作运动。

然后我向中国大使说明,我和我的合作者关于使中国成为四国宣言原始签署国有关的困难从未向报界作任何透露,但昨晚就由谁去请大使来签字问题所作问答除外,我的回答是由会议去请,会上没有反对这样做。

大使说,他对于没有透露关于中国的困难表示欣慰,他已经提醒他的政府不要对此事作任何披露,虽然他已经将所发生的事实密告蒋委员长。

这位大使又以极秘密的口吻说,在他来莫斯科时,蒋委员长命令他对斯大林说,如果苏联决定参加对日战争,中国准备和苏联结成任何形式的联盟。

这位大使第一次问到俄国是否曾说到日本。我回答说,关于这件事我想不出有什么可谈;当然,凡是有关我们两国政府都关心的事,我总是随时向他提供尽可能充分的信息。

FRUS,1943,Vol. 1,pp. 692–693

傅秉常致蒋介石电

莫斯科,1943 年 11 月 1 日

四国宣言签字后,迭电计呈。职今晨再见赫尔致谢,并询会中结果,兹分陈如下:

(一)伊密告此次讨论四国宣言,苏方曾一度发生异议,后幸圆满解决,此仅阁下知之,即美方同人亦均不知,中国方面切不宜露泄,免生不良影响。

(二)伊又言此宣言已将中国提高与美、英、苏同处于领导世界政治地位,于中国前途关系极大,职答美政府此举,足令中国感谢,预计好消息到渝之日,正值委座寿辰,国内必倍增欢慰,伊嘱代祝康健。

(三)伊言会中一切问题,均获圆满解决,职问第二战线如何,伊谓英、美已将详细计划及困难情形告知苏方,虽不能令其完全满意,但苏方亦未令英、美为难。

(四)职问罗、邱、史三人会议,已否决定,伊谓或有延缓可能,此层美方同人亦均不知,中国方面务须严守秘密。

(五)伊密告伊已与史太林先生晤谈两次,历数小时,史太林极注重世界各国之合作,而反对孤立政策,此点与我等之政策相符,可为欣幸。又云史太林、莫洛托夫对中国均表好意。

(六)职问关于苏联将来对日之态度问题是否谈及,伊谓此事恕不相告。

(七)伊又告此次四国宣言成立,英、美均将广大宣传,其意似欲我方如此办理。

(八)伊末言余历次向阁下所言,多系极机密之消息,超出应告范围,即美方同人多不知之,务望严守秘密云云。伊此次在莫开会,事务繁忙,无暇接见及应酬,而与职晤谈五六次,其情谊可感。

《战时外交》第 3 卷,第 813—814 页

蒋介石致斯大林、罗斯福、丘吉尔
1943 年 11 月 3 日

莫斯科。傅大使：密。下电即译转呈史大林委员长（致魏大使译转罗斯福总统、致顾大使译转邱吉尔首相）鉴：四国联合宣言之签订，余及我全中国军民闻之无限欣幸。此一历史性的重要文件，昭示反侵略大义于世界，不仅增强我四国为达成共同信念之合作，且对全世界爱好和平之民族，均与以建立国际和平及普遍安全之保证，此于世界之前途实有莫大之贡献，我中国得参加签订，殊为光荣，敬向阁下表示祝贺。此项宣言之成立，由于阁下贤明之主持，而莫洛托夫外长（对美、英称赫尔国务卿、艾登外相）在会议中之努力，亦深堪感佩。请接受余恳切之感忱。蒋中正等语。希照此译转（对魏、顾大使电内加"又对于赫尔[艾登]在会议期中协助我傅大使之厚谊，并希代达余深切感佩之意"）为要。中正。

《战时外交》第 3 卷，第 815 页

蒋介石致罗斯福
重庆，1943 年 11 月 3 日

总统阁下：本人及全中国军民，获悉四国联合宣言签字之后，均极表感激。此一事件在历史上之重要性，堪以昭告全世界反对侵略之正义目标。此一宣言不仅将加强我四国间之合作，以达成吾人之共同信念，同时亦将给予全世界爱好和平人士，一项建立国际和平，及全面安全之保证；因而即行构成对未来世界一项史无前例之贡献。中国以参加会商此项宣言为荣。

总统先生，本人谨致衷心之谢意。此一宣言在拟订时，全仗阁下之明智擘画，以及国务卿赫尔先生之在会议中之努力，我全国人民均表赞颂，本人谨再致诚挚之感激。

《蒋介石委员长与罗斯福总统战时通讯》，第 163 页

罗斯福致蒋介石

华盛顿,1943 年 11 月 3 日

委员长阁下:顷获阁下四国联合宣言签字的来电,至感欣慰。本人亦向阁下在会议时所表示之满意,致感激之意。本人欢迎中国参予建立世界更佳秩序之工作。宣言已给予保证,在战争中之密切合作,将可成为有效持久和平之合作。贵我两国,及在此一方面参加之其他国家,将负起确保及发挥吾人作战所争取之国际间之自由、正义、团结之原则。中国参加此一历史性之宣言,赫尔国务卿与本人,乃至美国人民,均极表感激。当前吾人重要责任,乃击败侵略者。瞻望前程,缔造永久和平之各项重要工作,责任甚重。虽然,所有此类任务均属如此,吾人深信贵国政府及人民之通力积极合作,必能大步迈进,达成此项任务。

罗斯福

《蒋介石委员长与罗斯福总统战时通讯》,第 163—164 页

蒋介石致傅秉常电

1943 年 11 月 4 日

傅大使:各电均悉,吾兄此次在苏对各国之洽商如此迅速圆满,殊为欣快。我国外交地位得由四国协定之签字而巩固,是即吾兄之成功,与党国历史同其悠久而远大矣。特此电祝。中正手启。

《战时外交》第 3 卷,第 815—816 页

傅秉常致蒋介石电

1943 年 11 月 6 日

支电敬悉。此次在苏成立四强宣言,我国外交地位益加巩固,完全为钧座伟大领导及七年抗战之结果。职幸赖福德,得免贻误,乃蒙嘉奖,弥增感奋,中、苏关系已因此次宣言而更趋融洽,自当随时秉承训示,益为努力。

《战时外交》第 3 卷,第 816 页

丘吉尔致蒋介石电

1943 年 11 月 10 日

四国宣言在莫斯科签字,辱承赐电,不胜感谢。联合国正在努力为世界筹建以自由及正义为根据之国际和平制度,此宣言将为其基石,余与阁下具有同感。中国在此宣言中署名,不独加重其分量,且使其成效更得一保证。在莫斯科之四国代表能有此成功,使四国打击地球上各处侵略者之共同决心重新获一表现,余殊为欣慰也。

《中华民国与联合国史料汇编》筹设篇,第 45 页

傅秉常日记中相关记载

1943 年 10 月 26 日

下午七时,再晤赫尔国务卿,彼满面笑容,谓四强宣言草案顷已在会中通过,略有修正如下:

……

其修改之处均无甚重要,是以全体同意,但中国应否加入签字为最困难之问题,盖此次系三国会议,忽加入中国,与原来召集会议之意旨不符,故苏方极力主张仅由英、美、苏三国签字出名。彼极力争取加入中国,其间经过困难甚多。又有提出中国由何人代表签字者,故渠极力主张中国方面可由余代表签字,但须余即获得我政府授予全权。会议于本星期内即告结束,故余之全权苟于本星期五以前接到。中国不能于星期五或星期六签字,则彼亦无法再争,只能由三国出名,是以劝余即电重庆。又恐有误,劝余同时由华盛顿再转一电,彼亦电重庆美大使,着其即与我政府接洽。余返使馆,即照电委座及宋部长。

接委座电,谓余两电已收到,甚慰云云。

晚上,郭武官适在使馆宴 Admiral Duncan, Com. Allen 等,饭后准备电报种种,直至翌晨三点始睡,刘参事、陈参事及刘随员异常努力。

1943 年 10 月 27 日

……八时半,莫洛托夫外长在红军礼堂招待看红军乐队各种音乐

及跳舞表演。休息时,艾登外相告余,中国政府之全权如不能及时到此,则予人借口反对中国加入,故劝余再电委座。渠谓渠亦极愿中国之加入者。卡尔大使亦甚焦急。余答即将再电。莫外长亦特别与余表示亲热,故前途尚可乐观。返馆后,即再电委座及宋部长。

1943 年 10 月 28 日

上午,赫尔谓须于明日签字,全权非今日到不可。余计须明晚始来,故焦急万分,决定余负此责任,即分函三外长,谓余已接得签字全权,盖此事关系我国家前途及将来世界和平及合作如是之巨,虽属违法,亦当为委座所原谅,故即拟致三外长函及致电委座报告及自请处分。该电正在译时,忽接委座及宋部长电,授余全权。电文如下:……

余等甚为欣慰,即通知赫尔先生,并约于明日早往访商各项手续。晚上准备致三外长函,至二时始睡。

1943 年 10 月 29 日

上午十一时,往访赫尔国务卿,示以余致三外长函,渠即与美大使哈利文及法律顾问 Green Hackworth 共商余全权字据。彼谓不欲引起莫洛托夫无谓之纷争,故须避免余参加会议之意思。是以主张修正如下:"You are hereby appointed special plenipotentiary with full power to sign on behalf of China the Four Nation Declaration concluded at the Moscow Conference." 至最末句时,余问加莫斯科会议方便否,赫尔先生答不要紧。余因自己既不在会参加,讨会(原文如此)完全由渠主持,故字句宜完全由渠作主,俾渠觉系自己主张,在会上不得不完全负责,是以余对于修改辞句绝不表示争持也。修正函于下午均即发出。

1943 年 10 月 30 日

上午接赫尔方面电话,谓签字事虽未商妥,但劝余于下午四时先到会场,在美代表处等候。余届时偕刘参事绍周先到美大使馆,由美参事 Hamilton 同到 Spirodonovka Palace 会场,赫尔先生招呼余在美代表处,谓或须久候未定。余在此等候期间颇觉难过,故告 Hamilton 确有神经战之感想,与一笑。由四时起候至六时,始由苏联副官来言会场签字礼节种种,布置已妥,请余前往。余即偕刘参事至所谓 White Marble Music Room 议场,见电影及照相各种准备均全。当余进会时,三外长即为起立欢迎,各代表亦即离会议圆桌,从新布置座位。莫外长坐主席位,赫尔国务卿坐于其右,艾登外相坐其左,余坐赫尔之右,优洛希罗夫元帅及李维诺夫陪坐,美大使等立于坐后。签字时,莫外长先让赫尔,再让艾登,再让于余,余等当请其先签,彼遂先签。一共签有四份,一份系俄文,由俄方留存,三份英文,由英、美、中三方分存。签毕互相握手道贺,各表欣幸,情绪热烈。莫外长对余尤表好感,询余满意否,余答今日觉异常欣慰,彼遂再与余握手。又语刘参事云,阁下想亦欣慰,刘答然。斯时电影及照相者继续不停,莫外长告余,彼等尚须继续开会,故余即退席。此次幸获成功,除赫尔始终一力促成外,艾登亦极热诚赞助,莫洛托夫对我国态度亦极佳。苏联因德苏战事发生后,以环境关系,对我向避免接近,以免引起日方之反感。此次能同意邀余到会,共同签订此四国宣言,殊属难能可贵。我国自加入此次宣言后,已与英、美、苏三强平等,而居领导世界政治之地位,对于击溃敌人及重建世界和平,均有莫大关系,不独为我国历史上最重要之文件,即世界和平史上亦一极大转变之文献。余得参加签名于此,实为一生最大荣幸之事,故于晚上在英大使馆招待宴会时,艾登外相笑询余:"今午事如何?"余即答:"为余生平最快乐之日。"彼言:"不独君固应如此,我亦觉乐不可言。"其他使团之人听余两人谈话甚以为异,盖此次会议绝对秘密,内容无人知悉,即英、美记者今日发出之稿,亦只料有一三国宣言。中国之加入,为世界人士所料想不及。瑞典公使及鲍罗庭询余何以如此欣悦,余告以今日为余最快乐之日,只于二三日内彼等便可知悉,届时亦当向余道贺。彼等遂先与余握手致贺。

返馆后,即电详报告委座及宋部长。

1943 年 11 月 1 日

上午十二时,访赫尔国务卿,谢其帮忙之盛意,盖苟不再访,人将疑余四国宣言成功后便不理人,于情理上不好,且亦可借此再问其他消息也。谈话情形大致如下:(一)余表示谢意后,彼即谓渠向来对中国友善,日人曾迭次恳其勿过于干涉其在华行动,则日、美无事不可商量。即美国陆、海、空军方面亦极力阻止其开罪于日本,谓美方军事准备尚未完善,必吃大亏。彼之不与日妥协者,固为主持正义,亦系对华友善之所致,但凡此种种,蒋委员长未必尽为明了,或过听美方赴华人员之言,例如威尔基等等。是故委员长对于美国外交上进行之方法,多有未善,或派员与陆军部接洽,或派员与财政部长摩根索接洽,或竟以整个中美外交与加里(Currie)①等无关重要之人接洽,自然不能有所收获,辞意表示不满。余即答谓中国战争所受困苦甚大,过去需要友邦援助之切,不可言喻,故有以为可促进美方助我者,自当尽力进行,此亦环境迫成,我政府不得已之苦衷,彼老先生深知人情世故,当为原谅。彼谓渠亦知中国处境困难,自当谅解。余谓此次四国宣言成功签字消息达到重庆,即委员诞辰,更使委座欣感。渠谓如此更佳,并请余代祝委座健康。(二)彼言此次四国宣言加入中国,已将中国地位提高,与英、美、苏同处于领导世界政治地位,于中国前途关系极大,希望中国自己知其责任之重大,更为努力。余答以委座极为明了,但余甚盼美国方面对华始终助成其为真正之大国,于战后尽力助其发展工业,提高其人民之生产能力、知识程度及生活水准。盖非如此,中国方面殊不足以履行其此次所担承之义务,而将来世界之和平亦属幻想,而无从实现。彼深以为然。……

上午,路透社代表金氏(Harold King)来访,谓中国之加入宣言,诚为外间所不及料,特来与余道贺,并询余对此有何感想,并有谈话发表否。余答中国对此之感想应由委座及宋部长在渝发表,余不便在此发表任何谈话,请其原谅。彼亦满意,盖吾辈做事,只求于党国有利,良心上便觉莫大之安慰,自己居功,为道德上所不许,余素贱之,故余与刘、

---

① Lauchlin Currie,又译居里,罗斯福总统顾问。

陈两参事、胡随员等谈此事成功后,吾人便应将其完全忘却,努力于其他应做之事,万不可稍存半点自恃有功之意思。且功愈大者,所受人之嫉妒愈多,故非加紧小心自谦,以避必受其祸也。

下午五时,艾登外相在英大使馆请茶,亦系余请往拜访之结果,盖余亦不欲其疑我有事成便忘人好处之意也。谈话大致如下:……(五)伊言此次会议成绩之佳,出乎其本人意料之外。(六)当余谢其帮忙时,彼谓莫洛托夫对中国极好,未闻其有半句批评中国之语,大约亦如赫尔之用意,不欲余等对苏有半点不满,亦系政治家应有之风度,实则余早已如此电委座及宋部长矣。

七时同人聚餐,八时已听各处广播莫京会议结果,余遂将签订四国宣言经过向馆中同人报告,并谓此事关系重要,事前不敢使同人知悉者,系为慎重起见,非不信同人,但吾辈做事只求其成功,于党国有利便应满足,不必自我成功,故苟非自己职务应知之事,则不知更好。同人对此也甚明白,异常高兴。

1943 年 11 月 2 日

今日收听各方广播,英、美、苏、渝均极注重四国宣言,目为历史上最重要之事件。重庆方面并发表余所报告签订经过。余此次幸告成功,公私方面均最堪庆慰之事也。

下午往访洛次长,表示欲面谢莫外长此次在会帮忙之意,彼谓转达。至谈及四国宣言时,彼谓各国均自有击溃各个敌人之重责,语气间表示对日作战现未能即时参加之苦衷,此亦自可原谅。彼询及在华作战缅甸方面军事情形,及日人利用波士①所组之印奸伪政府甚详。末言对德战事,不日当有再好消息见告云云。

1943 年 11 月 3 日

新任驻苏美大使哈利门来访,谓赫尔、艾登今晨八时已离莫斯科,并带赫尔赠余之照片。赫老先生盛意可感也。哈使又言,美国舆论对

---

①　Subash Chandra Bose.

四国宣言异常欢迎,并将所接电报抄送余阅。

1943 年 11 月 6 日

接委座电云:"各电均悉,吾兄此次在苏对各国之洽商如此迅速圆满,殊为欣快。我国外交地位得由四国协定之签字而巩固,是即吾兄之成功,与党国历史同其悠久而远大矣。特此电祝。中正手启。支机渝。"同人睹此,均知委座对于余等办理此事深表满意,均极快慰,喜盈于色,纷纷再向余道贺者,余再勉同人益加努力,以报党国及委座之知遇。同人均极感奋。魏大使道明亦有电贺。……

1943 年 11 月 8 日

下午四时半,访卡尔大使……(六)关于此次莫斯科会议第一日尚有未十分互相信赖之处,以后情形日佳,出乎意料之外。彼笑询余:"以决议公布文如何?"余答甚佳。渠笑言:"谢谢,盖系余起草者。"渠又告余,关于中国签字四国宣言事,有主张先由三国签发,中国以后加入。彼即发言,政治之效果完全不同,有谓恐中国大使未能如期接得中国政府所予之全权,赫尔先生即高声答曰:"余可担保其必能如期获得",全场均甚以为异。渠(卡尔)本人即欲与余密商即未接训令亦负责先签,但回想我亦必如此。但苟星期五晚我无消息,彼即与我言之。我笑答我亦决定如此做法,相与大笑。……

《傅秉常日记》(1943 年),第 167—184 页

王世杰呈蒋介石

1943 年 11 月 13 日

谨签呈者:奉交研究四国协定案在莫斯科会议中修改各点并具报等因。经将修改各点与美国原案及英国修正案对照,并详究其意义。兹谨呈报如左:

窃查四国协定之美国原案及英修正案,彼此原无重大出入,前经呈明在案。莫斯科通过案中之修改各点,虽非苏方提出,至少亦当系苏方提议后所为之折中办法。

第一款中"战争"二字现改为"与其各个敌人作战"。此点无疑为苏方之建议。盖苏联至今尚未对日本作战,似亦无意于最近加入远东战争。

第二款中删去"与该敌人领土之占领,暨其他国家沦陷于敌人之土地之解放"。此项修改,似表示苏方对于苏军将来占领之土地,无论为敌人土地或他国土地,无意与其他签字国采取共同行动。但第五款规定:"在重新恢复法律与秩序,及成立普遍安全制度之前,为维持国际和平与安全起见,彼等将随时会商并……采取共同行动。"第六款复有:"彼等在战争终止后……不将在他国领土内使用其武力"之规定。综合上述三款以观,对于"敌人领土之占领,暨其他国家沦陷于敌人之土地之解放",苏联纵不与其他签字国采取共同行动,似亦只限于战争尚在进行期中,为时甚暂。在"战争终止以后",以及"重新恢复法律与秩序,及成立普遍安全制度之前",签字各国(包括苏联)固不得以单独行动在他国领土内使用武力,而应随时会商采取共同行动。

第四款修正文句中特别说明"以各爱好和平国家主权平等之原则为根据。此种国家无论大小,均可为会员……"。此项措词系限制主权平等之原则,适用于"爱好和平国家"。此点对于轴心国家及其与国殊为不利。苏联于此或尚有意对芬兰以及巴尔干参加轴心集团各国为歧视,借以减低其日后在普遍国际组织中之地位。

原第六款(关于设置军事技术委员会之条款)被完全删去。此项修正或因苏联不愿立即讨论"国际武力"的组织问题,或因苏联恐此项技术委员会一旦成立,英美可联合对苏施行压迫,苏联将非其敌。

第六款之修改,系就美案冠以"在战争终止以后"一语,并将原文中"及同意"三字删去。此项修正与通过案第二款之意义适相符合。第二款中删去"与该敌人领土之占领,暨其他国家沦陷于敌人之土地之解放"。该项修正表示苏方对于此两者无意与其他签字国采取共同行动,惟其时限似仅限于在战争尚未终止以前,已如前述。故通过案第六款特别加入"在战争终止以后"字样,以示"除经共同会商后,不将在他国领土内使用其武力"之规定,不能适用于在战争终止以前。"及同意"字样之删除,更使"不将在他国领土内使用其武力"一项规定之拘束性,为之减低。此似代表苏联对于此一问题之现时态度与政策。

综之,苏联态度,仍在尽可能范围保持自由行动;但此一协定成立后,苏联将与德国单独媾和或单独行动之事,当不致实现。

此外,根据本协定推断,并就三国会议对于西欧战场之开辟,与在欧洲战场全部作战工作之分配与联系,似均已有详密讨论;对义大利与澳大利问题已有一致之决议;但对波罗的海各小国,波兰与巴尔干各国,以及苏联西方之边疆问题,似尚无新决定。此等问题似将留待特设之欧洲顾问委员会讨论,或将经由外交途径解决。至对于远东与太平洋战场,三国外长虽曾交换意见,决未深谈,或竟全未议及。但苏联既因此协定,而与其他签字各国作进一步合作,日苏间妥协之可能自亦从而大减。

以上研究结果,是否有当,敬祈鉴核。谨呈
委员长

参事室主任王〇〇谨呈
中国第二历史档案馆藏外交部档案,761/169

顾维钧致外交部电

1943 年 11 月 21 日

今午访艾登外长:

(1)贺其参预莫斯科会议之成功,彼答苏联诚恳合作有二故,一因美外长与彼长途就商,苏感体面。二因英美将军事真相全盘托出,说明不能即开第二阵线理由,苏联恍然了解。

(2)钧告以主席深感其在会议上之协助,特嘱转达,彼称谢,并谓此次赞助四国共同宣言,原为贯彻其素来主张,苏方未感困难,因苏于战后,亟欲从事复兴世界和平,为其最大需要。

(3)又询以苏对抗日有无表示其态度,艾答甚佳,苏虽无直接表示,然彼向莫洛托夫谈及日本时,告以败德后欲败日,恐须三年,莫谓不致甚久,因届时日必感前途无望,察其语意,苏似有加入可能。

(4)钧问苏对日有何希望条件,如收回萨哈连半岛等,艾答忆似未提。

(5)又问对东三省如何,彼答此次未提及,惟访斯太林谈及时,斯氏谓愿见东三省归还中国。

《中华民国与联合国史料汇编》筹设篇,第63—64页

(二)开罗会议

说明:开罗会议是战时盟国首脑的高峰会议,也是中国政府首脑第一次参加国际会议。中国为这一会议作了认真准备,提出了预案。会议讨论了战后对日处置问题,决定剥夺日本的侵略成果,中国不仅收回了东北,还收回了半个世纪前被割取的台湾。《开罗宣言》奠定了战后远东秩序的基础,影响深远。

1. 会前的方案设计

罗斯福致蒋介石

华盛顿,1943 年 6 月 30 日

我与蒋夫人的一系列会谈十分圆满,迄已结束。蒋夫人会将会谈情况告知阁下。

我告诉她,我急切盼望今年秋天某个时候与你晤面。我想我们的聚会是十分重要的。如果你同意会晤,那末我建议在两国首都之间中途的某地举行。亟盼听到你对此建议的意见。

FRUS,1943,China,p. 69

蒋介石致罗斯福电

重庆,1943 年 7 月 8 日

华盛顿。罗斯福总统勋鉴:七月四日尊电[①]提议,余皆同意。阁下与内子谈话详情,已由内子见告,其谈话结果,与所交换多数问题之意见,殊令人欣慰。中雅欲于最近之将来,得与阁下相晤觐,多年以来,中即期望能与阁下聚首共商互有利益之各种问题。中兹冒昧建议,其时间则九月以后最为适宜。倘有提早会晤必要时,甚望能于中离华前至少二星期以前,惠予知照也。蒋中正。

《战时外交》第 3 卷,第 492 页

罗斯福致蒋介石

华盛顿,1943 年 10 月 27 日

总统致委员长亲启。密。

得悉阁下与蒙巴顿及萨默维尔会晤圆满,至感欣慰。

此刻莫斯科会议已取得辉煌进展,很有希望能取得对各方均为有利的结果。我恳切期待中国、英国、苏联及美国全力合作。

斯大林能否和我会面尚不确定,但无论如何亟愿及早于 11 月 20 日及 25 日间与阁下及丘吉尔晤面。我想亚历山大是一个良好的会晤地点,因为该处招待条件很好。

我将率领包括最高级海陆空将领的少数参谋人员。我想会议约持续三天。我知道你不愿离开中国时间过长,但是就我而言现在出门远比晚些时候要好。

亟盼和您晤面,因为我确信有很多事只有当面会谈才能圆满解决。此事务请严格保密。

FRUS,the Conference at Cairo and Tehran,1943,p.47

[①] 即前面 6 月 30 日电,该电系由史迪威通过商震转达,时间有耽搁。

罗斯福致蒋介石

海德公园(?),1943 年 10 月 30 日

我一直未得斯大林大元帅的确信,但丘吉尔和我仍有一次机会与他在波斯湾附近相会。我盼望您能安排约于 11 月 26 日在开罗附近与丘吉尔和我会面。此事极为机密。

FRUS,the Conference at Cairo and Tehran,1943,pp. 55-56

罗斯福致蒋介石

华盛顿,1943 年 11 月 10 日

总统致委员长亲启。极密。

得悉蒋夫人染病,至以为憾,盼蒋夫人早日康复与会。

我曾和萨默维尔将军长谈,承蒙盛情款待,致谢。萨默维尔已面交您的私人信件,此事前已向您通报。

我完全同意您的意见,即我们应在我会晤斯大林以前会晤。我非常愿意和您进行愉快的会谈,因此亟盼早日见面。

FRUS,the Conference at Cairo and Tehran,1943,p. 77

军委会参事室致蒋介石签呈

1943 年 11 月 11 日

330 号。机密。

谨签呈者:日前奉钧座面谕,由职室就中英美苏领袖会议、或中英美领袖会议或中美领袖会议时,英、美、苏与我国可能提出之问题以及我国应行准备之对策,拟具意见呈核等因。遵经拟就关于四国会议问题节略一件,谨另纸密缮,敬乞钧核。所拟诸项如经钧座为大致之核定,可否密交外交部会同职室就核定各点准备具体方案呈核,并祈裁夺。谨呈

委员长

附呈关于四国会议问题节略

参事室主任王〇〇

附件:关于四国会议问题节略

四国会议业经成立,但协定中所决定者只是原则,而无任何具体方案。若干重要急切问题具有未在协定内做任何决定者。为求对于此种问题以及协定的原则,得到较为具体的了解,四国政府在最近期内,或仍采用通常外交途径,从事协商,亦或举行四国领袖会议或四国外交代表会议。惟在苏联尚未准备对日作战以前,苏联对于一切专涉远东之问题,或不愿参加任何共同表示或共同讨论。以此之故,在最近期内,四国协商仍或采取两三国会议之方式,即英、美、苏举行三国会议,中、英、美举行三国会议。在四国或三国会议举行之前,英美两国领袖或中美两国领袖自更有会商之可能。

在上述诸种可能的会议中,诸盟邦可能提出之问题以及我国可能提出之问题,大致似不外次列范围。兹谨就职室研讨所见,对于每一问题,试拟我方应采之态度或政策。

第一　关于设立四国机构或联合国机构问题

(一)(说明)四国协定规定:在战事结束时暨战事结束后至普遍安全制度成立前,四国政府对于若干事项,应彼此协商并采共同行动。但四国之间尚无任何常设机构。此于今后协商自属不便。又整个联合国间现时亦无任何机构,苏联政府或不愿即时成立此种机构,因在此种机构中苏联易受英美之联合压迫,与现时在伦敦的流亡政府之逼压,英美大概均倾向于此种机构之设立。惟此种机构如不易产生,英美容或赞同暂时只设立欧洲委员会及远东委员会,美国态度或将坚持四国(或联合国)机构应同时成立。就我国立场言,四国或联合国尚无总机构,则中苏间一切现存问题以及战事演进中可能催生之其他问题,将无任何中间机关助其解决。惟联合国总机构之成立,事实上必须经过多面协商,手续繁重,需时必长,故四国机构宜先成立。

(二)(我国政策)

(1)主张及早成立四国机构;

(2)经常机关设于华盛顿,但有时亦可在伦敦、重庆或莫斯科开会;

(3)授四国机构筹设联合国总机构之责;

(4)联合国机构之组织大致可接受美政府之拟议(即由十一个联合国组成一种执行机关,由美、英、中、苏四国任主席国)。

第二　关于过渡期间国际安全问题

(一)(说明)按照四国协定,自战事结束迄普遍安全制度成立之前(兹姑称为过渡期间),四国应以共同行动维护国际安全。美英四国协定草案,原尚有设置军事技术委员会以研讨国际武力之组织一项,嗣被删去。在未来四国协商之时,此过渡期间之国际安全问题,或将重新提出;即国际军事根据地等问题,亦可能提出。

(二)(我国政策)

(1)赞同成立"国际武力"。

(2)在原则上赞同设定国际海空军军事根据地,但适用于此类根据地之办法应一致,地点之选定,应先经专家之研讨及主权国之同意。

第三　关于欧洲问题

(一)(说明)莫斯科三国会议,对于若干欧洲问题(如意大利问题、奥国问题等)已有所决定,但对于(1)德国溃败时之对德处理问题;(2)苏联与其欧洲邻邦间之领土问题;(3)法、比、荷、希、捷、波、挪威、南斯拉夫等国收复后之处理办法,均无任何决定。此类问题均有提出下次四国或三国会议之可能。我国对于专涉欧洲之问题究应争取发言权,抑以不积极过问为宜,殊值考虑。窃意我如对于欧洲问题,力求多所参预,纵能如愿,亦未必利逾于害。盖我如参预一般欧洲问题之讨论,事实上殆不能不在与美一致,与苏联对立。此于我国殊多不利。五年前,国际联盟讨论苏芬战争之事,我方处境曾陷于极端困难状况。此一事实永宜注意。惟关于德国投降问题之决定,可以影响未来日本投降问题之解决,我方不可不予以注意。

(二)(我国政策)

(1)对于一切专涉欧洲之问题,我国政府可不要求参加讨论,亦不必发表意见。

(2)关于德国投降问题,我政府应予注意,务期对德条件不致与我政府所预定之对日条件有甚大之出入。

第四　关于远东之问题

关于专涉远东之问题,盟邦或我方可能提出之问题,有如以下所述:

1.远东委员会问题

(一)(说明)莫斯科三国会议已决定设立欧洲顾问委员会,考虑一切因欧洲方面战事进展而发生之诸种政治问题。在未来四国或三国会议中,英美或将提出设置远东委员会,考虑一切因远东方面战事进展而发生之诸种政治问题。苏联现时或不愿参加此类组织。

(二)(我国政策)

(1)赞同或提议成立此种委员会。

(2)此种委员会应以中、英、美为主干(并欢迎苏联随时参加);其他与太平洋有密切关系之联合国如荷兰、澳国、坎拿大、钮斯兰、自由法国等,亦可请其为会员,惟其参加讨论应与各该国有关之问题为限。

2.统一作战指挥问题

(一)(说明)现时太平洋方面,有数个战区。为应未来对日总攻战事之需要,英方或将提出作战指挥统一问题或战区调整问题。惟太平洋战域异常辽阔,彻底的统一指挥事实上甚为困难。此一问题之解决,恐只能采取折中办法。

(二)(我国政策)

主张不必设立太平洋战域总司令,但在远东方面应及早成立一种中英美联合参谋会议,以为统一战略之机关,其组织可约略仿照现时设于华盛顿之英美联合参谋会议。至于现时太平洋各战区,其区划应否予以调整,应由该联合参谋会议视战事进展情形随时议定。

3. 日本领土暨联合国领土被占领或克复时之临时管理问题

（一）（说明）远东反攻战事发动后，日寇领土以及联合国沦陷地域被盟军次第占领或收复时，各该地区暂时应如何管理，当为英美可能提出之问题。如英美不即提出，我方亦应提出；因为此项问题如能事先确定，于我较为有利。至于我方对于此项之主张，我外交部在本年九月间已遵照委座核示，向美国政府提出办法。现时应将该办法提出，以期成立中英美协定。

（二）（我国政策）

（1）敌人领土被占领时，由占领军队暂时负军事及行政责任；但占领军队如非中、英、美三国联合军队，则此三国中无军队参加国，亦均派员参加管制。

（2）中、英、美领土被收复时，由占领军队负军事责任，该地之行政由该地原主权国负责。彼此相关事项，由占领军与行政机构协商行之。

（3）其他联合国领土被收复时，由占领军队暂负军事责任，由该地原主权国负行政之责，但仍受占领军事机关之管制（即照英美所拟关于欧洲战区之办法）。

4. 日本溃败时之对日处置问题

（一）（说明）依据四国协定序言中之规定，日本必需无条件投降。但于日本无条件投降后，盟方处置日本之基本原则，惩罚日本战争祸首暨其他暴行负责人员，以及处理自日本侵略下解放后之领土等问题，迄今均尚无任何正式协商。此类问题有提出下次会议之可能，英美若不提出，我方亦应提出。苏联现时或不愿参加讨论此类问题。

（二）（我国政策）

（1）主张由中、英、美三国议定一战后处置日本之基本原则，类似莫斯科会议所确定对意大利之政策。

（2）主张三国议定一惩处日本战争祸首暨战事发生后日本暴行负责人员之办法，同于莫斯科会议对纳粹暴行负责人员之惩处办法。

（3）由三国约定，承认朝鲜于战后得重建自由独立。

（4）日本于九一八事变后自中国侵占之领土（包括旅大租借地）以及台湾、琉球应归还中国。

（5）关于太平洋方面其他领土之处置问题，应由三国议定若干原则，并设立一专门委员会，考虑具体解决方案，或交由拟设立之远东委员会，拟具具体方案。

（6）日本在华之公私产业，应完全由中国政府接收，以补偿中国政府及私人所受损失之一部，战争停止后，日本残留之军械、商船、军舰与飞机，应以其大部分移交中国，以增强中国在战后与盟国共同维持和平之力量。

5. 香港与九龙问题

（一）（说明）九龙与香港在法律上为两个问题，在实际上英国则视为一问题。缘香港不能单独存在，纵将九龙被割让之小部分继续并入香港，仍然不易存立。美国开明人士现亦有主张以港九归还中国者，惟现时交涉之对象国为英国，而非日本，我如正式提出会议讨论，仍只宜以九龙租借地问题为限。但我方不妨非正式先与美方商讨港九全部问题，并表示希望其从中斡旋。惟我国亦不宜过于亟之，以免此一问题妨害中英两国之整个合作。

（二）（我国政策）对于罗斯福总统将香港、九龙归还中国，同时划香港、九龙（或九龙之一部分）为自由港之主张，予以赞同。对于划香港为国际军事根据地之拟意，在原则上亦可考虑。

以上为未来四国或三国会议中可能提出之问题，以及我方应采之态度与政策。苏联现时尚未对日作战，英国对于远东问题之态度，亦不尽同于美国。因是我方之提案中，有可向美、英、苏三国共同提出者，亦有只宜向一国或二国提出者，最好先将我方主张专向美总统非正式提出商洽。一则可借以对美表示信任；二则我方主张如能预得美方支援，正式提出较易通过。此种办法，英美相互行之已久，我方采行，并不损及政府之威望。

中国第二历史档案馆藏外交部档案，761/155

开罗会议中我方应提出之问题草案

军事委员会参事室,1943 年 11 月(原件日期不详)

(一)对日反攻战略设备及讨论关于远东各问题之机构(由军事当局准备提案)。

(二)日本无条件投降时应接受之条款。

关于此问题似应询问义国已接受或应接受之政治、经济及财政条款(军事条款业经公布),以及莫斯科会议商议德国投降时所应接受之条款。日前签呈关于日本之条款共二十五条,兹将其主要原则开列于左,以备酌量提出商讨。

关于军事者:

一、日本一切军舰与商船、飞机、军器以及作战物质应即听候联合国处置,其中一部分应交与中国。

二、日本应自其在“九一八”起所占领之中国及其他联合国之地区撤退,其全部陆、海、空军部队在未撤退以前,日本应负责保存其占领地区内一切公私财产(包括交通运输制度在内),并不得加以毁坏。

三、联合国指定日本若干地点派兵驻扎,以保证本文件及和约各条款之切实施行。

四、日本应完全解除武装。

关于政治者:

五、日本应依照联合国指定之名单,将其战事犯及各地伪组织官吏交付联合国听候审判。

六、日本应将以下所列归还中国:

甲、旅顺、大连(两地一切公有财产及建设一并无偿交与中国);

乙、南满铁路与中东铁路(无偿交还中国);

丙、台湾及澎湖列岛(两处一切公有财产及建设一并无偿交与中国);

丁、琉球群岛(或划归国际管理或划为非武装区域)。

七、承认朝鲜独立。

八、日本应解散其国内一切从事侵略之团体,并取缔一切侵略主义之思想与教育。

关于经济及其他者:

九、日本应将其文武人员,或私人所运走之一切金银货钞、有价证券、重要书籍、公文及其他有历史性之物品,分别归还联合国。

十、日本应赔偿中国自"九一八"起一切公私损失。

十一、联合国应设立一监督委员会,以保证日本切实履行本文件所列各条款。

(三)战后重要问题。

一、维持世界和平:战事结束后现有之联合国团体仍应继续存在,而以中、美、英、苏为主席团,担负维持世界和平之责,至普遍集体安全制度成立时为止。

二、国际经济合作:在原则上可予赞同,并表示欢迎外资。

美方可能提出之问题:

一、关于二万万美圆黄金运用之办法(由财政当局准备简明答案)。

二、关于我国战时经济状况,例如物价、通货、预算等问题(由财政当局及其他有关机关准备简明答案)。

三、中共问题:似可将中国共产党之妨害抗战及政府一贯之宽大政策略为说明。

英方可能提出之问题:

一、西藏问题:本年八月间,宋部长与英外相艾登曾在伦敦谈及此问题,双方意见相去甚远,似以留待日后解决为宜。

二、九龙、香港问题:九龙为租借地,归还中国固属毫无疑义,惟在英方视之,九龙与香港属一问题,而香港为割让地,其法律上地位与九龙不同,似以留待日后解决为宜。

英、美双方可能提出之问题:

一、国际金融平准基金问题。

二、国际银行问题。

三、国际民用空航问题。

以上三问题在原则上可予赞同，惟详细办法似应保留从长计议。

《战时外交》第 3 卷,第 498—501 页

国防最高委员会秘书厅的方案

1943 年 11 月(原件日期不详)

战时军事合作方案

……

战时政治合作方案

一、中、美、英、苏立即共同或个别承认朝鲜独立,或发表宣言保证朝鲜战后独立,其他联合国家应请其采取同一步骤。

说明:关于立即承认朝鲜独立或保证朝鲜战后独立,苏联目下因对日关系,大概不愿有所表示,英国因影响印度问题,恐亦未必首肯,英、苏如不同意,美国势将踌躇。在此种情形之下,中国如单独承认,将予世人以同盟国家发生裂痕之恶劣印象,此为单独承认之害。反之,日、苏冲突随时有爆发可能,届时苏联政府或竟先我而承认朝鲜独立,为争取机宜计,我国似应先于苏联承认朝鲜独立,并与现在重庆之朝鲜革命政府发生关系,则将来苏联如亦承认朝鲜独立,自不便与另一朝鲜政府发生关系,此为单独承认之利。总之,我方单独承认朝鲜革命政府自各有其利弊,两者相衡,似以考虑于适当时机尽先承认为宜。

二、中、美、英、苏联合发表宣言,保证印度于战后立即获得自治领地位,并于战后若干年内获得独立,其时期于战后会商决定。在战争期间,印度应积极参加联合国家之各种反抗轴心国家工作。

说明:关于印度战后取得自治领地位,英国早有诺言,惟印人对此难于置信,如再由中、美、苏、英联合保证,当可坚定印度人之信心。惟目下印度已进一步而要求立即独立,如由中、美、苏、英同时保证印度于战事结束取得自治领地位,若干年后即行独立,而此实现独立之日期则

可留待战后会商,似不失为解决印度问题之一法,惟英、印二方是否同意,殊难推断。

三、关于休战及议和条款,中、美、英、苏间应事前协商,以下各款尤应商定。

甲、种族平等;

乙、国家及民族自决;

丙、收复一八九四年以来日本所取得及侵占之领土。

四、在和约成立以后集体安全制度建立以前,联合国家应担负下列任务:

甲、解除侵略国武装;

乙、监督和约之履行;

丙、复兴战区,尤注重于被侵略国家之战区:

丁、维持和平;

戊、联合国家应有一共同组织执行上列任务。

战后中美经济合作方案

一、在资金与技术方面,协助中国稳定货币,树立健全制度。

二、在资金与技术方面,协助中国复兴战区中为敌人所破坏之事业,如铁路、公路、矿场、工厂等。

三、协助中国发展交通事业。

甲、战事终了后,美国即以其不需要之内河及沿海航行轮船供给中国,以利复员工作之进行。

乙、以其不需要之航海大轮供给中国,树立中国航海事业及发展国际贸易。

丙、以资金、物资及技术协助中国完成重要铁路干线。

丁、供给中国运输工具,如火车、汽车、飞机。

四、美国以不需要之工厂移植于中国,如飞机厂、汽车厂、造船厂、兵工厂等。

五、供给中国资金、物资及技术,发展工矿业,如钢铁工业、炼油事业、机械工业、化学工业、电力工业等。

六、供给中国各种技术人才,并协助中国在美及在华训练技术人员。

七、中、美经济合作详细办法由双方协商定之。

《战时外交》第 3 卷,第 503—506 页

赫尔利致罗斯福

开罗,1943 年 11 月 20 日

我已经视察了中国战场,我花费很多时间接触美国的将军史迪威中将和陈纳德少将,还有其他中国和美国陆军军官,陪同视察中国战场的是中印战场美国空军司令斯特拉特迈耶少将。我曾和中国主席蒋介石委员长举行两次会谈。蒋介石委员长对您、您的目的和您已经宣布的原则表示完全信赖。

委员长非常坦率地谈论了即将在开罗举行的会议。他询问他是否能在德黑兰会晤斯大林元帅,因为双方的友好关系适合这样一次会晤。他向我直陈了使他对以个人身份会晤斯大林之事犹豫不决的原因。他表示担忧俄国可能企图使中国共产化,甚至完全征服和部分吞并中国。

我提醒他,斯大林已经不再把征服世界作为共产主义的一项基本政策。我对他说,我认为斯大林现在的主张是,共产主义可以在俄国一国取胜,而不强迫在世界其他地方推行。我还说,我认为俄国已不再资助或指导其他国家共产党的活动了。我对委员长说,共产主义在俄国国内的经历在某种程度上使我们认为的那些共产主义意识形态中比较强硬的成分不再起作用了。我说,我知道其他国家有共产主义政党,但我认为这些党不受俄国的指导和资助。

为了证实这些看法,我请委员长注意最近的莫斯科宣言。尽管如此,看上去委员长仍然对苏联政府对中国是否抱有友好意图极为怀疑。

委员长说他希望先在开罗与您晤面。到那时再决定他随后是否与

斯大林元帅见面。

我希望我在您和委员长会面之前能有机会与您讨论中俄问题。

委员长说,至于您和丘吉尔首相关心的事,他肯定能够找到全面合作的基础。

作为中国的主席和委员长,蒋介石将建议,即将举行的会议应重申大西洋宪章。如可能,他愿意特别将您的四大自由纳入开罗或德黑兰会议宣言。

在和蒋委员长进行了约 6 小时会议以后,得出如下结论:

(1)蒋委员长和中国人民爱好民主和自由。

(2)蒋委员长和中国人民反对帝国主义和共产主义。

(3)他相信您当然是爱好民主和自由的。然而他推断,为利于共同战斗您可能暂时和帝国主义及共产主义妥协。

(4)他很清楚,联合国家未来的合作及团结有赖于您的同化而不是清除不同意识形态的能力。他确信,您必须找到能使四大国都同意的原则。他感到,您在寻求这些原则时必须有广泛的行动自由。

(5)他要求我告诉您,他绝对信任您的目的,并恪守您已经宣布的基本原则。

(6)因此,在即将举行的会议上有关外交及政治问题他将追随您的领导。

在战略上,他不能在亚洲地区处于从属蒙巴顿爵士的地位。他声明,在中国战场上他必须居于最高统帅地位,如果在该战场上接受次要地位,会使他的下属分裂,从而削弱他的地位,使他不能再保持全中国领袖的职位。尽管持这种态度,他还是准备和蒙巴顿爵士全力合作,并认为在缅甸北部,最终还要在泰国,可能还要在印度支那,会出现使他赞成由一个统帅指挥英国、美国及中国军队的局面。他说,他个人是欢迎蒙巴顿爵士的,并且设想,今后在中国以外的作战中他会愿意蒙巴顿爵士成为包括中国军队在内的盟国军队的最高统帅。然而,他对于下列原则坚定不移:在中国战场由他居于最高当局地位对于他和中国以及盟国都比较好。

他的意见是,要制服日本就应在日本攻击日本。应该从太平洋战场、印缅和中国战场的不同战区同时向日本出击。各路攻击应该协调,以最终达到占领日本和征服日本本土的目标。目标是东京和全日本,而不是日本以外的任何领土、岛屿或要塞。他还明确地提到通过中国进攻东京和全日本的战略。

您可以看出,在整个谈话过程中,我一直把话题限于讨论蒋介石委员长对与斯大林元帅会晤之事的态度。我有意不在此信中陈述斯大林元帅目前不想与蒋介石公开晤面的原因。例如或许有人反对斯大林元帅采取任何可能引起海参崴港被封锁的行动。此外,您可以想见,斯大林元帅可能被说服相信,在目前的冲突态势下,采取任何可能招来背后之敌的行动都是不明智的。

在对蒋委员长的谈话进行评价时,对于中国在进攻性作战上作出实际贡献的能力或其准备情况,多少应持怀疑态度。此外,还应考虑中国中央政府把为保持战后国内统治地位而保存力量比战败日本的眼前目标看得更重的问题。这些问题将和您进一步讨论。

FRUS, the Conference at Cairo and Tehran, 1943, pp. 102–103, pp. 263–265

2. 会商经过与发表宣言

政治问题会商经过①

十一月二十三日上午,王秘书长与郭参事将我方预拟之政治方面提案,内容包括四项节略,译成英文,面呈委座。节略如左:

关于设立四国机构或联合国机构问题

(一)在联合国总机构未能设置以前,应由美、英、苏、中四国及早成立四国机构,以便协商关于四国宣言所规定之事项。

---

① 这是王宠惠呈蒋介石关于开罗会议日志中的一则附录。

（二）上述四国机构之经常机关，设于华盛顿。但有时亦可在伦敦、重庆或莫斯科开会。

（三）四国机构应负筹设联合国总机构之责。

（四）联合国总机构之组织，中国政府赞同美政府所拟议由十一个联合国组成一种执行机关，由美、英、苏、中四国任主席团之办法。

关于过渡期间国际安全问题

（一）为商讨维护国际安全之军事问题，应由美、英、苏、中四国成立"国际军事技术委员会"。

（二）为达成维护国际安全之目的，得设立国际海、空军事根据地。但此项根据地应普遍设立，其地点之选定应先经专家之研讨，及主权国之同意。

关于德国投降之问题

联合国关于欧洲问题之讨论，中国应随时获得通知。其关于德国投降问题之决定，应邀请中国参加。

关于远东之问题

（一）远东委员会之问题

中、英、美三国应成立远东委员会，以考虑一切因远东方面战事进展而发生之诸种问题。此委员会欢迎苏联随时参加。

（二）统一作战指挥问题

为统一联合国在远东方面共同作战之战略及指挥，应将现时设于华盛顿之英美联合参谋会议扩充为中英美联合参谋会议，或成立中美联合参谋会议以指挥远东之中美军队。

（三）日本领土暨联合国领土被占领克复时之临时管理问题

甲、敌人土地被占领时，由占领军队暂负军事行政责任。但占领军队如非中、英、美三国联合军队，凡关于该地区之政治问题，应组织联合机构，而此三国中，无军队参加之国亦均派员参加管制。

乙、中、英、美三国领土被收复时，由占领军暂负军事责任，该地之行政由该地原主权国负责。彼此相关事项由占领军与行政机构协商行之。

丙、其他联合国领土被收复时,由占领军暂负军事责任,由该地原主权国负行政之责,但仍受占领军事机关之节制(即照英、美所拟关于欧洲战区之办法)。

(四)日本溃败时对日处置问题

甲、由中、英、美三国议定一战后处置日本之基本原则,类似莫斯科会议所确定对意大利之政策。

乙、由中、英、美三国确定一惩处日本战争祸首暨战事发生后日本暴行负责人员之办法,同于莫斯科会议对纳粹暴行负责人员之惩处办法。

丙、由中、英、美三国约定:承认朝鲜于战后得重建自由独立,并欢迎苏联随时参加。

丁、日本于九一八事变后自中国侵占之领土(包括旅大租借地)及台湾、澎湖,应归还中国。

戊、关于太平洋方面其他领土之处置问题,应由三国议定若干原则,并设立一专门委员会,考虑具体解决方案,或交由拟设之远东委员会拟具具体解法。

己、日本在华之公私产业,以及日本之商船,应完全由中国政府接收,以补偿中国政府及私人所受损失之一部。为维持战后远东之和平计,战争停止后,日本残存之军械、军舰与飞机,应交由中、美、英联合参谋会议或远东委员会处置之。

是日下午七时半,委座及夫人赴罗斯福总统晚宴,乃先提出我国之政治方面之提案。在提出之前,委座认为上述四项节略之种种建议,断难在大会中逐一讨论,更难求全部之决定。况此次开罗会议之精神,与十月间莫斯科会议不同。莫斯科会议惟恐苏联与英、美不合作或合作而不持久,故其重点在于争取合作原则之确立。此次开罗会议则不然,中、英、美之合作,不成问题。所待议定者,一为调整对日作战之战略,一为日本战败时惩处其侵略行为之明确办法,我方提案时,自应就此具体问题作直截了当之提议。因此委座决定就原拟提案中分别轻重,提出讨论:凡为清算日本侵略行为,及足以明显表现我国六年来之作战目的者,决在此次会议中与英、美成立确切之谅解,并昭示于天下。此外诸问题则仅求交换意见,与提出节略送备参考为已足。

委座及夫人与罗斯福总统是晚仅口头讨论,并未提出书面。美方惟霍布金斯在座。会商经过,至为圆满。中、美两方一致同意于下列各点:(一)日本攫取中国之土地应归还中国。(二)太平洋上日本所强占之岛屿应永久予以剥夺。(三)日本溃败后,应使朝鲜获得自由与独立。关于战后日本在华公私产业应完全由中国政府接收一点,罗总统表示赞成。而如何使朝鲜重建自由与独立,则双方谅解,应由中、美两国协助朝鲜人民达成目的。罗总统遂命霍布金斯根据讨论之内容起草公报。

《战时外交》第 3 卷,第 525—528 页

小罗斯福回忆父子谈话

后来的一天夜里,当我再次和父亲在他的卧室里相对吸烟时,他又谈了一些那条布满荆棘的道路的情况。他一开始即告诉我,英国人甚至决定反对我们在太平洋战场奉行的战略。

"他们不赞成我们的越岛作战计划。"他说:"他们不理解我们关于把菲律宾当作未来对日作战基地的构想。"他苦笑了一下,"也许他们对菲律宾人会团结在我们的旗帜之下感到不太高兴,因为他们的殖民地人民是不会团结在他们的旗帜之下的。"

他继续说:"总之,他们的想法是,我们应该忘却越岛作战计划,集中力量扫荡马来半岛。然后,我们就可以在中国沿海地区登陆,在那儿开辟一条将来对日作战的基地。"

我曾从海军军官们口中听到过在中国海岸登陆的传言。

"噢,当然,"父亲说:"那是很有可能的。但那是在比英国人认为可行的地方往北得多的地区。我们的情报再次使我们得出了与英国人

444 中华民国时期外交文献汇编1911—1949·第八卷

的情报不同的结论。他们只是看到中国沿海地区有大批日军,我们则充分了解到,中国沿海的许多地区掌握在中国游击队手中。"

我问,这些游击队是不是中国共产党的部队,他肯定地点了点头。

他说:"顺便提一句,蒋要我们相信中国共产党不抗日,但我们了解的情况全然不同。"

我自己了解到,我们的所有空中侦察照片和中国地形航拍图(这些都是我们的第十四航空队必须拥有的)都不让英国人查阅。我向父亲谈及此事,他也知道。

"我们在好些时候以前就和中国人达成了那项协议。"他说:"中国人迫切希望我们同意不把航拍图拿给英国人看。事实上,在我们着手进行那项工作之前,他们就让我们作出了这一承诺。他们的想法是不难理解的。他们认为英国人看这些图中资料是出于商业目的……战后商业目的。"

"事实上,我几天前和蒋在晚餐时谈论了此事。你知道,他非常希望我们支持他们反对英国带着战前享有的治外法权进入香港、上海和广州。"

我问我们是否会给予此种支持。

"会的。"父亲回答说:"在此之前,我就注意到了对蒋政权的性质的抱怨。我告诉他,他的政府很难称得上现代的民主政府,而按理来说,它应该是。我告诉他,在战争继续进行之时,他就应该与延安的共产党建立一个联合政府。他有条件地表示同意。他同意在我们保证苏联答应尊重满洲边界之后立即建立一个民主政府。这项内容将被提上德黑兰会议的议事日程。"

"那么,如果你能够就此点与斯大林达成协议,蒋就会在中国建立一个更为民主的政府。而作为回报……"

"作为回报,我们将支持他的主张:英国和其他国家对香港、上海和广州不再享有帝国主义特权。就是这么回事。"

这是一项重大的交易,承诺的是好事。

"听到蒋委员长同意在选举之前邀请共产党参加国民政府,我感到特别高兴。"父亲说:"事实上,就他所关心的事情而言,他唯一希望我们认真履行的诺言是,在日本投降以后我们保证不让英国军舰进入中国港口,只让美国军舰进入。我个人已向他作出承诺,到时候照此行事。"

"这件事很难取得丘吉尔的同意。"我说。

"不会有太多的争执,因为是 99% 的美国物资和美国人打败了日本,"父亲提高嗓门说,"战后美国的外交政策必须遵循这样的路线:让英国人、法国人和荷兰人认识到,我们对待菲律宾的方法是他们对待各自殖民地的唯一方法。"他继而指出,与英国人、法国人和荷兰人的殖民政策相比,绝大多数中国人更赞赏日本人的殖民政策。

父亲和蒋委员长讨论的问题不限于中国的未来。他们一起谈到了马来半岛诸国、缅甸、印度支那和印度。显然,蒋因父亲对这些殖民地问题的态度而感到高兴。父亲说,英国人在印度应满足于在给予其政治上独立的同时继续保持经济上的优惠待遇,法国人在战后是没有权利返回印度支那的,除了该地区曾经是他们的殖民地以外,他们没有任何理由要求收回那片富饶的土地。他向蒋强调,法国人最多只能受联合国某一机构委托对其各个殖民地实行托管,一旦联合国满意地认为,这些殖民地可以自己管理自己的事务了,就让它们最终独立。将近一年前他就表述过同样的意见,一年来虽然在这方面无所作为,但他的信念却更加坚定了。

As He Saw It, pp. 162−166

政治问题会商经过

十一月二十四日下午四时,霍布金斯携带公报草案一份,于谒见夫人后,与王秘书长商谈公报内容,并谓如有修改意见,可于次日上午会谈时提出,王秘书长复秉承委座之意旨,将我方所备关于四项问题之英文节略,交与霍布金斯,请转交罗斯福总统,并声明此非提案而系蒋委员长个人之意见,以供罗斯福总统之参考与研究。霍布金斯谓当晚即将转交,次晨会晤时当可转达罗斯福总统之反感与意见。是晚,王秘书长将会议公报草案译文面呈委座核定,同时说明其中所称小笠原岛(the Bonin Islands)恐系澎湖列岛之误,拟请美方改正。委座指示照改后全文可以同意。

会议公报草案

罗斯福总统、蒋委员长、邱吉尔首相,暨各该国军事长官在非洲某地举行会议,业已完毕。兹发表联合宣言如下:

"三国军事代表对于今后由中国与东南亚洲打击日本之作战计划,已获得一致意见。此项计划之细节固不能发表,但规定对日本将有不断而且日益加紧之攻势,吾人决定在海、陆、空各方面,对此残暴之敌人,给予不放松之压力,此种压力,目前已经开始,日本即可领略其威力。

太平洋上被日军占领之岛屿,其中包括许多岛屿,日本曾自承不予设防而竟变为重要军事根据地者,吾人决定永远不能为日本所有。

日本由中国攫取之土地,例如满洲、台湾、小笠原等,当然应归还中国,凡系日本以武力或侵略野心所征服之土地,一概须使其脱离其掌握。

日本对朝鲜人民之奴隶待遇,吾人初未忘怀。日本溃败后,于适当时期,吾人决定使朝鲜成为一自由与独立之国家。吾人充分明了,欲使日本溃败,尚须猛烈与坚苦之战斗。我三国保证并肩作战,直至获得日本之无条件投降为止。"

……

十一月二十五日正午,三领袖及与会人员摄影后,王秘书长旋即与霍布金斯谈话,告以我方对于交来之会议公报草案表示同意。惟其中所称小笠原岛恐系澎湖列岛之误,拟请改正。霍布金斯谓然,并允照改。霍布金斯又谓美方之意,公报中最好声明三国无领土野心,对于此点,英方已表示赞成,不识中国方面如何。王秘书长答称:中国当然亦无领土野心,可待拟就字句后,再请示核定。

关于交与罗斯福总统之节略,王秘书长再度声明此非提案,而系蒋委员长个人之意见,并转述委座之指示,即关于节略中之最后一项:"为维持战后远东之和平计,战争停止后,日本残存之军械、军舰与飞机,应交由中美英联合参谋会议或远东委员会处置之",究竟应由中、美、英三国或由中、美两国,可由罗斯福总统决定,并询以罗斯福总统对此节略有何反感或意见。据称罗斯福总统昨晚甚忙,未及交送。彼自己则曾阅读一遍,感觉颇有见地,颇合情理,并称今晨已将该项节略交与总统,且曾转告此系蒋委员长个人意见而非提案。至关于节略最后一项,可由罗斯福总统决定一层,即将此意见转达总统。霍布金斯又谓罗斯福总统有何反感与意见,或将径向蒋委员长有所表示。

十一月二十六日下午三时半,美方约王秘书长谈商会议公报草案,在场者有美驻苏大使哈立曼、英外次贾德干,旋英外相艾登亦来参加。当时就英方所拟修改案讨论。英方修改案如下:

会议公报草案(括弧内之文字拟删,加圈之文字拟增)①

罗斯福总统、蒋委员长、邱吉尔首相,暨各该国(军事长官)<u>顾问</u>在非洲某地举行会议,业已完毕,兹发表联合宣言如下:

"三国军事代表对于今后由中国与东南亚洲打击日本之作战计划,已获得一致意见。此项计划之细节固不能发表,但规定对日本将有不断而且日益加紧之攻势,吾人决定在海、陆、空各方面,对此残暴之敌人,给予不放松之压力,此种压力,目前已经开始,日本即将领略其威力。

太平洋上被日本占领之岛屿,其中包括许多岛屿,日本曾自承不予设防而竟变为重要军事根据地者,吾人决定永远不能为日本所有。

日本由中国攫去之土地,例如满洲、台湾与澎湖列岛,(当然应归还中国)<u>当然必须由日本放弃</u>。凡系日军以武力或侵略野心所征服之

————————

① 文字下划线处即为原件加圈处。

其他土地,一概须使其脱离其掌握。

日本对朝鲜人民之奴隶待遇,吾人初未忘怀。日本溃败后,于适当时期,吾人决定使朝鲜(成为一自由与独立之国家)脱离日本之统治[1]。

吾人此次作战,在制止并惩罚日本之侵略,但吾人自己无所企求,并无扩充领土之意。

吾人充分了解,欲使日本溃败,尚须猛烈与坚苦之战斗。我三国保证并肩作战,直至获得日本之无条件投降为止。"

此次蒋夫人陪同蒋委员长与会。

(以下为三国代表名单)

当时讨论修改案之要点及结果如下:

(一)原草案第一段中"军事长官"修改案拟改为"顾问",均无异议。

(二)修改案第三段与原草案全同。讨论时,贾德干临时建议,谓此段英文措词似可包括日本在太平洋上一切岛屿,但原意则专指日本在太平洋上之委任统治地,故主张修改文字,用"委任统治地"或其他字样,俾意义更为显明。关于此点,无甚讨论,均表赞成。

(三)原草案第四段本为"例如满洲、台湾与澎湖列岛,当然应归还中国",修改案则拟将"当然应归还中国"改为"当然必须由日本放弃"。

英外次贾德干谓:此项修改之拟议,盖因英国会或将质询英政府:为何关于其他被占领地区并未说明归还何国,独于满洲、台湾等,则声明归还中国。上述各地固属中国,但殊不必明言耳。英外相艾登在场,未发一言。

王秘书长谓:如此修改,不但中国不赞成,世界其他各国亦将发生怀疑。"必须由日本放弃"固矣,然日本放弃之后,归属何国,如不明言,转滋疑惑。世界人士均知此次大战,由于日本侵略我东北而起,而吾人作战之目的,亦即在贯彻反侵略主义。苟其如此含糊,则中国人民

---

[1]　如此一更改不能接受,则英方愿意将关于朝鲜之全段文字删去——原附注。

乃至世界人民皆将疑惑不解。故中国方面对此段修改之文字,碍难接受。

贾德干又谓:本句之上文已曾说明"日本由中国攫去之土地",则日本放弃后当然归属中国,不必明言。

王秘书长谓:措词果如此含糊,则会议公报将毫无意义,且将完全丧失其价值。在阁下之意,固不言而喻应归中国,但外国人士对于东北、台湾等地,尝有各种离奇之言论与主张,想阁下亦曾有所闻悉。故如不明言归还中国,则吾联合国共同作战,反对侵略之目标,太不明显。故主张维持原草案字句。

哈立曼大使表示赞成王秘书长之意见,并谓吾人如措词含糊,则世界各国对吾联合国一向揭橥之原则,将不置信。彼主张维持原文,并建议将该段末句"日本以武力或侵略野心所征服之土地,一概须使其脱离其掌握"提置在第三段之后,另立为一段,其余则一切照原案不动。

王秘书长对哈立曼大使之建议,当即表示赞成。

贾德干次长谓此一建议虽比较略好,但仍未能解除其顾虑。

讨论结果,中、美两方主张不改,故维持原草案。

(四)原草案第五段,关于"使朝鲜成为一自由与独立之国家"一句,修改案拟改为"使朝鲜脱离日本之统治"。

王秘书长对此表示不赞成,声称朝鲜原由日本侵略吞并,而日本之大陆政策即由吞并朝鲜而开始,仅言"脱离日本之统治"而不言其他,则只为将来留一重大之问题,殊非得计,宜于此时决定其将来自由独立之地位。并谓公报中关于此点,在中国及远东方面视之,甚为重要。

贾德干次长谓关于朝鲜问题,英内阁前此并未讨论。英系内阁制,若未经阁议而在此间决定,殊为不宜。且苏联对此问题之态度与反感,事前未与接洽,无从知悉,似宜顾及。故如不能照修正案更改,转不如全段删去也。

哈立曼旋谓照罗斯福总统之意见,此一问题似与苏联无甚关系,殊不必与苏联商量。

讨论结果,维持原草案文字。

(五)在原草案第五段之下,修改案拟增加声明三国无领土野心一段,无甚讨论,均赞成增加。

讨论意见既如上述。邱吉尔首相旋即遣人送来新稿,全文较短,据云:适所讨论之草案关于军事部分,殊嫌太长,略予缩短,可以避免给予敌人以军事消息。

查新稿对于中、美两方所持之意见,均已容纳,故经三方赞成。惟其中"包括满洲与台湾"一句,王秘书长提议改为"例如满洲、台湾与澎湖列岛",均无异议。结果遂以此为最后稿。

其时三领袖及蒋夫人正在会谈中,上述商谈会议公报草案之各员即前往参加,将最后稿朗读一次,读至关于朝鲜一段,罗斯福总统谓苏联对于此点,谅无意见。读毕,三领袖赞成,遂作为定稿。……

《战时外交》第3卷,第528—533页

宋美龄致罗斯福

开罗,1943 年 11 月 26 日

总统阁下:由于我一只眼睛病痛未消以致信中字迹模糊不清,至希原谅。但委员长嘱我再次告知阁下,他对于阁下为中国所做及正在做的一切是何等感激。今日午后和阁下告别时,委员长找不到恰当的言词足以表达他内心的感情,足以对你的友谊表达他的感激之情。委员长明知不久即将与阁下再次会晤,但在与阁下告别时仍感若有所失。同时,他希望你将把他视为一个可信赖的朋友。而在他方面,当他念及你和他两人间的友情及共同宗旨的纽带必将日益增强时,他甚感欣慰。

上述对委员长观点的表达是十分不充分的,请勿介意,因为今天十分繁忙,我的头脑简直不能将委员长嘱告之词一一转达。总统阁下,请记得,我写此信时我的心中充满了对阁下所做及正在做的一切的敬爱和感激之情。

FRUS, the Conference at Cairo and Tehran, 1943, p. 442

中美英三国开罗宣言
1943 年 12 月 1 日

三国军事方面人员,关于今后对日作战计划,已获得一致意见,我三大盟国决心以不松弛之压力,从海、陆、空诸方面加诸敌人。此项压力已在增长之中。

我三大盟国此次进行战争之目的,在于制止及惩罚日本之侵略。三国决不为自身图利,亦无拓展领土之意。三国之宗旨,在剥夺日本自一九一四年第一次世界大战开始以后在太平洋所夺得或占领之一切岛屿,在使日本所窃取于中国之领土,例如满洲、台湾、澎湖群岛等,归还中国。日本亦将被逐出于其以武力或贪欲所攫取之所有土地,我三大盟国轸念朝鲜人民所受之奴隶待遇,决定在相当期间,使朝鲜自由独立。

我三大盟国抱定上述之各项目标,并与其他对日作战之联合国家目标一致,将坚持进行为获得日本无条件投降所必要之重大的长期作战。

《反法西斯战争文献》,第 163 页

(三)关于战后国际安全组织的设计与讨论

说明:从 1942 年开始,中国朝野便已开始考虑战后问题,对战后国际安全组织的设计提出了种种方案。鉴于以往国际联盟松散和缺乏权威,中国主张建立一个具有高度权威和制裁能力的国际组织,并主张承担战时主要作战任务的四大国在战后继续发挥领导作用。为防止新的侵略发生,中国不仅主张取消各国空军,建立国际空军,还主张应建立国际海军。中国的这些主张,一些与其他盟国不谋而合,成为日后联合国组织的基本原则,一些则未能为其他大国所接受。

王宠惠呈国际集团公约草案

1942 年 7 月 4 日

敬呈者:国际问题讨论会研究纲目,共分国际政治、国际经济、中日问题及取得国际自由平等问题四项。现关于国际政治问题,业已讨论完毕,兹谨拟就国际集团会公约草案及太平洋各国互助条约草案各一份,并加说明,恭录呈核。至其他各项问题,现仍继续研究中,俟将来得有结果时,再付另案呈核。

附件一:国际集团会公约草案要点

总说明

今日反侵略国家所应共同争取者不仅为一时之军事胜利,且为永久之和平胜利。而保持永久和平胜利之道,厥为在战后确立集体安全制度。回忆上次大战,牺牲未尝不大,教训未尝不深,在战事尚在进行之时,即有"以战止战"之目标,在战事结束之后,复有国际联盟之创设,借以防止侵略,维护和平。以理论言,世界和平应早已获得保障,顾何以盟约墨沈未干,而侵略又复猖獗,战祸弥漫世界,此中原因固多,而国联未能善尽维护和平之责,当为主因。扼要言之,凡有数端:

其一、国联盟约与对德、奥等国和约两者牵连,殊属不幸。在当时美国总统威尔逊原意,无非欲利用和会树立战后和平机构,殊不料反因此而产生一极恶劣之结果。盖战败国每因反对和约之故,随而敌视国联,认其为战胜国执行和约之工具,率相抨击,不与合作,国联之所以未能顺利发展,此实原因之一。故惩前毖后,战后和平机构之新组织法必须与和约分开,单独成立。

其二、国联组织欠缺、权力过小,亦为过去失败之主因。例如理事会本为国联之重心,对于处理国际争议负有重大之责任,但因平时各理事代表分散各处,集议匪易,每遇紧急事件发生,难为迅速有效之行动,又如制裁侵略办法,事先既无拟定之机关,及至实施制裁,又无强制执行之能力,于是侵略者遂得横行无忌,国际秩序破坏无遗,事实俱在,前车可鉴。今后国际和平机构欲求真正发生效能,首须由健全机构、扩大职权做起。

其三、更有进者，国联之所以日趋没落，不能自振，固由于该组织欠缺，权力有限；而各国之缺乏信心，不能合作，亦为重要原因。国联为维护世界和平之机构，自应有其普遍之性质，必须全世界所有国家一致参加，共同合作，方克有济。乃国联成立之初，美国拒绝加入，德国虽欲加入，而又不为协约国所许，苏联则尚未得大多数国家之承认，其后日本因东北事件、德国因军备问题、义大利因不满国联制裁，纷纷退出，因是国联遂陷入支离破碎、无能无力之境地。加以各国利害不一，同床异梦，遇有重大事件发生，往往互相推诿牵掣，难采一致有效之行动。故今后根本之计，在如何养成各国爱护和平之心理，认识集体安全之重要。此次世界大战，证明任何国家不能置身局外，独享和平，故欲保障各国安全，维护世界和平，惟有加强国际机构，共同合作。

基于以上原因，爰有废弃盟章，另订国际集团会公约之拟议。该项公约要点，系根据我国立场，复参照世界情势而拟定。集团会组成之形式，介于国际联合会与世界联邦国家或世界统一国家之间，较之国际联盟，其地位已大见增强，但与"世界国家"之程度相距尚远，此在一般之理想家或不免感觉失望，然即此改革，能否为各国所接受，尚难臆断。吾人因深信其为一较切实际之理想计划，循此而进，将来不难演变为一真正之世界国家。故此项拟议如获实现，对于未来世界和平及人类文明必将大有贡献也。兹将本草案特点摘要分述如下：

（一）组织之更革

1. 理事会改为常设，以备随时执行制裁及处理国际重大事件。另增设军缩委员会及经济合作委员会，分别掌理军缩及国际经济事宜。两委员会之下，又分别附设军事参谋团与经济参谋团，以备集团会各机关关于军事及经济各项技术问题之咨询。并预拟军事及经济制裁办法，送请大会决定，以备随时付诸实行。

2. 理事会、军缩委员会及经济合作委员会，其组成标准各有不同。理事会为集团会之重心，其行动贵在敏捷，故人数不宜太多，但其组织标准颇费斟酌,若所有理事完全指定,易滋纷争;若完全选举,则小国众多,难免操纵,故兼采指定与选举办法。惟指定亦非漫无标准,而系以人口多寡为度,根据统计所示,人口众多之国,亦即战后吾人理想中之主要国家,于理论、实际两不相悖。同样理由,军缩委员会及经济合作委员会之组织亦兼采指定与选举办法,惟其指定所依据之标准,前者为军备,后者为农业生产及工业生产。此种办法可使各会员国多得参加实际活动之机会,足以增进其拥护集团会之热忱及各会员国彼此间之合作。

3. 国际警察亦系新设。按以往国际会议中,对此屡有讨论,各国学者亦多有主张。虽战后各国是否肯于接受,尚有问题,然在理想之国际组织中,似有增设国际警察之必要。盖有国际警察之后,制裁侵略方能有效实施也。

4. 原有之国际劳工局扩充范围,改组为国际社会福利局,办理各种国际社会福利事业。

(二)制度之更革

1. 一致原则之打破:按旧盟约规定国联之决议除另有规定者外,以得全体出席代表之同意为原则。在理论上不无可议,在实际运用上更窒碍难行。尤其关于处理争议及实施制裁之重大决议,每因少数国家从中作梗,难以成立决议。国联行动之迟缓,与力量之薄弱,此为主因。兹本草案规定集团会之决议除另有规定外,只须出席代表三分二之同意,即可成立。此项规定自较切实可行,实为一重大之改革。

2. 禁止使用武力解决国际争议:对于一切国家不分会员国与非会员国,一律适用。所谓“使用武力”并不限于“战争”,较诸旧盟约之规定,其范围自较广泛,意义自较明显,使侵略国无复狡辩之余地。惟本草案亦承认两项例外,即“自卫”与“制裁”,但即此,仍须受理事会之限制,以免借口滥用武力之流弊。

3. 侵略定义之确定:按以往国际战事爆发以后,每因情形复杂,观点不一致,无法判定何方为侵略国;即使能以判定,而列强又往往因政治关系,多方推诿,置而不问,故事先对于侵略之定义有严密规定之必要。关于此点,苏联政府曾于一九三三年二月在世界军缩会议中作详细提案,军缩会议当即指定委员会研究,由希腊公法学家波利的斯主持其事,该委员会旋提出报告,对于苏联之主张甚表赞同,并根据苏联原提案,拟定条款,列入军缩公约草案,本约即以此为蓝本。关于侵略之定义,虽未必尽善尽美,但比较切实可行。

4.制裁之加强:国联对于制裁侵略过于软弱,前已言之,揆厥原因,一以事先无计划制裁之机关;二以缺乏强制执行之能力。本草案针对此弊,一面设置经济、军事两参谋团,负责准备制裁之具体办法,以备实施;一面复组织国际警察,以实行制裁之决议,同时规定理事会为侵略与制裁问题之唯一决议机关,是即以制裁侵略之全权赋予理事会,俾可酌量情形,迅速处理,而无须诿责于大会,再蹈前此议而不决,行而不力之覆辙矣。

5.委任治理地之国际化:本草案对于原有委任治理地,一律改由集团会直接治理,在制度上亦为一重大之变更。按委任治理地,原系上次大战前德、土两国之属地,战后改为委任治理地,分别委托英、法、日等国统治之,实际上等于变相之割让,其治理亦未能悉如国联之理想。此次日本非法利用其委任治理地,向同盟国进攻即其一例。国联成立之初,因组织未臻健全,力量更复有限,委任统治原属权宜之计。兹国际集团会组织加强,职权扩大,对于直接治理,当可优有余力;且收回以后,关于土人利益、自由及宗教信仰与各国商业机会均等,由集团会予以保障,当可更为切实有效。至于治理之程度应视各地之情形而定,但在可能范围内,应尽量促进其独立自主,盖此乃国际治理之最后鹄的也。此外,战后各国殖民地亦无妨照此原则加以调整,其能以独立自主者,可任其民族自决;其不能独立自主者,可划归国际治理。

关于本草案之要点概如上述。至于实行集体安全之步骤,吾人认为应取渐进方式,不宜操之过急。盖和平机构之树立,关系久远,自须慎重研讨,从长计议,庶能跻于尽善尽美之境,奠定万年不拔之基,具体言之,有如下述:

第一，此次大战结束，召开和会时，其讨论范围应仅限于和约，而不及于国际集团会公约，良以和会主旨端在结束战争，恢复和平；和约内容千头万绪，至为繁琐，和会时间有限，断无余裕，以从事集团会公约之研讨，若勉强从事，势必草草了事，甚至引起意外之纠纷。且两者性质不同，任务各异，吾人前已主张公约与和约分开成立，更无急急于在同一和会中同时讨论之必要。以此之故，自以留待另行讨论为宜。惟和会讨论和约时，对于公允一点务宜特别注意。上次和约对于战败国之处置不尽妥善，尤以剥夺其合法发展之机会，为造成战后纷乱之原因。此次战事结束以后，德、义、日等轴心国家之武装固须彻底解除，以绝后患，但对和约其他条款必当力求公允。关于此点，一九三七年七月十六日美国国务卿赫尔所宣布之基本原则，及去年八月十四日美国总统罗斯福与英国首相邱吉尔所发表之共同宣言，亦即本年元旦经二十六国联合宣言而成立之世界宪章，均曾反复提示，可资根据，揆诸我国立国精神与国父遗教，亦相吻合。

第二，和约成立后，应由中、英、美、苏及其它盟国共同担任和约之执行及战后和平之保障。中、英、美、苏为反侵略之主要国家，既因共同奋斗而再造和平，对于战后执行和约，保障和平，匪但理所当然，抑且责无旁贷，但如何而能监督战败国切实履行和约之规定，如何而能于变乱甫定之后，预防反侧之激动，以及如何救济灾民与繁荣战祸区域，此皆同盟国家不可避免之责任，而此种努力正可以为战后各项合作事业奠定基础。此外，盟国并应乘此时机，共同草拟国际集团会公约草案，以便定期开会讨论。

第三，和约成立一两年后，世界秩序应已大体恢复，此时即为讨论集团会公约，进而树立集团会之良机。可由中、英、美、苏发起召集永久和平会议，邀请全世界各国参加，以讨论集团会公约事宜。至于公约内容，虽应尽量接纳各方意见，集思广益，但理想与事实必须兼顾。吾人自认本方案切合战后需要，切实可行，应努力以促其实现也。

外交部致军事委员会参事室函

1944 年 4 月 15 日

公函

案据驻纽约总领事馆编呈三十二年十二月份旬报到部。题为寇白生之世界和平计划,内容足供参考,相应抄奉一份,即希查收为荷。

此致

军事委员会参事室

寇白生之世界和平计划

寇白生(Ely Culbertson)于一年前曾发表一小册子,列举其对战后和平之意见,谓吾人可使世界成为和平安全之福地。此小册子题名曰:《世界联邦计划大要》,该书出版以后,在美国自由思想分子与左派分子之中,引起极热烈之讨论,可谓风靡一时。

此册《大要》实际仅为一更详尽"和平机构"草案之首驱。最近寇白生又著一详尽而扼要之书,名曰:《整个和平》。在此书中,寇氏陈述实行"世界联邦计划"之战术与战略,渠称:依照其办法,可使战争永远绝灭。

兹将寇白生之计划累述如次。寇氏以为世界新秩序之基本组织为将世界各国分为十一个分区联邦(regional federations),由此分区联邦组成一世界联邦,起步情形犹如瑞士各州之组成瑞士联邦。如此则每一分区联邦保有自己之主权,但遇有其他任一联邦之安全受威胁时,则与其他联邦采一致合作之行动,于此分区联邦之中,各国可依旧存在,大体上保存其旧有之国界。

依寇白生之看法,此世界合作机构之组成分子,应为美洲联邦、拉丁欧洲联邦、德国联邦、中欧联邦、俄罗斯联邦、中东联邦、日本联邦、马来联邦与印度联邦,马来与印度联邦应实行自治,但应暂时由美国与英国分别负责代行管理。

美洲联邦应包括中美、南美及阿拉斯加(Alaska),但不包括加拿大。加拿大仍为英国联邦之一部分,英国应保有英帝国领土之大部分,惟西半球之数小岛及王冠殖民地中之香港，必须除外，因香港一向为触犯中国人之祸源。

世界联邦应有一宪法，有一总统，有一世界法庭，并有其他各种立法与行政机关。

寇氏不依赖国际间之亲善关系，世界联邦计划中有武力之组织。此武力依"定额原则"向世界各国征集而成。于此计划之下，世界联邦政府应有权统治各项武器，如战舰、飞机、重炮及有大破坏力之炸弹等。

此类武器专供维持国际警察武力之用。国际警察应由十一个分队组成，其人员由各分区联邦之公民中征募。十一分队之外，另设"流动队"，因有若干小国不能有主权独立国家之资格，即用此资格，以参加分区联邦，此类小国公民中征募之兵士即用以组织"流动队"。据寇白生称此流动队佳妙之处，为其使各区力量均衡之控制力，流动队占世界武力之百分之二十二，如此则世界上之小国不如过去一般听随强大国家宰割也。

惟每一世界主要强国应有定额之兵备，因联合国之三大强国中无一国贪求土地之扩张，寇白生以为各国享有之武器应作下列之分配：美国享有百分之二十，苏俄与英国各享有百分之十五，德国可享有百分之三，日本可享有百分之二。

世界每一个国家应有自己之军队，德国与日本亦包括在内。因寇白生氏认为让德国内部有其自己之武装较佳，盖以外国军队占据德国，不免刺激其人民愤恨与复仇之心理。但此种军队仅有极有限之武器供其使用。

查寇白生生于罗马尼亚，其父为苏格兰种之美国矿业工程师。寇氏在美国以精于桥戏而致富，曾借其"寇白生制"获利至二百万元。寇氏自于帝俄时代一度尝铁窗风味后，即立志欲将世界人类自暴君与战争之中解放出来，寇氏少年时为克鲁泡特金之无政府主义派之信徒，彼信仰合作主义而反对以国家暴力摧残个人，寇氏曾谓"余一向未尝对于合作律发生怀疑，盖合作律乃社会与个人之至上定律。但于强暴者之间亦应用同样之合作律,彼辈之组织甚至优于爱好和平者,吾人之严重错误为未将世界武力加以改组,而打破以少数分子奴役多数人类之社会状况"。寇氏著《整个和平》书,目的即在申述其由多数人民运用武力,以限少数恶人之原则。

中国第二历史档案馆藏外交部档案,761/157

军委会侍从室致王世杰函
1944 年 6 月 19 日

敬启者:奉谕抄送荷外长称各小国反对四强控制战后世界组织情报件,即请查照参考为荷。

此致

参事室王主任

　　附抄情报乙件

军事委员会委员长侍从室　谨启

附件:荷外长称:各小国反对四强控制战后世界组织

荷兰外交部长克莱芬氏(Klefens)评邱吉尔演说与赫尔宣言谓:小国对美、英、中、苏四国负责控制战后世界组织一事不能拥护,依彼之见,在作战之负担与其对共同文化贡献着想,各小国应有参与设法避免战争之机会,故荷外长主张采取轮流制,使各小国与享有永久代表权之大国同负理事责任。

据报荷外长此言系代表各小国所发表。

中国第二历史档案馆藏外交部档案,761/157

中国国民外交协会拟《战后和平意见书》
1944 年 7 月 7 日

结束战争之工作,为未来和平会议工作中心之一部分,仅具某种程度之善后性质,开启和平之先路。而世界永久和平之缔造,仍有待于联合国进一步之努力。至于未来永久和平,果如何缔造乎?扼要言之:厥为树立集体安全之整个体系,消极的根除战争之原因,并防止战争之再起;积极的培植和平之意志与力量,并造成合作共荣之环境。兹从政治、军事、法律、经济、社会、文化、卫生各方面,分别言之。

政治方面

一、集体安全首脑组织之建立

为防止战争及促进合作,必须成立国际的机构,而鉴于过去国际机构之种种缺点,吾人必须成立一种普遍而有效之国际组织,以为集体安全之保障,兹建议于下:

(一)维护集体安全之原则:甲、任何国际争端,必须和平解决,不得诉诸武力。乙、尽量充实和平解决纠纷之办法,如和解、仲裁、国际法庭等。丙、对于侵略之定义,必须明白规定。丁、确定制裁之方式与步骤。制裁之决议,须具有强制力量,所有会员均有遵行决议之绝对义务。戊、采取实际有效之步骤,从事于消灭战争之原因,如厉行军缩及促成国际经济合作等。

(二)范围:集体安全之机构,最后必须包有全世界所有国家,会员国非经特许不得自行退出。

(三)步骤:先由美、英、苏、中拟定方案,由联合国为基本会员,从事组织。然后酌量分别邀请全世界国家逐渐参加。(对于此次战争之中立国,于组织伊始时,即可酌量分别请其参加;对于侵略国,须待至完成彻底解除武装及改组政权之工作,并充分证明其和平民主合作之意志以后,再行酌量分别请其参加。)

(四)组织形式:未来集体安全组织之形式,不外(1)联合会,(2)邦联,(3)联邦,(4)世界国家四种。而四者之中,世界国家太近理想,事实上恐难一蹴而成。同时鉴于过去联合会之失败,吾人认为新集体安全组织,必介于邦联与联邦之间,即尽量加强联合会,扩大其职权,严密其组织,以能切实执行制裁,维护和平为目的。

(五)机构:集体安全之首脑组织为大会、常务委员会(理事会或行政院)及秘书处。上述三种机构如何组织,兹不具论。惟鉴于过去国际组织之失败,吾人认为下列几点,可以考虑。

(1)投票权之规定,以各国人口之多寡,及其对于维护世界和平所担任义务之大小,参酌规定其应有之投票权数。

(2)决议之通过,过去联合会之决议,除关于程序问题者外,需要全体一致之通过,致在事实上,使重要议案尤其关于制裁侵略之议案甚难成立。因此,吾人主张,除有特殊规定者外,①关于重大决议,如修改组织法,或处理争端,或确定制裁之决议,需要出席会员四分之三之通过,方可成立。②关于程序问题之决议,需要出席会员过半数之通过,即可成立。

(六)经费:由各国按其人口及国民所得摊派。

二、区域安全

区域安全制度之成立,吾人认为更可充实集体安全。惟各区域组织应隶属于集体安全制度之下;其目的与作用,在于加强集体安全组织,使其相辅相成,而不在于削减全体组织之力量。至此区域安全组织之成立,究应在集体安全组织成立之先,抑在集体安全组织成立之后,论者意见不一。吾人以为,应先有世界之集体安全组织,然后在一般原则之下,成立区域安全组织。

(一)机构　应与集体安全之组织相类似,惟在组成分子方面具体而微耳。

(二)太平洋区域　今之论者,率主张在集体安全组织之下,分设三个区域安全组织:即(1)欧洲与大西洋,(2)西半球,(3)东亚与太平洋。除以上(1)(2)两区暂不置论外,东亚与太平洋区域安全之组织,应以美、英、苏、中、荷、加拿大、纽西兰、澳大利亚、菲律宾、印度等为基本会员。其它国家如韩国、泰国等先后分别请其参加。至敌国日本之加入,则须遵守特别之条件。

三、民族问题

(一)民族问题之解决,应遵照下列四大文献之主张:(1)大西洋宪章,(2)罗斯福总统所倡导之四大自由,(3)蒋委员长三十一年十一月十七日在纽约前锋论坛报发表之论文《尊重民族自由平等》,(4)四国宣言及开罗、德黑兰两会议宣言。

(二)关于民族问题之解决,应采取之原则如下:(1)各民族应独立自由平等,不应因言语、种族、宗教之不同,而被歧视。(2)对于各洲被侵略国占领的国家与民族,应一律恢复其独立与自由。

(三)殖民地之处理:殖民地之争夺,为战争原因之一。故欲确保世界之永久和平,则殖民政策包括各国委任统治制度在内,必根据大西洋宪章之原则,最后达到废除之目的;至低限度亦必须加以修正改良,逐渐达到自治。

(1)吾人应确认:殖民地制度,断无永久保持之必要,现有一切殖民地,务使其于最短期间能独立自主。

(2)轴心国家之殖民地,于战后均应立刻交由国际治理,不得转让他国。

(3)非轴心国家之殖民地,于战后亦应由国际会议决定各地限于若干年内必须获得自主与独立。此自须视各地文化、经济等情形而定,管理者应逐年拟具报告,说明其进展程度,在未完成独立以前,各殖民地赋税收入,应完全用于本地人民,而非仅只大部分。

(四)委任统治地之国际化:所有现行之委任统治地,或将来若干共同决定有国际管理必要之地点,一概交由集体安全总机构直接统治之,改名为国际治理地,视其文化、经济之程度,以备逐渐助成其自治或独立。所有国际治理地土人之利益,及有关各国在经济上所享有之机会均等,概由集体安全总机构予以保障。并设国际治理地委员会,为负责执行之机构。

军事方面

一、国际武力之建立及其编配

欲求未来世界和平之持久,即不得不使集体安全总机构为一强有力之机构。因此除各国因自卫必须保持一定量之军备外,国际武力之建立,殆属迫不容缓。建议如下:

（一）在未来集体安全总机构之下，应建立国际武力，执行并只执行集体安全总机构之决议制裁侵略，袪除战争，借以维护国际之安宁与秩序，除国际武力外，任何国家不得在他国使用武力。

（二）在停战以后，和约签订以前，此种国际武力尚未及成立之际，应由美、英、苏、中及其他主要联合国互商各出适当之武力，暂时代替执行国际武力之任务，至国际武力编配完成之日为止。

（三）此项国际武力分为常备、后备二种，常备军之性质，等于一种国际警察，其人数及其供应，应以各国人口多少、领土大小、海岸线之长短、生产力之大小，为应行摊出之标准，其总人数暂定为五万，其任务仅在国际事端发生时开入争议地点，以防止事端之扩大。至于侵略责任确定后，应行动员之后备军，其数量、程序由国际安全总机构决定。

（四）全世界应划分为数区，就各区域需要之情形分别驻扎国际常备军，以便就近执行任务，俾可迅速而彻底。

（五）所有国际武力所必需之海空军根据地及其交通网，应交由国际处理，并入于集体安全总机构下国际治理地委员会之行政范围以内。

（六）集体组织应预先详拟各种军事制裁方案，俾某一区域发生侵略事件时，各国即可依照预定方案施以制裁。

二、军缩委员会

在军事方面除上述国际武力之建立及其编配以外，仍应努力于一般军缩之工作，良以扩军之负担固足以影响各该国乃至国际间之财政与经济，尤其竞军之结果，更足以扰乱国际之心理与安定。吾人认为在集体安全总机构之下，应设立军缩委员会，其任务如下：

（一）议订军缩公约，在国际支配下，以适应各国自卫需要为原则，规定一定期定额（最低限度）军备之计划，各国必须依照为适当之缩减，不能擅自超过，违者予以适当之处罚。

（二）监视军缩公约之执行，包括调查并监督各国军备之制造与交易。

（三）编制各国军备与军事经费之统计，为定期之报告。

三、侵略定义及制裁侵略步骤之确定

（一）侵略定义：鉴于过去侵略定义之未能确定，以致制裁侵略之规定，无法加以机械的应用，故此次集体安全总机构对于侵略定义必须予以确定。

关于侵略定义之方式不外两种，即一采概括之方式，一采列举之方式。吾人认为列举之方式，在内容上较为具体，在应用上即较为便捷，最著名而亦最详尽之侵略定义当推苏联前外长李维诺夫所首拟用之定义，颇得国际人士之赞同，举凡历史上一切侵略行为及侵略国所惯用之借口，几于无所不包。此一定义曾被采入苏联一九三三年七月三日在伦敦与阿富汗、爱沙尼亚、拉特维亚、伊朗、土耳其、波兰与罗马尼亚，又同月四日与土耳其及小协约国，同月五日与立陶宛所签订之各互不侵犯条约内。吾人主张即以此定义为未来集体安全总机构讨论之根据，其原文如下：

（甲）在任何国际冲突中凡首先犯左列任何行为之一者为侵略国：（1）先向他国宣战者；（2）不宣战而其军队攻入他国领土；（3）不宣战而以陆海空军袭击他国领土、海军、空军者；（4）以海军封锁他国之海岸或海港者；（5）对于本国内结合而已实行进攻他国领土之武装团体予以援助者，或虽经被进攻国之请求而拒绝于本国领土内竭力采取一切措置以禁绝对于此项武装团体之一切援助或保护者。

（乙）任何政治、军事、经济或其它原因，均不得用为上列各项侵略行为之借口或理由。下列各款尤不得作为侵略之理由：

（1）一国之内部情形——如政治、经济或社会之组织、行政上之缺点，以及由于罢工、革命、反革命或内战所引起之纷乱。

（2）一国之对外行为——如侵犯或威胁他国或其人民物质上或精神上之权益，断绝外交或经济的关系，实行经济上或财政上之抵制，发生对外经济或财政义务之争议，及上列各项侵略行为以外之边境冲突。

为避免战争之发生，未来集体安全总机构以和平方法解决国际纠纷时,得随时宣布紧急办法,或要求敌对行为之中止,或要求国境内军队之撤退。如果当事国一方同意,他方反对,则反对者即为侵略国。

至于因自卫而采取之行动,必须在可能范围内先行报告集体安全总机构,并得其认可,否则亦必经过报告,请求追认。在上述任一场合之下,如集体安全总机构不予认可,则必接受集体安全总机构之处理,违者以侵略论。

最后一切侵略之制裁,必须以集体安全总机构所决定者为限。

(二)制裁侵略之步骤:在确定侵略定义以外,吾人认为应确定制裁侵略之方式,如外交上、经济上及军事上所应采取之制裁步骤,必须明白规定,以期迅赴事机。为便于执行制裁起见,除应在集体安全总机构下,设置国际武力,已见上述外,并应经常设立执行制裁之小组委员会与军事参谋团及经济参谋团,取得经常而密切之联系,分工合作。至于集体安全总机构,关于制裁侵略之决议,概具有强制力量,所有会员国均有遵行决议之义务。

四、军事参谋团

军事参谋团,除负责接受集体安全总机构关于制裁侵略之咨询及提供具体可行之计划外,并负责指挥国际武力,但仅以集体安全总机构之决议为限。

法律方面

一、国际法庭权限之扩充

(一)国际法庭必须隶属于集体安全总机构之下。

(二)凡不能用其它和平方式解决之国际纠纷,不分性质,集体安全总机构或区域安全机构,均得交付国际法庭审判之,或提供法律上之意见。

(三)每一国际争议之当事国两造或第三者,亦得向国际法庭提起陈诉。

(四)所有国际法庭之决议,除注明提供法律上意见者外,具有强制力,当事者必须遵守,违者予以适当之制裁。

二、国际公法之编纂

为维持世界和平，为使各国遵守法律，正在发展之国际法，有随时时加以编纂之必要，集体安全总机构下，应有一类似法制局之组织，由专家组成，就国际间可以立法之问题，草拟条例，由召集国际法编纂会议，予以通过，以树国际立法之基础。

三、和平变更现状之规定

维持现状，虽能维持和平，但欲长期维持和平，即不能永久维持现状；而要在和平状态之下，为适当之变更，庶可随时随事随地而有所因应。例如国际条约，经过若干时期，因情势变更而不能适用，或纵提付交涉而不能改善，长此继续，势将危害和平。此外，又如不合时宜之国际情势，如不为适当之修正，亦势必影响和平。因此之故，在未来集体之安全总机构内，对于和平变更之办法，必须有明白之规定。在原则上，吾人主张：凡不适用之国际条约以及国际情势，继续不改，或致危及世界之和平；应鼓励有关国家，利用外交途径，从事解决。如外交交涉不能解决时，得由关系国或第三者，提请集体安全总机构为适宜之处理。此项处理方法，以得出席会员国四分之三之通过，方告成立。此项决议，概须具有强制性。关系国如对此处理方法之决议不予遵行时，应即予以适当之制裁。

四、国际条约之登记与审查

（一）其次，鉴于过去国际条约登记办法之完善，对于公开外交及世界和平，有甚大之贡献，故此后集体安全总机构，对于国际条约之登记办法，仍应予以继续维持。

凡各国间已订之条约而尚未履行登记手续者，应一律于集体安全总机构成立后，限期补行登记。而未经当事国于限期内送请补行登记，即以废止论。如于送请补行登记时，发现有违反集体安全公约之处，或妨害第三国之领土主权者，经国际法庭之宣布，亦应作为废止。

（二）集体安全公约，应规定：各国各自承认，凡彼此间所有与本公约条文抵触之义务或协商，均因本公约而废止；并庄严担任，此后不得订立与本公约相反之义务或协商。

《中华民国与联合国史料汇编》筹设篇,第 104—112 页

王世杰呈蒋介石
1944 年 7 月 13 日

谨签呈者:关于世界和平组织,职室周参事鲠生近年在美专门从事研究,观察甚细,现拟有新"国联"(Union of Nations)约章草案一件,共二十九条。内容系参照(一)英美现时舆论,(二)我国立场以及(三)国际联盟过去经验拟订。职室在过去一年内亦曾一再与之往返商讨,现时我国公私团体尚无此项具体草案,周参事所拟殊值重视。兹谨检同原件及中文译文各一件附呈察阅。可否? 核交外交部缜密研讨,并乞察裁。谨呈委员长。

陈布雷注:关于战后国际永久和平机构之组织,前年曾由国防最高委员会国际问题研究会拟有具体方案,此件似须先交王秘书长亮畴先生并同前案参酌研究。

附件:国联(Union of Nations)约章草案

第一条　国际社会内之各国为维持国际和平及安全,并增进各国间之共同利益,组织国联。联合国为国联之发起会员国。本约章附件内所列举之国家为应邀加入之国家,其入会手续为在本会成立两月之内,将入会声明送达本会秘书处。其他国家之入会须经本会大会(包含理事会内各国之代表在内)三分之二之议决。此项决议之作成,须先行考虑准许入会之国家是否有在本约章规定下忠实执行国际义务之能力及志愿。会员国不得被驱逐出会,亦不得退会。

第二条　各会员国同意下列原则为公正而和平之国际关系以及持久之世界秩序之基础:

(一)一国对外之国际关系须受国际公法一般规定之约束。一国之主权须受国际公法规定之限制。

(二)一国使用武力对抗他国,或以使用武力恫吓他国,应认为关

系所有第三国及国际社会之重大事件。各国须与他国合作,采取防止或镇压此种使用武力之有效方法。

（三）各国须尊重他国之领土完整、政治独立。各国有不干预他国内政及防止在他国领土内鼓动该国内乱之义务。

（四）各国间之争议,应用和平方法解决之,并只能用和平方法解决。

（五）国际间之局势,包括条约关系在内,应视环境需要,用和平方法变更或调整之。

第三条　以区域或职务为单位之国际组织得在国联系统内成立,但其成立之目的不得与国联之目的抵触。此种区域或职务组织之活动,须受整个组织之国联之控制与督导。

第四条　依本约章所成立之国联,其组织包括大会、理事会及秘书处。

第五条　大会由各会员国之代表组成之。每一会员国在大会中只有一投票权,其代表人数得视其在国际事务上之重要性定为一人至五人。各会员国代表名额由大会按该国之领土面积、人口、富源及其他政治文化因素决定之。理事会由美、英、苏、中及大会选出之其他五会员国之代表组成之。选举之理事国代表任期为二年。在大会未选出以前,指定下列各国为理事会临时会员国:……在理事会中无代表之会员国遇理事会讨论特别有关该国利益之事项时,得派代表一人参加,但无投票权。

第六条　大会应经常定期举行会议,每年至少一次。经理事会之建议或多数会员国之请求,大会得召开临时会。理事会应视事实需要随时举行会议,每年至少举行两次。凡在国联职权范围内之事项,或有关世界和平事项,均得于大会及理事会会议中处理之。大会及理事会之会议应在联合会所在地或会都或其他决定之地点举行。

第七条　除法律别有明文规定外,大会及理事会之决议均须以三分之二之多数可决行之。大会及理事会得自定其议事程序。凡有关程序问题(包括委员会之指派)之决定,用多数可决行之。

第八条 大会为处理行政事务,在其所在地或会都设秘书处,并以之为国际问题之情报及研究中心。秘书处秘书长由理事会得大会之同意任命之。秘书长经理事会同意,得任命秘书处各秘书。秘书处职员及出席大会及理事会之会员国代表及其工作属员在大会所在地及其他会议地点,享受外交特权。

第九条 国联所在地或会都定为——。其全境划为国际区域,作为国联各种机构之治外法权地区。

第十条 国联之总预算及为维持秘书处及其他所属机构办公所需要之财政,均由大会议决之。有关秘书处及国联其他职员之薪给、恤金、任免及纪律等规则由大会制颁之。

第十一条 大会得理事会之同意,得修正国际公法之原则,并得制定新国际法原则。

第十二条 大会经理事会之同意,得制定有关创立并维持国际警卫力量之章则。此种警卫力量受理事会之命,得随时出动,以防止或抵拒侵略,大会为执行本约章所规定之国际义务,并得制定制裁抗命国家之办法。

第十三条 大会得理事会之同意,得制定办法缩减并限制各国军备,至足以维持国内安全、履行国际义务之程度为止。各会员国之军备须与规定之办法相符。此类办法经过一定期间后,得予修正或调整。各会员国之军备须由国联主管机关视察并报告大会。

第十四条 大会得理事会之同意,得成立一国际参谋本部,在大会及理事会指挥下,处理有关国际武力使用及维持各国武力之分配、各国军备之视察及大会、理事会所定其他有关军事之事项。国际参谋本部关于与维持普遍安全有关之海陆空问题,并为大会及理事会之顾问机关。

第十五条 大会得理事会之同意得设置特殊机构,以处理下列事务:(一)国际贸易,(二)国际财政及金融问题,(三)食粮及原料,(四)

国际运输与交通,(五)公共卫生,(六)国际运毒,(七)人口及移民问题,(八)劳工状况,(九)社会安全,(十)文化与科学合作。现有之处理国际共同事务之国际机关,如国际劳工组织、邮政联合会等,应置于国联管辖之下,并修改其章程,使与国联之组织宗旨符合。

第十六条　常设国际法庭,为国联之司法机关,其规程应加修改,俾与国联之组织宗旨符合。国际仲裁法院为国联之一机关,各会员国得加入一九〇七年成立之海牙和平解决国际纠纷之协定。

第十七条　会员国间不许有战争状态之存在,会员国间不得使用武力或有恫吓使用武力之举,但依本约章规定,履行国际义务及为自卫而抗拒他会员国则不在此限。一会员国因受另一会员国攻击而实行自卫时,其武力行动应受理事会之直接审核与控制。除前款所述情形外,任何会员国使用武力对抗另一会员国,应视为对抗该会员国及整个国际社会之侵略行为,侵略国应受理事会得大会同意后所决定之经济及武力制裁之处分。理事会在任何情形下,均应立即指挥国际参谋本部,采取必须之紧急措置,保护国际社会利益及会员国之安全。如理事会需用武力镇压侵略,或需要实施军事制裁时,各会员国有派遣必要武力之义务,如他国武力系为国际共同行动而出动,会员国并应许其有自由过境权。大会或理事会开会讨论侵略国家事件时,该国代表不得投票。

第十八条　理事会由于自动或受会员国之请求,有权受理足以直接影响国际和平或一般利益之国际局势,并为应付此种局势,有采取必要措施之权。

第十九条　会员国间如有足以召致破裂之争议,且非可依普通外交手续解决,或可依两国间商定之调解方法解决,或可依两国现存条约中所定调解方法解决者,应即交付仲裁,或提交常设国际法庭,或提出理事会;如争议国一方不服从判决或决议时,理事会为求执行此类判决或决议,有权采取必要行动。如该国在理事会有代表,理事会讨论执行事项时,该国代表不得投票。

第二十条　常设国际法庭对于各国间未送仲裁,或理事会处理之有关法律权益之争议,有裁判之权。此种裁判权一经争议国一方之请求,即可行使。常设国际法庭对于有关其裁判权之问题,有自行决定之权。

第二十一条　争议国如将争议交付仲裁,此仲裁法院得为一九〇七年海牙条约规定之常设仲裁法院,或为依争议国双方同意或依双方现行条约规定而成立之其他仲裁法院。

第二十二条　凡非在常设国际法庭或仲裁法院处理中之争议,理事会受争议国之请求,或由于自动有权过问,无论受请或出于自动,理事会对于争议应加充分调查考虑,以求其解决。理事会对于上项争议如无满意之解决,应用一致可决方式作成报告书,说明解决争议之公允办法,此项报告书对于争议双方均有拘束力量。关于争议之法律问题,理事会得向常设国际法庭征询意见,或将争议送请大会解决。如送大会解决,本条有关理事会行动及权力之规定,对于大会亦得适用,惟大会三分之二(包括理事会国家之代表在内)可决之报告书,其效力与理事会全体可决之报告书相等。大会或理事会开会讨论争议时,争议国双方无投票权。遇有理事会或大会不能解决之争议,并不能作成有拘束力之报告书时,理事会应采取适当行动,以防止争议之加重或扩大。

第二十三条　会员国同意凡各国所订与本约章规定不合之条约义务,应即作废,并同意今后不再签订与本约规定不合之约文。

第二十四条　今后会员国间所订条约或国际协定,应即向本会秘书处登记,并由秘书处尽速发表。任何条约或国际协定在未经如斯登记前,不生拘束力。

第二十五条　大会受订约任何一方之请求,并经理事会同意,有权建议双方将与现状不合之约文加以修正。订约任何一方如未能照大会建议,将约文修正,国际常设法庭受他方之请求,如发现双方订约时所根据之事实已不存在,或就现状而言,约文规定对于一方已成过重负担时,得宣判该项条文之一部或全部已不存在,勿庸再予执行。

第二十六条　大会由于自动或受会员国之请求,并经理事会同意,对于足以危及国际和平及会员国间善意谅解之国际局势,得建议有关各方予以考虑并改善之。如有关国家不能照大会建议诚意改善时,理事会应采适当措施,以防止局势之恶化。

第二十七条　各会员国同意,各国内之宗教的或种族的少数民族之待遇,为国际社会共同关心之事件。境内有少数民族之会员国,不得有立法上及行政上歧视此类少数民族之办法,对于为维持种族、宗教自由所必需之社会文化等便利,并不得剥夺。本条之规定会员国如有不予履行情事,理事会由于自动或受他国声请,应确采适当措置,以求其履行。

第二十八条　会员国共认信托原则为各国将来担当或重行管理殖民地或属地之基本原则。此种管理之直接目标为增进当地人民之自治能力与提高其经济文化水准。为顾全国际社会及当地人民之利益起见,理事会经大会之裁可,有权对各会员国管理殖民地作一般之监督。

第二十九条　大会依理事会全体一致投票之赞同,得修改本约章,但修改后十二个月内,如有四分之一会员国正式表示反对时,修正案不能生效。

《中华民国与联合国史料汇编》筹设篇,第 131—138 页

王世杰呈蒋介石
1944 年 7 月 15 日

谨签呈者:美国拟召集之国际安全和平组织会议即将举行。关于此问题,职室已遵谕详加研讨,兹拟就《我政府关于国际安全和平组织问题之主张(要点)》一件,谨连同英文译文,附呈察核。谨呈委员长。

陈布雷签:核定拟交外交部电告孔副院长。

附件:我政府关于国际安全和平组织问题之主张(要点)

(甲)基本政策

一、国际安全和平组织应尽速在战事结束前成立。

(说明)此种组织之设置,需要各国接受诸种义务与限制,战事结

束后各国——尤其各大国——因共同敌人已溃败，将不易接受重大义务或限制，此其一。美国政府之权威在战时为最高，战事终止以后，美国对于各国之领导能力，或支配能力，或不免减小，此种组织如迟至彼时始决定成立，困难必多，理想的组织愈将不易实现，威尔逊在巴黎和会之失败可为前鉴。此其二。

二、国际安全和平组织应有充分力量，其行动应充分敏活。

三、不主张美、英、苏、中四国享有过大之特权。（其特殊地位不必超过本案第六条之范围）

（说明）我如主张其他特权，势必增加各小国对我之反感。且四国纵令享有其他特权，实际上我亦未必能利用，其能利用此种特权者实际上将为英、苏等国。彼等利用此权时，容或予我以不利。

（乙）设立程序

四、以联合国为此种组织之创立者。

五、国际安全和平组织自应包含代表大会、理事会暨国际法庭，但应先行成立理事会。

六、大会应于理事会成立后至迟两年以内召集。理事会会员除英、美、苏、中为常任理事外，其余非常任理事应由大会选举。但第一届理事会中之非常任理事得由美、英、中、苏四国暂先推选，或依其他简便方法推选，其任期至第一届大会召集时为止。此种推选应顾及地域之分配。（法国、捷克、加拿大、巴西、菲律宾五国我国可予以赞助，如土耳其参战，我可赞助土国参加，以代菲律宾。）

（丙）组织原则

七、理事会会员国除美、英、中、苏四国外，应包含其他会员国五国。

八、国际安全和平组织除应设置理事会、大会、国际法庭及秘书机构外，并得依区域需要及特种职务之需要，设立区域组织及特种职务性之组织。

九、一切国际争议，须依和平方法解决，凡未能依普通外交手续解决之争议，必须提付仲裁，或由大会或理事会处理。

十、国际安全和平组织对于侵略国负有执行经济、政治暨军事制裁之责任。

十一、国际安全和平组织应具有执行军事制裁之充分力量。为达此种目的,此种组织应于此次战事结束后数年内逐渐成立强有力之国际空军,并于此期间内逐渐废止各国空军。

十二、国际安全和平组织应负有决定国际裁军办法暨监视其执行之权力。

十三、国际安全和平组织应具有修正不合时宜的条约暨国际公法(或令其修正)之权力。

十四、大会暨理事会之决议,以依三分之二多数表决为原则。

十五、会员国不得退会。

《中华民国与联合国史料汇编》筹设篇,第138—140页

宋子文致蒋介石

1944 年 7 月 17 日

案奉钧座八三三〇号手谕,饬对于国际政策与和会提案拟就详报等因,遵经拟定题目多种,指派专人研究,并开会多次研讨,现已大致就绪,以后即拟逐项整理,编成方案,陆续呈请鉴核。

现查美国已定于八月初分别召集中、英、苏三国,商讨成立国际和平机构问题。职部对此亦曾参阅各国公私发表文件,并根据国内各方意见,拟定《国际和平联合会公约(要点)》一小册。其中大纲为联合会大会最后应包括一切国家;理事会则由中、美、英、苏四国及另由大会推选之三或四国代表组织;下设秘书厅、军事委员会、经济委员会、国际统治监督地区委员会、国际法制局、国际社会福利局、国际文化事务局、国际法庭等机构,对于国际争议之解决、侵略之制裁及区域之组织,亦均有所规定。兹特附呈,即请核定发交我国出席华盛顿代表,作为讨论之资料。

惟查此项拟议,系就战后和平建立时假想而设,必须经过相当过渡

期间始能完成。在目下讨论和平机构时,自有若干实际问题需要现实解决。兹谨择其要者,就我国立场,拟定方策如下:

一、理事会之组织　去年联合国成立善后救济总署,只以中、美、英、苏四国为中央委员会委员。当时各小国均啧有烦言,美国最近发表其所拟国际机构要点,亦曾顾虑及此,除将四国列为常任理事外,另定由其他联合国中轮流,以四国充任。就我国立场言,参加理事会之国家除中、美、英、苏外,似以愈少为愈妙,如无较美国之建议尚少者,似可赞成美国提案。

再,除中、美、英、苏外之理事,若由其他各国轮流担任自无问题,若须选举或暂定由中、英、美、苏推定,则我国似应赞助下列四国担任:(一)菲律宾:因亚洲国家除菲律宾外,非守中立,即仰鼻息于英、苏。(二)加拿大:因对我甚好,且推英属自治领之一为理事,即可防止澳大利亚之竞选。(三)巴西:因其在南美,且对我素表好感。(四)法民族解放委员会:但此于我利害参半,法国将来仍不免为世界之主要国家,我于此时博其友情,自属甚是。但一旦被选,对于将来越南之处置必有掣肘之处,惟照目前趋势而言,其当选希望甚多,凡事之必成者似不妨因而成之,然此所关甚大,尚请钧座核定。

二、理事会决议之效力问题　就我立场言,我似宜主张理事会决议经三分之二或多数之通过,应有强制施行之效力。惟此恐非美国所能接受,若美国能弃其成见,赞成此议,则我当力促其成,否则似可听其自然。

三、莫斯科宣言曾声明在和平机构未成立以前,应由四强维持和平,华盛顿之未来会议或亦作同样主张。故四强武力配备之定额问题极关重要,我国军备较其他三国为差,故应在此际暗中运用,使我能在此次会议中取得切实整军之根据。但亦不可自定额数太高,使人怀疑。最好建议以四国之人口、土地、现有服役军队及军火生产能力为标准,规定各该国军备数额,暗中达到美国第一,英、苏次之,我与英、苏相差不远之目的。

四、远东区分会问题　目前若即成立,则除中、美、英、苏外,澳、纽、法、荷、印亦必要求参加,于我不利。且即使将来成立,此种不利情形或亦将继续存在。故我现应主张不设立,而另用其他方法取得远东领导权。职部认为最好在此时建议仿效欧洲顾问委员会例,在重庆成立远东顾问委员会,以便有效的处理远东战时与战后之特殊问题。目前由中、美、英组织,日后苏联如参加远东战争,亦可加入。

以上各点,是否有当,敬请钧裁。谨呈委员长蒋。

《中华民国与联合国史料汇编》筹设篇,140—142 页

蒋介石致宋子文

1944 年 7 月 20 日

外交部宋部长勋鉴:七月十七日签呈及附件均悉,兹分别核示如次:

(甲)所拟《国际和平联合会公约(要点)》应否即在此次会议中提出,已交王秘书长亮畴先生并同其他有关各案研议具复,俟复到再行核示。

(乙)关于目前对策部分,日前经面嘱本会参事室王主任研究,兹据拟具《关于国际安全和平组织问题之主张(要点)》中英文各一份前来,查与该部拟议各项大致略同,兹将原件随文抄转参考,并就来呈请示各项分别指示如下:(一)关于理事会之组织者,第一届理事会中之常任理事除美、英、中、苏外,似以五国为宜,其理事若须选举或推定,则除法国、加拿大、菲律宾、巴西外,我可扶助捷克当选。如土耳其参战,则应扶助土耳其当选,以代菲律宾。(二)关于理事会决议之效力问题,可主张以三分之二表决为原则。(三)所拟建议以四国人口、土地、现有服役军队及军火生产能力为四强维持和平武力配备之定额标准一节,可交我出席代表参考,以便他国提及时,相机运用。(四)所拟建议在重庆成立远东顾问委员会,目前由中、英、美组织,日后苏联如参加远东战争,亦可加入一节,若美、英不提,我国不主动提出亦可,此点可电

由我代表相机酌定。以上各项希即参照参事室所拟"主张要点",由部电告孔副院长为要。中。午皓。侍秘。

《中华民国与联合国史料汇编》筹设篇,第156—157页

宋子文致孔祥熙等电

1944 年 7 月 22 日

电华盛顿驻美大使馆:转去电专号804号 三十三年七月二十二日电

孔副院长、胡次长:关于我国参加战后国际和平组织会议事,主要有关资料业托美军部邮机带交大使馆特呈。另奉主席代电:

(一)关于第一届理事会组织,除英、美、中、苏四国充任常任理事外,其余非常任理事似以五国为宜。如须由其他国轮流担任,我可同意。如须选举或推定,我方应主张顾及地域之分配,以扶持法国、捷克、加拿大、巴西、菲律宾五国当选为宜。如将来土耳其参战,则应助土当选以代菲。

(二)关于理事会决议之效力问题,可主张以三分之二表决为原则。

(三)关于四强维持和平之武力配备定额一节,似可以四国之人口、土地、现有服役军队及军火生产能力为标准,俾暗中达到美国第一,英、苏次之,我国比英、苏相差不远之目的。

(四)国际和平组织负制裁侵略之责任,应具有制裁之充分力量。

战后数年内应逐渐成立国际空军,同时,废止各国空军,以上各点均请酌情形相机运用。

宋子文

中国第二历史档案馆藏军事委员会参事室档案,761/112

王宠惠拟呈我方基本态度与对重要问题之立场

1944 年 7 月 24 日

基本态度

（一）暂不正式提出整个对案，可就美方草案，依照我国立场，建议补充或修改。

（二）世界和平机构，以愈坚强有利为愈宜。

（三）世界和平机构之全部或一部分，应主张尽早成立。例如由中、美、英、苏四国，或由中、美、英、苏四国以及其他一部分或全部分联合国先行成立，然后次第扩充，以包括一切国家。

（四）凡英、美、苏在世界和平机构中所参与之事项，我国应以平等地位同样参与。

（五）凡与我方立场或利害无甚关系，而美、英、苏意见不同时，我方宜相当重视美方意见。

对重要问题之立场

（1）设置普遍性之世界和平机构，如有区域组织，应隶属于世界和平机构之下，目前不宜强调区域组织。

（2）一切国际争议应用和平方法解决。

（3）承认种族平等。

上项原则，此次是否即行提出，应酌量会议一般空气，再行决定。

（4）如果于一国一票平等原则外，另行探讨各国投票权多寡标准问题，我方似可主张以人口、地域、天然资源等为标准。（国际问题讨论会曾讨论此点。）

（5）议案之表决，以大多数（如三分之二）通过，不需全体一致为宜。

（6）何为侵略，应有明确详细之规定，如何应用制裁，亦应有具体之规定。

（7）国际警察以设置为宜，如不设置，最低限度应有国际空军，以取得制裁侵略时初步之优越地位，并应规定如何动员各会员国武力，以共同制裁侵略之办法。

（8）和平变更除承认原则外，同时应规定具体应用办法。

（9）军缩问题如经提出，可主张各国军储，凡超过足以自卫之程度者应逐渐裁减至能自卫之程度为止。

（10）赞成道义军缩，建议文化合作。

（11）成立一国际军事参议团，其主要任务为执行制裁侵略及监督军缩计划之履行。

（12）设立一国际经济合作机关。

（13）一般委任统治地，应以改由国际和平机构直接管理为原则。美国如表示有意接管太平洋上原由日本统治之岛屿，我方似可赞同。

（14）一般殖民地制度之前途，其他与会各国如不提出，我方亦暂不提出讨论。（关于殖民地前途之主张，三种方案大体相同，惟目前似不必由我方先行提出。）

（15）国际法院应行设置。

（16）国际劳工局应加维持，或可扩充为国际社会福利局。

中国第二历史档案馆藏军事委员会参事室档案，761/112

蒋介石致宋子文

1944 年 7 月 29 日

外交部宋部长勋鉴：午哿侍秘代电计达。兹据王秘书长呈复略称，美国此次召集战后和平组织会议，拟有草案，作初步讨论之根据，此项草案内容如何，尚未获悉。惟就罗斯福总统五月卅日关于战后和平机构对记者之谈话，及六月十六日关于战后和平机构之声明，可知美方草案较诸美、英及我国若干人士所发表之言论，以及此次奉交核议之三种方案相差甚远。就目前形势而言，我方似以暂不正式提出整个对案为宜。拟就美方所拟草案，依照我国立场提出补充或修改案，容俟美方提案送到后，再行研究决定。兹以八月三日开会期近，时间促迫，经先拟就关于我方基本态度五条与对重要问题之立场十五条，拟请先行密令出席代表作为在接到美方草案以前应有之初步准备，并拟请将方案三种从速发交出席代表，以供参考。再，此次会议或有提及处置日本之可能，职处曾拟有《日本无条件投降时所应接受遵办之条款草案》，似可发交出席代表备用等语。查所拟（一）我方基本态度五条及对重要问题之立场十五条，可准照办。兹随文抄发，即希迅速电达我代表与孔副院长，作为初步准备，其与前次去电原则如有出入时，应以此次指示为准，并告以俟接阅美方草案后，如有应追加或修改之处，当再电告。（二）兹将本会参事室所拟《国联约章草案》中英文本各一分随文抄发，并另电国防最高委员会将该会国际问题讨论会前拟之《国际集团会公约草案》径行抄送该部，希于收到时并同参事室之案及该部七月十七日呈送之《国际和平联合会公约（要点）》等三件一并航寄孔副院长转我代表作为参考材料为要。（三）关于《日本无条件投降时所应接受遵办之条款草案》可由部转达孔副院长，请其察转我代表胡次长知照。并告以此件我方不必自动提出，但如英、美提案，我国可照此拟议案提供磋商为妥。兹将原草案随文转发，希即抄录转达（如时间上许可，即以抄件航寄），并将原件缴还。以上各项希即分别迅速办理为要。中。午赚。侍秘。

《中华民国与联合国史料汇编》筹设篇，第161—162页

蒋介石致王宠惠
1944年7月29日

国防最高委员会王秘书长勋鉴：七月廿日国秘724号报告及附件均悉。所拟我方对战后世界和平机构组织之基本态度与对重要问题之立场，除第三条承认种族平等一项不必提出外，其余均属可行，已交外交部电我代表作为初步准备。至美方草案，外交部已电魏大使催询，并嘱如全文过长，可先摘要点电告后当再转发研究，所请先将三种方案发交出席代表参考一节，可准照办。再所拟《日本无条件投降时所应接受遵办之条款草案》已并交外交部转达我代表，如英美提议此案时，我

国可照此拟议案提供磋商,但我方不必自动提出,合并复知。中。午
�->。侍秘。

《中华民国与联合国史料汇编》筹设篇,第162—163页

宋子文致蒋介石

1944 年 7 月 29 日

军事委员会委员长蒋钧鉴:顷奉侍秘二三五五九号代电,遵即将指
示各点及我方对于战后和平组织会议之基本态度五条与对重要问题之
立场十五条电知驻美大使馆,转孔副院长及胡次长,约于明(三十日)
可达。至本部所拟草案,前已商洽美军部转寄孔副院长。现拟再抄一
份,连同参事室所拟《国联约章草案》,与王秘书长亮畴所拟方案及《日
本无条件投降时所应接受遵办之条款草案》交由奉派参加该项会议工
作之郑处长震宇带往华盛顿。再,《日本无条件投降条款草案》一俟抄
竣,即当缴还,理合电请鉴察。职宋子文叩。

《中华民国与联合国史料汇编》筹设篇,第163页

蒋介石致孔祥熙

重庆,1944 年 7 月 29 日

孔副院长勋鉴:密。关于商讨国际和平组织事,兹嘱外交部转电我
方基本态度及对重要问题之立场一件,兹另抄航寄有关文件,分达如
下:(一)我方基本态度及对重要问题之立场,为我代表赴会议时讨论
应付之根据,如与前电有出入时,应以此为准。但如美方草案提出后,
续有应追加或修改之处,当再电告。(二)抄寄国际问题讨论会王亮畴
兄及参事室与外交部所拟战后世界和平机构方案各一件,此项涉及国
际联合之具体组织,在此次会议时或未必讨论及之,只供兄参阅,并交
我代表作参考之材料。(三)抄寄《日本无条件投降时所应接受遵办之
条款草案》一件,此系亮畴所拟,抄寄备用。此件我方不可自动提出,
须俟英、美提及此案时,乃可由我国照此拟议案提供磋商为妥。以上三

点均请兄察酌,于收到后指示胡次长为要。中正。艳乙。

附一:我方基本态度与对重要问题之立场

王秘书长宠惠拟呈,三十三年七月二十四日(略)

《战时外交》第3卷,第831—835页

顾维钧致蒋介石

1944年8月6日

渝。委座蒋:(925表)。关于世界和平机构组织问题:(甲)钧曾迭与艾外长、主管此事之劳国务员及其他阁员谈及,贾德干行前并专往晤。总核英方意见,对今后组织不主严格与繁密,大致仿旧国联之规模,与罗总统广播谈话所发表之数端相同,但拟减少强性规定,采取缓进政策,欲视战后情势之变迁与经验所得随时改善。揣其用意,欲保持其相机应付、进退裕如之便利。关于具体问题,则重视已获成绩之机能性合作,如英美军事参谋、美坎联防、中东供应等各种联合委员会。对于和平机构行政院之组织,以四强为主体,并拟利用小国之参加,或为喉舌,或为均衡票数,虽着重欧洲区域组织,冀执欧洲之牛耳。至区域组织之原则问题,拟从缓讨论,恐一论及个别区域,美国孤立派将借此煽动舆论,主张美国首应集中注意于美洲,结果恐致减少其积极参加世界组织之建设,不赞成组织独立国际军力、警察主张,从多数表决。关于国际法庭,主张只受理司法性质之案件。(乙)至我应取立场,(一)窃思似宜仍本我国酷爱和平公道之精神及集团安全之原则,着重世界整个和平机构为基础,区域组织仅为其一部分,遇有要事,或承中央机构之命执行;或自议决,亦须得中央机构之核准,以其名义施行之。(二)确定会员国施行经济与军事制裁之义务,以免临时须付表决;或多方推诿不行,一如国联盟约之弊。(三)实施制裁大纲应预为规定。(四)设立国际军事参谋委员会,随时调查研究国际军情,改善实施制裁办法。(五)凡关法律之一切争执,应规定各会员国均有提交法庭审判之义务,不准例外。(六)被委任统治地不必分甲、乙、丙三等,一律以助其达成自治为共同宗旨,由国际机构随时斟酌情形,予以自治或独立,以免曲解国联盟约所许间接并吞之弊;并应规定得由国际机构派员视察该地之权。(七)采取及加强盟约第十九条所载,会员国得请修改条约之权,俾消弭国际间纠纷,而巩固和平基础。(丙)窃以我宜注意者:(一)澳、纽等国似有会同英、美、法、和、葡等自成西南太平洋一区域之意,借口我海军不能助其防卫,嫉我加入,主张我与亚洲大陆各国另组一区域,实则虑我牵制,防我操纵。如果有此议,我宜主张亚洲与西南太平洋应组为一区,或加入其专区,因不但以彼此安全互相连锁,即我在马来亚、荷属印度、吕宋及南太平洋侨民众多,经济关系亦不少。(二)种族平等为永久和平要素之一,但此为英、美与澳、斐等所忌,鉴于日本在巴黎和平会议之覆辙,我以不提为宜,但如有直接间接违反此项原则之规定,应不予赞同,或予保留。(三)关于国际交通,我以现代化落后,例如广播电波之分配,处处被他国捷足先登,此次如有讨论,我宜争取相当地位,为将来发展余地。(四)关于增进人类幸福,旧盟约亦有规定,我自赞同,但关于限制鸦片、可根、白面等麻醉药品之施用,应加强国际机构取缔之权,俾免为借此牟利之国家与公司操纵阻挠。(五)一切问题表决方法,如改全体为多数,应包括常任会员国全体,方为有效,以重我国地位。(丁)我国应采态度与策略,窃意此次商谈世界和平机构组织会议,虽系专门讨论性质,其结论仍须报告各国政府审理后,另由全体通过,共同决定,然亦关系非浅,英、美、苏自以为出大半力量,抗战胜利后恐不免各图操纵,彼此疑嫉,不但英美间,即英苏与美苏间难免有各自为谋,主张不一之点,我国地位虽列四强之一,似宜慎重发言,减少提倡为得计。此番虽未参与另一集会,不与我直接商议,然其提案亦必由英美转商于我,以求一致,窃意我宜避免提出与任何一国正面冲突之主张,而以居中调和折中,俾可增加我参预此次会议之贡献为上策。以上乙、丙、丁三项,管见所及,谨遵命直陈,以备采择,统祈裁夺。再英国提案原文据贾德干告,已由驻华英使送我外交部。并陈。顾维钧。鱼印。

陈布雷致王世杰函

1944 年 8 月 11 日

雪艇先生大鉴:

　　驻荷兰金使关于四国会议、战后国际保安机构的报告电四件,特抄奉,敬请察阅参考为荷。

弟陈布雷谨启

伦敦金问泗大使八月三日来电

　　重庆外交部部次长:顷泗会晤马斯力克捷克外长,询以波兰问题最近之发展及其前途之推测,彼谓波兰总理及外长以及参政会议主席此次相偕同赴苏,系经英国首相力劝,始决定前往,密闻美国务卿赫尔曾有极密表示,谓倘波兰政府不赶速设法与苏方接近,则美国惟有承认新近成立之波兰人民解放委员会。波兰政府系于上星期三即七月二十六日决定成行,前一日邱吉尔尚在力劝中,所惜决行太迟,惟苏方仍予正式邀请,或尚不无一线挽救希望,该外长又谓波兰政府一向对苏联态度强硬,彼曾力劝波方改变,乃始终不悟,致成今日之局面,甚为可惜,譬如狮兔相争,兔得胜机会恐必无多耳,各等语,谨密陈。再和兰政府兹已正式承认法国临时政府并闻。

伦敦金问泗大使八月三日来电

　　重庆外交部部次长:关于四国会议战后国际保安机构一事,和兰外长最近主张要点如下:(一)此项机构须具一种模型,可使各国人民均能接受者;(二)组织该机构,各国须均具有维持和平之决心,否则仅有机构无济于事;(三)国无大小,必须相互利便,以妥善及有效方法运用此机构;(四)在具有普遍性的国际机构笼照之下,若某某数国间以同一区域利害关系订立区域性的保安约定,则在各该区域团体间应如何造成联系,并如何规定保障将来不致发生冲突,须行筹及。此点以荷兰对欧亚均有密切关系,故认为重要,除续电外,谨先电闻。

伦敦金问泗大使八月三日来电　　第 317 号

　　关于四国会议事 316 号电计达钧览。兹再综合各方主张与评论,将美国、苏联、英国三方看法,大致扼要分陈如下:(一)美方主张两大组织,一为大会,以所有独立国家组织之;一为行政院,以常任四国与选任四国组织之,其内容与威尔逊国联原计划相同,至于权能方面虽有新机构须拥有实力之主张,而细察该国一般舆论趋势,以及最近罗斯福总统对于建设最高国与国际军队均予否认,是则将来新机构之权能与组织或竟均同国联,不啻为国联之化身矣。(二)苏联专重事实,认为实力所在应即是实权所在。(三)英方看法折衷美法之间,以为欲保持国际和平,必须平等各国以自由意志集合,但为达到此项最后目标起见,当以战中国际合作业著成效之已成事实为基础,从而发展扩充而完成之,所谓此种已成事实系指(甲)不列颠联合国(BRITISH COMMON-WEALTH);(乙)战中各种联合办事机关(COMBINED BOARDS);(丙)战时英美两国间划归公用之各处根据地(ANGLO—AMERICAN POOLED BASES);(丁)该两国资源互相挹注各项办法(COMBINED PRODUCTION AND RESOUCES POOLED ARRANGMENTS);(戊)美坎国防联合设计处(CANNADIAN AMERICAN JOINT DEFENCE BORD);(己)英苏协约;(庚)捷苏协约等等皆是,所谓理论事实必须相辅而行,为英方看法要点。除续电外,谨电奉闻。

伦敦金问泗大使八月五日来电　第 318 号

关于四国会议战后国际保安机构 316、317 两号电计达。兹查有窝尔忒里卜门(WALTER LIPPMAN)及苏美尔威尔斯(SUMMER WELLES)最近各著之二书,主张在世界性和平大机构之下,按照区域分治(REGIONALISM),大致分为四大区,即(一)大西洋区,美国、加拿大、中南美大部分各国,以及西欧各国,与其所属地均属之;(二)苏联区域;(三)中国区域;(四)印度教回教区域(HINDU MOSLEM REGION),凡有区域性之各项问题,由各该区域自理;其有世界性之问题,乃提交总机构处理。对于第一区域言之最详,其意以为大西洋区域各国,百年来彼此和好,而两次团结抗德,患难相共,已成有效的御敌单位,且各该国平时皆以商务、航业及西方宗教为立国基础,根源深远,同点特多,今若就该区域为更进一步之团结,举凡国防、外交及其他根本大计,皆取一致方针,当可为造成新世界之初步工作形势,查二君言论,虽未必代表美国人多数主张,但亦具有相当权威,是以敢贡所闻,俾供参考。

中国第二历史档案馆藏军事委员会参事室档案 761/117

魏道明致宋子文电

1944 年 8 月 16 日

第六四八号。一六日。急。重庆。外交部宋部长:世界和平机构会议迭经改期,英、美、苏先于本月二十八日开始,尚未定期。闻苏方已另有提案,如我方此时不表示,彼三国议决后,更难采取我方意见。政府原拟不提对案,但就目前情形而言,经孔副院长指示及此间代表等会商结果,似有提出书面意见之必要。拟于日内寄到之各方案中,择其最适用者,根据八一四号电主席指示各节,详加审讨提出,以供彼三国商讨时参考,借示我方对该问题之一向主张,并为将来讨论时我方立场之根据。如何? 乞核示。魏道明。

附注:条约司八一四号去电一电知委座对于我国参加战后和平组织会议之指示由。

《中华民国与联合国史料汇编》筹设篇,第 171 页

蒋介石致孔祥熙密电

重庆,1944 年 8 月 18 日

孔副院长勋鉴:密。前电达之我方基本态度与对重要问题之立场,兹于接阅英国节略与美国草案后,由王亮畴兄研议,略有补充修正,经核正如下:甲、基本态度部分,第(一)条取消,(二)、(三)、(四)、(五)四条均照旧,另加第(五)条:凡美国草案所未提及之各项重要问题,如一时不易获得一致意见者,我方宜相机决定提出与否及主张至如何程度,必要时宁可留待他日继续商洽,此时不必有所坚持,总以促成会议

有初步成功为主。乙、对重要问题之立场部分,原第(一)条可照旧。但英方建议设立一个与世界和平机构不相冲突之欧洲区域组织,如在会议中提出,我方自可不必反对。另加第(二)条如下:会员国之领土完整与政治独立应加保障。此条英国节略主张不必有此保障,我方视会场情势可能,似宜声述所以不能赞同之理由如下:其一、国联盟约第十条对此尚有保障,今若并此而无之,将使世界爱好和平人士失望;其二、各国所畏惧者为侵略,而侵略正以危害领土完整与政治独立为对象,此二者若无明确保障,恐与罗总统"无所恐惧之自由"一原则相背;其三、一国领土完整或政治独立遭受侵害时,如世界和平机构不加制止,似不合理。原第(二)条一切国际争议应用和平方法解决,照旧,作为第(三)条,原第(三)、(四)条关于投票权标准及表决议案者取消,兹参照美、英草案另改为两条如下:(四)世界和平机构应以理事会为重心,中、美、英、苏四国应为理事会中之常任理事,其余理事由选举产生。(五)大会或理事会之议案均不必以全体一致通过,而得分别规定若干事项,以三分二或过半数通过;但中、英、美、苏四国所投之票,必须在赞成之列,方能成立。以下原案各条均照旧,即希对照前电改正,转知我代表团知照,并盼电复。中正。巧。

附:我方基本态度与对重要问题之立场(修正案)

王秘书长宠惠拟呈

民国三十三年八月十六日奉核正,十八日电知我代表团

基本态度

(一)世界和平机构以愈坚强有力为愈宜。(照原文)

(二)世界和平机构之全部分或一部分,应主张尽早成立,例如由中、美、英、苏四国,或由中、美、英、苏四国以及其他一部分或全部分联合国先行成立,然后次第扩充,包括一切国家。(照原文)

附注:英国节略主张中立国家何者以及何时可以加入,乃值得讨论之问题,以及德、日则须俟其事实证明接受并愿意遵循和平机构之目的后始得加入。此项意见与我方主张大体相同。

（三）凡美、英、苏在世界和平机构中参与之事项，我国应以平等地位同样参与。（照原文）

（四）凡与我方立场或利害无甚关系，而美、英、苏意见不同时，我方宜相当重视美方意见。（照原文）

（五）凡美国草案所未提及之各项重要问题，如一时不易获得一致意见者，我方宜相机决定提出与否，及主张至如何程度，必要时宁可留待他日继续商洽，此时不必坚持，总以促成会议有初步成功为主。（新增）

对重要问题之立场

（一）区域组织应隶属于世界和平机构之下，目前不宜强调区域组织。（照原文）

附注：英方建议设立一个与世界和平机构不相冲突之欧洲区域组织，如在会议中提出，我方自可不必反对，俾宜主张暂时保留，俾得与其他区域组织，同时从长研议。

（二）会员国之领土完整与政治独立，应加保障。（我方三种方案均有此点）

附注：英国节略主张不必有此保障，我方视会场情势可能，似宜声述所以不能赞同之理由如下：其一，国联盟约第十条对此尚有保障，今若并此而无之，殊为倒退，将使世界爱好和平人士失望；其二，各国所畏惧者厥为侵略，而侵略正以危害领土完整与政治独立为对象，此二者若无明确之保障，则各国恐惧心理有增无减，恐与罗斯福总统所提倡"无所恐惧之自由"一原则之精神相背；其三，一国领土完整或政治独立遭受侵害时，如世界和平机构不加制止，似不合理。

（三）一切国际争议，应用和平方法解决。（照原文）

（四）世界和平机构，应以理事会为重心，中、美、英、苏四国应为理事会中之常任理事，其余理事由选举产生。

附注：美国草案及英国节略均有此项主张，惟依照美国草案，理事会之十一理事国，每年均须经大会选举，至少须有三分二之票数，方得当选,但中、美、英、苏四国一经当选,其任期即继续不断。

（五）大会或理事会之议案,均不必以全体一致通过,而得分别规定若干事项,以三分二或过半票数通过,但中、美、英、苏四国所投之票,必须在赞成之列,方能成立,惟任何争议当事国应不参加投票。

附注:参照美、英方面意见,酌改已经批准之原文。

（六）何谓侵略,应有明确详细之规定,如何应用制裁,亦应有具体之规定。（照原文）

附注:英国节略主张不必规定侵略之定义及行动之条件,我方应申述我方之主张,必要时宜声明保留,将来讨论。

（七）国际警察以设置为宜,如不设置,最低限度应有国际空军,以取得制裁侵略时初步之优越地位,并应规定如何动员各会员国武力,以共同制裁侵略之办法。（照原文）

（八）和平变更,除承认原则外,同时应规定具体应用办法。（照原文）

附注:英国节略中所述意见,与此类同。

（九）关于军缩,可主张各国军备及军队凡超过足以自卫之程度者,应逐渐裁减至能自卫之程度为止。（照原文）

附注:美国草案主张由理事会负责推动成立,关于节制军备、军队、军器之制造与贸易之一般协定,我方自可赞同。

（十）赞成道义军缩,建议文化合作。（照原文）

（十一）成立一国际军事参谋团,其主要任务为执行制裁侵略及监督军缩计划之履行。（照原文）

附注:英国节略亦有此主张。

（十二）设立一国际经济合作机构。（照原文）

（十三）国际劳工局应加维持,或可扩充为国际社会福利局。（照原文）

（十四）委任统治地问题,可表示应以改由国际和平机构直接管理为原则,美国如表示有意接管太平洋上原由日本统治之岛屿,我方似可

赞同。(照原文)

(十五)一般殖民地制度之前途,其他与会各国如不提出,我方亦宜暂不提出讨论。(照原文)

(十六)国际法院应行设置。(照原文)

附注:美、英方面均有同样建议。

《战时外交》第 3 卷,第 867—870 页

宋子文致蒋介石

1944 年 8 月 18 日

查英方建议之世界组织方案前已译呈,现准美大使馆送来国际组织方案,兹谨译请钧察,并为便利钧座批阅起见,另摘叙其要点,一并呈阅。

查英美方案事前显然曾经交换意见,贾德干抵美公开表示赞助美方提案,故两案在大体上可谓一致。兹谨将其相同重要之点撮叙如下:

(一)组织机构类似:虽机构之名称间有不同,但均主张设立大会、理事会、国际法庭、秘书厅、军事参谋机构及社会经济与其他专门事务机构。在总组织下,并均主张有区域组织之存在。

(二)集权于理事会:美案虽将经济社会机构附设于大会之下,然对裁决争议及采取制裁行动之权均集中于理事会,英案则尤为显著。

(三)理事会以中、美、英、苏为常任理事:两案均同。同时亦均表示法国将来应加入为常任理事。

至两案不同之点就其重要者亦略述如下:

(一)关于和平之威胁以及采取何种行动以制止之:英案不主张作任何硬性规定,一切留待理事会斟酌办理;美案则列举若干构成威胁与破坏和平之实例,并详细规定采取军事或非军事制止行动之步骤,与我立场相符。

(二)关于会员国之领土完整与政治独立:英案反对由国际组织予以保证,美案虽对此未曾提及,但其六(甲)(二)子项规定"未经本组织

之许可,一国将其军队使用于他国辖境之内"应视为破坏和平,且一再声明国际争议必须和平解决,而威胁和平与破坏和平之事实必须制止。此项主张如能贯彻,则会员国之领土完整及政治独立均可得有保证,与我立场相符。

(三)英案强调区域组织之设立,且主张区域组织内应有军事机构;美案则只赞成区域组织之存在,与我立场相符。

(四)英案对于理事会会员人数及其推选方法未予规定,意欲留待大会决定;美案则明白规定为十一人,并规定美、英、苏、中四代表常任外,其余七人每年由大会改选,不得连选连任,实较英案为优。

(五)英案所提成立组织之程序,似觉迂缓;美案则主张由四国成立同意声明,送交各联合国,一俟十五国批准,即予成立,与我立场相符。

(六)美案提及领土代管问题,英案则无。

再查美案与我主张大致均相符,我似应全力予以支持,俾能早日同意,同时对于下列问题似可饬令我代表团注意:

(一)关于争议涉及四强本身时,英案未作任何规定,只承认其处理之困难;美案三(丙)五项则规定"如在理事会中任常任理事之任何一国或一个以上之常任理事会员国直接卷入纠纷时,则关于投票程序之办法有另行规定之必要",美方似对此拟有办法,预备在会议中提出,无论如何,我对此似应主张有明白详确之规定。

(二)英美两案均不主张设置国际警察。但报载苏联拟提出国际空军之计划,此与我立场相符,我似可予以支持,但亦不宜使美方过于为难。

(三)美方提出领土代管问题,但送来文件中则注称"关于本问题之文件容后送达",似美方对此已有提案,拟提出会议讨论。最近罗斯福总统及参议院外交专门委员会委员汤姆士之演说,均表明美方有在太平洋各岛屿上需要国防基地之意旨,此点或将与我台湾有关,似应饬我代表于讨论此项问题时专案报核。以上所拟是否有当,敬请钧裁。

谨呈委员长蒋。

附件一：美方关于国际组织建议之要点（根据美方送来之建议摘叙）

美方建议共分十一章：（一）国际组织概述；（二）大会；（三）理事会；（四）国际法庭；（五）争议之和平解决；（六）对于和平之威胁或和平之破坏及应采行动之决定；（七）军备与武装部队之节制；（八）经济合作及社会合作之办法；（九）领土代管之办法；（十）一般行政机构与秘书厅；（十一）成立及开始之程序。

（一）国际组织概述

1. 联合国及与合作之国家以及其他经联合国家所决定之国家，应为本组织之创始会员。

2. 组织之构成，应使区域组织可能存在。

3. 促进经济及其他专门事业之合作。

4. 组织之主要宗旨：在维持国际安全与和平，并在借国际合作以促成国际友谊及和平安全所必需之安定与幸福状态。

（二）大会

1. 大会由会员国之代表组织之。每一会员国得派代表六人。

2. 大会之主要职权如次：（1）建议国际情势或纠纷之和平处理；（2）协助理事会实现有关维持和平及安全之决议；（3）通过新会员国之加入；（4）选举理事会非常任理事及国际法庭法官；（5）审核及通过预算案件；（6）行使有关经济社会事业及代管领土之职权；（7）提议修改本组织章程。

3. 每一会员国有一投票权，但关于预算及经费之分配，会员国之投票权与其负担之经费数额成正比例。关于新会员国之加入、理事会理事及国际法庭法官之选举以及经费分摊之临时性原则，均采用三分二多数表决制。其余决定，采用单纯多数表决制。

4. 大会每年开会一次，但得举行临时会。

（三）理事会

1. 理事会包括十一会员国。除美、英、苏、中常任外，余由大会每年选举之,不得连选连任。苟理事会认为法国民选政府业已成立,且能有效统辖法国领土时,法国亦得占有常任席次。

2. 理事会之主要任务在和平解决国际争议,防止威胁或破坏和平,并从事于维持国际安全与和平之必要活动。

3. 理事会开会时,每一会员国有一投票权,并采用多数表决制。但有关国际争议之解决、军备与武装部队之节制以及对于和平之威胁或破坏与执行办法之决定等重大事件,虽亦采多数表决制,然此项多数,应包括所有常任理事之票数在内。

4. 若有争议涉及常任理事之一国或数国时,究应如何表决,须待另为规定。

5. 理事会应长期开会,以执行其职务。

(四)国际法庭

国际法庭应就现有国际常设法庭予以改组。

(五)争议之和平解决

1. 任何国家,不论是否为会员国,仅能用和平方法解决争议,并不得于其国际关系中,为武力之使用或武力之威胁,以致抵触本组织基本条例中所载原则。

2. 凡遇争议,首先应用谈判、调停、和解、仲裁、司法解决或其他双方择定之和平方式,寻求解决。

3. 争议国用上述方法不能对其争议获得解决时,应将争议提送理事会。

4. 理事会应有权调查任何情况或纠纷,并建议调处之适当程序或办法。

5. 理事会认为会员国间之某项争议足以威胁安全或和平,而同时又未有其他程序能充分予以处理时,应有权受理此案,以求解决。

6. 会员国与非会员国或非会员国与非会员国之争议,其足以破坏和平者,理事会应有权处理。

(六)对于和平之威胁或和平之破坏及应采行动之决定

1. 理事会应有权断定威胁或破坏和平之情况事件之是否存在。例如未经本组织之许可,而在他国境内使用武力;拒绝和平解决争议;不服从理事会严守现状之劝告;不履行节制军备与武装部队之义务;不依照约定义务提供军队及其他便利等等。理事会作断定后,有权决定应建议或采取之行动,以维持或恢复和平。

2. 理事会为支持其决议起见,应有权邀请各会员国采取无需使用武力之措置,并决定应采取何种措置及各会员国应予推行之程度。遇有理事会为此项决定时,会员国应与理事会及大会合作,并应参与外交、经济、商务与财政之共同措施。

3. 遇有上列措施不克发生充分效力时,理事会应有权设法使用武力,以维持安全与和平。

4. 经理事会之请求,会员国应依照一普遍协定,提供军队与其他便利。此项协定,应于本组织成立后尽早由会员国缔结,以规定应行供给之军队及其他便利之数目与性质。

5. 在此项普遍协定未经订立前,中、美、英、苏连同可能担负此任务之其他国家,应供给此项需要之军队与其他便利。

6. 成立常设安全与军备委员会,协助理事会设计并监督本组织基本条例所认为必要之武力使用。

(七)军备与武装部队之节制

理事会应负责发动订立一国际协定,如莫斯科四国宣言所想像者,以建立一制度,借以节制军备与武装部队,并以节制军火之制造与贩卖。

(八)经济合作及社会合作之办法

1. 本组织应协助解决国际经济及社会问题(包括教育及文化问题在内)。执行上项职务之责任,应加诸大会及在大会下附设之经济社会理事会。

2. 经济社会理事会之重要职权,为执行大会关于经济或社会事项之建议,协调各专门性质之经济社会组织之业务,提供有关经济或社会问题之建议,审查各专门组织之行政预算等等。

3. 经济社会理事会应由指定数目之会员国(二十四)之合格代表组成之。该项被指定之国家应由大会遴选,任期三年,当选之会员国,其代表只有投一票之权,理事会之决议由多数表决之。

(九)领土代管之办法(关于本问题文件,容后送达)

(十)一般行政机构及秘书厅

1. 大会经理事会之同意,选举总办一人。总办为本组织之行政首长,并为大会、理事会以及大会、理事会所指定本组织中其他各种机构之秘书长。

2. 中央行政会办人员及主要人员,应由总办任命之,唯须得大会之认可。

3. 中央行政人员之遴选,应以专门或行政才能及经验为标准,并应注重在各国人民中普遍分配之原则。此等职员应成为一永久性之国际文官人员。

(十一)成立及开始程序

1. 本组织应尽早成立,如属可能,应在战争结束以前成立。

2. 先由中、美、英、苏四国对于组织计划之基本要点,在原则上商得同意。

3. 关于组织计划基本要点之同意声明,应分送其他联合国及与其合作国家之政府,并征求其意见。

4. 四强应尽速召集联合国及与其合作之国家开会,缔结协定,此项协定应送交参加国之政府,依照其宪法程序,予以批准。协定应规定一俟十五国(包括四强在内)批准,应立即生效。

5. 协定应授权四强于其生效后,依照协定,召开本组织之第一次大会,选举非常任理事,成立理事会,并进行其本身组织。

蒋介石致宋子文

1944 年 8 月 18 日

外交部宋部长勋鉴：对华府召开国际和平组织会议，我方基本态度与对重要问题之立场，兹据王秘书长于接阅英国节略与美国草案后，拟呈修正案，经核阅后，将基本态度新增之第五条后段酌加数语，又对重要问题之立场部分，关于区域组织一条之附注酌予删除，及新增第（二）条之附注酌加一句外，其余核尚可行。已将要点电孔副院长转我代表团知照。特将核改之修正案及致孔副院长电文抄附一份，即希存备查考为盼。中。（未巧）侍秘丙。

《中华民国与联合国史料汇编》筹设篇，第 194 页

王世杰商震致蒋介石签呈

1944 年 8 月 19 日

谨签呈者：英美两国关于国家安全组织之方案，业经王秘书长宠惠陈述意见，并经钧座采择，就政府原定之"我方基本态度与对重要问题之立场"案，酌为改定，电示我方代表在案。世杰详慎研讨，窃意其中有一问题，即理事会投票表决问题，所关极巨，我政府所给予我方代表之指示，必须十分明确，以免发生意外之重大错误。

从前国联理事会一般决议，均须全体投票同意始能成立，故其行动十分困难，终于失败。因之，此次英美方案对于理事会及大会之决议均采多数表决之原则，惟同时规定中、美、英、苏四国必须在赞同者之列，该决议方能成立。于此遂又有一重大问题连带发生：即四国中任何一国如为国际争议之当事国（即理事会决议之对象）时，理事会之决议是否亦需该国赞同始能成立？如该项决议亦须该国赞同，则国家安全组织对于四国（即世界之大国强国）之任何一国，将永不能成立任何制裁案，其结果无异将设置此项组织之本意打消。以此之故，美案、英案均设有例外之规定：美案认为四国中如有任何一国（或数国）为争议当事国时，应另定表决办法。此项办法内容如何，美案虽未明白提出，但已

显然认为不能以争议当事国同意为条件。英案明定任何争议当事国
（包括四国）之票应不予计算，换言之即当事国无表决权。

苏联方案如何，我政府迄未接悉。惟据美国报纸所传（已见中央
社华盛顿十七日专电），苏案主张四国中任何一国如不赞成制裁，则任
何制裁案均不能成立。苏案似乎对于四国中任何一国为争议当事国
时，亦不设为例外之规定。报纸传述是否属实固难确断，苏联提出此种
主张之可能性似乎甚大。倘报章所传属实，我政府对于此一问题，自无
背弃英美主张而附和苏联之理由。

惟钧座所核定之"对重要问题之立场"第五款其条文为"大会或理
事会之议案，均不必以全体一致通过，而得分别规定若干事项以三分之
二或过半票数通过，但中、美、英、苏四国所投之票必须在赞成之列，方
能成立"。窃意王秘书长提出此款时，原无不赞同英案、美案之意，但
全案中对于四国为争议当事国之场合，既未设为除外之规定，则此款文
字与报传苏案相似，极易引起我代表或英美方面之误会。因之，世杰拟
请钧座在上述第五款之末，补充一句如下："惟任何争议当事国应不参
加投票"，以上意见如蒙核定，拟恳钧座提前电知我代表团，俾于提出
上项意见，不致有所误忽。如我方提出上项意见，在接到苏案正式通知
以前，自更妥贴。

再王秘书长对于以上所拟补充指示亦完全赞同，谨并陈明。谨呈
委员长

中国第二历史档案馆藏军事委员会参事室档案，761/112

蒋介石致宋子文电

1944 年 8 月 20 日

外交部宋部长勋鉴：关于国际和平机构会议，"我方基本态度"与
"对重要问题之立场"，前据王秘书长亮畴研议修正，经核正后电孔副
院长，并将去电及修正后之全案抄达在案。兹续加研究原修正案（乙）
对重要问题之立场第（五）条关于投票权者，应于条文末再加"惟任何

争议当事国应不参加投票"一句,庶较周密。因之该条全文应为"(五)大会或理事会之议案均不必全体一致通过,而得分别规定若干事项,以三分二或过半数通过,但中、英、美、苏四国所投之票必须在赞成之列方能成立,惟任何争议当事国应不参加投票"。除已电孔副院长查照改正转知我代表团遵照外。特达查照。中。(未哿)侍秘。

《中华民国与联合国史料汇编》筹设篇,第 196—197 页

蒋介石致孔祥熙电

重庆,1944 年 8 月 20 日

孔副院长勋鉴:表。密。篠晚电指示修正我方基本态度与对重要问题之立场,谅已达。兹续加研究原修正案:(二)对重要问题之立场第(五)条,关于投票权者,应于条文末再加"惟任何争议当事国应不参加投票"一句,庶较周密。因之该条全文应为"(五)大会或理事会之议案均不必以全体一致通过,而得分别规定若干事项,以三分二或过半数通过,但中、英、美、苏四国所投之票,必须在赞成之列,方能成立。惟任何争议当事国应不参加投票。"即希查照改正,转知我代表团遵照为盼。中正。号未。

《战时外交》第 3 卷,第 871 页

孔祥熙致蒋介石电

纽约,1944 年 8 月 21 日

关于和平机构会,经编成草案,先密送英、美代表,供其参考。大致系根据国防最高委员会及外交部所拟方案要点,此时我方尚未参加会议,本不必先送阅,惟因时间关系,我方如不事先表示意见,则英、美、苏一经决定,我方将无周旋余地,不得不先以密件方式送出,供其参考。惟关于投票,按英、美主张,除重要事项,须中、英、美、苏四国一致同意外,其余均可多数表决,我方似不宜独异。关于制裁事项,弟亦拟建议修改,当事国不应参加投票。顷奉号电,正与钧意相

同,已遵照修正矣。

蒋委员长批示:复。所送达英美代表之密件,请电告内容要点以资接洽,并将此电抄送王亮畴先生、外交部及参事室王主任。

《战时外交》第 3 卷,第 871—872 页

王世杰致陈布雷
1944 年 8 月 22 日

布雷先生左右:昨示诵悉。魏使暨孔部长来电谓拟备一节略,自属绝对必要,以我方既不与苏方接谈,美、英可用此片面与苏联商谈也。尊意节略不必列入多款,弟觉极是。弟意节略中可先约略说明我方对于美、英计划大体赞同之意,并认为世界安全机构之全部或至少一部分应尽早成立(此为委座两年来一贯之立场)。其次即列举数点为我方认为会议时应特别注意,并予采取之点。此数点不外:(一)一切国际争议必须用和平方法解决;(二)表决应适用三分二多数之原则,多数中应包括美、英、苏、中,惟争议当事国应不投票;(三)设置国际参谋部,并设立国际空军,使各国空军逐渐定期裁废;(四)关于侵略之定义与制裁实施之程序,应有明确之规定。凡此诸点,已均见于委座指示案中。其他指示,尽可作我代表谈判时根据,不必一一列入节略。窃意如此之节略,外部方面如费数日之力,即可拟定,径电华盛顿。如孔先生节略于今、明日尚未到,即不妨用外部所拟中、英文稿节略拍出,令我代表提出,以时间确甚急迫也。国际空军一层,原为政府内定主张,且借此可为苏联声援,故无论能否成功,我应强调此点。苏联对中国诚令人闷闷,但我方作法似只有力求接近,如有必要,此点盼兄斟酌转陈。专此。即颂　刻安。弟王世杰敬启。八月廿二日晚。

《中华民国与联合国史料汇编》筹设篇,第 197—198 页

商震①致蒋介石电

华盛顿，1944 年 8 月 22 日

　　重庆。军事委员会。九六九六。密（表）。委员长蒋：战后和平会议中，对设置警察事，美、英均不甚主张，苏联只主张设国际空军。在我国立场及环境，自应赞成常设国际警察及国际空军，虽少胜无，惟届时大会如询及国际警察及空军之编制办法（兵源及经费等事），我方似应有一草案，较为周密。拟请钧座对于上列各事，赐以指示，如能饬部拟一草案电示更妥。职商震。养未。

　　陈布雷注：前去电附件"对重要问题之立场第七项，国际警察以设置为宜，如不设置，最低限度应有国际空军，以取得制裁侵略之初步之优越地位，并应规定如何动员会员国武力，以共同制裁侵略之办法"。

《中华民国与联合国史料汇编》筹设篇，第 198—199 页

蒋介石致王宠惠等电

1944 年 8 月 24 日

　　王秘书长亮畴先生、外交部宋部长、参事室王主任钧鉴：顷据孔副院长马二电报告，关于和平机构会议经编成草案，先密送英美代表参考等情。特将原电随文抄转知照。中正。未迥。侍秘。附抄电一件。

抄孔副院长由纽约来（马二）电（略）

　　我政府关于国际安全和平组织问题之主张（要点）（略）

中国第二历史档案馆藏军事委员会参事室档案，761/112

蒋介石致商震密电

1944 年 8 月 25 日

　　华盛顿。商团长启予：密。养未电悉。对国际空军事，前电孔副院

――――――――――

　　① 时任驻美军事代表团团长。

长对重要问题之立场第七条已有指示,可以该条文为原则,不必另有更
详之提案。至在会场中如何答复询问,可就近参酌英、美、苏草案之材
料,与毛邦初等各同志事前研究准备,但仍以不作主动主张为宜也。并
请转告孔副院长为盼。中正。有。

《中华民国与联合国史料汇编》筹设篇,第 199 页

(四)敦巴顿橡树园会议与联合国制宪大会

说明:1944 年 8 月至 10 月,中、美、英、苏四大国在敦巴顿橡树园
举行会议,讨论筹建战后国际组织问题。会议分两个阶段进行,中国参
加了第二阶段的会谈。会议确定了新的国际组织的宗旨和原则,确定
了它的基本架构。新的国际组织被命名为"联合国",安全理事会被赋
予了重大责任。1945 年 4—6 月,中国组成了一个容纳各党派人士的
代表团出席联合国制宪大会,见证了联合国的成立。中国成为安理会
常任理事国,从体制上正式确定了大国地位。

1. 会议的发起与中方代表团的组成

蒋介石致魏道明电

1944 年 5 月 14 日

急。华盛顿。魏大使:密。纽约时报等传英帝国会议后,将召开
英、美、苏三国会议,以讨论新世界组织之计划,此会议将由英国召集,
中国不被邀参加等语。未知原文如何? 请兄于星期二晋见总统时面询
此事,罗总统有无所闻? 又此三国会议之性质与宗旨如何? 总统若何
答复? 盼电告。中正。辰寒。侍秘。

《中华民国与联合国史料汇编》筹设篇,第 125 页

魏道明致蒋介石电

1944 年 5 月 17 日

渝。六〇三六。密(表)。主席蒋钧鉴:寒电奉悉。纽约时报载关于三国会商世界安全组织计划,原文概要为保障世界安全组织为英帝国会议之重要议题,故会后第一步骤之提案,将由英发起与美、苏会商世界安全组织计划,但是否由英首相与罗总统及斯太林三人会商,或普通外交途径进行,现尚不得而知。无论英计划若何,必须得自治领各首相之同意,大约将根据旧国联组织加以修改。伦敦方面觉此重大责任由英、美、苏三大国负之,中国虽为一大国,因其地位于远东事务之关系,难望其对西方和平之维持有所积极行动,故盟国会商将照莫斯科会议方式行之云云。职昨晤美外交次长斯坦丁霓司时,曾特询及此事,伊谓报载纯系推测,英帝国会议曾讨论世界新组织计划原则,但仍须各本政府之同意,现尚无所决定。美国计划亦尚在研究,此事一时决无会商可能,将来会商时,中国自必参加,并将于事前告知,俾有充分时间准备等语。除对美外交次长所询其在英接洽情形各点,顷刻已电部外,职并就欧洲顾问委员会事,询其苏捷新约曾否咨询该会,伊谓原应如此,但此约系捷总统与斯太林直接商订,并未经过该会。职复询此类个别行动事件层见叠出,如对波兰、罗、匈、法、义等事,英、美最近且经与苏联会谈,有无解决途径,伊谓近未与苏联商及,亦尚无解决之望。又昨白宫通知,因总统连日事忙,改迟数日再约晤。谨附陈。职魏道明叩。

《中华民国与联合国史料汇编》筹设篇,第 125 页—126 页

魏道明致宋子文电

华盛顿,1944 年 5 月 31 日

第五七六号。三十一日。急。重庆。外交部宋部长:极密。五七四号电计达。顷国务卿赫尔告,关于我国参加国际和平安全机构计划草案,伊昨再加考虑,如英、苏两国有一不赞成其邀请中国参加之要求时,是否可仿开罗会议及德黑兰会议之方式,一方由中、美、英会谈,他

方另由英、美、苏会谈,两者会谈范围同为世界问题,但以会商中将涉及敌人之处置,苏对日为中立,不便参加反日会谈,此在舆论亦必认为合理。伊觉如四国不能一同讨论时,上述方式较易办到,当可代为征询我国政府意见,如何? 请即电示。魏道明。

附注:

五七四号来电——赫尔告准备商讨成立国际和平及安全机构由。机要室注。

《战时外交》第 3 卷,第 826—827 页

魏道明致蒋介石电

华盛顿,1944 年 5 月 31 日

急。渝。六〇三六。密(表)。主席钧鉴:今午偕商团长往谒罗总统,职先单见,与谈:(一)国际和平安全机构计划草案会商问题,伊谓已与国务卿赫尔商谈,嘱职报告钧座,彼决不忘却中国,伊等只要三国,余必要四国,赫尔建议如英、苏有一国反对四国会商,拟仿照开罗会议方式行之,详情已电部。(二)遵照俭机渝钧电指示,详告我国军事局势,并述俄远东政策及中共之关系,伊初对中共情形不甚了解,亦以为一种农民党,经说明后,彼对苏俄利用中共夺取政权之阴谋,亦以为然。但对苏在倒日前先倒我政府之企图,未加表示。末特谓请钧座对苏俄毋庸过虑,俟现时欧洲战事渡过危险点(指登陆而言),不久亚洲局势必将大为改观,苏联力量殊属有限,且亦不能同时担负两方战事。日寇现知无再攻苏之机,月前斯太林电告谓远东边境军事情况仍旧,日军亦无增减,就辈语所知,日寇常将新兵送满,配合旧兵训练,其意似谓敌军调动与此不无关系。职当告以日寇大量调兵南下,乃确切事实,斯太林所告,恰与事实相反,显见此中别有作用,关于其中详情,商团长在此可奉告,职即引商团长进见。事前职等商妥,根据钧电及军令部电,拟就备忘录向罗总统说明后,并交参考。总统答复谓,增加十四空军吨量不成问题,美轰炸机 B 二九有百架以上在加尔各答,亦可用。商团长并

将再往谒马奢尔①及空军司令阿尔诺②,详情由渠另陈。(三)关于孔副院长所提解决美军用款办法,因毛财长离京,今晨始返,罗总统尚未与彼晤谈,但总统表示,颇愿孔副院长能来美一行。职魏道明叩。

《战时外交》第 3 卷,第 827—828 页

蒋介石致罗斯福
1944 年 6 月 2 日

罗斯福总统:顷据外交部转报赫尔国务卿与魏大使之谈话,关于在华盛顿召集会议,商讨维持世界和平之国际机构一事。中国向来主张早日成立此种机构,如其可能,并望在战时结束以前成立。阁下现时采取领导行动,俾此意见得以实现,余等极为欣慰。阁下与赫尔国务卿深切注意,中国必须参加此次会议,余更为欣感。盖东方人民如无代表,则此会议将对于世界之一半人类失去其意义也。蒋中正。

《战时外交》第 3 卷,第 828 页

魏道明致外交部电
华盛顿,1944 年 7 月 10 日

第六一○号。十日。急。重庆。外交部宋部长:本日美外长面告,关于战后和平组织事,昨已接苏俄答复,愿与美、英开始讨论,惟因日本关系,坚不欲此时与中国会商。赫尔经再三设法促成四强会议,但苏联态度坚决,故只得分别谈判。英方徇美方之请,愿与中、美会谈,现美、英、苏三国定于八月三日在华府开始谈判,美政府希望中、美、英三国谈判亦能于此时间中分别进行云云。赫尔询我政府意见,乞核示。魏道明。

---

① 即马歇尔。
② 即阿诺德。

蒋委员长批示:应可赞成。中正。

《战时外交》第 3 卷,第 829—830 页

蒋介石致魏道明电
1944 年无日期

华盛顿魏大使转孔副院长:关于参加四国会议一节,届时如国内军事无虑,自当乐往,并甚感罗总统关切之盛意,如果情况许可,且拟乘机顺访华盛顿。但此时不必以此意正式预征美政府之同意,惟可微露此意也。中正。支己机秘。

《中华民国与联合国史料汇编》筹设篇,第 212 页

蒋介石致魏道明电
1944 年

魏大使转孔副院长:前奉支己电各节暂作罢,此时勿必作答为宜。今明日另有要电一通,兄接阅后当可明了一切。中正。庚。

《中华民国与联合国史料汇编》筹设篇,第 212—213 页

蒋介石致孔祥熙电
1944 年

孔副院长:昨电关于出席四国会议事,请暂不作复,对于支己电作罢一节,再三考虑结果,如其最近态度仍良好,则其问及是否出席一节,仍可照支己电意作答为宜。中正○○。佳申。

《中华民国与联合国史料汇编》筹设篇,第 213 页

孔祥熙致蒋介石
1944 年 7 月 13 日

重庆。国民政府主席蒋:4693 密(加表)。昨晤外次斯退丁纽斯谈及四强商谈国际善后组织事,伊告八月初将开会,各方已派代表,我方

是否由弟参加主持？并云此会重要，美方极为重视。弟答已请示政府派员矣。午后晤美总统时亦提出询问，并云将来会谈。因苏俄对日本顾忌，主张中、英、美，英、美、苏各别商谈。罗氏已告赫尔，即使两组商谈，亦盼美方联系，使彼此均能得悉实在情形。查此次集会讨论主题为求世界和平及国际合作，将来我国代表须设立，现在不过仅有原则上之讨论，钧座有何指示，盼示方针。至参加人员，原留美国及大使馆并弟此次带来各员，当可勉敷支配。华府八月炎热，货币会后原拟稍作休养，惟此事重大，必需妥为应付，总统既要弟参加，不便表示异议，究竟如何组织应付，谨电陈报，伏乞裁示。再所有有关本案一切材料意见，请饬国民政府、行政院、外交部等有关方面速即检寄，早日见告为幸。熙叩元（十三）。

蒋委员长批示：此电抄送宋部长办理，并完成其应行之手续。

蒋介石致宋子文

1944 年 7 月 15 日

极密。外交部宋部长子文兄勋鉴：兹抄转孔副院长元（十三）日关于与美外部及罗总统晤谈举行中、英、美三国会议事之来电一件，即请察洽。关于此事：（一）我方出席代表可即特派孔副院长就近担任，应如何正式电派及通知，即希查明手续，核议办理，或先以个人名义去电通知孔副院长着手准备。（二）关于会议有关之一切材料意见，希迅即搜集检寄。（三）此项国际善后组织方案美方当有草案，希即设法向其索取原案，早日译送备核。以上各节均望迅予核办并具复为盼。中。（午咸）侍秘。

机要室注：即速缮就加封，送交吴次长国桢转达。

宋子文致蒋介石
1944 年 7 月 18 日

委员长蒋钧鉴:侍秘二三三七二号代电奉悉。关于特派孔副院长代表出席华盛顿中、美、英三国讨论战后和平机构会议事,职部已呈请行政院办理。至于检寄有关之一切资料一层,因职部外交邮袋由渝抵美,经常需时一月,恐不能如期赶到,已与美国军部贺恩参谋长商洽,由其代寄,或能于会议期前到达。再美方国际机构草案前已电饬魏大使索取电复,一俟获得,即译送备核。合并奉闻。职宋子文叩。

《中华民国与联合国史料汇编》筹设篇,第 214 页

陈布雷致宋子文
1944 年 7 月 18 日

(一)特派孔副院长出席中、美、英三国讨论国际和平组织之会议事,已呈请行政院办理。

(二)奉饬检寄有关和平机构会议资料,已洽办。再美方国际机构草案,已电饬魏大使索取,合并附闻。

蒋委员长批示:此次会议各国如无重要人员出席,则我国不必由孔副院长出席,只派魏大使可也,但未知孔副院长出席时,有否通知美英,如未通知,则暂不通知,可电孔副院长,由其相机酌定。而全权代表证书不妨先发孔与魏各一份可也。中正。

《中华民国与联合国史料汇编》筹设篇,第 214—215 页

孔祥熙致蒋介石
1944 年 7 月 19 日

12860。重庆委员长蒋:4493 密。元电计达,四强商谈战后和平组织事,顷接魏大使报告:英方已派外交部次长贾德干出席,美方除闭幕时由赫尔主持外,其它日常会议,亦派外交部次长斯退丁纽斯出席,苏方出席代表未定,似此情形,我方出席代表拟令胡次长世泽出面,由弟

幕后指导,胡次长熟悉国际联盟情形,以任此职,似颇相宜,其他专家及办事人员由大使馆及在美各员就近调派,当可敷用。所陈当否,仍乞电示,熙叩。皓三。

蒋委员长批示:复准派胡次长世泽出席为我国参加和平组织会议代表可也。中正。

《中华民国与联合国史料汇编》筹设篇,第 215 页

军委会侍从室第二处致张厉生①

1944 年 7 月 21 日

径启者:案查本月十五日奉交下孔副院长元电,请派参加中英美三国会议代表等由,当经遵批承办,午咸侍秘代电通知外交部,即特派孔副院长担任我方出席代表。去后旋接外交部七月十八日代电复称,已由部呈请行政院办理等语在案,兹续奉交下孔副院长皓三电称,四强商谈战后和平组织事,顷接魏大使报告……(照原电抄呈)似此情形,我方出席代表拟令胡次长世泽出面,由弟幕后指导等语,并奉批"准派胡次长世泽出席为我国参加和平组织会议代表可也"等因,除电复并通知外交部照此办理外,相应将本案办理经过情形函请查照为荷,此致张秘书长。

《中华民国与联合国史料汇编》筹设篇,第 216 页

蒋介石致宋子文电

1944 年 7 月 22 日

外交部宋部长勋鉴:七月十八日代电悉,兹续接孔副院长皓三电称,四强商谈战后和平组织事,顷接魏大使报告,英方已派外交部次长贾德干出席,美方除闭幕时由赫尔主持外,其它日常会议亦派外交部次长斯退丁纽斯出席,苏方出席代表未定,似此情形,我方出席代表拟令

---

① 时任行政院秘书长。

胡次长世泽出面,由弟幕后指导。胡次长熟悉国际联盟情形,以任此职,似颇相宜,其他专家及办事人员由大使馆及在美各员就近调派,当可敷用等语,除复准派胡次长世泽出席为我国参加和平组织会议代表外,希即照此办理为要。中。午养侍秘。

《中华民国与联合国史料汇编》筹设篇,第216—217页

宋子文致蒋介石电

1944 年 7 月 22 日

军事委员会委员长蒋钧鉴:顷接美大使高斯本月二十日来函称,关于四强将在华盛顿举行讨论和平安全机构组织之非正式会议,美政府已派国务卿赫尔为首席代表,至于技术细节方面,则派副国务卿史退丁纽斯领导。讨论代表团包括前任驻日大使、现任远东司司长格鲁,国务院顾问赫克俄尔斯,国务院顾问邓,前任国务院远东司司长、现任国务院顾问霍白克,地理学专家波门,统计学专家伯斯俄斯基,前国务院司长龙,前驻巴拿马大使威尔逊,前驻英大使威南特之顾问可亨,前第三军军长、陆军中将安必克,航空照相机发明者陆军少将菲采,一九二七——九三〇军缩会议顾问陆军少将斯庄,海军上将赫波姆,海军少将推思,海军中将杰尔逊等语。理合电呈鉴察。职宋子文叩。

《中华民国与联合国史料汇编》筹设篇,第217页

蒋介石致孔祥熙电

1944 年 7 月 23 日

孔副院长:密。皓三电悉,准派胡次长世泽为我国出席商讨战后和平组织会议之代表,仍请兄指导之可也。中。养。

《中华民国与联合国史料汇编》筹设篇,218页

孔祥熙致蒋介石电

1944 年 7 月 24 日

一二八六〇。重庆。委员长蒋：〇三五九。密。元、皓两电谅达。四强月初商谈战后和平组织事，迄今未奉钧示，想以事关重大，尚在衡虑之中。此案美方已有整个方案送来，包括战后国际和平机关之组织，此时作初步之商谈，事关重大，涉及外交，如能派宋部长子文前来，俾得协同进行之处，敬祈钧核，迅电示遵。熙。敬。

蒋委员长批示：宋部长此时无暇来美，已派胡次长世泽为我国出席会议之代表。

《中华民国与联合国史料汇编》筹设篇，第218页

蒋介石致顾维钧电

1944 年 7 月 26 日

伦敦顾大使勋鉴：密。中、英、美三国在美京商谈世界和平机构组织之会议，我国已派胡次长世泽出席，并由孔副院长从中指导，闻英国对此有提案，兄曾与贾德干会晤否？我国应取之立场及注意事项希兄以研究所得电告为盼。中。（宥）侍秘。

《中华民国与联合国史料汇编》筹设篇，第218—219页

驻美大使馆转宋子文关于国际安全和平组织问题致孔祥熙电

1944 年 7 月 29 日

电驻美大使馆：去电号码八一四号　　三十三年七月二十九日电

驻美大使馆魏大使转孔副院长、胡次长：奉委座电，以美国此次召集战后和平组织会议拟有草案作初步讨论，根据我方目前以暂不正式提出整个对案为宜，应根据附发我方基本态度五条与对重要问题之立场十五条，依照我国立场，提出补充或修正案。如前次去电原则与上述各条有出入时，应以此次指示为准。俟接阅美方草案后，如有应追加或修改之处，再电遵照。至国防会国际问题讨论会军委会参事室及外交

部所拟和平机构方案三种,应一并航寄出席代表参考。又国防会所拟《日本无条件投降时所应接受遵办之条款草案》可由部转达孔副院长察转胡次长知照,惟此件我方不必自动提出,但如英苏提案,我国可照此拟议案提供磋商为妥,各等因。除《我方基本态度及对重要问题之立场》一份随电附达,及本部前拟方案已由美军部代寄外,其他和平机构方案二种及日本投降时所应接受之条款一份,由本部郑处长震宇克日随带来美面陈。宋子文。

附:我方基本态度与对重要问题之立场(略)

抄 蒋介石致孔祥熙电 七月二十九日

孔副院长勋鉴:密。关于商讨国际和平组织事,兹嘱外交部转电:《我方基本态度及对重要问题之立场》一件,并另抄航寄有关部门文件,分达如下:

(一)《我方基本态度及对重要问题之立场》为我代表赴会议讨论时应付之根据,如与前电有出入时,应以此为准,但如美方草案提出后,续有应追加或修改之处,当再电告。

(二)抄寄国际问题讨论会,王亮畴兄及参事室与外交部所拟战后世界和平机构方案各一件,此项涉及国际联合之具体组织,在此会议时或未必讨论及之,只供兄参阅,并交我代表作参考之材料。

(三)抄寄《日本无条件投降时所应接受遵办之条款草案》一件,此系亮畴所拟,抄寄备用,此件我方不可自动提出,须俟英美提及此案时,乃可由我国照此拟议提供磋商为妥,以上三点均请兄察酌,于收到后指示胡次长为要。中○(艳乙)

中国第二历史档案馆藏军事委员会参事室档案,761/112

孔祥熙致蒋介石
1944 年 8 月 1 日

艳乙电敬悉。一俟外交部电报及航寄各件收到,当遵钧意办理。此次重在商讨交换意见,尚非正式大会,会期现已展延,约于十四日开始,用分组分期先后检讨,英方除外次贾德干外,闻前外相、现驻美大使哈立法克斯亦将出席,美方将由赫尔国务卿主持,现宣布者仅有专家代表名字,包括外次斯退丁纽斯、欧亚两洲外交专家格鲁等,及陆海军上、中将代表,经济法律顾问亦在内,闻苏方将由现在莫斯科之驻美大使古罗密科(葛罗米柯)赶回出席,但此情形与前拟不同,我方出席人员因英美出席者阶级较高,讨论范围亦广,恐须由弟率同魏大使、蒋处长、胡次长等出席参加为宜,其它专门委员之人选由弟就近指定人员参加,当否,乞示遵。○○叩。东。

批谕:交亮畴、雪艇二人研究,俟星期一决定。

《中华民国与联合国史料汇编》筹设篇,第 219 页

国民政府令
1944 年 8 月 2 日

国民政府令:派胡世泽为美、英、中三国战后和平机构会议出席代表。此令。

《中华民国与联合国史料汇编》筹设篇,第 220 页

军委会侍从室致参事室函
1944 年 8 月 10 日

径启者:顷奉委座核示我国派任出席商讨世界安全机构会议之代表人选,除承办未灰侍秘代电饬由外交部办理外,相应抄同原代电附函送请查照为荷。此致
本会参事室王主任
　　附抄代电一件
　　　　国民政府军事委员会委员长侍从室第二处启(印)
附件

外交部宋部长勋鉴:四日代电悉。我国派往华盛顿出席世界和平机构人选,兹核示如次:(一)以胡世泽、顾维钧、魏道明、商震为代表,

如昨日行政院会议之所决定。(二)军事方面之专门委员除昨日决定空军派毛邦初,海军派刘田甫担任外,另派朱世明为专门委员。(三)为表示我国重视此会议兼备我代表咨询接洽起见,可由国内加派国防最高委员会参事浦薛凤及外交部美洲司司长兼军委会参事室参事张忠绂为专门委员,希即通知该两员即速准备兼程前往。(四)经济及其他方面已嘱孔副院长就在美人员中遴派二人或三人为专门委员,急电示复,以便汇齐名单通知英美方面。特此电达,即希察照为要。中正。未灰。侍秘。

中国第二历史档案馆藏军事委员会参事室档案,761/112

蒋介石致孔祥熙电

1944 年 8 月 10 日

孔副院长勋鉴:密。东电悉。英、美两国皆以外次为首席代表,以地位相当而论,兄仍以就近指导为宜。兹经再四斟酌,除前派定胡世泽次长外,加派顾大使、魏大使及商团长为代表,并指定空军毛邦初、海军刘田甫、陆军朱世明为专门委员。又为表示我国重视此会议起见,拟另由国内派浦薛凤、张忠绂二人来美任专门委员,以备咨询接洽。此外关于经济及其它方面,请兄就在美人员中,酌派专门委员二人或三人。急电示复,以便正式通知英、美方面为盼。中正。未灰。

《中华民国与联合国史料汇编》筹设篇,第 222 页

孔祥熙致蒋介石电

1944 年 8 月 10 日

重庆。国民政府主席蒋:密(加表)。灰电敬悉。代表团如此组织,亦属妥善,当遵钧意办理。惟此事经过,当初得悉英、美由贾德干及斯退丁纽斯出席时,即据魏大使来商,以关系整个国际及地位相符起见,以为伊与弟皆不便参加,故建议由胡次长出席。胡以事要责重,恐难应付,愿以专门委员名义出席会议,如有大会,仍望弟主持。弟本拟

约蒋处长亦充代表,胡次长建议约少川参加,伯聪本系驻美大使,不便置伊事外,因此资望经验,世泽均以为未便。嗣美方有海、陆军高级将领参加,故不得不以东电报请钧裁。查美国政府体制,国务院虽管外交,但与一般国家之外交部有别,其地位居部之上,实际言副国务卿并非次长,且赫尔年高体弱,近因天暑休假,斯退丁纽斯现系代理国务卿名义,国务卿对此或未明悉。现在办法,由弟就近指导,亦可应付。其它专门委员人选,俟弟明晚赴华府商议,电令请派。好在美、英、苏会议展至马(廿一)日开始,恐非短期间所能解决,我国则又须俟美、英、苏结束后始能开始,时间当甚充裕也。熙叩。蒸(十日)。

《中华民国与联合国史料汇编》筹设篇,第 223 页

国民政府令

1944 年 8 月 12 日

国民政府八月十二日令:①派顾维钧,魏道明,商震,为英、美、中三国战后和平机构会议出席代表,此令。②派毛邦初、刘田甫为英、美、中三国战后和平机构会议专门委员,此令。

《中华民国与联合国史料汇编》筹设篇,第 223 页

孔祥熙致蒋介石电

华盛顿,1944 年 8 月 14 日

今(十四)晨访赫尔及斯退丁纽斯,谈及开会问题,伊等极为重视,认为如不能顺利成功,则今后国际合作,不免诸多困难,美方将由赫尔亲自主持,日常事务由斯氏代理。询弟能否出席,当答我政府已派定代表参加,由弟从旁指导。嗣谈会议进行程序,弟表示美、英、中、苏不能同时会议为憾,询其能否间日轮流开会。赫谓美方原曾如此主张,惟为苏所反对,且主张不邀中国参加,经美坚持、英赞助,始得此结果,无论如何,当与我联系,使知一切情形。美、英、苏预计三周谈竣,然后与我方商谈,约数日可结束。我方应付办法,经商讨我方虽无对案提出,但

不能不表示对此会之重视,拟以备忘录形式送交大会参考,免失表示意见之机会也。英外次已到美,苏方决由驻美大使出席。前奉灰电,嘱选派经济及其他专门委员三人,兹经商讨以宋子良、刘锴、李幹三人为宜,拟请一并赐派。再,此电乞抄交宋部长子文、张秘书长厉生密洽。

蒋委员长批示:复。美国若由赫尔出席主持,则我国可由兄出席,俾得解决主任代表人选问题也。何如? 中正。

《战时外交》第 3 卷,第 863—864 页

蒋介石致孔祥熙电
1944 年 8 月 16 日

孔副院长:密。文、寒电均悉。(一)选派宋子良、刘锴、李幹三人为专门委员,均照派。(二)我方可以顾大使任首席代表,但仍请兄就近予以指导。(三)我方基本态度及对各主要问题之立场明日另电,有补充指示。(四)兄来电所称,以备忘录形式送大会参考一节,请与顾大使等商酌。如决定送达,请先将全文电示后再提为盼。中。未铣。

《中华民国与联合国史料汇编》筹设篇,第 225—226 页

蒋介石致孔祥熙电
1944 年 8 月 17 日

急。孔副院长:密。删电悉,我方决以顾维钧大使任首席代表,仍请兄就近指导。昨晚电达,谅已察及,此事并已交政府正式令派,并由外交部通知矣。至外交部前次向英美大使通知之我方代表名单,因胡次长奉国府令派在先,故其顺序为(一)胡次长(二)顾大使(三)魏大使(四)商团长,并附闻。再国内派遣之浦薛凤、张忠绂两专门委员昨日已起程赴美。中。篠。

《中华民国与联合国史料汇编》筹设篇,第 226 页

魏道明致蒋介石电

1944 年 8 月 17 日

特急。17222。重庆。7182 密（加表）。主席钧鉴：关于国际和平机构会议，前奉外交部十二日电，奉钧谕派职及胡世泽、顾维钧、商震为出席代表，除已由外部通知驻渝美、英大使馆外，饬即通知美国政府等因，当即遵照部电次序，通知美外部，各报纸亦已将全部名单发表。顷又奉外部本日电开，派顾大使为首席代表等因，本应遵即办理，准此间对于会议有关消息极为注意，政府前已发表胡世泽次长为代表，嗣因加派职等，乃一度引起推测，以为改由当地大使为首，系比照苏联办法，不无用意。今如复再变更，难免引起舆论猜测，发生不良印象。此次讨论原仅为初步会商性质，且属专门组织问题，不及实际政治事项，我国代表团本无两使同时出席之必要。如必须变更，为顾全对外关系起见，再四思维，只有于开会前一二日由职借病不能到会，改由顾大使率领出席，较为适宜。当否，仍候示遵。职魏道明叩。篠。

陈布雷签注：谨按此事乃系因电讯往返误会而起。其原委如下：（一）我国府准孔副院长来电，先令派胡世泽次长为代表；（二）上星期一因孔副院长主张以蒋廷黻、魏大使加入，经亮畴、雪艇两君商拟以顾大使、魏大使、商团长同为代表。当时与宋部长接洽，宋部长以为就行政系统与地位言，外次并不低于大使，故于八月八日向行政院提案时以（一）胡（二）顾（三）魏（四）商之顺序通过，并由外部照此次序通知英美大使；（三）但外交部致电顾大使与魏大使时，则均称"除执事外，另派胡次长、〇大使、商团长为代表"云云。魏大使接电，误以为彼名列第一，故其通知美方系（一）魏（二）胡（三）顾（四）商为顺序，此为错误纷歧之原因，今魏大使来电所言，似亦非全为意气之词，而系已通知美方之故，然我政府既决定以顾为首席代表，自亦不能变更。此电拟复"仍盼兄一同出席，以利进行"，当否，请批示。

批示：奉面谕"如拟。应电令顾全大局，一同出席"。

蒋介石致魏道明电

1944 年 8 月 19 日

华盛顿。魏大使伯聪兄：密。篠电悉，此事全由外部电使馆时措词稍欠明确所致。政府当时先派胡次长为代表，继又派少川及兄与启予兄为代表，期以充实我方代表之阵容。以诸兄地位资望相等故，即以令派先后为次序，嗣为便利会议进行起见，经中酌定，就四代表中指定少川为首席代表，已通知英、美，并发表新闻，并迭电庸兄接洽。此次会议关系重要，务望兄为国宣劳，一同出席，以利进行，而全大局，至所切盼。中。未皓。

《中华民国与联合国史料汇编》筹设篇，第 229 页

2. 第一阶段会议

孔祥熙致蒋介石

纽约，1944 年 8 月 27 日

世界和平组织会议，英、美、苏连日会谈情形，大致如下：

（一）苏联态度较英、美预料者为佳，尚能开诚相商，苏方主张经济与政治机构分开，军事组织未谈，须电莫斯科请示。苏联主张国际空军，英、美认为未尽适宜，盖空军有时效，随时在进步，且规定数额，亦嫌无伸缩余地。

（二）对于制裁票权，英方主张三分之二多数通过，美方主张多数通过，英主张当事国不参加投票，美因限于宪法，尚在考虑中。

（三）行政院理事名额尚未决定，大约在九人至十一人。

（四）对我方所提方案，英、美、苏商谈时已予注意。

以上各情，并非美方正式通知，系友人探询而知。又与我国会谈，预定下月十一日开始。谨闻。并祈密交行政院及宋外长密洽。

蒋委员长批示：抄交行政院张秘书长及宋部长密洽。另抄送亮畴、雪艇两君参考。

《战时外交》第 3 卷，第 886—887 页

顾维钧致蒋介石

1944 年 8 月 31 日

第六六〇号（议字第一号）。今晨钧等拜访美首席代表，并道谢前日迎迓盛仪后，据告美、英、苏三国会议进行尚称顺利，两星期内想可结束，下星期内当有较具体之结果告我，以资接洽，希望九月十一日左右即与我方开始会谈，并询我方态度。钧谓我方书面所提要点，系总覆我政府各机关于收到美、英方案前所草各案之主张，借资交换意见，并非硬性的整个对案。我方主要目的，在促进议会之成功，俾早日建立和平机构之基础。外次谓如是将来与我会议可望迅速。嗣又谒外长赫尔，复告以我方此次参加会议主要宗旨。彼谓全世界民众均渴望正义与安全得有充分保障，为此项保障之唯一机会，最要在发动此项工作，以树基础，日后尽可随时再图改进，历次国际会议，中国代表均能本开诚合作精神与美协力，至可钦佩云云。今晨钧往访英首席代表，顺询其与美、苏代表会议情形：（一）据告以其推测，下周内可参加，希望届时我方能即连续与英、美开会，并盼会方能将英、美、苏三国议妥各点早日告我，俾我有所准备，开会后亦能迅速进行；（二）对于中、英、美会议亦举行开幕仪式一节，彼意届时彼对演说措词不易，倘提及英、美、苏会议结果，未免有以该三国议定之既成目标向我提出之嫌，易滋舆论误会，而又不能不提，莫如认中、英、美之讨论为整个会议之第二阶段，省去开幕仪式。钧谓此次同一问题，分开二会，虽非我方本意，业为公开事实，举世皆知，若不一律举行开幕仪式，反足引起批评。现如我认为必要，彼亦愿一律赞成。钧又询以苏方主张组织国际空军，会中讨论有何进展。贾代表答，英方深虑实行困难，问题甚多，故仅提议将来实施制裁所需之各项军队，由各会员国按照预定计划先期担任，彼恐美国国会方面并此亦不能通过，苏联代表颇能了解成立国际空军之种种困难，故并不坚持其主张。钧又问此次苏方坚主三国会议，以彼观察苏之用意何在，其于会议中对我有何表示。贾代表亦莫名其妙。当时我在莫斯科参加所谓四国宣言，苏亦无反对之词，将来召集同盟国大会，必与我同堂列席，何以此次不愿与我一堂讨论,且苏联代表对我国与英、美、苏同列于理事地位一层,不特不反对,且于苏联方案中亦如此建议,但将来会议告竣时,苏方对此点或提保留亦不可知云。

《中华民国与联合国史料汇编》筹设篇,第239—240页

周至柔致蒋介石

1944 年 9 月 4 日

重庆。军事委员会总长何核呈委员长蒋钧鉴:据本会毛副主任邦初本年八月591回电称,"战后和平组织会议,英、美、苏已于马日在华府开始,二周可毕,即由中、英、美三国再会,议案首重战后世界和平机构及如何维持和平方法,我方由外交部转来基本和平之材料及对重要问题之立场十五条,作为讨论根据。其中重要问题立场第六条开:国际警察以设置为宜,如不设置,最低限度应有国际空军,以取制裁侵略时初步之优越地位,并应规定如何动员各会员国武力,以共同制裁侵略之办法等因。查设置国际空军问题重大,我方主张应保持若干飞机,至于国际空军乃组织、指挥、补充、驻地、饷源等各原则问题,似尚须予以具体研究,方便在会议讨论时作为我方主张,谨电请分饬研究,从速电示"等情。据此,查我国提出之立场十五条,航会未见全文,无案可考,谨报请鉴核示遵。航空委员会主任周至柔(江)谋战甲渝。

《中华民国与联合国史料汇编》筹设篇,第201页

顾维钧等致蒋介石

华盛顿,1944 年 9 月 5 日

第六二号(议字第四号)。五日。重庆。外交部宋部长并转呈主席:今晨明访苏联大使洽询会议情形,据告希望本星期告一段落,但苏与英、美意见未能一致者,尚有数点:(一)苏主张设空军,但对此点苏亦不拟过于坚持。(二)苏主张国际组织应以保障国际安全为唯一任务,英、美则主张兼办其它国际事项。(三)苏主张一切议案以过半

数表决,包括常任理事之赞成票,但英、美主张三分之二。又常任理事
为争议国时,英、美主张无投票权,苏则主张仍有投票权。(四)文字上
英、美方案以维持和平为目的,苏则以制止侵略为目的,英、美主张管制
军备,苏则主张裁减军备云云。又苏联大使谓,区域组织问题尚未谈
及。彼询我方意见,明略告并拟将我国方案要点非正式送供参考。顾
维钧、魏道明、胡世泽、商震。

《中华民国与联合国史料汇编》筹设篇,第 241 页

魏道明致蒋介石

1944 年 9 月 6 日

今日与苏联大使晤谈,除要点已报部转呈外,其所谈各点中,当以
表决问题,尤其以涉及大国时,争议者应参加一点为其所最重视。美国
方案中对于涉及大国争议表决程序,原无规定,留待后议,但美现已与
英取一致态度,争议国不应参加表决,苏使对此点表示将坚持。嗣职询
其对于各点,是否可即觅得适当同意办法,如不能将如何?伊除表示希
望外,复略露或将暂无结论之意,美方顷告,本星期内会议恐结束,其故
当亦在此。美方原约随时将会议经过通知我方,但至今迄未提及苏方
意见,如英方争点不能解决时,苏方亦似难以久延,其争点或留待另行
解决,苟如此,我国与英美会商意义当较英、美、苏会商已完全成议者为
重要,届时或不无可以运用之余地,促成边界相当之解决。现任苏联大
使,平时态度原较通常苏联外交人员敢于表示,惟此次态度之直坦,似
示苏方在此会议对我态度,仅在拘守表面所谓对日理由之方式,此外仍
愿保持接触。职与结束谈话时,曾谓世界和平机构能否发挥其功效,首
在四大国之合作;组织完善与否,尚在其次。伊谓完全同意。

《中华民国与联合国史料汇编》筹设篇,第 241—242 页

宋子文致蒋介石电

1944 年 9 月 9 日

委员长蒋钧鉴:奉钧谕将我方在华盛顿所提出之《国际组织宪章中之要点》译呈。兹已译就,敬请鉴察。职宋子文叩。佳。

陈布雷注:谨按此件业经译阅。既为已提交之件,似可不必更改,且与前送各件大致尚无甚出入。惟有一点即种族平等为当然之问题,王主任雪艇及外交部之意均认为我国在会议中不必强调坚持此点。

拟嘱外交部电我代表团:(一)备忘录中种族平等一节,在会议中不必强调与坚持;(二)其他仍照前电"我方基本态度与对重要问题之立场"办理。并电告孔副院长。

　　　　　　　　　　　《中华民国与联合国史料汇编》筹设篇,第 202 页

蒋介石致孔祥熙电

1944 年 9 月 12 日

孔副院长:密。我方所提国际组织宪章中之要点备忘录,其中种族平等一节,在会议中不必强调与坚持,其他仍照前电"我方基本态度与对重要问题之立场"办理,即希转知我代表团为要。中。申文。

　　　　　　　　　　　《中华民国与联合国史料汇编》筹设篇,第 242 页

张忠绂致外交部

1944 年 9 月 12 日

重庆外交部请转陈主任布雷、王主任雪艇:(一)英、美、苏会议,美曾以结果通知顾大使,但未及详述经过。我方会议本周可望开始,美盼会期不过长,并望早日开大会。(二)邱吉尔、罗斯福抵加,报载曾约史太林,但史太林以军情紧急辞谢此次会议,英、美海陆空高级将领出席,闻赫尔、艾登亦赴会,似将讨论德战结束后欧洲问题、推进太平洋战事问题。(三)欧战结束后,美不致放松对日战争,且将挟英并进,详函

陈。晚张忠绂(十二日)。

孔祥熙致蒋介石电
1944 年 9 月 12 日

重庆国民政府主席蒋:加表。密。弟阳晚抵华府,关于和平机构会议应得准备各事已召集顾、魏、胡、商诸代表及重要职员数度会议,遵照钧示方针,详为指示,代表团内部组织亦经妥为安排,英、美、苏会议本星期中可望结束,我方即可续谈。探悉,(一)苏对国际空军之建议已不坚持,但对理事会投票方式仍在磋商中;(二)其它英美一致各项,苏方似均不持异议。观察现在情形,中、美、英会议当较简单,除遵照钧示妥慎应付外,临时如有重要事项,当再随时电陈核示。知注谨呈。熙佳。

孔祥熙致蒋介石电
1944 年 9 月 12 日

重庆国民政府主席:和平会议苏方提案尚切实正大,殊出意料之外,或博好评,将来我方应付除遵钧座指示外,弟复指示,和平正义为我国向来主张,尤为国父遗教精义所在,虽因国际情形复杂,我仍应以国家荣誉为前提,因正义立场较为得体,虽结果要从众意,但我如此表示,以博得国际荣誉,至有关切身利害自需力争,进展情形如何,容再随时电闻。熙佳。

赫尔回忆会议第一阶段

8 月 21 日,我发表讲话宣布敦巴顿橡树园会议开幕。我在讲话中说,保证建立可以使人民获得他们挚爱的和平的国际组织,是每一个爱好和平的国家政府的神圣职责。

我说："人们普遍认为,在其他各种手段都无效的情况下,如不借助武力维护和平,那么任何和平和安全组织都肯定会遭受失败。我们必须采取适当措施,确保能够随时使用武力。世界各国应根据自身的力量保有足够的军队,在需要阻止破坏和平的行为时参加联合行动。"

我说："美国政府的打算是,敦巴顿橡树园会议之后,向所有的联合国家政府及其他爱好和平的国家通报会议的各项决议,让各国人民公开研究和讨论。"

我说："目前本国人民空前团结,决心不让现在席卷全球的悲剧再度重演。"

敦巴顿橡树园开始几天的讨论显示,在各项基本原则和一些重要问题上,三国之间有许多一致的方面。这时候最为重大的分歧是,拟议中的组织是否要把经济和社会领域的国际性合作纳入其职能范围。我们和英国人均赞成把这些重要功能赋予联合国大会和隶属于大会的经济和社会委员会。我们认为经济和社会领域的合作对于创造维护安全和和平所需的条件而言是必不可少的。俄国人虽然完全同意需要进行经济和社会领域的合作,但他们认为这些功能应赋予一个独立的组织而不是安全组织。

英国人和俄国人在会议之前提交给我们的决议草案似乎把联合国大会定为不太重要的角色,我们的立场则与之相反。我们认为由所有成员国组成的联合国大会应当发挥真正的作用。关于前一点,苏联的草案表现得尤为突出。在开始几天的讨论过程中,英国人和俄国人实际上接受了我们的观点。

在会议进行期间,我安排副国务卿斯退丁纽斯除与我保持联系外,还直接与总统商议那些需要高层来作决定的问题。会议开幕两天后,总统批准了敦巴顿橡树园会议召开前两天(即8月19日)我和同事们在我的办公室作出的几项重要决定。其中之一是,在现阶段不应授予执行委员会强制实行解决争端的权力的条件。这一条对英国人和俄国人来说似乎是不可接受的。我们认为,委员会的职能应该是:推动各方和平解决争端,给当事各方提供建议,仅在当事各方提出要求的情况下解决争端。

总统还表示赞同我们的新立场,即在委员会投票决定某一争端时,不应计算当事国(包括大国在内)的投票。我是根据同事们向我提出的 5 种可能的程序确定这一条的。决议草案于 4 月 24 日提交给了各位参议员,于 7 月 18 日提交给了英国、俄国和中国,当时这一条一直悬而未决。不过,英国人坚持认为,争端各方的投票不应计算在内。

我们相信,社会正义的所有规则都规定,涉及争端的个人不能就有关该项争端的决定进行投票,他不应充任法官或陪审团成员。然而,不计投票的这项规定应仅运用于和平解决一个或多个国家牵涉在内的争端,还是也运用于强制行动,我们之间对此仍存在某些分歧意见。

总统还同意我们接受一条,即除了程序决议外,其他决议均应获得委员会中三分之二以上而非简单多数的投票。

总统也同意,当法国建立起一个四大国承认(他说他更愿意见到另外一个词)的政府时,就应给予法国常任理事国的席位,现在,它应当有临时的代表权,不享有常任理事国的特权。

我们觉得我们此时也应提出给予巴西常任理事国席位的问题。我本人对此非常热衷,认为巴西的面积、人口、资源、美好的前景以及她给予联合国家其他成员的巨大援助都是她得到常任理事国席位的保证。总统的看法完全相同。然而在以后的几天中,英国人和俄国人坚决反对我们的意见。

罗斯福先生表示赞同的另一条是,我们应该反对列入开除或暂时取消会员国资格的条款。

8 月 28 日,第二周的会议开始后,苏联代表、驻美大使葛罗米柯提出了一项令人吃惊的新建议。筹划指导委员会的讨论围绕这样一个问题进行,即什么样的国家应该充当本组织的发起国。我们和俄国人都说,发起国应该是联合国家的成员国和非正式成员国。然而,双方对此有根本不同的解释。我们认为发起国应是《联合国家宣言》的所有签字国和其他 8 个虽未向轴心国宣战但在战争进行时给予盟国实质性帮助的国家。事实上,这 8 个国家给予的帮助比某些国提供的帮助大。这 8 个国家包括 6 个拉丁美洲共和国、冰岛和埃及。俄国人说,发起国应该是最初签署《联合国家宣言》的 26 个国家,他们把后来签署宣言的那些国家定为"加入国"。他们不希望把我们提出的 8 个国家包括在内。我们对这个问题的讨论没有结果。事实上,会议是在这个问题悬而未决的情况下结束的。

在讨论过程中,葛罗米柯大使突然向筹划指导委员会提出,苏维埃社会主义联邦共和国的所有 16 个加盟共和国都应成为联合国组织的发起国。这样,俄国就会拥有 16 个投票权。他使斯退丁纽斯和贾德干喘不过气来。但他们立即告诉他,他的建议会引起极大的麻烦。

当斯退丁纽斯把此事汇报给总统时,罗斯福强调说,美国无论如何不能接受此项建议。他指示斯退丁纽斯向葛罗米柯解释,该建议会造成非常复杂的难题,按照它的逻辑,如要同意接纳苏联的 16 个共和国,那么美国就可以要求接纳其 48 个州了。

当斯退丁纽斯向我汇报时,我说我对苏联提出这样的建议感到惊讶。我说,我们这些筹划战后各项工作的美国人从来没有想到过这样的问题。我说我将竭尽全力反对这个建议。

8 月 29 日,斯退丁纽斯向葛罗米柯转达了他与总统和我的谈话内容,指出,我们的意见是:这项建议不太妥当,目前坚持此议会威胁到会议的成功,他要求葛罗米柯收回他的建议,并说,如果苏联政府有此想法,等联合国组织成立以后再向理事会提出可能更为适当。

葛罗米柯非常合作。他说,他提出这个问题只是为了向我们和英国人表明,苏联政府有这样的想法。他同意在会议期间不重提此事。但他表示苏联政府或许会在其他时候再次提出这个问题。

苏联政府的这种想法令人担忧,所以我约请葛罗米柯大使 8 月 31 日前来见我。当时,我向他坦率地陈述了我对于他代表苏联政府提出的这项建议的种种反对理由。

我对他说,这项建议会"引起轩然大波"。我说,在组织中担任领导角色并提供军事力量的大国,不论其拥有一个投票权还是许多投票权,都可以毫无困难地在组织中表达意见。我还说,美国不想拥有更多的投票权,我们认为我们的影响力能够使我们一直坚持自己的权利。

同一天,我们在国务院起草了一份总统就这个问题致斯大林的电报。总统对电报内容表示同意,还补充了一句话,说我们的立场并不会给联合国组织建立起来之后再讨论这个问题带来不利影响,那时,该组织会拥有全权处理此事。

会议临结束前,葛罗米柯又一次提出了苏联的多成员国问题,所以不是在我 1944 年 11 月辞职之前才旧事重提的①。我在职时,苏联人没有像后来那样提议接纳白俄罗斯和乌克兰共和国,此点是罗斯福总统在雅尔塔会议上同意的。如果他们向我提出,我会表示反对。

……

9 月 6 日,我和斯退丁纽斯在白宫和总统讨论了敦巴顿橡树园内重大的争议问题。罗斯福先生首先提出了新组织的地点问题。他的意见是,新组织的各个机构应分布在全球的不同地点。

他认为组织的秘书处或可设在日内瓦,但理事会和全体大会都不应在那儿召开。他认为全体大会每年都应在不同的城市举行,理事会或可设定两个固定的开会地点,一个是大西洋中的亚速尔群岛,另一个是太平洋中夏威夷群岛的某个岛。他觉得国际仲裁法庭应重返海牙。

然而,把国际组织如此分散在世界各地是不合逻辑的,我们从未在敦巴顿橡树园会议上坚持这些意见。无论如何,这不是由四大国而是由将来国际组织的全体成员国决定的问题。

我们还和总统讨论了俄国的一项建议,即联合国组织应建立一支国际空军并由理事会全权指挥。我和斯退丁纽斯陈述了美国代表团的

① 赫尔 11 月 30 日辞去国务卿职。

立场:反对建立一支国际空军,建议由各国自建空军,一俟接到通知即能参加联合行动。这与总统 6 月 15 日发表的关于不建立国际警察部队的声明是一致的。总统同意我们应坚持自己的立场。斯退丁纽斯向罗斯福先生表示,丘吉尔首相在魁北克也许会向他提出这个问题,因为我们听说丘吉尔先生对苏联的建议有一定的兴趣。

我们还讨论了苏联的一项建议,即那些不能为安全组织提供军队的小国应该提供军事基地。总统和我都坚决反对这项建议,因为它会侵犯小国的主权。我们认为此种行动都应该是自愿的,不应强迫小国提供基地。然而苏联的观点得到了部分的认可,在敦巴顿橡树园的决议中考虑到下述建议:要就安全理事会的设施,以及军队和其他援助的使用达成特别协议。

鉴于会议不能就安理会投票以简单多数计还是以三分之二计的问题达成一致意见,我们商定我们的立场应该是,我们既可接受英国的三分之二多数的意见,也可接受俄国的简单多数意见。我们一开始提出的是简单多数的建议,但是我们也曾表示,如果俄国人同意,我们愿意接受英国的建议。这个问题无法在敦巴顿橡树园获得解决,就搁置了起来。

关于争端当事国的理事会成员国是否应该就该项争端进行投票的问题给我们造成了很大的压力。总统和我授权斯退丁纽斯坚持我方立场,即不应计算这样的投票。英国人也坚持这一立场。

除此之外,我们理所当然地认为,关于涉及国际安全的问题,安理会常任理事国应该进行无记名投票。这是所谓的“否决权”。我们坚持这项原则的决心不亚于俄国人,但我们关于不应计算争端当事国的安理会成员国的投票的观点是个例外,我们认为,只有在美国保有否决动用武力或采取其他措施(当然包括美国的行动)的建议之权的情况下,我们才能希望国会批准美国成为国际组织的成员。我们尝试过其他替代条件,但国会均不同意。

到这时,我们经常把新组织称为“联合国”。我们在某些草案中使用这个名称已很长时间。总统认为这应是它的名称,我们觉得,40 个国家汇集在这个名称之下为最后的胜利而作战,所以它是个幸运的名称,取得胜利之后继续在这个名称之下工作更是幸事。然而,当斯退丁纽斯向会议提出此议时,我们意外地遇到了英国人和俄国人的共同反对。葛罗米柯初步建议用"世界联盟"。贾德干说,他相信他的政府不怎么喜欢"联合国"之名,他曾想建议使用包括"联盟"一词的名称。

9 月 8 日,葛罗米柯大使收回了对在全体大会之下建一个经济和社会委员会作为国际组织的一部分的反对意见。

到 9 月 10 日,经过三个星期的磋商,英、俄、美三国代表团达成了许多一致意见,足以使会议拟定联合国宪章的最后文本。我 7 月 18 日递交给英、苏代表并电达重庆的那份草案中的各项要点都被收入了会议接受的最后文本,当然,其中也增加了一些新条款。由于三国的基本意见在会议一开始即极为相近,所以新文本与英国和俄国最初的想法也相去不远。

新文本给予了全体大会更大的权力。全体大会有权自行考虑维护和平与安全的合作原则,包括军备规则,也有权提出建议,尽管对此类问题作出决定也是理事会的职能。后者现在被称为"安全理事会",以便强调它的主要作用,这比我们以前使用的"执行委员会"的名称要好。

……

英国和苏联代表团把新文本拍发给本国政府征求意见。随后的两天中,苏联大使葛罗米柯向我们通报了苏联政府的一系列决定,它们能使会议进一步达成一致意见。他收回了苏联关于军队不足的国家应该拿出地方供建立基地之用的建议。他还收回了组建一支国际空军的建议。他最后还改变了对我方一项建议的反对立场,该建议是,军事参谋委员会隶属于安全理事会,负责由理事会支配的军队的战略指导工作。他还接受以"联合国"作为新组织的名称。英国人早已接受了这一点。

然而,他说他的政府不同意我们关于由四大国共同向联合国家其他成员通报敦巴顿橡树园达成的各项决议的建议。这使我们产生了忧虑。苏联政府更愿意由三大国进行通报,而把中国排除在外。

9月13日,葛罗米柯向会议通报说,他业已收到政府关于理事会投票问题的指示,他的政府坚持四大国一致的原则不得违背的立场,这使我们产生了更大的忧虑。俄国不同意不计算安理会常任理事国的投票,即使这个国家正是争端的当事一方。他说他在其他方面已作了一系列让步,在这个问题上再叫他让步是不可能的。

The Memoirs of Cordell Hull, pp.1676–1685

参事室关于建立国际组织美英苏三国同意草案修改意见(我国代表团电报摘要)

1944 年　月　日

引言

建议设立一国际组织,名为联合国会[?],凡足以使下列建议发生效力之办法,应于会章中规定之。[参事室异注:此句文字稍加改易]

第1章　宗旨

(1)维持国际和平与安全。采取有效联合步骤,以防止并消灭对于和平之威胁,并制止侵略行动,或其他破坏和平行动,并以和平方法解决国际争端。

(2)发展国际友谊关系,并加强普遍和平。

(3)国际合作,以解决国际经济、社会、人道等问题。

(4)协调各国行动,以达上述目的。

第2章　原则

(5)一切爱好和平国家主权平等。

(6)会员国应依据会章,各尽其责,以保障会员国权利与利益。

(7)会员国应以和平方法解决其争端,俾使国际和平与安全不受阻碍。

(8)会员国应不使用武力或武力威胁,以符合本会宗旨。

（9）会员国应尽力援助本会根据会章所采之行动。

（10）会员国应不给予任何受本会制裁之国家以援助，本会应使非会员国之行动亦符合上述宗旨，倘此为维持国际和平与安全所必需者。

第 3 章　会员

凡爱好和平国家均得加入。

第 4 章　主要机构

（11）主要机构为大会与安全理事会、国际法庭及秘书处。

（12）辅助机关得于必需时设立之。

第 5 章　组织权力投票与程序

（1）组织　大会包括所有会员国其代表人数将来于会章中定之。

（2）权力

①大会得研讨为维持国际和平与安全而合作之广泛原则，包括裁军与管制军备之原则，得讨论会员国或理事会提交有关维持国际和平与安全之任何问题，[并得对于上述任何原则或问题有所建议]任何此类问题若需采取行动，无论已否讨论，均必需由大会转交理事会。大会不得自动对于任何有关维持国际和平与安全而正为理事会所考虑之问题有所建议。

②大会经理事会之建议，应有权接受新会员国。

③大会经理事会之建议，得停止任何被理事会采取制裁行动之会员国之任何权利或利益。此项被停止之权利与利益，得经理事会决议予以恢复。大会经理事会之建议，得将任何屡［?］违会章规定原则之会员予以开除。

④大会得选举非常任理事并附带第九章所规定经济与社会问题理事会会员。大会经理事会之推荐，得选举本会秘书长。大会应执行有关选举国际法庭法官之工作，倘法庭规程如此规定。

⑤大会得分配各国应纳之费用并通过本会预算。

⑥大会对有关持久国际政治、经济与社会之合作，以及可能妨害公益发展情事之调和，应提倡研究并直接建议。

⑦大会对国际经济社会与有益特种机构政策之调和应提建议。此项机构与本组织之关系,应以其与本组织所定之办法为根据。

⑧大会应接受并考虑理事会之逐年工作报告,以及本会与其他机构报告。

(3)投票

①每一会员有一投票权。

②重要决议,包括有关维持和平与安全之建议,选举理事,选举经济社会理事会中之会员,接受新会员,停止会员国权益,开除会员,以及预算问题,均应以到会投票三分之二决定之,其他问题,概以多数决定。

(4)程序

①大会每年应按例集会,并得召集临时会。

②会议程序由大会自定,并自行推选会议主席。

③为执行其工作,大会得设立必需之各种机构。

第6章　安全理事会

……

(4)组织。由十一国各派一代表组织之。美、英、苏、中以及将来法国之代表应为常任。大会应选举六国非常任理事,任期两年,每年更换三国。第一次选举时,大会应指定三国任期一年,另三国任期二年,非常任理事不得立即被动选举联任。

(5)主要工作与权力

①为迅速与有效,行动权限,各会员国应于会章中规定给予理事会,以维持国际和平与安全之主要责任,并同意理事会于执行此项职务时,应代表各会员国。

②理事会于执行此项职务时,应遵照本会之宗旨与原则。

③为执行此项职务而给予理事会之权力详第八章。

④各会员国应负责接受理事会之决议,并依据会章予以执行。

⑤理事会借军事参谋委员会之协助,应负责拟具计划,以树立一管制军备之制度,向各会员国建议。

（6）投票。此问题尚未决定。

（7）程序。理事会之组织,应使其能继续不断工作,每一理事国应有常驻代表,倘有必要,理事会议得在他处举行。理事会应有定期会议,各会员国并得以政府大员或其他特殊代表出席。

……

（13）理事会若认为必要,得设立各种机构,以执行各项工作,如军事参谋委员会区域分会等。[此句依意度稍加改易,因原电显有错误也。异注]

（14）理事会程序及经费由理事会自定之。包括选举兼任主席之方式。

（15）倘理事会对任何问题之讨论,认为某一非理事会员国之利益将受特殊影响,则该非理事会员国,应参加讨论。

（16）任何非理事会员国或任何非会员国,若系争端之一造,均应被邀参加理事会有关该事件之会议。

第7章　国际法庭

（17）应设立一国际法庭,以为本会主要司法机构。

（18）此项法庭应依照一法规而组织并工作。此项法规应附于会章之后,而成其一部分。

（19）国际法庭之法规应为（甲）国际常设法庭之法规,而略为修改;或（乙）以国际常设法庭之法规为根据,而草成之新法规。

（20）一切会员国均应自然成为此项法规之一分子。

（21）非会员国成为此项法规一分子之条件,应由大会经理事会之建议就个别情形决定之。

[原电漏第八章标题经依意度加上。异注]

第8章　海陆空军维持国际和平与安全之办法
（包括防止与抑制侵略）

……

（8）和平解决争端

①理事会应有权调查任何争端或任何可能引起国际摩擦或争执之情势,以决定其存在是否将危及国际和平与安全之维持。

②任何一国,不论其是否会员国,得将此项争端或情势提请大会或理事会注意。

③任何可能危及国际和平与安全之争端之各会员国,应负责优先用交涉,说情,调解,仲裁,或司法解决,或其他该国自行选择之和平方法,以寻觅解决。理事会应令各会员国以此种方法解决其争端。

④若争端各会员国不能以上述和平方法解决,则各会员国应负责将争端提交理事会。理事会申述每一争端应先决定其继续存在是否将妨害国际和平与安全之维持,并依此而决定理事会是否应处理此项争端,以及若应处理理事会是否应根据第五节采取行动。

⑤在第三节所述之争端任何阶段,理事会应有权建议相当之程序或解决方法。

⑥在寻常情形下,司法性质之争端应提交国际法庭。理事会应有权将与其他性质之争端有关之法律问题提交法庭,请提供意见。

[原电如此,改为"以上"两字读之较顺。异注]

⑦(甲第一至第)[以上]六节之规定,不适用于按照国际法应属于该国国内法权范国内事项所致成之局面或争端。

(9)威胁和平及侵略行为之决定及对付此种情形之办法。

①倘理事会认某一争端未照(甲)第三节所规定之程序或未照第五节所述之建议解决,而成为对国际和平及安全之威胁时,应按照本组织之宗旨及原则,采必要办法以维持国际和平及主义。

②在原则上理事会应决定任何和平威胁,和平破坏,或侵略行为之存在并应建议或决定维持或恢复和平及安全之办法。

③理事会应有权决定,何种外交上经济(上)?或其他事件,涉及武力使用之方法,以实施其决议并促请本组织之会员执行此种办法。此种办法可包括铁路,海运,航空,邮电,无线电及其他交通工具之全部或局部停止及外交与经济关系之断绝。

④如理事会认为此项办法尚不充分,应有权采取必要之海陆空军行动以维持或恢复国际和平及安全。此项行动可包括本组织会员之海陆空军之示威,封锁及其他军事行动。

[原电如此,加上"为求"二字读之较顺。　异注]

⑤(为求)？本组织之一切会员对于国际和平及安全工作共同贡献起见,应于理事会发出号令时并按照其相互订定之特别协定,负责提供必要之军队之数目与种类以及便利及助力之性质,此项协定应尽速商定。每一协定应由理事会核准并按签字国之宪法手续批准之。

["得"改为"为"读之较顺。异注]

⑥本组织得(为)？采取紧急军事处置起见,本组织会员应准备国内空军部队,以备国际共同执行行动之即可实行。此项部队之数量与准备之程度及其共同出动之计划应由理事会商洽军事参谋委员会在上述第五节所述之特别协定范围内决定之。

⑦安全理事会为维持和平安全而执行决议之行动,应由本组织全体会员互助实施或照安全理事会之决定由若干会员实施之此项义务应由会员自动之行为或由其所参加之特种组织或机关之行为履行之。

["下列"改"第"较为清楚。　异注]

⑧武力使用之计划,应由安全理事会经过下列(第)？九节所述之军事参谋委员会之协助规定之。

[译文恐有误。　异注]

[译文不妥,原文意思恐为"凡地方争执,据当事国之请求,或理事会之授权,应鼓励利用区域办法或区域机构解决之。"

(丙)区域办法。草案之任何规定应不妨碍区域办法或机关,对此项有关维护国际和平及安全之事件纠正。？此项办法或有关(机)？及其行动均与本组织之目的及原则相符。

①安全理事会应鼓励地方争执之解决,据当事国之请求或由安全理事会之授权利用此项区域办法或区域机关。

②安全理事会认为必要时得利用此项办法或组织,以实施其权力？

之执行行为。? 但如无安全理事会之授权,在区域办法或区域机关不得有任何执行行为。

③安全理事会对(于)? 在区域办法或区域机关为维护国际和平及安全所规定或采取之行动,应经常得有完全之情报。

［分析二字疑系"监督下"、"指导下"一类字样之误。　异注］

……

(9)应设立一军事参谋委员会,其职务为对理事会贡献意见及协助,如关于维持和平之军事需要问题,如提供理事会军队之使用及统率问题,军备之管理问题及可能范围内之军事连带问题,并在理事会之分析? 作策略上指挥。委员会应由理事会之常任会员国之总参谋长或其代表组织之。本组织会员国在常任代表者,如理事会为尽责之效率??,［此句翻译不妥已极,但未见原文,无从改正。　异注］计,认为此项会员国有参加之必要时,应通告参加关于统率军队问题随后决定。

(10)本组织会员国应共同互助,以实施合理融会贯通之决定。

(11)任何国家不论是否本组织会员国,如因实施理事会之决定遇有特殊经济困难时,应有权咨询理事会,以解决此项问题。

第9章　国际经济与社会合作办法

……

(10)宗旨与关系

①本会应设法便利国际经济、社会以及其他人道问题之解决,并促进对人权与基本自由之尊重。执行此项工作之责任,应由大会与在大会权力下所设立之经济与社会理事会负之。

②各项特种经济、社会等组织,应进行其法规侦查其份内事件。每一此项组织因与本会发生关系,其条件应由经济与社会理事会与各该组织约定,而经由大会批准。

(11)组织与投票。经济与社会理事会,应以十八会员国代表组织之。由大会选举,任期三年。此十八会员国各出一代表有一投票权议决议以到会投票之多数定之。

（12）工作与权力。经济与社会理事会应有权：

①执行大会有关之建议。

②对有关国际经济、社会及其他人道事件自动建议。

③接受并考虑各种特种经济、社会组织之报告并经由商洽与建议而调和此项组织之工作。

④审查此项特种组织之行政预算。

⑤使秘书处得对安全理事会供给情报。

⑥协助安全理事会。

⑦执行大会指定之他项有关工作。

（13）机构与程序

［恐系衍文。　异注］

①（经济理事会）？应设立一经济理事会，一社会理事会及其他必需之理事会。此项理事会应由专家组成之。此项理事会应有常驻办事人员，应为本会秘书处驻欧一部分。

②经济社会理事会应允许各项特殊组织派遣代表，参加该理事会效力其少数委员会之讨论，［恐电文有误。　异注］但无投票权。

③此项理事会之程序、细则以及选举之方法均由自定。

第 10 章　秘书处

……

（22）秘书处包括一秘书长及若干办事人员。秘书长由大会经安全理事会之推荐而选举之。其任期与条件于会章中规定之。

［"用"字恐为"为"字之误。　异注］

（23）秘书长应用（为）？大会安全理事会以及其他经济社会理事会一切会议之秘书长并应每年向大会作一关于本会工作之报告。

（24）秘书长应有权将任何被认为可能威胁国际和平与安全之事件提请安全理事会注意。

第 11 章　修正

修正案之成立必须经由大会会员国三分之二通过并经常任各国依

照与本国宪法程序而(及)？其他方法多数予以批准。[译文及电文均有误。　异注]

第 12 章　过渡办法

(1)在第八章(乙)第五节所述协定尚未成立以前,并(依)？[疑有脱文。　异注]莫斯科四国宣言第五节之规定,签订该宣言之各国应互相洽商并于必要时与本会其他会员国洽商以代表本会采取为维护国际和平与安全之宗旨而必要之联合行动。

(2)本草案中之任何规定如视为足以阻止一切对敌各政府因此次战事结果而对于敌国所采之行动。【附注】除第六章所述安全理事会中投票程序问题外尚有其他数问题亦在讨论中。[本条文义不全,显系脱误,无从校改。　异注]

中国第二历史档案馆藏军事委员会参事室档案,761/119

3. 会议第二阶段

孔祥熙致蒋介石
1944 年 9 月 28 日

重庆。国民政府主席蒋:密。和平机构会议中、美、英一组定于明日开幕,苏方所持异议之点如下:(一)投票问题,苏方坚持未决;(二)全体会议应请何国促成,未决;(三)国际空军案交参谋部研究;除以上数点暂行搁置外,其余即可成立决议,决议草案明日当可完竣。日昨斯退丁纽斯来访顾代表,通知开会日期,详情已由顾代表电陈,一切应行注意之点,弟已详加指示,足纾钧注。熙叩。俭。

《中华民国与联合国史料汇编》筹设篇,第 244 页

孔祥熙致蒋介石
1944 年 9 月 29 日

重庆。国民政府主席蒋:密(表)。中、美、英和平机构会议,本日

举行开幕仪式,熙亲赴会,美外长与英大使亦均参加,美、英、苏三国议定之草案今晨送到,已嘱即择要电由外交部转呈。谨闻。熙叩。艳。印。

《中华民国与联合国史料汇编》筹设篇,第244—245页

孔祥熙致蒋介石

华盛顿,1944年10月3日

重庆。国民政府主席蒋:密。并祈分交国防委员会、行政院、外交部公鉴:本日上午全体会议,我方提出对草案应补充各点,下午由起草委员会及三国军事专家分别详细讨论,结果美、英接纳三点:(1)处理国际争议应注重正义与国际公法原则。(2)国际公法之发展与修改,应由大会提倡研究并建议。(3)经济社会委员会应促进教育及其他文化合作事业。现美、英拟向苏方征询同意,如于九日前不得答复,即拟以四国名义公布原草案。同时另以中、美、英三国名义,发表上述三项建议。至发表方式尚在考虑中。谨闻。熙。江亥。

《战时外交》第3卷,第891页

顾维钧致蒋介石

华盛顿,1944年10月4日

重庆。密。主席钧鉴:今午钧偕魏大使、胡次长、商团长入觐罗斯福总统,由美首席代表陪往。罗斯福告钧:(一)奎北会议①,对于如何继续助华,有共同决定。(二)奈耳逊②离美赴华时,曾告以到华后所得印象或致失望,彼回美后报告,谓我国情况一般尚佳。(三)将来日本在太平洋之岛屿如何处置,颇费考虑。美国不愿再增土地,琉球及bonin岛即小笠原群岛,无论如何,亦不能交还日本。又谓闻往时bonin

---

① 1944年9月中旬的第二次魁北克会议。

② 即纳尔逊。

岛王曾由中国任命。(四)航空问题亦多困难,如允予中国民航线展至檀香山,则澳之同样要求,难以拒绝,将来日本恐亦希图。(五)和平机构会议,美外交次长向总统报告,进行顺利,我国对三国草案颇多赞许,总统表示欣慰,但谓投票权问题未能解决,苏俄主张在国际组织大会中,应有十六票权,代表十六共和国,如予以同意,则巴西有二十一票。苏俄又坚持到底,倘常任理事为争端之一造,仍可投票,此实与法律上当事人不得同时作裁判官之原则相反,为一重要之点,必须有一解决云云。顾维钧。质。

《战时外交》第 3 卷,第 892—893 页

孔祥熙致蒋介石

1944 年 10 月 4 日

重庆。国民政府主席蒋:密。昨会我方所提补充各建议,英、美固已接纳三项,但其发表方式,本日经过详细讨论后,咸感有所顾虑,如向苏方洽询,恐徒费时日,如以中、美、英三国名义发表,又恐引起一般误会,以为苏方拒绝此项建议,同时又或以为中国除交三项建议外,于原草案无他贡献。莫若此时以四国名义公布草案,视为共同建议,借示四强意见一致,至其它问题,可留俟将来起草整个公约条文,或联合国大会时,再行提出。熙以此办法尚属得体,已嘱代表团可予同意,想亦为钧座所许可也。谨闻。乞示。熙。豪。

《中华民国与联合国史料汇编》筹设篇,249—250 页

顾维钧的回忆

敦巴顿橡树园会议第二阶段和第一阶段一样,也包括五种不同的会议。首先是由各代表团团长参加的指导委员会会议。这个委员会经常开会讨论决定会议的议事日程和全体会议的总的方向。其次是由三国代表出席的全体会议。再则是由技术代表出席的会议,全体会议上提出的各种提议所涉及的技术方面问题在这个会议上研究解决。另外

还有起草文件的会议,这个会议的目的是将达成的协议和决定拟成文字。最后还有由军事代表出席的会议,讨论建议成立的新国际性组织所涉及的军事性质问题。

9 月 29 日上午,有中国代表团参加的会议开幕时,格鲁先生交给我一套由英、美、苏三国共同制定的提案。第二阶段会议的目的就是研究这些提案,看这些提案是否能得到中国代表团的同意。尽管第一阶段会议一致通过的提案涉及面很广,我们仍然有我们自己的方案。为了便于讨论,我们不仅要从头至尾研究第一阶段会议采纳的提案,还要讨论第一阶段会议没有包括进去的中国的提案。对于第一阶段会议通过的提案,我们感到没有什么不可以接受的,只是遗漏了若干中国很关心的问题。

我认为最主要的会议是 10 月 2 日由斯退丁纽斯主持召开的全体会议。我提出了十四个早已准备好的与第一阶段会议采纳的提案有关的问题。虽然我觉得第一阶段会议通过的提案没有什么不能接受的,但是为了使新国际组织能够有效地促进国际安全与和平,我认为,有许多改进和修订还是应该坚持的。本着这种想法,我提出了十四个问题要求英、美两国代表发表意见,以便使中国代表团能够更确切地理解这些问题。杰布①先生代表英国发了言,帕斯沃尔斯基②先生代表美国发了言。会议结束后,美国方案的主要设计人帕斯沃尔斯基、美国国务院远东司司长亨培克③、格鲁大使④、法律专家哈克沃思⑤等许多人对我和中国代表团其他成员说,我们提的问题很深刻,他们十分赞赏,表明我们对讨论的问题了解得十分透彻,在接到文件后很短的时间里进行了非常仔细的研究。……

---

① Hubert Miles Gladwyn Jebb, 英国外交部顾问。
② Leo Pasvolsky, 美国国务卿特别助理。
③ 即亨贝克,时任关于战后问题与计划的国务卿特别助理,而非远东司司长。
④ 时任远东司司长。
⑤ Green H. Hackworth, 美国代表团法律顾问。

　　大会及安理会的表决程序是一个主要问题。如上所述,出席第一阶段会议的三国代表在这个问题上难以取得一致意见。简言之,苏俄代表团认为,安理会各常任理事国都有权参加表决关于争端的任何决议,即使其中有一个常任理事国是争端当事国。很明显,这与英、美、中三国的司法概念是背道而驰的。根据这三国的概念,争端的任何当事一方不得为了自己的利益行使裁决权。中国代表团在这个问题上的观点与英、美的观点一致。然而为了打破同苏俄的僵局,美、英两国代表最后还是接受了苏俄的主张,即通过任何关于解决争端或威胁和平的决议,必须遵守常任理事国一致原则。可以看得出,在以美、英两国为一方,苏俄为另一方的谈判过程中,美、英代表的态度逐渐软化并屈从于苏俄的主张,已经同意在对一争端当事国或对使用武力或以武力相威胁的行为实行制裁的任何问题上,投票反对制裁措施的常任理事国,即自然免除实行制裁的责任。但常任理事国为争端当事国时的表决权问题仍陷入僵局。莫斯科坚持自己的立场,又找不出双方都能接受的解决办法。因此,当中国出席的会谈开始时,这仍是一个很难解决的问题。

　　苏俄对大会的表决问题怀有疑虑,惟恐自己总是处于少数。由于这个原因,莫斯科曾提议接纳苏联的十六个加盟共和国作为这个拟议中的组织的成员国,以便增加苏俄的表决权票数。苏俄提出这一显然是十分荒谬的建议的理由是,英国自治领已被承认并有权作为这个组织的成员国,虽然这些自治领在很大程度上是独立的,然而他们仍然是英联邦的成员。英、美两国均认为苏俄这种主张是不能接受的;如果要使新国际组织能够建立起来的话,就必须克服这一障碍。苏俄这一建议是10月3日我和两个同事去见罗斯福总统时,他首先向我们透露的。我记得罗斯福总统补充说,鉴于苏俄提出了这一建议,那么中国也可以要求自己的二十六个省作为成员国进入这一组织,这样中国的表决权就会增至二十七票。我说,依此类推,美国的四十八个州也都应有代表参加这个组织。实际上,开始我并不知道罗斯福总统这样说有多么认真。然而他对我说,他希望看到中国能享有一个大国的待遇,因为他着眼于未来。他希望亚洲和太平洋地区安宁。该地区有中国这样一个强大的盟国,他就可以将全部注意力用于维持欧洲和平。

我拜访罗斯福总统并非出于特别的目的,只是礼节性的拜访。我们在威尔逊任总统时就是朋友。那时,他是海军部助理部长,我是中国驻华盛顿公使。当时,在首都华盛顿我们二人是最年轻的官员,我们经常见面,互相交换看法,话题并不限于各自的本职工作。1944 年我们见面是三十年来的第一次。我们相见都很高兴……

于是,我们坐下来交谈了将近半个小时。他对我谈了一下苏俄代表对新国际组织表决程序的要求。他还向我讲述了他坚持要中国参加敦巴顿橡树园会谈的事。并对我讲了为什么他要求将中国列为战后负有维持和平责任的大国之一。他说,他希望在世界各地都看到和平。由于有了中国这个地处亚洲的强大盟国,美国就可以将全部注意力放到欧洲。他说,"顾,到目前为止,所有大规模的战争都起源于欧洲。这些战争使世界的其他地方不得安宁,并使人民生命和国家财产遭到了骇人听闻的损失。"就人口而言,中国是世界上最大的国家;就领土而言,中国是亚洲最大的国家;综观中国历史,中国人民是热爱和平的人民。因此他决心使中国成为负责维持世界和平的四大国之一。

关于罗斯福总统同我谈到的俄国人要求给予苏俄的加盟共和国十六票表决权一事,斯退丁纽斯在 10 月 4 日的指导委员会会议上又秘密地告诉我一些情况。他说,苏俄采取的立场非同寻常,将对建议成立的和平组织有很大的影响。因此,美国代表曾直率地向俄国代表表示,这个问题必须在更高级的外交会议上解决,比如四国首脑会议。同样,安理会常任理事国之中有一个或一个以上为争端当事国时常任理事国的表决权问题,也需要在这样的会议上解决。斯退丁纽斯强调指出,他认为这个问题极其重要,应以神圣的荣誉保证对此严守秘密。他说,如果这件事泄露出去,就会引起公众和报界的强烈反对,使建立新国际组织一事有化为泡影的危险。他还要求我提醒魏大使和商震将军严守秘密。因为同罗斯福总统会见时,他们也在座……

中国的观点同英、美原先方案中阐述的观点是一致的,即争端当事国,即使是常任理事国,也没有表决权,亦即无权参与对自身案件的裁决。然而,我们同意对实施制裁决议投反对票的常任理事国得免除其使用武力实施制裁的义务。事实上,中国的观点是任何常任理事国在安理会中都不能行使否决权。这是美、英最初的观点,然而最后他们放弃了这一观点,并同意在实施制裁问题上采用常任理事国一致的原则。

中国代表团的处境困难而微妙,因为美、英、苏三国参加的第一阶段会议已就大多数问题达成协议。中国代表团的政策是竭尽全力为会议多作贡献。根据委员长的指示,中国的基本态度和政策是全力促成会议的成功,这是一个明智的政策。……所以在敦巴顿橡树园,中国提出的新建议和对第一阶段三个国家一致同意的建议的补充意见都已缩减到最低的限度。

关于建立一个对国际争端具有强制管辖权的新国际法院的主张,最初得到了英国人的支持。然而,在第一阶段会谈的过程中,由于俄国人的反对和美国宪法所造成的困难,英国人放弃了这一主张……

作为中国代表团团长,我面临许多问题。就中国和其他代表团的关系而言,这是意料之中的事情。但是,即使在中国代表团内,在一些问题上也是有着尖锐的意见分歧的。例如,在我们代表团的一次会议上,魏道明和毛邦初就提出了激烈的观点。美国人曾向我们暗示,第二阶段的会议越短越好,原因有二:第一,对会议第一阶段一致通过的建议作任何根本性的改变都需要重新与苏俄代表谈判。第二,由于苏俄所持态度,会议已经拖延了很长时间。然而,魏、毛二人却都主张采取一种从容不迫的政策,将我们所有的建议都提出来,不论英、美或者俄国的代表有无可能接受;我们至少要表现出我们愿意为会议做出充分的贡献,因此不希望看到会议草草了事。与此同时,美、英两国代表团由于在前一阶段与苏俄代表团拔河式谈判中费了很大力气,此刻已经变得相当不耐烦。英国代表团同美国代表团一起参加第二阶段的会

议,主要是为了"维护中国的声望",而不是听取什么重要意见。再者,
就象我在下面就要谈到的,当时中国与美国政府的关系很不理想。虽
然美国代表团和美国国务院,在某种程度上乃至总统本人,都仍然对我
们很同情,很友好,但是整个报界的舆论对我们是不利的,对中国的军
事和政治批评甚多。所以中国代表团在橡树园的处境是相当尴尬的。
中国代表团对自己的意见应该坚持到什么程度,这个问题引起了很大
的争论。魏和毛的观点自然得到了来自重庆的代表们的支持。但是,
我强调,在决定我们的政策或态度时,应充分考虑到我们的实际处境。
不仅如此,还要考虑到英、美的处境。我认为,为了装点门面而延长会
议的做法是不可取的,但是我们应该表现出,我们要为新国际组织的建
立作出重大贡献的愿望是切实而认真的。这一观点不仅得到孔祥熙的
大力支持,也得到了那些熟悉国际形势和苏俄的态度和政策的人们的
支持。最后,我们决定不全部提出我们的建议。我们采取了折衷的办
法,准备提出我们认为重要的七点建议,而不论美、英两国代表是否同
意。换言之,我们要把这七点建议作为新国际组织宪章的基本内容而
加以捍卫。

敦巴顿橡树园会议结束后,我同中国代表团的其他成员在双橡园
开会讨论这次会议的成果。首先我回顾了我们原先对会议所抱的希
望。第一,我们希望维持中国作为世界第四大国的地位,并在这个基础
上同美、英合作。第二,关于成立新国际组织这一问题,我们希望(1)
应该成立一个有效的组织;(2)应该保证这个组织所有成员国独立自
主及领土完整;(3)应该以公正原则及国际法作为解决国际争端的基
础;(4)最后要本着促进和平的利益修订国际法,并促进各国之间的文
化协作;(5)中国能继续得到小国的同情……

关于我们对会议的希望的第六点,亦即最后一点,我曾认为,常任
理事国一致原则对中国是很重要的,因为我不愿意中国被撇在一边,不
愿意安理会无视中国,只在三国同意的情况下作出决定。然而,由于
英、美的劝告和坚持,我们改变了态度,从而支持英、美,反对常任理事

国一致原则。

……

《顾维钧回忆录》第 5 分册,第 411—422 页

张厉生①呈顾维钧出席国际和平机构会议报告书
1945 年 2 月 9 日

外交部呈送顾大使维钧出席国际和平机构会议报告书暨有关附件等到院,经核该项报告书,于会议之缘起、我国参加会议之准备及经过暨会议讨论之要点与结果均有详明陈述,除存院参考外,谨报请鉴核。

附件:参加国际和平安全机构会议代表团报告书

导言

中、美、英、苏四国之国际和平安全机构会议由八月二十日至十月七日在美京邓巴顿橡园(Dumbarton Oaks)举行,第一段之英、美、苏会商于九月二十八日完毕,第二段之中、美、英会商于九月二十九日下午起至十月七日结束,我国代表团根据政府训令,在孔副院长指导之下出席参加。关于此次会议之情形,兹拟分下列二部分摘要陈述:一、会议经过之概况;二、会议讨论之要点及其结果,此外并将有关之重要文件附列于后,以供参考。

一、会议经过之概况

此次会议为时七周,其一般经过拟分为:(一)会议之缘起;(二)美、英、苏三国会议之经过;(三)我国参加会议前之准备;(四)我国参加会议之经过等四项叙述之。

(一)会议之缘起

本年七月十七日,美外长赫尔宣布莫斯科宣言之四签字国,共同决定将在美京举行非正式谈话会,交换关于国际安全机构问题之意见,赫尔并宣布美、英、苏三国与中、美、英三国将分别会商。中、美、英三国之

---

① 时任行政院秘书长。

会商或将与美、英、苏三国之会商同时举行,或将于美、英、苏三国会商闭幕后再行开始,嗣后各国应美政府之邀约,先后派遣代表团,英以外次贾德干(Sir Alexander Cadogan)为首席代表,贾德干于九月三十日奉召返国,嗣后英首席代表则改由驻美大使哈里法克斯充任,苏以驻美大使格鲁米诃(Andrei A. Gromyko)为首席代表,我以驻英大使顾维钧为首席代表,至美方之首席代表则由外次史特丁尼斯(Edward Stettinius Jr.)充任之。

会议开始前,美、英、苏三国均分别预备一国际和平安全机构草案,美英两国之草案并曾于事前密交我方参考,至我方草案之预备与提出则陈述于后文中。

(二)美、英、苏三国会议之经过

美、英、苏三国会议亦即会议之第一段,原以三周为期,嗣因三国对于所讨论之若干点意见不能一致,而苏代表团又需往返向苏京请示,以致延迟至九月二十八日始行闭幕,前后共费时约六周,已超出预定期间一倍,其间美代表团曾于九月八日将美、英、苏三国会议所商结果一度密告与我,又据魏大使与苏联首席代表密谈之结果,苏联与美英两方意见不同之点其重要者如下:

1. 苏方主张国际组织应以保障国际安全为唯一任务,美英则主张应同时顾及其它国际事项如社会经济等问题。

2. 苏方主张设立国际空军,美英均表反对。

3. 关于安全理事会之投票问题,苏方主张一切议案均应以过半数可决,惟必须包括全体常任理事之赞成票;但美英则主张若干问题必须以三分之二表决。又常任理事国家如为争议之一造时,美英主张此事争议国应无投票权;但苏方主张此一造如为常任理事国家,则仍应享有投票权。(在实质上,其投票权将无异于否决权。)

4. 美英主张国际机构应以维持和平为目的,苏方则偏重制止侵略,并主张以明文规定之。

5. 美英主张管制军备,苏方主张裁减军备。因此等问题,美、英、苏三国反复磋商,以致会议一再延期,最后美、英、苏三国对于其所争执各点类多能获谅解或折衷办法,苏方让步之点亦甚多,惟苏方对于安全理事会中投票问题则坚持己见。三国为加速会议之进行计,乃决定先将三国同意之点编成一《设立一普遍国际机构建议书》(Proposals for the Establishment of a General International Organization)以为会商之初步结果,至于三国未能同意各点则暂行保留,以待将来解决,此中最重要之点已如上述,厥为安全理事会中之投票问题,依此决定,美、英、苏三国之会商,于九月二十九日宣告结束,美方并正式将美、英、苏三国作成之建议书,密交我方研究参考。

(三)我国参加会议前之准备

我国政府于八月十二日特派顾维钧、魏道明、胡世泽、商震为我国出席会议代表,简派毛邦初、刘田甫、朱世明、浦薛凤、张忠绂、宋子良、刘锴、李幹等为专门委员。此外政府复请孔副院长在美就近主持指导。为集思广益起见,孔副院长特聘胡适、施肇基、张嘉璈、蒋廷黻、周鲠生等为顾问,指定刘锴为秘书长,并由驻外人员中,调派参赞七人、技术专员四人及秘书十一人,协助研究并帮同办理一切。

在会议前,美英两国均曾将其所分别拟定之国际和平安全机构草案通知我国,以供参考。我政府乃于会前决定并训令代表,我方应暂不正式提出整个方案,只须依照我国之立场,对美案提出若干补充或修正。嗣为使美、英、苏三国于其会议中得早日知悉中国立场起见,我方代表团在孔副院长指导之下,乃根据政府前此发出之各项训令,与国防最高委员国际问题讨论会、军事委员会参事室及外交部等所拟之各种国际和平机构草案编成一《国际机构宪章要点》(Essential points in the Charter of an International Organization),于八月二十二日由孔副院长非正式送交美英首席代表参考。

代表团于参加会议之前并曾数度集会研讨,依照政府之训令,我代表团于会前即已先行决定对于会议之基本态度与立场数点:

1.我方主要目的,在促成此次会议之成功,使四国能提出一国际和平安全机构方案。再此次会议,原系初步商谈性质,一切现时不能解决之问题,仍可留待将来联合国全体会议中提出讨论。是以我方对于各项问题,可不必坚持,并可借以表示我国爱好和平及与各友邦合作之精神,但对于和平安全机构之重要意见,我方仍应提出,并详为说明,一则可使世人明了中国之正义立场,二则又作为将来在大会中或将再行提出之张本。

2. 我国现时处于四强之一之国际地位必须维持。

3. 苏联虽表示不愿中、美、英、苏四国同时集议,但我方仍应设法联络苏代表。

4. 因美方避免国内政治上之困难,对于此次会中情形力主守密,故我代表对外表示亦应极端慎重。

依照以上之态度,我方代表团一面对于美、英、苏三国会议所提出之建议书详加研究,一面与美英代表开诚谈商,至于商谈之情形,有如下述。

(四)我国参加会议之经过

中、英、美三国会议于九月二十九日开始,在叙述我国参加会议之前,拟先将会议之组织略为说明如次:

1. 全体会议(Plenary Session)讨论一般问题,由各国代表及专门委员全体参加,公推美首席代表为主席。

2. 常务委员会(Steering Committee)由各国首席代表组织之,处理会务程序及特殊问题,以美首席代表为主席。

3. 起草委员会(Joint Formulation Group)研讨国际和平安全机构,并编制各项议案,由各代表团选派四五人组织之。我方由顾维钧、胡世泽、张忠绂、刘锴、梁鋆立等出席,由我首席代表任主席。(大会及各委员会主席,在名义上均为美首席代表,但美首席代表不出席时,则依次为中国首席代表,再次为英国首席代表。)

4. 军事委员会(Military Group)专门讨论军事问题,各代表团选派四人组织之,由美代表一人任主席,我方由商震、毛邦初、刘田甫、浦薛凤、谭绍华、陈宏振等出席。

九月二十九日下午三时，中、美、英三国会议正式举行开幕仪式，孔副院长、美外长赫尔、英驻美大使哈里法克斯及三国代表团全体均出席，首由赫尔致词，除表示罗斯福总统及其本人对于各国代表欢迎之意外，并希望会议圆满成功。次由我首席代表顾维钧及英首席代表贾德干相继致词。顾首席代表之演辞略谓，我国基于爱好和平之传统精神，以及对于集体安全之一贯信念，切望新国际机构能以成立，并足以有效的维持和平与正义，此一新国际机构应具有普遍性，一切国家最后均应参加，国际间任何事端，均应以和平方式解决，凡威胁或破坏和平之一切行为，均应予以制止，必要时并须使用武力。至于有关制止侵略之具体办法，此一新国际机构成立后，应经常有所准备，以免临时计议，而致坐失时机。最后顾首席代表更谓新国际机构对于国际间之重要经济及社会各问题亦应加以研讨，并设法解决。因社会与经济问题往往为国际纷争之原因。又赫尔及贾德干之演辞中，对我抗战努力与维持和平之贡献均极表赞扬。

中、美、英三国会议开幕以后，常务委员会曾数度集议，讨论会议进行程序及办法。美英代表屡次表示希望会议能迅速进行，并盼能于十月九日前结束。彼等并谓美、英、苏三国决定之《设立一普遍国际机构建议书》，曾经过长时间之磋商，始得成立。又谓我国前于八月二十二日提出之《国际机构宪章要点》，美、英、苏三国会议时，曾经予以特别注意，尽量采纳，故中国方面之意见实已融会于美、英、苏三国提出之建议书内。末谓该建议书实难修改，因若再向苏联政府征询意见，则往返需时，且恐苏方借辞迁延，是以希望我国能将该建议书内容全部予以采纳，并能同意于十月九日正午十二时，在中、美、英、苏四国首都同时公布。倘中国方面，对于美、英、苏三国建议书有所补充或建议，并为美英两国所同意者，则可另作成一补充文件，不必与原建议书混合，至于此项补充文件是否应与原件同时发表，则可由中、美、英三国会同商定。美英急于结束会议原因，除上述者外，据称尚有两点：

1.罗斯福总统另有计划,急待进行,希望会议早日完毕。

2.会议期中一切严守秘密,美国以及世界上之舆论对之颇表不满,若能早日圆满结束,并予以公布,则舆论之攻击可以停止。美英上述之主张与理由,似属实情,美、英、苏三国提出之建议书,自我国立场观之,其中需要补充固多,但其业已列入者,对于我国之权益,似尚无不利之点,及默察现时之国际情势与我国地位,我方对于该建议书,似不宜坚持修改,或拒绝同意。故代表特电请政府授权,以便相机办理,必要时可表示我国同意该建议书,准予如期发表,此项请求嗣经政府电复核准,至于我方与美英会商通过之补充文件,嗣曾于起草委员会中,依前述之方法予以规定。

再者,在常务委员会中,美英代表并曾答我询问,将美、英、苏三国尚未同意之各点及讨论经过详告我方。

十月二日上午十时半,举行第二次全体会议,由美首席代表主席,我方对于美、英、苏三国提出之建议书列举十四点,请美英两方逐项解释阐明,以便讨论时我方确知彼等之主张与立场,对于此十四点,经我方质询后,美英两方均有详细解答。

十月三日上午十时半,第三次全体会议,由美首席代表主席,顾首席代表于该会提出七项问题,以说明我国之立场,并详细申述其理由。

1.新国际机构,为维持国际和平与安全,必须依据正义与国际公法之原则。

2.对于各会员国之政治独立与领土完整,应予以保障。

3.对于"侵略"定义,应明白规定。

4.组织国际空军。

5.编制国际公法。

6.国际法庭,应有强制裁判之权。

7.国际教育文化合作之促进,应明白规定。

以上各项主张于十月三日下午分别由两小组委员会详细研究讨论,除上述第四项国际空军问题由军事委员会讨论外,其余六项均交起草委员会讨论,各项讨论之结果将于本报告第二部分中详述。

十月六日上午,起草委员会连续集会,对于美、英、苏三国提出之建议书逐条质询,详加讨论。

七日上午,起草委员会复集议讨论如何结束国联问题,同日上午十一时半,举行闭幕式,首由中、美、英三国首席代表对于美、英、苏三国所提出之《设立一普遍国际机构建议书》表示接受,各签字三份,各留一份,至于我代表团与美英协商同意之各修正案,其处理方式则将于下文中述之。嗣由主席致闭会词,我国与英国首席代表先后致答词,美英代表于其演词中对于我方之贡献与合作表示钦佩,顾首席代表于其答词中,除对美国政府之招待及其给予会议之便利表示谢意外,并希望中、美、英三国同意之各项建议得以早日见诸实现。最后该会议通过一闭会文告,略谓,中、美、英三国代表团之会商业已圆满结束,其进展之迅速原因:一则美、英、苏三国之会商已有相当结果可供参考;二则因中、美、英三代表团于会前即曾以书面交换意见,中、美、英三代表团现已将其所同意有关国际和平安全机构之各项建议分别报告其本国政府,三国政府在最近期内对此问题将有所声明云云。

最后尚有一点应说明者,即各国于会议发表公告之词句,在美、英、苏三国会议期中,彼等曾拟有一联合公告方式,该文告第一段叙述各国政府业已收到其与会代表之报告,第二段声明各国政府现将会议通过之建议予以公布,第三段声明与会各国政府准备对于建议书详细研讨后,即将迅速采取必要步骤,编制一完备之建议案,以为联合国大会讨论之基础,第四段声明各有关政府将决心合作,以推行对于敌人所加之投降条件,此第四段中之文字,美、英、苏对之原未完全同意,我国参加会议之初,美方即曾以此公告征询我方意见,并谓在美、英、苏会议期中,苏联主张在第四段中只用美、英、苏三国名义,而英方则主张除用英、美、苏三国名义外,尚列入其它联合作战国家字样,美代表谓为求早日一致同意起见,美代表团对两议均可赞成,顾首席代表当即表示,中国现已参加会议,此段应以签订莫斯科宣言之四国名义出之,最为适当,并此不能一致赞成,则不如将第四段完全删去为善。美英两方代表均以为然,并允向苏方征询同意,嗣经磋商以英苏既各坚持所提第四段原文不易一致,而第四段之目的只在表示联合国对于敌人之态度,与国际机构本身并无重大关系,不若以我意见完全删去。嗣闻苏联亦表同意,公告中之词句问题至是始获解决。

二、会议讨论之要点及其结果

中、美、英三国会议中之讨论,大体集中于我方在十月三日第二次全体会议中所提出之七项问题,先是顾首席代表于提出此七项问题时曾予以说明,略谓中国对于国际和平安全机构之意见,虽已详载于八月二十四日所提出之国际机构宪章要点中,但中国代表团于研究美、英、苏三国之联合建议书后,感觉有数点必须特别提出作为补充,该数点与三国建议书内容并无冲突,希望各方能予采纳,并以之列入国际和平安全机构宪章内。同时美方亦提出应如何结束国联问题,凡此问题大会均决议予以讨论,而分由起草委员会与军事委员会详细研讨,讨论之详情可分如次:

1. 国际和平与安全之维持,必须依据正义与国际公法之原则。

关于此点,我方之立场以为国际和平与安全自须维持,一切争端自须以和平方法解决。尤为重要者,此种维持与解决必须依据正义与国际公法之原则,否则国际和平与安全纵能维持,其价值亦殊令人怀疑,因过于重视维持国际和平与安全,而不丝毫提及或注意正义与国际公法之原则,则将来难免不发生流弊,故我代表团深盼各方采纳此项意见,并以之列入宪章中。此种规定不仅可使将来成立之和平机构于处理国际纷争时有所依据,且可使世界各国舆论对于新机构表示信任与拥护。英、美两方代表表示美、英、苏三国建议书中对于此点虽未明言,但其含意实亦在依据正义以维持国际和平与安全,英代表嗣谓“国际公法”中纷争之点甚多,若依据公法,则将来如何解释必大成问题,我代表谓将来对于国际公法如发生疑问,可由国际法庭予以解答,是以上项规定应不致引起重大困难。且在国联盟约中本有类似之规定,在过去并未见因此而发生任何严重问题。美代表当谓可以接受中国之主张，英代表亦不反对列入此项规定，但声明仍须向英政府请示，起草委员会如是乃决定通过下列决议案：

"国际机构宪章中应特别规定国际纷争之调协与解决，应注意正义及国际公法之原则。"

2. 保障领土完整与政治独立。

关于此点，我方主张国际和平机构之宪章中，应明白规定保障会员国之政治独立与领土完整，因此项规定足以产生一种普遍安全意识，因此而可以促进和平之发展，此项规定可以安定一般国家之心理，并构成裁军运动之先决条件。倘吾人对于此点不予明白规定，则原建议书中之"主权平等"字样将失去其意义，盖政治独立与领土完整固为主权之需要部分也。

英美两方对于此点始终不予同意，但其理由似亦颇值注意，彼等谓此一问题在美、英、苏三国会议中业已详加讨论，并谓原建议书中之"主权平等"字样实已将领土完整与政治独立包括在内，因此两点均为主权必具之条件。在事实上，主权之含意远较此两点为多，盖主权必具之条件实不仅此两点而已，且过去经验亦昭示吾人对于主权之条件不宜硬性缕列，否则挂一漏万，在所不免。最后顾首席代表表示，若政治独立与领土完整之意义诚如美英两方所解释，均已被包括在主权平等字样以内，且主权平等又被认为新国际和平组织之基本原则，则我方可不坚持原来主张，但我代表团须声明我代表得向本国政府及人民正式陈明此种解释。

3. 侵略定义之规定。

关于此点，我方主张对于侵略字样应有明白定义，且应不厌求详。其未经明白规定者，将来仍得由安全理事会随时决定之。因此种定义，如能予以明白规定，将大有助于维持国际和平与安全，盖将来成立之安全理事会在多种情形之下均可有所遵循，无须每次临时决议已否发生侵略，因之而延迟执行行动，对于企图侵略者无异事前即予以警告，使其明了何种行动必将被认为侵略而毫无疑问，对于世界各国人民，可助其易于明了在每一争执中孰为侵略者，因之而拥护联合国对该国所采之行动，依照美、英、苏三国原建议书中之规定，决定已否发生侵略以及孰为侵略者之权衡，实操之安全理事会之手中。在讨论时美英两方均反对予侵略以定义，其理由谓任何定义，决不足以概括一切侵略行为，适足以限制安全理事会之权能。且原建议书中曾规定，不仅应制止侵略，并对于破坏和平与威胁和平之行为，亦应予以制止。制止威胁和平之行为，其目的在防患于未然，较之制止侵略行为远为重要，破坏和平之意义亦远较侵略之意义为广泛，故如欲对于侵略加以定义，则对于威胁和平及破坏和平亦当加以定义，但此在事实上亦极为困难。美方末谓关于此一问题是否应明白规定侵略之定义，似各有利弊，彼等亦尚在研究中。将来在联合国大会中不妨再行提出研讨。我代表至是遂不坚持原议，而应予留待日后讨论。

4. 组织国际空军问题。

关于国际空军之建立，顾首席代表、商代表屡次说明我方之意见，即国际安全机构先宜本身具备武力。国际警察固合理想，倘恐非其时，惟经常而独立之国际空军仍应设置，可由安全理事会节制之，盖此足构成国际机构具有权威之征象，对于维持和平之心理平时即有裨益，一旦侵略发生，尤能迅速行动，及时应付。同时我方表示着重讨论原则，原则如经决定，则具体办法可由军事专家从详拟计之。盖若干技术问题，目前正亦不必寻觅定案，例如飞机式样与性能与时俱进，故具体问题恐俟战争结束后通盘商讨为宜。美英两方对于组织国际空军表示在原则上固无可非议，但谓技术方面困难甚多，尤以所需之飞机之生产与供应以及飞行人员之训练等问题为甚，余如空军数量之大小、驻扎之地点与经费之负担等亦均不易解决。英方并谓讨论设置国际空军一原则，殊宜视有无切实易行之具体方法，有切实易行之具体办法，始能接受原则；美方则谓此一原则就美国而言，恐难获国会方面之同意。

美英方面又称建议书中所拟各国空军团一项制度仍属便利而有

效,大旨谓在此制度之下,关于需飞机之生产与补充,各会员国可借其国内工业加以解决,一旦侵略发生,理事会决定制裁,可由邻近会员国发动其空军团立即应付。再则理事会对于维持和平本随时密切注意,故在侵略尚未发动,而和平已受威胁之际,即可及时集合各国分配之空军团,以备使用。

按苏联方面亦曾提出成立国际空军之原则,但并未坚持,我方表示愿保留此一问题,俟将来联合国大会时即可提出讨论。

再者关于建议书中所拟成立之各国空军团定额分配问题,与何时开始商讨裁军等问题两方均有说明。

5. 国际公法之编订。

关于此点,我方主张以国际公法为国际和平与安全之基础。故国际和平机构宪章中,对于国际公法之修改、编订以及补充等事项均应明白有所规定。我方并表示此事可由新机构中之大会负责,委派一法学专家委员审查国际公法之现状,并由技术立场以研讨公法之演进与发展。对此审查研究之结果,大会应公开讨论,然后将其可实行者建议于各国政府,以便共同采纳实行。对于上项意见,英美两方均表赞同。起草委员会乃作成下列之决议:

"关于国际公法规律及原则之发展与修改,大会应负责研究,并拟具建议。"

6. 国际法庭应有强制裁判权。

关于此点,我方主张对于一切具有法律性质之国际争端,国际法庭应具有强制裁判之权力。我代表谓在过去二十五年间应足以增强国际争端和平解决之基础,至于应如何规定,我代表提出两种可能方法:

①在国际和平机构宪章中,明白规定此项条款。

②修正现时国际法庭之组织法,或在将来新国际法庭之组织法中加入此项条款,同时我代表并表示我方希望采取第一种方法。

在讨论时,英美两方一再声明对我方此项提议极表赞同,但认为此项问题在性质上与国际和平机构宪章之关系较少,与国际法庭本身组织法之关系较多,故最好采取我方所提之第二种方法,留待将来讨论国际法庭组织法时再行规定,对上述意见我方表示可以接受。

7.国际教育文化合作之促进。

关于此点,我方主张在国际和平机构宪章中应有明文规定,因此种合作足以增进国际间之了解与同情,而此种了解与同情实为维持国际和平之基本要素,英美两方对此并无异议,最后起草委员会乃作成下列之决议:

"经济与社会理事会应特别设法促成教育及其它各种文化合作。"

8.如何结束国联之问题。

新国际和平机构将来成立后,昔日之国联自应予以解散。关于如何将国联之权利与义务转移于新国际和平机构之问题,美方希望本会议予以讨论,美代表谓在国联之四十五国中,二十九国为联合国或联合国之友邦(包括法国在内),在其余三十六国中,四国为敌国,三国属于特种情形,惟有九国既非联合国又非联合国之与国,此等国家既不能作为新机构之发起国,其在国联中之权利问题究应如何处置。

在讨论时,各方曾提出种种意见,但均未能获得一致,我方胡代表建议是否可由参加此次会议之中、美、英、苏四国拟具一方案,于将来提出联合国大会讨论,英方对此略加修正,主张四国可将此问题各加研究,并于最近两三月内交换说帖,但在时间上并无绝对限制,各政府对此问题之说帖于任何时完成后即可提出,美方更声明以此项计划应通知苏联,并请其提出意见。

以上为中、英、美三国会议之详细经过,其讨论之主要部分,自为我方所提出之七项问题,在此七项问题中,我方获得美、英同意,而作成具体决议者有下列三项:

①国际和平与安全之维持,必须依据正义与国际公法之原则(原第一问题)。

②国际公法之编订(原第五问题);及

③国际教育文化合作之促进(原第七问题)。在原则上由美英两

方承认者有国际法庭应有强制裁判权一项(原第六问题)。英美承认留待大会讨论者,有侵略定义应明白规定一项(原第三问题)。关于国际空军一项,英美所陈述事实之困难亦不无理由,且原建议书中已规定有各国应指定一部分空军,以供国际和平机构之调遣。只有保障政治独立与领土完整一项,英美完全未能同意。依会议初期之商定,原拟将上述之决议案编成一补充文件,附于英、美、苏三国原建议书之后,作为中、美、英三国之建议,嗣后因英美两方对此种办法颇有顾虑,在常务委员会中彼等表示此项补充文件如与英、美、苏三国原建议书同时发表,作为中、美、英、苏四国建议之一部分,势必须先征求苏联政府同意,若然,则必将费时甚多;若只以中、美、英三国名义发表,则恐又将引起外界一般误会,或以为苏联不愿接受此等建议,甚或以为中国除此少数建议外,对于原议书并无他贡献。实则中国八月二十二日所提出之《国际和平机构宪章要点》,其中业已为三国所采纳者甚多,故此项补充文件似以暂不发表为宜,最好先以四国名义公布原建议书,作为四国共同建议,借以表示四强意见一致,再者,安全理事会之投票问题本尚未解决,将来召集联合国大会之前,四国仍须起草一更完备之建议书,中、英、美三国决议之各点可于届时列入,然后再以四国名义提出。依此办法,一方不漠视中、美、英三国会议之价值,一方亦可避免外间之揣测与误会,似为比较妥当。我方以英美所持之理由尚属充分,对我亦较有利,为表示与英美竭诚合作计,乃予以同意,但同时声明保留除上述三项决议外,我方前提之其它各项问题,如国际空军问题等将来在联合国大会中若由他国提出,我方仍可赞助。上述磋商与考虑之结果为在会议结束时,终决定将中、美、英三国决议之补充文件暂不发表,而仅将英、美、苏三国提出之《设立一普遍国际机构建议书》由中、美、英三国首席代表签字,并决定于十月九日正午十二时在中、美、英、苏四国首都同时公布。

结论

在此次会议中,一般空气极为友好。我代表团除积极说明我方之建议与理由外,并随时表示愿与英美合作,促成会议之成功。英美两方之态度亦颇诚恳,对于我方之建议与质询无不坦白讨论,详细解答。虽因种种原因,彼等不能完全同意我方之主张,但对我方之各项建议皆认为性质重要,而且我方之理由亦甚充足,并认为我方所提之各项质询与疑问颇足提醒彼等尚未注意之点,彼等亦获益甚多,甚且于最后数次会议前特属其代表团人员尽愿参加,不限原额,俾咸得聆此次精确之讨论,以便随后对各方质询易有为辩答。现在各方均希望中、美、英、苏四政府能将此次会议中未能同意之各问题迅速解决,以俾联合国大会时得早日举行。再者美国一般舆论,对此次四国所公布之建议书多表赞同,认为较之国联盟约大有进步,并认为将来新国际和平机构之成败,美国国会及苏联政府之态度所关至巨,此点吾人亦应注意及之。

《中华民国与联合国史料汇编》筹设篇,第251—267页

4.参加联合国制宪大会

周恩来致赫尔利

延安,1945 年 2 月 18 日

赫尔利将军阁下:

　　当我在重庆时,承蒙惠以好意,至为感谢。我回延安后,已向我党中央委员会及毛泽东主席作了一个详细的报告。目前在中国既未成立民主的联合政府,而现有的国民政府完全是国民党一党独裁的政府,既不能代表中国解放区的一千万人民①,也不能代表国民党统治地区广大人民群众的公意;因之在行将于 4 月 25 日在旧金山召开的联合国会议上,仅仅由国民党自行选派的代表团,不能代表中国。当我在重庆时,你曾告我,派赴旧金山会议的代表团中应包括国民党、共产党和民主同盟的代表,我党中央委员会和毛泽东主席完全同意你的意见。我

---

　　①　原文如此,应为一亿人民。

们作了更进一步考虑,认为国民党的代表应限于代表团人数的三分之一。代表团的人数中其余三分之二应由共产党和民主同盟选派。只有这样才能公正地代表中国人民的公意;不然该代表团便不能处于代表中国的地位,解决任何问题。请将此讯转致美国总统。顺此候好并致敬意。

周恩来

《中美关系资料汇编》第 1 辑,第 600 页

赫尔利致周恩来

重庆,1945 年 2 月 20 日

谢谢你的来电。我听到了你的消息,非常欣慰。我确曾与你讨论到行将在旧金山举行的会议,但我向你说明了,仅只中国国民政府被邀参加会议。我并未想判断国民政府应如何在会议中派代表。我无权对此事作一决定,那属于国民政府的特权。完全当然的,我向你表示我坦白的意见,就是中国国民政府的主席和大元帅,在国际间称为中华民国的主席和大元帅将被承认为中国在会议上的代表,并且按我的意见,主席个人将遴选随伴他的幕僚。在旧金山举行的会议是一个国际间的会议而不是各个国家国内的政党间的会议。中国共产党并非一个国家,并且如我所知,没有国家承认它是一个国家。它是中国的许多政党中的一个。其唯一的与普通政党不同之处是它有它的武装。我并且认为:会议上承认国民政府以外的中国武装政党将毁坏中国统一的可能。我极力主张,由你们的主席毛泽东,作为副主席的你,和我的许多朋友们,仅仅在方法上考虑,你们如何能团结,如何能包括于中国国民政府之中,以及如何能在中国国民政府之下合作。我回来时希望能见到毛主席、你和朱将军,并且能够充分地和你们讨论这种局势。

《中美关系资料汇编》第 1 辑,第 600—601 页

周恩来致王世杰

1945 年 3 月 7 日

雪艇先生大鉴:

敬启者,兹有两事奉告如下:

(一)归延即向我党中央报告在渝谈判经过,金认蒋主席当日谈话,其内容显与先生所云大有出入。同时,先生所提之政治咨询会议草案,亦与敝党意见相距太远。但尚准备将敝党之主张作成复案,送达贵方,以供研讨。忽得蒋主席三月一日之公开演说,一切希望,均已断绝。盖蒋主席不仅已向国内外公开声明不能结束党治,不能召集党派会议,不能同意于各党各派和无党无派人士合组的联合政府之主张,而且更进一步宣布国民党将于今年十一月十二日召集那个在全国人民尚无自由,各党各派尚无合法地位,大部国土尚未收复,大多数人民不能参与等条件下,由国民党一党政府所一手包办的完全儿戏的分裂性质的所谓国民大会,此实表示政府方面一意孤行,使国内团结问题之商谈再无转圜余地,言之实深遗憾。在此种情形下,先生向所谓政治咨询会议只是名称问题,敝党所提党派会议内容均可提出讨论商决云云亦已不攻自破,敝党方面自无再具复案之必要矣。

(二)关于四月间之旧金山会议,敝党中央坚决认为,如欲使中国代表团真能代表全国人民的公意,则代表团的人选必须包括中国国民党、中国共产党、中国民主同盟三方面的代表,绝不应单独由国民党政府人员代表出席,美英两国均已宣布其代表团将包括各重要政党代表,而罗斯福总统更声明美国代表中共和、民主两党人员将各占半数。中国现状既如此不统一,贵党方面如欲一手垄断此代表团职务,不但不公平,不合理,而且表示了分裂的立场。因此建议政府,此代表团,除贵党党员外,中共与民主同盟应有必要之人员参加。敝党方面之人员,敝党中央决定派遣自己的中央委员周恩来、董必武、秦邦宪三人参加。此项要求如不能得国民政府之采纳,敝党方面将坚决反对此项分裂之举措,并对贵党所一手包办之代表团在国际会议上所作之一切言论和行为保留自己的发言权。

以上两事,敬请先生迅为转达国民政府为祷。

专此,即颂

公祺!

周恩来谨启

民国三十四年三月七日于延安

《中共中央文件选集》第 15 册,第 57—58 页

孔祥熙致蒋介石

纽约,1945 年 3 月 7 日

渝。国民政府主席蒋:密。旧金山会议举行在即,各主要国家大概已指定代表人选,闻英国将由副首相阿特里①及外相等来会,美国由前国务卿及现任国务卿等出席,已经积极筹备。我为橡树园会谈国之一,与英、美、苏共同提出草案,此次雅尔达会议决定投票方式,我国亦已同意,故此次对和平机构固不宜公开另作建议,但我方立场,积极上应防止侵略行为,消极上应免除国际摩擦与猜忌,此事与我能否完成建国极关重要,所有补充意见似不妨提前与美方有所洽商,对其他与世界安全有关问题,亦应事先研讨,以期开会时具有充分准备。事关世界和平及我国百年大计,钧座高瞻远瞩,尚祈早为筹备,指示一切。又此会各国代表团团长,均系外交部长充任,我国似以由宋部长充任为宜,弟以届时病体尚待休养,可就力之所及,从旁赞助。如何? 尚乞钧裁,并乞抄送宋部长。熙叩。虞。

《战时外交》第 3 卷,第 905 页

① 即艾德礼。

赫尔致赫尔利

华盛顿,1945 年 3 月 15 日

请将下列总统电确切译出转致蒋委员长(亲启):

"赫尔利关于中国情况以及阁下面临的各种问题的详细报告收悉,得知正在取得进展,至以为慰。

关于中华民国国民政府为发起国之一的联合国家安全会议将于 4 月 25 日在旧金山召开一事,据赫尔利告,中国共产党向他建议,中国代表团应按平等原则由国民党、民主联盟及共产党组成。赫尔利的答复的大意是旧金山会议是国家政府的会议,而不是政党的会议。

在此同时,本人愿向阁下表明,将共产党和其他政党或团体的代表纳入中国政府代表团,我估计并无不利之处。事实上,这一做法可能会有独特的好处。无疑,这将在会上造成极好的印象,而且阁下这种民主姿态将会证明是对阁下统一中国的工作的切实帮助。

阁下想必亦了解,本国政府的主要政党将参加美国代表团,相信加拿大和其他国家亦在采取类似行动。

谨向阁下致本人问候之意并祝健康。罗斯福。"

FRUS,1945,Vol.7,pp.283-284

蒋介石致罗斯福

重庆,1945 年 3 月 26 日

阁下三月十五日电,建议我出席旧金山会议代表团尽量代表各方面,由贵国大使馆于三月二十二日转到,甚感。中国政府今日已派定代表十人,其中六人为国民参政员,即国民党以外之共产党及其他两反对党各一人,暨无党派者三人,大公报社长亦在其内。承蒙关切,特此奉闻。蒋中正。

《战时外交》第 3 卷,第 907 页

国民党政府行政院发表旧金山会议我国代表团名单

1945 年 3 月 27 日

行政院发表下列人员为我国出席旧金山联合国会议代表团:代理行政院院长宋子文为首席代表,驻英大使顾维钧,国民参政会主席团主席王宠惠、李璜、吴贻芳,驻美大使魏道明,前驻美大使胡适,国民参政会参政员张君劢、董必武、胡霖为代表,前驻美大使施肇基为代表团高等顾问。

《新华日报》1945 年 3 月 27 日

蒋介石致罗斯福

重庆,1945 年 4 月 16 日

罗斯福总统阁下:余已特派宋子文博士为本国出席旧金山联合国大会首席代表,当荷台洽,宋博士此次来美,甚盼阁下仍惠予以前次到美时同样之指导及协助。

宋博士受余之完全信任,现兼代行政院院长,具有全权与贵国政府商议及缔订关于各项政治、经济及财政方面之协定。

谨以热诚恭祝健康。

《战时外交》第 3 卷,第 907 页

外交部致军事委员会侍从室第二处

重庆,1945 年 4 月 16 日

关于出席旧金山会议代表团,除原在国外者外,计由国内出发者共三十三员,相应抄附名单一纸,即希查照转呈钧察备案为荷。此致军事委员会委员长侍从室第二处

附:代表团名单

代表团团长:宋子文

代　　表:顾维钧　王宠惠　吴贻芳　李璜　董必武　胡霖

秘　书　长:胡世泽

顾	问：	贝祖诒	顾子仁	吴经熊	王家桢	陈绍宽
专 门 委 员：		王化成	郭斌佳	徐淑希	朱新民	吴兆洪
		朱光沐	李惟果	杜建时	张忠绂	
秘	书：	林维英	翟凤阳	王之珍	伍国相	谢澄平
		章汉夫	陈家康			
随	员：	王涌源	黄汉柱	赵天乐	林柏青	

顾维钧的回忆

我当然早已认识到,要使一个共产党人参加到代表团里面去的想法,是重庆政府的领导人们所深恶痛绝的。因此,我最初向某些党政要人们透露我的意见时,尽量做到委婉谨慎,结果他们都不大赞同。他们的大多数,包括我的一些朋友在内,都劝我不要向委员长谈及此事,否则将自找麻烦。但我认为,扭转关于中国政治不统一、四分五裂的看法很重要,所以我想,如果我径直做下去,终会得到人们的谅解。接着,出现了一个意外的情况;罗斯福总统给委员长发来一份电报,他所极力主张的,恰好是我过去提出的建议。我认为,罗斯福的这一行动对委员长最后决定指派一名共产党人参加代表团,是个重要因素。

当我同委员长谈起我的意见时,他是那样地坚决反对,以致根本没有谈论指派哪个共产党人担任代表的余地。当我同其他党政领袖如吴铁城、张群等谈及此事时,他们都说,没有一个共产党人具备当代表的资格。我说,董必武就可以。我任驻法大使时,在巴黎同董先生曾有一面之缘。那时我是个无党派人士,人们都知道我是个无所依附、对国民党也不热心的人。因此各党派的人都来和我晤谈,他们对我似乎都很信任,可以畅所欲言……我也和董先生交谈过,觉得他和众人也没有多大不同。他年事稍长,但通晓国际事务,使我颇感惊异。例如,我们谈到过中国的对外关系,甚至还谈过俄国人的问题,而我们彼此的观点却是距离不大的。当然,关于苏俄政府的内幕问题,我们的看法是不一致的。董认为他们一党专政的统治是正确的,而我则不以为然。不过,这种见解上的差异并不影响我们讨论国际关系问题。

最后,董必武终于被任命为中国代表团的正式代表,而且他在旧金山会议期间的表现也很好,他凡有建议或提出问题,无不就商于我。我无形中成了非国民党人士的联络官。宋子文这个挂名团长是国民党大员,在政治上和私人关系上都是委员长的亲信。在这里,我要插上一句,那就是,董必武挑选了一个很好的秘书章汉夫。他也是共产党的一个杰出人物,为人善良而谦虚,不引人注意但很能干。(后来在重庆国共谈判时期,他担任马歇尔和周恩来之间的联系人。)

会议期间,我同董必武作过多次谈话。他到美国的当天就来看我,并就几个有关国际和国内事务的问题提出了询问。关于国内问题,我委婉地向他暗示,代表团是代表整个中国的,因此只能讨论有关整个中国的问题。我这话似乎起了作用,从此他再没有向我提过政治问题。那次交谈之后,我在日记中写道,"董是一个上了年岁读过古书的人,为人和蔼可亲,但颇机敏……他似乎比李璜更长于辞令。"后来我对董作了回访,并讨论了一些国际问题。

代表团开会每提到有关苏俄问题和中国的共产主义运动问题时,董总是缄默不语。他是代表中最年长的一位,似乎力图避免给人造成他是为共产党的利益而来的印象。对于我们早先达成的关于代表团行动准则的谅解,他确是恪守如一。

《顾维钧回忆录》第 5 分册,第 504—510 页

顾维钧致外交部

旧金山,1945 年 6 月 26 日

第二〇四号。二十六日。重庆。外交部部、次长并转呈主席钧鉴:本日正午十二时,钧偕王、魏、吴、李、张、董、胡等代表,正式签字于国际安全组织宪章、国际法庭规约及临时委员会规章。谨闻。再此次联合国签字次序,经商定由四邀请国及法国代表先签,再由其他各国代表按

照英文字母加签,故我国签字系第一国。并陈。顾维钧。

蒋介石致杜鲁门
重庆,1945 年 6 月 28 日

杜鲁门总统阁下:联合国会议圆满结束,世界大宪章获得通过,实为人类之幸事。余特代表我中国人民向阁下诚恳致贺。此次会议,由于美国之倡导,以及联合国家之和谐合作,获致如此之成就。阁下贤明之领导,不仅完成贵国大总统罗斯福先生之志愿,亦为消灭侵略主义增加一有力之武器。此一初步之成就,尚有待于我联合国家之继续努力以充实而发扬之,我中国为主张设置世界安全机构最先之一国,自必竭其全力以求此共同目标之实现也。我中国代表承贵国政府与以优待与便利,并表感谢。蒋中正。

(五)参与世界经济活动

说明:中国在国际政治舞台上积极活动的同时,努力参与世界经济活动,为研究战后经济计划,稳定战后的经济秩序,作出努力。中国参加了世界经济会议、国际货币金融会议,并签署了国际货币基金协议与国际复兴开发银行协定。

1. 参加世界经济会议

行政院关于外交部报告美国邀请参加世界经济会议的决议
1943 年 3 月 16 日

行政院第六〇五次会议　民国卅二年三月十六日

讨论事项 第一案

决议:除人选另定外,先通知外交部,我国接受参加本会议,并密达各有关机关筹备一切。

历生三、十八

实三、十七

中国第二历史档案馆藏国民政府行政院档案,二(2)2446

外交部备忘录

1943 年 3 月 16 日

[原件由副院长留下,奉谕行政院迅即遵批分别洽办。递呈张秘书长]

本件奉(机秘乙第 56381 号)委座批 "送孔副院长核办"。

顷准美国暂行代办使事范宣德来部面递备忘录,略称:美国政府认为讨论战事胜利后联合国各项经济基本问题之时期已至,故拟即发请柬邀请各联合国,暨已与英、德、日及其他轴心国家绝交之美洲各国政府,派遣少数专家代表团,于四月二十七日在美开会,讨论下列事项:(一)从逐渐提高各国消费水准之观点,研究各国之战后经济计划及展望(各国粮食及必需农产品之生产能力、进口需要及有否余额可以输出),此问题与其前提出之善后救济办法无关;(二)研究是否可以成立国际谅解并订立办法,俾各项粮食及必需农产品之生产率得以增加,而全世界对此类物品可获有充分供给,其价格亦应予以公平规定;(三)研究财政贸易及其他必需方法,以使世界各国得其所需食物及农产品,并使剩余产品得有充分市场;(四)研究是否可借国际合作及推动各国国策,普遍增加消费并改善营养。

范代办并申述在美国未邀请各国之前,美国政府甚愿获悉中、苏、英三国政府之意见及建议,美国政府确信上项提议中国政府当能接纳,并予以合作。惟在未正式邀请以前,望严守秘密等语。

正拟办间,复奉宋部长电嘱向钧座代陈二点:(一)渠顷晤国务副卿威尔斯,据称:罗总统意欲在战事结束前召开若干国家会议,先经济后政治,俾和平莅临时各种国际问题均已获得解决途径。其先从粮食问题入手者,以各国对此问题均有关系,且较易解决也等语。宋部长意本届会议为其他国际会议之先声,我国同意参加应为必然之举,我方对其请柬要旨此时似可不必提出任何修正意见,至我国对本问题各部人选问题,宋部长特向钧座推荐经济部现派驻美商务参事李幹充任首席代表;现在美之刘瑞恒,对人民营养问题深有研究;现任甘肃建设厅长张心一为农业经济专家,均拟请派充代表。此外,似可另由粮食部、农林部、卫生署各派代表一人。与本问题有关之计划及材料,请由国内各主管机关准备,交由专程来美出席代表带美。如钧座认为可行,即请发交行政院遵照办理,一面先由本部通知美方同意召集上项会议,并于代表团人选决定后,将代表姓名转知;一面由院召集经济部、粮食部、农林部、卫生署及本部,会商应搜集之材料应准备之计划及应建议之意见,以便于该会议席上提出。是否有当,敬请钧裁。

附美方所送备忘录其请柬要旨及译文各一份。

奉批:"先通知外交部我国接受参加本会议,并密达各有关机关筹备一切,人选俟请示后再核派。"

"此项应用之材料须简要实在,不可徒尚空谈,一切须就自己之能力及需要,要据美方来照实事求是,方可博得友邦重视;(三)项所列既关财政贸易,应令财政部参加,以资周妥;并将以上意见先报告委座。"

三、十六。陈延祺

报告委座函由○秘另办,容再抄奉。

美国代办面递备忘录译文

美国政府拟向各联合国政府暨已与德、日及其他轴心国家绝交之各美洲共和国政府致送请柬,兹将该请柬之要旨随同附上,在致送请柬之前,美国政府甚愿获悉中国、苏联及英国政府之意见及建议。

美国政府确信此项提议当可为中国政府所接纳,并信中国政府可予以合作,使达到其所期望之目标。中国政府对此有何意见及建议,倘承迅予见示,当为美国政府所感荷。

附:请柬要旨译文

军事胜利后,全世界将遭逢之经济上各基本问题,美国政府深信由各联合国及在此次世界战事中与联合国协作之各国共同从事研讨之时期已至,是以美国政府邀请——国政府派遣少数专家之代表团,参加美国政府拟于四月二七日在美国适合地点召集之会议,以为解决此类问题之初步,此会举行之目的在关于后述事项得有交换意见及情报之机会,并对于解决此类问题之适宜及实际步骤在原则上得有谅解。

(一)从逐渐提高各国消费水准观点,研究战后各国之计划及展望(各国粮食或其他必需农产品之生产能力、进口需要或其可输出之余额)及在增强一国一般经济活动范围内所应采行之措施,此问题之研讨不涉及救济问题。

(二)研究是否可成立国际谅解,并订定办法,俾提高粮食及其他必需农产品之生产率,并确保全世界对此类物品获有充分数量之供给;在生产者及消费者两立场中,如何求得一公平之价格,亦当加以研讨。

(三)研究必要之财政贸易及其他办法,借使全世界各国可获有其所需之食品及其他必需农产品,并使其剩余产品得有充分之市场。

(四)研究是否可借国际合作及推动各国国策普遍增加消费,改善营养。

三月十一日

中国第二历史档案馆藏国民政府行政院档案,二(2)2446

行政院签呈

1943 年 3 月 17 日

讨论事项(一)密

外交部电呈　美国政府拟邀请各联合国暨已与法国及其他轴心国家绝交之美洲各国政府派遣专家代表团,于四月二十七日在美开会,讨论联合国战后各项经济问题　请鉴核案。

附:代电及备忘录请柬(全印)

钟路
三、十七

行政院训令

1943 年 3 月 19 日

训令　机字 1775 号

令　外交部　经济部　粮食部　农林部　财政部　卫生署

该……(令外部稿用)外交部电呈,美国政府拟邀请各联合国暨已与德日及其他轴心国家绝交之美洲各国政府派遣专家代表团,于四月二十七日在美开会,讨论联合国战后各项经济问题一案,经提出本院第六〇五次会议决议:"除人选另定外,先通知外交部我国接受参加本会议,并密达各有关机关准备一切。"除分令部,合行抄发原件,令而遵照。此令。

附抄发代电及备忘录、请柬译文(略)

卫生署致行政院签呈

1943 年 3 月 24 日

案奉钧院三十二年三月二十日机字第一七七五号密令。以我国接受参加美国政府邀请四月二十七日在美讨论联合国战后各项经济问题会议,抄发原代电及备忘录请柬译文等饬遵照准备一切。等因;奉此。自当遵办。兹拟派中央卫生实验院院长朱章(庚)〔赓〕为本署代表前往参加,除准备一切外,理合缮具该员简历一份,备文呈请鉴核示遵。

　　谨呈行政院

　　附呈简历一份

　　卫生署署长金实善

　　朱章(庚)〔赓〕年四十一岁,浙江义乌人,北平协和医学院毕业,美国耶鲁大学毕业,中央训练团第十五期党政人员训练班毕业,曾任全国经济委员会卫生实验处卫生教育系主任,中央大学卫生教育科主任,卫生实验处简任技正,贵州卫生委员会常务委员,公共卫生人员训练所所长,中央卫生实验院副院长,现任中央卫生实验院院长。

　　　　　　中国第二历史档案馆藏国民政府行政院档案,二(2)2446

行政院签呈稿
1943 年 3 月 25 日

　　附卷　四月二日奉批"阅"发还

　　收文渝机字第九〇一一、九〇一二号

　　美国政府邀请各联合国政府遣派代表团于四月二十七日在美国开会,讨论联合国战后各项经济问题一案,经遵照院会议:"除人选另定外,先通知外交部我国接受参加本会议,兹密达各有关机关准备一切。"分令外交、经济、粮食、农林、财政五部及卫生署遵照在案。兹据卫生署呈拟提有关建议六项请查核等情。拟函催各部迅速办理呈核,俟复到汇办。又据卫生署呈拟派中央卫生实验院长朱章(庚)〔赓〕为该署代表前往参加等情,拟以后并案请示。当否,祈核示。

　　　　　　陈世昌拟稿　三、廿五
　　　　　　厉生　三、廿五
　　　　中国第二历史档案馆藏国民政府行政院档案,二(2)2446

2.参加国际货币会议

外交部致行政院

1943年8月5日

外交部呈　情32字第4452号

关于英美国际货币计划及各方对此舆论,迭经本部电饬有关驻外使领馆随时注意探访报部,俾资借镜。兹据驻英大使馆呈送《英美国际货币计划》报告一份到部。除另函财部外,理合缮具上项报告一份,呈请鉴核。谨呈

行政院

附呈报告一件

外交部部长宋子文

政务次长代理部务吴国桢

中华民国三二年八月五日发

驻英大使馆报告

英美国际货币计划

一　绪论

自英美两领袖在北非举行会议后,英、美、中、苏及其他联合国家合作之基石益趋稳固,邱相三月二十一日广播与艾外长遍访美、加盟国,合作已由言论方面步入实行之阶段,对战后大计诸多实际之擘划,其对于政治者有邱相倡议之欧洲国家组织与亚洲国家组织,关于军事者有战后完全解除德、义、日武装之声言,对于经济问题,除盟国行将举行之粮食会议及经济会议外,有四月七日英美两国同时发表之战后国际货币计划,二者虽其形式不同,要旨在国际彻底合作前题下,对国际贸易之发展、国际汇兑之稳定,作有建设性之贡献,盖大兵之后,百废待举,国际贸易必行停滞,国际汇兑定异常紊乱,被占领国家复兴工作尤为迫

切,目前苟无富有想像力之计划出现,从长研讨,殊不足以言安定之秩序,兹将英美两计划大纲与英国之舆论分述于后。

二　英铿斯之国际清汇公会计划(Proposal for an International Clearing Union)

英国国际清汇局计划书为铿斯(Lord Keynes)及其他英国经济专家细心研究之作,计划内主张国际间设一国际清汇公会(International Clearing Union),会员国之中央银行与该会有收支帐目之往来,该会发一种国际货币名为一镑锞(Bancor),其值根据黄金而定,会员国之国币与此"镑锞"间有一定之比价(此比价因情形不同得以改订),会员国得以战前三年国际贸易平均数为比例,在会内认领镑锞之股份(quota),股份多寡即在其公会内所享权利义务之范围。入超国家当其无钱无物购买货物时,有权在清汇公会内透支镑锞之股份收购之;反之出超国家得允他国以镑锞拨入在公会内之帐下,以清购物之债,盖镑锞一如黄金,得之者仍可以作购买进口之用,国际汇兑仅在公会内总帐上向贷方(Lenditer)、借方(debtor)分别一收一支,无金钱之往来,公会内无基金,故不需会员国提供黄金国币或国家担保品等。

至透支股份与积存股份之额数,非无限制,此亦即清汇公会平抑国际收支不平衡之一方法也。其限制为设会员国之入超国家(或借方),透支股份超过其原数四分之一或二分之一以上时,清汇公会即令其(一)向会内提出黄金国币及担保品作为抵押;(二)征收利息;(三)或从其国内方面入手,如贬值国币及代管国外资金之活动。如透支至股份四分之三时,公会除征收重利外,得处分其抵押品;如二年内仍无法清还,公会即取消其会员资格,出超国家(或贷方)在清汇公会内亦不能存镑锞过多,如超出原股份四分之一或二分之一时,公会除征收利息外,并与其计议平抑方法,不外(一)增加国内放款,及增加国内需要;(二)国币加价;(三)减低关税及废除其他限制进口办法;(四)增加国外投资等。但最后决定权仍操诸该国自身(见原计划II6(9))。联合国为该会之发起会员,其他各国与从前敌国,最后亦将被约参加,公会内设管理处（Governing Board），由会员国数国代表参加之，股份多之大国可单独选一代表，股份少之各国数国合选一代表，代表总数以十二人至十五人为限。

　　三　美惠特氏国际平准金计划

　　美财长于四月七日特以惠特氏之国际平准基金计划大纲，照送于二十七国财政部长。翌日美京即发表其内容大纲，要为联合国发起一国际平准基金（Intennational stabiligation Fund）之组织，旨在（一）稳定联合国之国外汇兑；（二）减削会员国国际收支不平衡之程度；（三）发展会员国之国际贸易及开拓会员国之生产资本；（四）有效利用战时不平衡国家之剩余资金；（五）免除两国私汇，戋积货币与歧视外汇之积习。各会员国得以黄金、外汇、国际贸易及国内收入之数额为准，向基金董事会（以后简称董事会或"会"，领取基金之股份，惟得向会内提供黄金、国币及国家担保品至认股一半之数，董事会内发行一种硬币名为［铀尼讬］（Unituo）或简称"昂"（Un），含 1/37117 克冷纯金，合美金拾元，此即基金会货币单位，各会员国之国币对此［昂］币订有一定之比价，非经会内同意不得擅改。遇会员国国币贬值或增价时，其对董事会所附基金股份之数，仍保留原额，此国际平准基金有权：（一）买卖存蓄黄金钱币，汇票及国家之担保品，可以接收存款，施行贴现；（二）规定会员国间之货币比价，各国得依此比价彼此买卖货币；（三）可以将会员国存放董事会内之国币，依官价（比价）出卖于其他会员国；（四）会员国得依规定，以其国币购买董事会内之外汇，作清国际收支之用；（五）为应付将来需要计，董事会得要求会员国借给某项所需的货币；（六）为增广基金来源起见，会员国同意向董事会出售黄金及其他各国外汇。会员国之义务为：（一）保持董事会所定国币与外币之比价，非经会内允诺不得擅行改变；（二）立即废除外汇受授上之限制；（三）不能重陷双方私汇、戋积货币之积习；（四）对于会内认为将来足以发生严重之国际收支不平衡现象之经济政策，应严加注意；（五）供给董事会在行使工作上必要之情报；（六）采取适合的立法程序，以利董事会之活动,为便于履行对董事会之义务、国际平准基金之保管,设立一董事会(Board of Director of the fund),内选一董事长及一至少十一人组织之执行委员会,对于一切重要经济决定,全由会员五分之四大多数行之。

四 对国际清汇公会计划之评议

英美两国际货币大纲发表后,英京刊物报张,除论坛周刊(Tribune)认为帝国主义之假面具一无足取外,其余对英铿氏清汇公会计划,多数颂扬谓其富有革命性之创造思想,足以为白爵士(Sir w. Beveridge)之新社会保险制度媲美,对美惠特氏国际平准基金计划多有批评。兹先将对英清汇公会计划之评论,撮要缕陈于下:

(一)富有伸缩性:此计划否认黄金昔日之至高无上威权,但并不废除之,在国与国间交往上,仍可以使用黄金,以黄金定国币之价值一如往昔,但此比价因情势不同,得公会内之允许仍可改变,故会员国勿庸为维持国币,对黄金之价值,如昔日之焦头烂额,亦勿庸为贬值国币,坐令数千万人失业。公会内所谓某会员国贬值货币者,系有计划有秩序之举措,匪但无害,实有利焉(见 Spestation P. 331,Times & Tide P. 311,The New Statesman and Nation April 17 P. 251)。

(二)富有普遍性:(甲)联合国为发起会员,其他各国将不被邀参加,即今日之敌国除有特殊规定外,亦得管会员国,不致有向隅之感(见 Spectator PP. 331—332);(乙)此清汇制度乃为废除黄金与维持黄金及限制外汇与恢复外汇国际自由市场之妥协政策,此非第英国金融界便于接受,即产生维持黄金与自由外汇最力之美国人士,亦可采纳焉(见 Time & Tide P. 311)。

(三)重实际易施行:此计划着眼处,在国际收支不平衡一点上,较重实际,此计划极温和,无论一国国体如何、经济政策如何,全可以采用;会员国无须提供基金,免去负担(见 The Economist P. 453)。

(四)殊少干涉内政:此计划乃根据真正的国际合作,极少干涉内政之嫌,盖不干涉内政又难奏效,干涉过多,各国行将畏首畏尾,裹足不前,此乃折衷办法,至其组织极端民主化,会员各国以其经济能力、国际贸易情形及国内资源为主,对公会皆有发言权,决无大国专横之弊(见Daily Telegraph April of The Economist P. 453 四月八日 Manchester Guardian)。

(五)发展国际贸易:大战之后必有若干国家以经济困难必无法购得进口货物,此计划内透支镑镍一法,即所以济此难窘也。一俟该国农业或工业发达后,再行清偿。清汇公会对出超国家,又奖励其收购进口,将剩余资金向外作大规模之投资。凡此皆为增加国际正常贸易有效方法,事实上无论如何完美之经济政策,咸不足以纠正昔日所有经济上之积弊,铿氏此清汇计划至少可以免去关税壁垒,双方私汇滥行国币贴值,或通货恶性膨胀等极端国家经济主义之恶劣手段(见四月十一日 Sunday Times 与四月八日 Daily Telegraph 同日 Times 社论)。

(六)贷方与借方:英伦各报咸谓清汇计划最大革新之点即将国际收支不平衡之责,多少放于剩余国家(贷方)之肩膀上,免去昔日仅亏空国家(借方)单独担负之,换言之,即贷方与借方利益系相辅而行。惟泰晤士报称谓:“铿氏虽熟知国际不平衡由于剩余国家拒绝产业落后国家以物清偿所致,而该氏计划内,对借方贷方所加之限制并不公允,因依该清汇制度借方如透支镑镍之股份超过限度时,除缴纳利息外,并追讨债欠,而对于贷方存镑镍过多并无此种限制,此类系轻重倒置也。”(见四月十一日 Observer 及四月八日 Times 及 Manchester Guardian)观察报亦谓清汇公会征收一、二分利息,于剩余国家殊嫌过轻。

五　对美惠特氏国际平准基金计划之评议

美国国际平准基金计划大纲发表后,英伦各报除强调其与英清汇计划相同之点外,多谓前者虽思想周密,然并无新奇之处,远不如后者之富有创造力及深邃之哲理,本惠特计划行之仍不免囿于过去金本位之巢穴。兹将评议撮要列左:

(一)美国彩色浓厚过于偏重黄金:黄金乃人之仆,非主也,乃役于人非役人也。美惠特计划乃是非倒置,美国为出产过剩国家,出口远过于进口,他国为偿付美债,不惜将大宗黄金流于美国,他处货币遂感缺乏,美国必成为偌大之债权国,重蹈一九二〇年之覆辙(见 Statesmen and Nation;News chronise;Economist;Observer)。

(二)国家汇兑之稳定性必不可保:黄金流往美国,他国黄金枯竭,必致国际汇兑稳定遭受动摇(如两次大战中间之年代)。各国以金本位关系,必使工人失业、生活程度降低,国家为企图自保,应作之事必不肯作——不能管制外汇,不能繁荣通商……此金本位之铸炼,将使人民冻馁,非破除无以得救,苟破除之,即重陷昔之角逐争胜、极端国家经济主义之伎俩,终至互相构兵(见 Tribune April 16.9.4;The New States man and Nations Manchester guardian April 8)。

(三)会员国须提供基金,增加负担,远不如英清汇计划透支镑锞之轻而易举(见 Manchester guardian April 8)。

(四)美国擅权:按惠特氏平准基金计划之规定,凡经济上之重要决议,全由会员国五分之四大多数行之,美国占存储基金总数之百分之二五,此无形付美一最大否决之权,将令美国坐大,其他小国往与强弱之欢(见 The Economist P.453;Tribune April 16,P.4)。

(五)五千兆基金之数似嫌不足——战后国际收支不平衡之程度必十分悬殊,惠氏计划五千兆基金之数,对于正常经济往还虽可符用,以之解决战后经济问题似嫌不足(见 The Economist April 10,P.453)。

(六)国际平准基金一部分用美金为主,出产落后国家必以美金缺乏为苦(见 The Economist)。

六　结论

以战时言之,货币问题多扰乱国际贸易,英金两金融计划自表面观之虽为时作,然苟虽联合国家以大西洋宪章第五条之精神衷心合作,国内职业问题如未圆满解决,又无相当之购买力,此两计划亦难望有所成就(见 Observer,Reguals, News April 11;Daily Telegraph April 8)。且货币问题乃经济问题中之来者,吾人苟欲解决战后经济问题,非由国外投资,国际贸易入手不为功,盖此二者,足有改变货币作用之可能。目前吾人对此二者犹需深浅莫辨之时,即侈言货币问题,实倒果荡因也,其结果必陷吾人于死板货币之桎梏中,而无以自拔(见 States man and Nations)。

英美两国际金融计划不同之点,已如上述,然此察商非决不可以调溶。惟从政治方面言之,英美两国拙于为己谋过周,惜未能于计划公布前,各陈己见,合心共策,以英美联合国际金融计划之方式,供于各国之前,今分庭抗礼,各自为政,非特大西洋两岸忽生猜忌,即联合各国睹此景象,亦觉处境困难,势必作左右袒矣。

(注)绿州计划可以奏效者,首赖联合国一致参加,现英美初步工作,即陷于错误,实憾事也(见 Times and tide)。今闻华盛顿国际财政会议举行在即,英美两国苟能与联合国衷心合作,共谋一国际货币成功之作,补救之道,犹非过晚,故华盛顿未来之财政会议,吾人实宜拭目以待之。(完)

注　论坛周刊(The tribune)谓英铿斯计划早已拟就于未发表前,曾将该计划送往美国征求同意,美国不同意,发表自己的惠特计划,英遂将此铿斯计划发表之。

附本文参考资料于后。

中国第二历史档案馆藏国民政府行政院档案,二(2)2389

行政院签呈

1943 年 12 月 8 日

签呈　收文[?]字第四四八三〇号

英铿斯氏之国际清汇公会计划,系就国际收支如何平衡一点着眼,并不重视黄金销售价格价值,会员国无须提供担保品,会内亦无基金,似觉轻而易举。美惠特氏国际平准基金计划,系向会内提供黄金、国币及国家担保品,作为国际收支平准基金。战后各小国能否办到,似不无问题。总之须各会员国开诚合作,方可奏效。倘各会员国仍采用国家经济政策,即会有尽善尽美之国际收支平衡办法,亦属无济于事,所谓永久和平,恐为梦想。本计划既据外交部分送财政部,拟存备参考。当否,请核示。

朱静一　缮签

八、十四

拟存查。音熊

八、廿

厉生　十二、八

中国第二历史档案馆藏国民政府行政院档案,二(2)2389

军委会侍从室抄送孔祥熙致王世杰函

1944 年 7 月 26 日

密启者:顷奉交下孔副院长对于货币会议有关电报(东、鱼、齐、皓四、马、养)等六件,相应抄送台端,密为参考为荷。此致

参事室王主任

附抄电六件

国民政府军事委员会委员长侍从室第二处启　七月廿六日

抄电(一)

渝委座蒋:4493。密。弟本晨抵布利顿森林,出席货币金融会议。上午十二时各国首席代表集议,商讨会议进行办法;下午三时正式开幕,出席四十五国代表大会推毛根韬任主席,美总统致词宣读后,推弟代表各国答词。原文已由新闻社发渝。祥熙叩。东。

抄电(二)

重庆委员长蒋:4493。密。表。货币会议开幕五日,现在分组商讨,○离具体程度,有待此次集会。美国内部原不一致,国会及银行界尚抱怀疑或持反对,毛财长因急于表现成效,勉强召开,罗总统亦觉难有把握,于开幕演词内已经略能窥及。协定将来须经各国政府批准,意在应付国会,各国代表对自身希望甚大,而美舆论则认美国担负太重。

连日弟为此事力为毛氏说项,以减困难。惟会内情形,各国希望分肥者,多对基金摊额分配争持甚烈,苏则要求与英同等,英则支持法、印,图占我国之第四席,现正分途运用,想无大碍。英美暗斗颇剧,美对基金必需掌握,英对国际银行颇欲主持,美可能将国际银行对英让步,其他各国则望基金与银行均告成功,对于将来若将之运用,亦为争点之一,现正进行商讨中。对我国批评善意恶意皆有,均注意于军政用款不当及浪费致通货膨胀对币制物价之不安定颇为忧虑,现正分途说明,情形尚佳,所幸我方此来人员均称干练,各方感想颇佳,国际环境不错。不论会议是否圆满成功,总期得一良好印象,以作将来国际会议基础。知注驰陈。弟熙叩。鱼。

抄电(三)

重庆委员长蒋:4493。密。昨日七七,美方为我集会纪念,到各国大使馆五百余,情况严谨隆重,弟与适之发表演词,掌声极久。详情已发表中央社发渝,当承钧鉴。放映抗战影片,对我艰极获同情。货币会议已至重要阶段,昨晤美代表团,邀弟恳谈,议会外财两部均有重要代表在座,对于基金摊额问题,我国地位列第四已作确定,惟摊额多寡,因英苏法印均请增加,美方颇觉为难,意欲减少我之数目,美方过去虽曾允我可能得到五亿至六亿美元,惟照富力贸易计算,我方仅可得到四亿五千万元。经弟强力表示,声明种种理由,如有减少于我国内及美国自身均留不良印象,经此次说明已允加至五亿。弟复告我国久战八年损失严重,此项摊额有关将来复兴建设,请伊再作考虑。一面我代表尚须请示政府云云,默察情形。经此表示五亿当无问题,可能再略增加,但不致达我希望之六亿。谨将应付经过奉陈钧裁,如何尚乞电示。熙叩。齐。

抄电(四)

重庆委员长蒋:4493。密。午灰酉电奉悉。货币会议原定皓日闭幕,嗣因英方主张从容商讨,故已展至漾日。会内情形,深感国际合作之非易,各国均望得美国之经济援助,委曲求全,期望成功。美则深感担负重大，舆论国会难以通过，我方态度始终认为此系国际合作之基础，协助美方促其成功，一切言论均主持正义，非义之利不取，反应颇有好评。对于摊额问题，因英苏均加立场攸关，故我坚持六亿元。经与财长商谈，伊以事实困难，且经小组委员会决定五亿五千万元之故，我方虽未接受，但盼助其成功，当允考虑研究。弟深知增加事实已属无望，次日答以我方仍望维持六亿元之数，惟助其成功，既然苏联须加，我可在六亿元数内通融，输让去五千万元，但须正式声明如此办法勉可两全，伊极感佩，当由伊与苏方洽商，苏方表示我方盛意可感，惟事已决定，不便变更，且取中补苏，英亦难以为情云云。昨日毛氏亲来道谢，弟此次如此应付：(1)在确知我方要求增加至六亿元事实上决不可能；(2)解除毛氏困难；(3)外间谣传中苏邦交不睦，亦可使之明瞭中苏并无不睦，且仍彼此互助，期收外交上效果，亦为总统之意见也。国际银行方面纠纷尚多，现正商讨中。附陈。熙叩。皓四。

抄电(五)

渝委员长蒋：密。货币会议经过情形，迭经电陈在案。大会漾日闭幕，对于基金摊额问题，因各国保留者颇多，美国至感困难，昨日来请协助，提倡取消保留。弟为表示中美合作，当允照办。午后大会，美代表团副主席文生氏首先发言，颂扬我国抗战牺牲及中美传统友谊，对我需要美国深为了解，决当尽力设法达此圆满目标。弟当发表演说，声明放弃保留。全文已由中央社发渝，不赘。会场热烈拥护，空气大变，各国纷起声明取消保留，因此基金摊额问题即告圆满解决。美方对我此项协助深表钦佩感激，国际银行方面大致亦无问题。惟苏联、南美各国不愿认股与基金摊额相等，意在减少认股风险，不免稍有阻碍，现正进行疏通，下午当可决定，或由美加多认股，或则减少银行股额，当可顺利结束。知注驰陈。熙叩。马印。

抄电(六)

渝主席蒋：密。马电计达。国际银行认股事，因苏联等国不愿缴纳与基金摊额相等之故，势将影响组织，美方至感困难。昨日会议商讨颇久,美方商我负担五千万元,六年合六亿元,亦占第四位,加拿大、巴西及小国纷起响应,总数已告足额,于此顺利结束。各国对我国感情最佳,大会今晚闭幕,各该决议案仍须送经各国政府批准。弟明晚赴纽约检查身体,并与工商、金融、新闻界巨子洽谈。知注特闻。熙叩。养印。

财政部签呈

1946 年 2 月 26 日

查国际货币基金及国际复兴开发银行两协定,业于上年十二月二十七日,经占有总摊额百分之六十五以上之三十四国家签字而生效,美国并已定于本年三月八日召开第一次理事会议,我国对于参加该二协定,亟应事先有所准备。兹分目前即应办理事项及基金与银行成立后所应办理事项两部分,扼要分述如次:

(1)目前即应办理之事项

1. 理事人选之派定　两协定均规定在协定本身生效后,每一会员国应即向基金与银行各指派理事及候补理事各一人,而拥有基金摊额与银行股本最大之五个国家并得各指派常务理事一人。现两协定均已签字生效,且理事大会即将召开,我国之理事人选自应立即决定。惟观乎美国发表之人选,基金方面之理事及常务理事即兼任银行之理事及常务理事,故共只三人(理事、候补理事及常务理事各一人),其作用盖在使运用基金与银行时彼此呼应,避免不协调情事,我国似亦可仿此办理。

2. 汇率应即调整　根据基金协定规定,在基金即将开始营业时,即通知会员国于三十日内将通货平价通知基金,此项平价之决定,以本协定发生效力前六十日所通行之汇率为基准。如会员国本土曾被敌人占领者,则通知平价之时期得延长之至于九十天之外;在平价未决定期内,如基金已开始交易,会员国得与基金个别协议在规定之条件与数额下购买外汇。以我国情形而论,目下二十对一之官价外汇虽已放弃,但如何使法币平价与物价自然水准渐相接近,仍待新外汇政策之巧妙运用,务期在三四月后有一比较稳定之汇率出现,以为我国运用基金及缴纳摊额中国币部分之计算标准。

(2)基金与银行成立后所应办理之事项

1.基金摊额及银行股本之缴付　根据基金协定规定,各国应缴之黄金与美元应等于其摊额之四分之一,或该国官方黄金美汇持有量之百分之十,择二者中之较小者为之。我国官方黄金与美汇持有量,目下共为四亿五千余万美元,十分之一即为四千五百余万美元,其余摊额部分,则得以法币依照当时汇率缴付之。至于银行方面,依照规定在银行开始营业后六十日内,各国应先缴纳认签股本之百分之二十,其中百分之二以黄金或美元缴付。凡国土曾被敌人蹂躏之会员国,只须缴纳百分之一·五(其余0.5得延至开始营业后五年内缴付之),其余百分之十八,则于银行有营业上需要时,以本国货币缴付。以此推算,我国认签股本为六亿美元,本年度内只须缴纳九百万美元,连上缴纳黄金美元部分,共约为五千四百万美元左右。

2.经理机关及存放款项处所之指定　基金仅能经由会员国之财政部、中央银行、平准基金或其他类似之金融机构与会员国交易,我国似可指定中央银行为经理机构,但财政部应有事先审核之权。又协定规定基金至少应将其资产包括黄金在内百分之四十存放在除美国外摊额最大之四会员国内(即英、苏、中、法),我国应即指定中央银行为黄金及货之寄存处所,如是则我方应缴摊额可不必移存国外。

3.通货平价之决定及其延期　此项已详上述调整汇率一点,就原则上言,在整理币制尚未实施以前,对外通货平价,不宜作硬性决定,我国届时应与基金单独协商,延长试定汇率之期间,以减少拘束力。

4.借款计划之提出　国际开发银行之作用,在协助恢复战事破坏国家之经济建设,并开发经济落后国之资源,资本共为九十一亿美元,其中百分之二十供银行直接投资之用,百分之八十供保证投资之用,预料银行成立之初,各会员国家必将尽先争取银行之直接投资。我国似应及早研究准备,拟定各种借款方案,于银行成立后即行提出。关于此节,政府有关各部会之间似应先行交换意见,俾便根据当前国内情形,决定何种借款最为迫切需要,最有成功把握,以避免重复或发生步调不一致等情形。此事似可先行约集交通、经济、农林等部及水利委员会等进行会商,从事准备。

　　以上所陈是否有当,谨签请鉴核示遵。

谨呈部、次长

　　附政府现存黄金与美元数额表一张

钱币司　谨签

二月二十六日

中国第二历史档案馆藏中国银行档案,397(2)635

四、中英关系

　　说明:1941年12月7日,太平洋战争爆发后,中英成为盟国。然而,由于两国在打击日本战略目标上的差异及历史问题上的纠葛,战时中英双方既有合作,也充满了矛盾,双边关系发展充满了波折。在战时,中英两国结成军事同盟,为保障滇缅路畅通,国民政府于1942年初派遣精锐部队组成远征军开赴缅甸,与英军并肩抗击日军的侵略,同时中英两国于1943年1月签订《中英新约》,英国放弃以治外法权为代表的帝国主义特权,成为百年中国废除帝国主义不平等条约征程中具有里程碑式的事件。然而,中英两国之间在友好合作的同时也矛盾重重。首先,战时英国出于保卫本土的需要在军事战略上不得不采取先欧后亚的策略,而国民政府从抗日需要出发,则希望英国在远东提供更多的军事援助,这种战略目标的差异不可避免地导致双方的矛盾,中英在缅甸战场对日作战失利,中国远征军损失惨重,其中原因之一,与英国军事力量投入不足,对日作战态度不坚决有很大关系。其次,以丘吉尔为代表的英国战时内阁,在处理对华关系时,经常忽视中国在远东抵抗日本侵略战争中所发挥的作用和看低中国,令国民政府心生不悦。此外,以丘吉尔为代表的英国官员,在与中国合作的同时,依然秉持过去殖民主义的思维,英国在宣布废约的同时,继续以强硬的姿态保留了殖民地香港,同时英国还试图染指中国的西藏,干涉中国对西藏的管理,所有这一切,都给中英两国关系的发展蒙上了浓重的阴影。然而,即便有如此多的矛盾,作为盟国,中英两国在远东有共同的敌人日本和许多共同的利益,因此,两国政府也都做出一定的努力,试图改善与提升两国关系。作为这方面努力的一部分,1942年底,英国派出由朝野三党人员共同组成的议会代表团,对战时中国进行了为期一个月的访问。作为本次活动的回访,1943 年底,中国也派出主要由国民参政会成员组成的友好访英团,对英国进行了为期 40 多天的访问。这两次访问,对促进中英两国的了解和增进两国人民的友谊,均发挥了积极作用。在此期间,身为国民政府外交部长的宋子文也与 1943 年 7 月中旬对英国进行了 18 天的工作访问,就英国反攻缅甸的军事计划以及战后两国的合作,与英国朝野各界进行了充分的沟通。虽然国民政府在战时实行"亲美疏英"的政策,但是,作为中国的重要盟国之一,对英关系在国民政府的对外交往中依然占据着重要的地位。

本章主要资料来源:

中国第二历史档案馆藏国民政府军事委员会档案

中国国民党中央委员会党史委员会编,秦孝仪主编:《中华民国重要史料初编——对日抗战时期》第三编《战时外交》(二)(三),台北"中央"文物供应社,1981 年(以下简称《战时外交》第 2 卷、第 3 卷)

吴景平、郭岱君主编:《宋子文驻美时期电报选》(1940—1943),复旦大学出版社,2008 年

吴景平、郭岱君主编:《风云际会——宋子文与外国人士会谈记录》,复旦大学出版社,2010 年

《顾维钧回忆录》第 5 分册,中华书局,1985 年

《档案史料与研究》2001 年第 3 期

重庆《大公报》1943 年 8 月。

(一)英国议会代表团访华

说明:1942 年 11 月—12 月,为增进与中国的友谊,并消除两国间的误解,英国派出由上下两院议员组成的议会代表团,对战时中国进行了为期一个月的访问。国民政府对此热烈回应,对代表团在华行程做了精心与充分的准备。在华期间,代表团先后走访了陪都重庆和中国

西北、西南地区的众多地方,受到所到之处中国军民的热情招待与欢迎。通过参观走访,及与中国各界人士交流,代表团成员对中国人民坚持抗战的决心与果敢,留下深刻印象。同时,代表团成员也与中方就中英关系中的广泛问题交换了意见。

访华团成员回国后,就访华内容及中国国内状况,先后向英国议会及内阁做了汇报。英国议会代表团访华活动,是战时中英双方致力改善关系的一次努力与尝试,访华团的活动在消除彼此误会和增进友谊上也发挥了一定的作用。但是,由于中英双方的利益错综复杂,访华团所取得的成效依然有限。

顾维钧致国民政府外交部电
1942 年 3 月 18 日

重庆。外交部。四六六号。十八日。英国议员界中有派恳亲团赴华,增进友谊之议,上议院南生男爵主张尤甚。经彼征询英外部意见,亦颇赞成,惟以运输困难,谓人事宜少,大约保守、自由、工党各推一人,另携秘书一人,彼并来探询我意见。钧表示欢迎,但告以雨季夏令期内,恐旅行不甚舒适。窃以中英现属盟国,此间朝野对我感情浓厚,民间尤重视我国抗战,凡足增进联络之举,有裨两国邦交,能否过华,我国政府亦欢迎。如彼决定来华,应以何时为便?四月杪合宜否?统祈核示。钧。

蒋委员长批示:应极欢迎,但春季雨水与轰炸较多,如秋季十月中到华,则为最好。

《战时外交》第 2 卷,第 121 页

顾维钧致国民政府外交部电
1942 年 4 月 22 日

重庆。外交部。五二零号。二十二日。四五五号电遵已转知。顷英外部政次邀谈,谓英派议员赴华观光,承委员长表示欢迎,甚为荣幸,现拟请上下两院议长于多数党中各推二人,俾示代表议院全体,并拟携秘书一人,准于秋间到渝,形式上如能由我以委员长名义邀往,益足示两国之亲善,而为全院所期望云。窃以如蒙委员长允诺,最属适宜,请转呈示复,俾转告。钧。

《战时外交》第 2 卷,第 121—122 页

傅秉常钱泰致蒋介石电
1942 年 8 月 24 日

兰州。委员长钧鉴:中密。关于英国国会议员来华访问事,曾奉四月廿四日侍从川字第一二一三一号代电令,用钧座名义邀请,并表示可于九月间来华,遵经电告顾大使照办去后。兹据顾大使电称,英外部拟将此事发表如下:英国国会奉蒋委员长之邀请,拟不久派遣恳亲访问团前赴重庆,该团系代表国会全体,由上议院二人 Lords Ailwyn and Tevict 及 Mr. J. J. Lawsen 组成,希望九月杪可离英赴华等语。中国政府对于此项发表文字,是否赞同,请转呈核示等情,理合转呈,电请鉴核电示,以便转知为祷。职傅秉常、钱泰叩。敬。印。

蒋委员长批示:复。可赞成。

《战时外交》第 2 卷,第 122 页

丘吉尔致蒋介石函(译文)
1942 年 9 月(原函日期不详)

委员长阁下:

鄙人借此机会,谨托联合王国之议会代表团,再致函候。

此次派自吾人最古及最重要之民主组织之访问团,鄙人忝为此组织之公仆,故甚盼其能为贵国于特殊意义下,视为敝国人民对于阁下英明服务下之伟大共和国人民之一种友谊与联系之姿态,而赐以接待之也。

在贵我二国中,其领袖得能支撑其重大之负荷者,因咸知其背后之

人民,皆深悉彼等之作战,乃为其自身所选择之生活方式,而非为以暴力强加彼等之制度也。

中、英二国以及其他各进步国家,其用以保持代议政治之珍贵遗产之不拔之坚毅,实可为吾人对于邪恶最后胜利之保证,由此信念产生所得之信心,谨推介敝国议会代表团于阁下,尚祈垂察赐顾为祷。并祝阁下长保康乐。

《战时外交》第 2 卷,第 123 页

英国国会上下两院议长致蒋介石函(译文)
1942 年 10 月(原函日期不详)

委员长阁下:

承蒙阁下邀请国会代表四人,于秋间访问重庆,鄙人等忝为两院议长,遂得欣逢遴举人选之机遇。当阁下之邀请传至上院与下院时,各以热烈之情绪,加以接受。鄙人等借此机会,谨代表两院同人,对于阁下之建议,表示热切之谢忱。极以为快者,此项建议,业由吾人协助实行矣。英国国会及人民,对于贵国为其自身与乎世界之自由,支撑长期之战争,深怀景佩。至于阁下躬为主持之领袖,尤觉深切一致之钦仰。而敝岛人民以及全帝国同胞非至覆灭轴心,重树法律与自由之秩序,决不停止奋斗之同样决心,当能由敝国会代表团传达于阁下及伟大之贵国也。

《战时外交》第 2 卷,第 124 页

蓝普森①自开罗致蒋介石函(译文)
1942 年 10 月 26 日

委员长阁下:

鄙人兹得机会,再获肃函问候,甚以为快,此次系请艾尔文先生转呈。艾氏为鄙人之友,彼与其他英国议会代表团团员三人前来重庆,经

---

① 时任英国驻埃及大使。

此作客。

艾尔文先生为鄙人老友，兹谨热烈介绍于阁下及夫人，彼对中国颇为熟悉，曾于若干年前，在华任 Cumberland 号舰上之海军军官。鄙人已向艾尔文先生与其同人确言，彼等必可受到鄙人在华老友，以及阁下与夫人之热烈欢迎，鄙人深愿有幸为此访问团中之一员也。

吾人对于伟大贵国贡献于联合国家击破轴心屠杀之共同努力，固无时不深致感佩，而鄙人在此次伟大奋斗之初期，得忝与阁下相互努力，亦无时不引为个人之光荣。

中国首先发难，至于最后吾人卒以同盟国之资格，并列于共同奋斗之中，日寇已与德国同命相系，当其跌蹶于(且亦为其势所必至者)其应得命定之日，将为吾人欢乐之时也。

吾人现在埃及采取攻势，昨晚鄙人耳闻阿拉敏之炮声，并能瞥见炮弹不断之流光，虽则奋斗必为长期而且艰苦，此间咸抱成功之信心。鄙人自埃及于生死搏斗之痛苦中，谨向阁下及夫人遥致最崇敬与友谊之问候，吾人之奋斗容或——且势必为——艰苦，但制胜邪恶仅为时间与坚忍之事耳，于此吾人已有伟大之贵国在阁下精神领导之下，作为吾人之楷模矣。

议会代表团回程之时，尚蒙赐森以阁下与夫人之玉照，尤当不胜感幸也。蓝普森谨上。

《战时外交》第 2 卷，第 124—125 页

国民政府外交部致重庆市政府公函
1942 年 9 月 30 日

查英国议员访问团即将抵华。顷据驻英顾大使电称：该团拟留华一个月，除应有之拜访、宴会、谈话外，参观程序宜注重下列各原则借以表现：(一)我自助精神，如引观我最大规模之兵工厂、军校、飞机杨、滑翔学校等机关。(二)我抗战期内建树成绩，如参政会、新建公路、桥梁、河运、水利等建设，工业合作社、识字运动、孤儿院、难民所等新政。

（三）少年中国之气象，如青年团、童子军、学校、集团歌唱等。（四）华西资源之富厚，如新办水电厂、五金矿等。（五）驻华空军之活动以增英助华之兴趣等情，用特函达，即希查照，请就有关方面拟定参观节目及需要时间迅予赐复以便编排招待日程为荷。此致
重庆市政府

外交部

《档案史料与研究》2001 年第 3 期

重庆市政府致市社会局和市工务局训令

1942 年 10 月 2 日

案准外交部本年九月三十日交引字第 5136 号公函开："查英国议员访问团云云招待日程为荷"等由，准此，自应照办。除分令外，合行令仰该局即便遵照主管业务方面拟定参观节目及需要时间详为具报，以凭转复编排招待日程，勿延为要！

此令

市长吴国桢

《档案史料与研究》2001 年第 3 期

重庆市社会局呈市政府文

1942 年 10 月 13 日

案奉钧府市秘五字第 8554 号训令，为准外交部函关于英国访问团参观一案饬迅就主管业务方面拟订参观节目及需要时间具报以凭转复等因，奉此遵将本市学校、童子军及合作社各拟订参观节目及需要时间表，备文赍请鉴核。请呈
重庆市市长吴

附呈拟订英国议员访问团参观本市合作社与学校及童子军节目表一份

社会局局长包华国

重庆市社会局拟订英国议员访华团参观本市合作社与学校及童子军节目表

地点	名称	需要时间
临江路	重庆消费合作社联合社	二小时
沙坪坝	沙坪坝镇消费合作社	二小时
山王庙	中央银行员工消费合作社	二小时
南岸枣子湾	南岸皂烛碱生产合作社	二小时
沙坪坝	沙坪坝印刷生产合作社	二小时
沙坪坝	私立南开中学	二小时
小龙坎	私立树人中小学	二小时
覃家岗	私立中正中学	二小时

《档案史料与研究》2001 年第 3 期

重庆市工务局呈市政府文

1942 年 10 月 16 日

案奉钧府本年十月三日市秘五字第 8554 号训令,略以准函关于英国访问团参观一案令仰转饬自来水及电力公司一并拟定参观节目及需要时间详为具报以凭转复勿延。等因,奉此转据自来水公司复称先至大溪沟起水厂参观第一第二吸水工程,然后至打枪坝参观制水区工程,所需时间共约两小时。又据电力公司呈复称先到大溪沟厂参观,后再赴鹅公岩、山洞厂参观,约需三小时。各等情,据此,除指令外,理合呈请鉴核示期祗遵。谨呈

市长吴

工务局局长吴华甫

《档案史料与研究》2001 年第 3 期

重庆各界讨论欢迎并招待英议员代表团谈话会纪录草案

1942 年 10 月 16 日

时间:1942 年 10 月 16 日午后三时正

地点:外交部两浮官舍

出席人:

盂广厚	国民参政会	张松堂	交通部
吴闻天	经济部	何适	青年团中央团部
孔庆铣	警察局	刘乃蕃	典礼局
张兆理	中央训练团	秦孟实	市政府
谢兰郁	妇女指导委员会	向泽浚	司法行政部
王维祥	航委会	梁大鹏	国际反侵略中国分会、自由世界协会中国分会
高纶士	卫戍总司令部	丁荣灿	防空部
方一志	政治部	曹沛滋	社会部
王先嘉	中英文化协会	任志	宪兵司令部
孟寿椿	教育部	杨友梅	军政部
谢仁钊	国民外交协会	王家树	社会部
田贵銮	儿童保育院	李文备	军委会交际科
季泽晋	国际宣传处		

主席　凌其翰　　纪录　宋锡人

开会如仪

主席报告:

上次威尔基氏来华承各位协助并荷各机关合作,十分感谢。今日请各位来部讨论筹备欢迎并招待英国国会议员代表团事宜。按该团共计四人,包含保守、自由、工党三党人员,由上下两院选出,其来华经费则由英政府拨给,并带函三件,一为英王致林主席函,一为两院致蒋委员长函,又一为英议会国际组致我参政会函,故其访问性质亦非寻常,我方招待礼节自亦不可十分差池。本部商定除仪节方面稍简以外,其食、住、行各项待遇拟与招待威氏者大同小异。前者顾大使为此事曾来电指陈该团来华约有以下数端:

一、参观关于军事的设施如兵工厂、航空部队、防空以及前方情形等。

二、参观参政会以及水利、公路、桥梁、识字运动等。

三、参观儿童保育工作、合作社等。

四、参观少年中国之气象如三青团、中训团、童子军、学校歌咏团等。

五、参观华西各地水电工程。

六、参观英国空军在华情形。

以上各点日前已分别由军委会、行政院及本部通知各机关在案,想各位已知之甚稔。此次该团在华约有四星期之时间,其中二星期在渝,然后往其他各地。其在重庆期间之招待日程应即予以早日排定,故请各位前来商讨。在商讨以前有两点须请注意,即:1、此次我方应以抗战建国四字为原则而示以实际设施以及团体活动,尤应注意民主政体之表现。2、各机关团体酬酢性之宴饮茶会务须尽量减少,即不得已必须举行则亦以越简单越好,以表示我抗战精神。现在请各位发表意见并决定日程。

讨论或决定事项:

一、参政会代表:

本会所准备者:1、文字:年刊、英文小册者等;2、招待:依照外交部排定办理;3.参观:本会开会期间拟请该团参观列席并茶会招待。

决定:1、请张副议长赴机场欢迎;2、该团拜会张副议长并参观参政会第三届第一次大会;3、可以有一宴会或茶会,但不以委员长名义领衔为原则。

二、交通部代表:

临时在该团住宅装置电话已无问题。

决定:1、该团来时飞机希能直飞重庆,并请及早通知外交部;2、机场悬中英国旗,由外交部主持,但请另辟休息室,并稍予布置以作招待之用;3、该团离渝后即赴各地,并直由昆明飞印,其间飞机应请交部航委会协助;4、在渝第一个周末由孙院长在北碚招待,其第二个周末拟请张部长在汪山招待;5、参观铁路日程自当于排定后早日通知交部以便转饬准备。

三、经济部代表:

关于参观日程及地区希有一确定之安排。

决定:1、在渝市拟予两天之日程;2、工厂不必多,可由翁部长宴请一次,务求简单;3、请注意劳工福利。

四、三青团:

决定:1、茶会招待并展览照片及统计表格;2、拟与教育部接洽在沙磁区检阅青年表现、团体生活;3、招待日程拟予稍后。

五、中训团:

决定:1、招待日程定十一月七日午后三时至八时;2、欢迎横额名称定后送外部洽之。

六、妇指委会:

因所属机关散处各地,交通不便,故无甚表示。在渝市区内只能展览照片及成绩,最好以茶会方式。

决定:1、歌乐山保育院日程一天;2、应否由蒋夫人以茶会招待之处请妇指委会径向请示。

七、司法行政部:

决定:不单独招待,亦不排参观日程。

八、防空司令部:

决定:排定半日日程,参观防空阵地、情报工作及隧道工程。

九、社会部:

决定:排定一至二天日程,着重工业合作,并使参观实验救济院(因在土桥,故与参观中正校同时),予工人团体代表与该团谈话机会,注意劳工福利。

十、教育部：

决定：排定一天日程，上午学校，下午童军。1、参观沙磁区学校（中大、重大、南开）；2、检阅童子军（三青团洽商）；3、参观统计表格并主办音乐会；4、中政校由外交部直接接洽。

十一、市政府：

决定：除将水电等厂排入外，应由市政府注意嘉陵新村附近道路之清洁及秩序之维持以及治安之保障。

十二、军政部代表：

本部要求外部统制新闻记者以便防杜泄漏机密。

决定：参观兵工厂日程一天，军校及战区另定。

十三、中央文化协会：

决定：1、茶会除各团体联合招待外，应由中英文化协会单独举行一次，其日程拟列入第二天；2、拟请政治部统办照片并请妇指委会、三青团、经济部与以协助，注重抗战事迹；3、机场仍由民众团体代表欢迎；4、展览、座谈等会另定。

十四、政治部：

决定：1、照片可以照办；2、希望参观十一月十五日劳军大会。

十五、航空委员会：

决定：1、参观白市驿空军，日程一天；2、南川半天；3、防空设施一天，由防空总监部与防空司令部洽定。

十六、国民外交协会：

机场欢迎事与各团体接洽办理。

备注：新生活运动总会及农林部代表未克出席，均于翌日来外交部接洽。

《档案史料与研究》2001 年第 3 期

陪都国际文化团体欢迎英国会访华团筹备会记录
1942 年 10 月 19 日

地点：中英文化协会

时间：十月十九日

国际反侵略分会	缪培基	回教协会	鲁逊
新华日报	李凤展	中国妇女慰劳总会	王纫兰
中国劳动协会	范十骢	政治部	方一志
大公报	丁维栋	国民外交协会	汪竹一
中苏文化协会	孙慕坚	国联同志会	戴克光
社会部	曹沛滋	中法比瑞文化协会	高云翔
中美文化协会	向知人	东方文化协会	夏绍康
天主教文化协进会	潘朝英	中缅文化协会	江兆虎
中英文化协会	王先嘉	新运妇女指导委员会	王介茹
市政府	秦孟实	中央文化运动委员会	钟叶苍
中央日报	熊岳兰	滑翔总会	宋如海
重庆市党部	王蕴卿		

主席：中英文化协会　　　　　　　　记录：中美文化协会

（一）组织常务委员由下列三会分任：中英文协（主任委员）、国际反侵略中国分会、国民外交协会。

（二）茶会——（甲）中英文化协会，（乙）国际各文化协会。

（三）经费——向各政府机关商洽——外交部、社会部、中央党部。

（四）机场欢迎（珊瑚坝，每团体十人）。

（五）标语划一（由常委员负责，先送中宣部审查）。

（六）分函致各报纸发行特刊。

（七）备忘录。

吴铁城致吴国桢函

1942 年 11 月 2 日

国桢市长吾兄勋鉴：

　　此次英国国会访华团来渝，关于欢迎事宜均已由各机关团体分别筹办，惟是日该团抵渝由珊瑚坝机杨、南区马路、南区公园至中三路上清寺、牛角沱一带时拟请发动市民执中英国旗于道旁欢迎，所需中英国旗各二千面，已商由中英文化协会预备，即希查照办理并与该会洽办为荷。耑此顺颂

公绥

吴铁城谨启

《档案史料与研究》2001 年第 3 期

外交部交际科致重庆市政府秘书处函

1942 年 11 月 5 日

敬启者：

　　查英国议员访问团一行定于十一月九日晨乘中航机由加尔各答起飞，十日上午可抵渝。

　　该机降落地点为珊瑚坝，用特函达，即请查照转呈为荷。此致

重庆市政府秘书处

外交部交际科启

《档案史料与研究》2001 年第 3 期

外交部交际科致重庆市政府秘书处函

1942 年 11 月 9 日

敬启者：

　　查英国议员访问团一行定今日飞昆宿，明晨（十日）续飞渝，约上午九时左右可抵达。该机降落地点为珊瑚坝。特此函达，即请查照，请转陈为荷。此致

重庆市政府秘书处

外交部交际科

《档案史料与研究》2001 年第 3 期

蒋介石在重庆接见英国议会代表团讲词

1942 年 11 月 10 日

各位团员先生：

　　余得有机会，代表本国人民向贵代表团诸君致恳切欢迎之忱，余殊视为无上荣幸。吾人早已渴望贵团之光临，今日幸得如愿以偿，实觉异常愉快，盖余深知此为世界上历史悠久之英国国会第一次派遣其使节团于国外也。

　　诸君不避艰苦远道来华，由贵国携予吾人以亲善之福音，并借以增进吾两国人民间对未来之希望、关切与联系，弥深感奋，而贵团诸君宝贵之言行，尤足为中国军队及人民获得鼓励与感动之根源。

　　我国谚语有云"百闻不如一见"，亦即西谚所谓"眼见是实"，由于诸君亲自之观察，深信必能明悉中国政府及人民在彼等之奋斗中对贵国所给予道义上及物质上之援助，其感佩之深切为何如也。

　　吾人真切体认英国人民在吾人所受之严格考验中所给予之广泛同情，及其吾人为远大目标而不断奋斗中所显示之种种同情与赞助，举如联合援华经费之筹赠，与最近治外法权及其有关权益之撤销，以及贵团今兹之来访，在在足以证明英国对华友谊之增进。

　　余希望诸君此来，对吾人五年来所经历之艰难与忧患，能获得一真切之印象，我国人民皆抱定争取完全胜利之决心，并为最后胜利之共同目标坚持一贯之信念与贡献。

　　吾人虽在世界此一部分单独对侵略者作战有年，但从未须臾丧失其为抵抗侵略而奋斗到底之意志，我国前贤孟子有言"得道多助"，此语实为今日最切现实之写照。

　　现时贵我两国及其他联合国家，已密切结合为共同目标而处于同一命运中,余知吾人皆具有同等之决心,以从事吾人完全之合作,而此完全之合作,不仅应适用于战时,亦所以谋求建立一稳定而幸福之世界也。

《战时外交》第 2 卷,第 125—126 页

经济部致重庆市政府公函
1942 年 11 月 11 日

　　查英国议员访问团业已抵渝。按照外交部所定招待日程,属于本部经办者如次:(一)十一月十五日下午二时自歌乐山中央医院启程赴北碚,留宿金刚碑;(二)十六日自金刚碑启程至白庙子参观天府煤矿,下午回渝;(三)十七日上午八时启程至小龙坎参观豫丰纱厂等后,由中渡口渡江至江北相国寺参观中国兴业公司钢铁部,后渡江自牛角沱码头登岸回城。相应函达,即希查照并饬所属注意沿途警卫暨整洁事宜为荷。此致
重庆市市政府

部长翁文灏
《档案史料与研究》2001 年第 3 期

北碚管理局致各事业机关便函
1942 年 11 月 13 日

敬启者:
　　兹订于本日(十一月十三日)午后二时在本局会议厅开会筹商英国议会访华团来碚参观引导及欢迎等事宜,敬希贵□届时指派代表出席与议为荷。此致

经济部地质调查所	经济部中央工业试验所
中央研究院动植物研究所	中央气象研究所
中国科学社	中国地理研究所
中国西部科学院	中央农业试验所

大明染织工厂　　　　　　　　（余如后表）（略）

北碚管理局启

《档案史料与研究》2001 年第 3 期

北碚各界欢迎英国访华团筹备会议记录

1942 年 11 月 13 日

时间、地点：十一月十三日午后二时于北碚管理局

出席人：

刘建康	中研院动植所	沈增祚	中工社
张宗熠	中国科学社	胡希文	滑翔站
向兰法	度量衡局	刘文修	国体专校
李怼悟	滑翔学校筹备处	吕　炯	气象研究所
程氏榴	中山文化教育馆	陈一翁	重师
贾伟良	中农所	周仲眉	中国银行
刘相馥	大鑫火砖厂	冷雪燃	复旦大学
韩文蔚	中央地质调查所	朱生魁	国立编译馆
郑相帆	大明厂	韦希重	西南麻织厂
奚权中	江南医学院	黄治平	科学院

报告事项：

一、根据中央日报小天府消息，访华团将来碚，十五日乘车来，住宿缙岗新村。翁部长将于北碚宴会一日。参观地方以工矿为主。

二、参加欢迎之人员：

1. 事业、机关代表。

2. 学校学生（复旦、江医、国体、重师、立信、兼中庆训两小学）。

3. 民众选择参加。

三、推选下列人员为翻译：卢幹道、梁宗岱、沈增祚、薛仲薰、饶饮心。

四、准备地方事业概况，由□□□分发各翻译人员。

五、欢迎旗尺寸大小、颜色由向科长供给,定制一千,用毛边纸。

六、国旗用完收回,由局保存。

七、由度量衡局预备三横纵标语。

八、通知温泉妥为准备。经济部吴间天 42003 电话号数。

九、休息地点于中央银行,看滑翔活动,看地质调查所、大明工厂。

十、轿子中行两乘、度局一乘、农行一乘、□□一乘、中工两乘,滑竿九乘。

十一、通知公路局急速整理公路。

十二、各机关、商行预备英文刊物,在下车休息室送气象、地质、中农、中工、度局、科学社、□□□标语。

十三、商蔡专员预备马车,马夫整洁。

十四、白庙子上坡通知陈矿长预备。

《档案史料与研究》2001 年第 3 期

北碚管理局致各事业机关便函

1942 年 11 月 19 日

径启者:

查英国访问团定于十一月二十一日午后三时到碚,于中央银行小憩后如系阴雨天即在重师大礼堂,晴天即在民众体育场讲演半小时,讲毕参观滑翔表演,晚宿缙岗新村。至前议联合欢迎事宜,因与重庆关系方面商量,结果以不可过于隆重有失国体停止举行,只须届时选约能听英语讲演人员于午后三时半到讲演场所签到入场,依先后秩序就坐。特此函达,希烦查照为荷。此致

北碚管理局启

《档案史料与研究》2001 年第 3 期

重庆市警察局呈市政府文

1942 年 12 月 3 日

案据本局督察处报称:顷据职处陈景珊、外事股赵广禄等员报称:"遵将英国访华团自本月二十日至二十五日在渝逐日动态续呈如后:二十日上午九时赴鹅公岩防空总监部情报所参观,十时二十分赴化龙桥交通银行总管理处防空洞后即又返城参观大隧道,由石灰市进口至演武厅出口,以上均系由贺司令国光引导。参观毕已十二时,团员四人立赴储奇门乘船过江至龙门浩重庆西人总会应英侨之午宴。到者共二十余人,由右克司等商界英侨所主持,应邀者尚有英大使等。二时半渡江返城直赴李家花园,并有陕西人七名同往,由英大使招待茶会。谈至六时许始辞出。该项人等均系由英使馆新闻处所接来,据外交部负责人谈是项人等即为共党及其他党派分子,已奉委座命令特准彼等会谈。七时半又赴孙院长科之晚宴,九时余辞出返行馆。二十一日上午九时五分出发赴新桥军医署略事参观,又赴歌乐山第八儿童保育院、中央医院、社会部重庆婴儿保育院、卫生试验院等地参观,并在该院午餐,二时半赴北碚,四时十分抵达。即由卫得彼对北碚民众发表简短言辞,再参观滑翔表演后,五时四十分赴金刚碑天府公司,由翁部长文灏及英商福公司贝安澜等负责招待晚宴,并留住贝安澜之住宅。二十二日晨七时起床早点毕,即乘车复至北碚码头,换乘专轮至白庙子,换乘天府公司之火车,约一小时而达天府煤矿。略为休息后即由天府公司负责人员领导参观该矿之各项设备。并进入矿井外部参观,十二时在该矿场午餐。二时许后乘车返白庙子,换乘专轮民听号返渝,五时余到达沙坪坝中渡口,由乘汽车返行馆。七时半赴平准基金委员会之晚宴,九时直赴沙坪坝国际广播电台参观约一小时,十时二十分至化龙桥中央日报及大公报参观新闻事业,十二时十五分始返行馆。二十三日上午九时三十分爱尔文赴民生公司造船厂参观,劳森、卫得彼、泰弗亚及都伯森四人赴磁器口、沙坪坝参观合作事业,中午在两路口社会服务处由社会部谷部长招待便餐。一时四十分餐毕,泰弗亚由顾大使维钧会同赴中央大学演讲,劳森由朱学范氏会同赴广播大厦对工人演讲,其余三人则在社会服务处体育场参观国术体育表演。三□□返行馆,四时十分赴中央训练团参观降旗后并由王教育长招待该团晚餐,餐后由音舞班作简短之音乐会,八时四十五分散会。团员四人又赴李家花园英大使住宅会谈,至次日晨一时五分始返行馆。二十四日上午十时二十分赴国际宣传处对新闻记者发表谈话,并答复记者询问,系由王部长世杰主持。十二时合影后散会返行馆,十二时三十分赴大溪沟别墅吴市长之宴会,到外交部李司长、凌秘书及市府各局长等。二时许返行馆休息,四时赴嘉陵宾馆,由英大使及该团招待茶会,六时散会,并于五时许该团团员赴德安里晋谒委座辞行。六时返行馆,略休息卫得彼即赴广播大厦作公开演讲,劳森亦于七时许赴广播大厦广播,而因机器损伤未能播音。七时半均在行馆便餐,八时半全体团员赴吴秘书长公馆与吴秘书长及党政机关多人会谈,闻此项参与会谈之人均系由委座指定者,谈至次日晨一时许始返行馆。二十五日晨即整备行装,九时二十分全体赴怡园访宋部长辞行,九时五十分返行馆,午餐后即于十二时三十分乘车赴珊瑚坝飞机场,乘中国空军运输机昆仑号(26500号)于一时四十分起飞离渝赴西安,同行者尚有朱司令长官绍良、熊主席斌、陆司令(陇海铁路司令)、侍从室皮上校参谋、外交部沈昌焕(交际科)、陈衡力(情报司)、中央社徐兆镛、中国制片厂姚士泉、英使馆武官傅瑞泽·步得曼、外籍记者司坦音·脱徐尔等"等情前来,理合据情报请鉴核等情,据此,理合据情转报,仰祈鉴核备查。谨呈市长吴

重庆市警察局局长唐毅

《档案史料与研究》2001年第3期

中国劳动协会致重庆市社会局便函

1942年12月14日

径启者:

查本会前联络本市各劳工团体于十一月二十三日下午假广播大厦

举行陪都工界欢迎英国议会访华团工党代表劳森先生大会,当经依照预定计划圆满完成,关于经费方面亦经结算竣毕,除造具收支报告表暨支出单据粘存簿呈报社会部核销外,相应印送上项收支报告表一纸函请查照是荷。此致

附陪都工界欢迎劳森先生大会收支报告表一纸

主办团体中国劳动协会启

陪都工界欢迎英国议会访华团工党代表劳森先生大会收支报告

收入之部:合计国币 2033.00 元。

一、社会部补助费:国币 2000.00 元。

一、中国劳动协会补助费:国币 33.00 元。

支出之部:合计国币 2033.00 元。

一、会场费:国币 600.00 元。

一、文具费:国币 423.00 元。

一、工作人员交通费:国币 203.00 元。

一、工作人员膳食费:国币 307.00 元。

一、邀请协助人员酬劳费:国币 200.00 元。

一、杂费:国币 300.00 元。

造报人乐中庸

1942 年 12 月 14 日

《档案史料与研究》2001 年第 3 期

顾维钧自昆明致蒋介石电

1942 年 12 月 11 日

急。萧社长转侍从室及外交部。委座钧鉴:齐(八日)日曾上一电,计达钧览。艾尔文勋爵已痊愈,访华团全体五人已于今日下午一时半起飞返国,钧与滇党政军长官、各界代表,均到机场欢送。再钧定乘十一夜中航机返渝,谨并闻。维钧。灰(十日)。叩。昆。

薛穆致蒋介石函(译文)

1942 年 12 月 11 日

委员长阁下:

英国议员访华团于离昆赴印之际,嘱将下述音讯,转至阁下:"临别依恋,盛情深感。吾等此次访华,颇感兴趣,尤承各方款待殷勤,顾虑周到,益觉愉快安适。吾等对于阁下当前所负艰巨之工作,谨致竭诚之祝意,同时敬请接受吾等对于阁下暨贵国人民之景崇与真挚之友谊。"

《战时外交》第 2 卷,第 127 页

顾维钧回忆录载英国国会访华团访华经过

1942 年 11 月—12 月

11 月 10 日英国国会访华团到达中国,准备进行为期一个月的访问。代表团成员是经过精心选择的。据回忆,代表团成员有艾尔文勋爵、泰弗亚勋爵、卫德波上尉和劳森先生。代表团的成员分别代表英国三个主要政党及议会上下两院,他们被选为代表团成员主要并非由于他们具有显赫的地位,而是由于他们性情善良、和蔼可亲,特别适合从事友好活动。他们对具体问题并不囿于成见。实际上,他们的讲话也并不代表各自的政党或英国政府。但是他们带来了乔治国王、邱吉尔、艾登和其他领袖们致国府主席和委员长的信。

我曾在伦敦使馆设宴为代表团饯行。艾登在祝酒辞中说,代表团此行的目的是向中国人介绍英国为战争所做出的努力,同时也要了解中国所取得的成就,回国后向英国人民汇报。除了艾登这种泛泛的说法之外,代表团实际上是要使中国政府和人民了解欧洲的紧急战局。英国人认为,面对这种局势英国必须首先集中力量击败德国,然后才能把注意力转移到远东战场上来。所以,代表团成员虽然没有专门谈这个问题,但却总是不时地在不同场合、在谈话的过程中提及欧洲的形势,并表示击败德国与击败日本同样重要(他们还含蓄地表示,德国问题应该首先解决)。当然,代表团的真正目的是要了解中国一直在干些什么,中国在力量十分有限的情况下是如何抗击日本的。代表团不提任何建议,也不就两国间任何悬而未决的问题进行谈判。它首先是一个友好代表团,它的任务是转达英国人民对中国的友好情谊和寄予的同情,与此同时研究中国的局势。这是英国历史上第一个友好访华代表团。

派遣代表团这个实际行动本身就是很有意义的,表明两个战时盟国希望增进合作。考虑到这一目的,加上我一直支持派遣友好代表团这一主张,我愿为促进实现双方都渴求的这一共同目的而努力。因此,与政府商定后我先于代表团抵达重庆,以便协助拟订接待计划。我希望能为代表团拟订一个合适的参观、座谈和款待的计划。这一计划既要考虑到使代表团尽可能多看一看,同时也要考虑到这是战争时期,不能过分铺张,欢乐气氛也不应太浓。我觉得我应该亲自同代表团所将访问的政府领袖和各省主席直接取得联系。

代表团要访问的省份即使在和平时期也很少有外国人前去参观。在经济发展和总的现代化水平方面,这些地区都无法与较发达的沿海省份相比。中国内地的条件十分差,总的来说,那里的居民都比较贫困。因此,为这些习惯于最高级的生活方式的人安排一个合适的接待计划是煞费苦心的。所以,我回到重庆后就建议召开几次由党、政领袖和国民参政会的领袖们出席的筹备会议。我还建议召开一个由将要接待代表团访问的各省主席参加的会议。记得四川省(重庆所在地)主席张群将军和陕西省主席熊斌将军都被请到重庆共同商量代表团的接待计划。这些一般和特别的会议经常是由委员长亲自主持的。计划的主要目的是要使代表团尽量多了解一些情况,从而使访华团对中国人民的斗志、军事形势,自力更生制造武器弹药的精神和方法,以及为发展继续抗战所必需的各种工业所做的努力,有一个概括的、良好的印象。最后制订的接待计划内容十分丰富。

到达重庆后的头几天,代表团受到了中国政府当局和许多个人的热情欢迎。访华团应邀参加了一系列的宴会、午宴、茶话会和招待会。

在这些场合上,中方代表和访华团成员一般都发表讲话。经常谈到的话题是中英关系问题。例如,11 月 12 日中英文化协会举行招待会欢迎英国代表团。王世杰博士在招待会上讲话,对这些贵宾表示了热烈的欢迎。随后英国大使和我也发表了简短的讲话,表达了我们对代表团到来的喜悦心情。前任驻伦敦大使郭泰祺也讲了话。郭先生从伦敦离职后,任外交部长六个月,随后被突然免职。现在他不担任任何职务。所以,在会上他是以普通公民的身份发言。郭和我持同样的观点,他也认为发展中英友好关系是十分重要的。在讲话中他强调指出,代表团交了好运,他们抵达中国之时正值英国在利比亚获胜。然而他令人惊讶地补充说,甚至委员长也未能预见战事会有如此的进展。郭接着又强调了在中国要实行更多的民主。当然,这含有向政府提出批评之意。事实上,在座的人从他的讲话中都清楚地意识到,他不仅对国家总的状况不满,而且对自己的处境也十分不满。

在这期间,国民党中央执行委员会正在召开第十次全会。中央执行委员会是由一百五十名委员组成的一个庞大机构,每年或每两年举行一次会议。虽然我不是委员,但是我曾应邀参加过几次会议。我认为中央执行委员会完全可以邀请英国代表团出席一次执行委员会召开的公开性会议,以表达国民党对英国代表团的感谢。于是我就提出了这个建议。在党的中常委的一次秘密会议上,我应邀阐明主张采取这一前所未有的做法的理由。我强调指出,代表团的成员不仅是友好代表,而且是各自政党的领导成员。因此,国民党可以利用这个机会接待这些人,并通过他们与英国的主要政党取得联系。看到国民党是中国政治力量的源泉和基础之后,代表团成员一定会把他们的感想转告各自的政党。这样,英国代表团的来访就有可能使中国这个起领导作用的政党和英国各党之间建立联系。我的提议得到了戴季陶、李文范、邹鲁、居正和孙科的支持。孔祥熙起初坚决反对,最后也同意了。从而向英国代表团发出邀请的主张得到了批准。

我应邀参加由中常委任命的特别委员会来起草会议宣言(英国代

表团将应邀出席的那次会议)。戴先生对我解释说,我参加特别委员会的会议是十分重要的。我对戴说,我必须和委员长一道陪同英国代表团去黄山(黄山是重庆南岸的一个地名,有蒋介石的别墅。——译者)。他说这个委员会是委员长提议成立的,他很重视这个委员会。我答应同委员长说一下这件事情,并表示尽量来出席这个会议。

11 月 14 日下午我和卫德波一起离开了重庆。英国大使薛穆被安置在一间正房里,我被安置在餐厅后面的一间房子里。我的房间小些,但还算过得去。原来打算把我们两位大使安排在一处,把英国大使馆的秘书盖奇和董显光安排在另一处。黄将军对我说,委员长要我去见他。于是我们一起到"柯里楼"去见委员长(罗斯福总统的私人代表劳克林·柯里曾在这里住过,这所房子就以他的名字命名)。黄将军向委员长汇报了住房安排情况。委员长听后立即说,我应该住在柯里楼,因为在薛穆大使住的那所房子里安排给我的房间不够舒服。尽管我说房子满不错了,委员长还是命令黄将军把我的行李立即搬到柯里楼。委员长亲自带领我看了卧室和浴室,并说这里的房间比原来的房间好多了,事实也确实如此。于是我自己独住了一所房子。

然后,委员长和我坐下来就英国大使对中国答复英国条约草案的评论交换了意见。他对我说,他知道英国大使是要保留在中国领海的航行权。委员长认为这个要求还是留待通商条约的谈判代表去考虑,这个权利现在应该予以取消。他的理由是,对英国人来说并不存在永远失去这个权利的危险,根据中国的法律,英国人仍然可以在中国进行贸易。他还对我说,薛穆曾经说过,九龙问题不在条约草案范围之内。而委员长则认为这个问题一定要包括进去。委员长对这两个问题的看法已在我 8 月份(?)参加的一次由行政院长主持的会议上讨论过,但是了解委员长目前对这两个问题的观点是很必要的。

至于戴季陶要求我参加中央执行委员会中常委会议一事,委员长认为可以,但是我得赶回来与代表团成员共进午餐。

我发现黄山管理得很好,这里的房子布置得既舒适又朴素。在与蒋夫人的一次闲聊中,我说,这个地方正合适,既不过分豪华,也不显得太寒酸。她立即答道,她十分高兴地看到这地方既体现了战时所需要的简朴,又达到了掩盖中国极端贫困的境况。

委员长和蒋夫人在薛穆爵士的住处举行了茶会。我想,这是委员长对英国大使的一次回拜。在茶会上,劳森讲了很多故事(我给委员长当翻译)。他是一个精神饱满的人,能为他所出席的任何聚会带来生气。劳森当然是工党党员,但是他讲了邱吉尔如何与下院的共产党议员加拉格尔斗智。有一次,当加拉格尔象往常一样企图攻击邱吉尔和政府时,邱吉尔警告他当心一些。他说,加拉格尔先生也许会收到第三国际下达的新指示呢。他又说,还有一次,邱吉尔在议会上对批评他的人说,在中国,抨击政府的人总是以自尽来表示自己的诚心。委员长听后大笑,他十分喜欢听这些故事,并不住地说,邱吉尔先生真是厉害,他的确是一个精明、强干的领袖。

当天晚上,委员长在自己的住所举办了一个中餐宴会。蒋夫人以妩媚而庄重的风度和安详自如的举止主持了这个宴会。委员长也十分殷勤,他一直照顾着客人,并不断掉转头来让侍者为客人续酒。他还不断询问下一道上什么菜,怎么上菜。几杯酒下肚,劳森讲话的速度越来越快,他讲的故事也就越来越难翻译了。我请求蒋夫人帮忙,她却夸我翻译得十分好。劳森讲了驻利比亚的一位英国兵的故事。这个兵提出他一定要活捉隆美尔,后来打电报说,隆美尔已被捉到。结果发现被俘虏的原来只是一个叫隆美尔的上校。蒋夫人让我们看她书桌上的一本法文词典。这本词典已经破成两半,保存在一个特制的有玻璃盖的盒子里。她说,这本词典是日本空袭黄山时她九死一生的纪念物。有几位将军被炸死了,有三十多个人受了伤。蒋夫人以娴雅妩媚的举止招待了代表团的成员,整个晚上大家都感到轻松愉快。在席间和客厅里薛穆没有和大家交谈,他为人和善,但却有些羞怯。

那次周末交谈的主要内容都属于社交性质,但我也很希望谈论一些严肃的事情。一天晚上,我启发泰莤亚提出一些严肃的问题,并就这些问题谈一谈他自己的观点。于是泰莆亚谈了他所做的关于化肥对人体影响的研究。他还谈了他对战后赔款的看法。他认为应完全由盟国来掌握。他赞成对所有的国际电报、电话、邮费、提货单征税,并以此种税收作为担保,发行一种国际证券。税是普遍征收的,但证券只分配给各盟国。劳森问起政府为中国人民都做了哪些社会改革工作,委员长立即给予了中肯的答复。他说,中国政府的政策一直是奉行孙中山先生民生主义的原则,即"节制资本,平均地权"。

11 月 16 日,根据预定的计划,英国国会访华团列席了国民党中央执行委员会召开的大会。此事十分引人注目。这是破天荒第一次邀请外宾莅临此种会议(过去许多外国人曾要求坐在旁听席上,但总是遭到拒绝)。如今,除了英国国会访华团的成员外,到会的还有包括罗斯福的私人代表拉铁摩尔以及澳大利亚部长弗雷德里克·埃格尔斯顿在内的其它国家的贵宾。

当英国国会访华团到达时,孔祥熙正好结束他的政治形势报告。正常的会议进程暂时停止,以便欢迎贵宾。委员长讲了话,事实上这篇讲话是我应他的要求为他起草的。讲话不长。四个英国人的讲话也很简短。英国客人的话题各不相同,讲话很有分寸。泰莆亚的讲话特别引人注目,原因是他每次提到孙中山的名字,都转身向这位民国创始人的遗像鞠一躬。他对委员长表示出的敬意也是显而易见的。外交部长宋子文、邵力子大使和我分别就美国、苏联和英国的形势讲了话。宋子文还以外交部长的身份概括了整个形势。他的讲话是照稿宣读的,致使讲话有些逊色。邵力子和我讲话时没有看稿子和笔记,效果好得多。这次会议由孙科院长主持。委员长和林森主席坐在第一排。据参加会议的王宠惠博士说,很多人事后告诉他,对我发言的内容和风度都印象颇佳。我觉得几乎整个会议进程都是令人愉快的。后来所有与我交谈的中央执行委员会成员都说会议极为成功,都对代表团成员的发言和态度感到满意。

11 月 17 日代表团应邀参观一些工厂,由我陪同。我们访问了裕丰纱厂、渝鑫钢铁厂和动力油料厂。然后,我们坐民生轮去参观中国工业合作社。我们看到的情形给代表团成员们和我自己都留下了深刻的印象,特别是他们用原始的工具和部件拼凑起来的简陋设备,以及工人们饱满的精神面貌。他们显然为自己的成绩和工作感到骄傲。一些工人看上去非常年轻,好像只有十几岁。代表团员问起他们的年龄时,人们告诉他们说四川人的个子比外省人小。人们还谈到送代表团来的民生轮是中国人自己制造的十条船之一。我们看到为满足制造各类产品的工艺需要而采用的生产方法虽然原始却非常巧妙,赞叹不已。炼钢炉炼出的钢锭需用冷水迅速冷却,冷水通常要用铁管输送。由于缺少铁管,工人就用去掉竹节的竹管送水,水流得很通畅。工地上来往送料的小推车车轮都用破烂不堪的旧轮胎包着,那是小汽车和卡车废弃不用的旧轮胎。

11 月 19 日,二十四个文化团体联合设晚宴招待代表团,目的是让代表团了解中国人民对研究各个国家的文明与文化很感兴趣。

为了让泰莱亚有机会与中国专家讨论他热衷的两个题目,我为他安排了一次茶话会,使他会晤了农业部次长钱天鹤先生和该部的金宝善博士,与他们谈论了他的化肥理论。另外还和财政部次长顾翊群讨论了他对轴心国向同盟国赔款的主张。

11 月 23 日,我陪代表团访问谷正纲先生领导的社会服务处总部,访问结束后设午宴款待。我们惊讶地发现难民的伙食不仅可口而且卫生。我们得知所有的陶制餐具和竹筷都是由难民自己制作的。这些来自全国各地的难民全部由谷先生负责。同一天,我还陪同泰莱亚访问了农学院。

11 月 24 日,朱绍良和熊斌二位将军来向委员长辞行时被介绍与代表团相见。朱是陕、甘、青、宁四省(第八战区)的绥靖公署主任;熊是陕西省主席。委员长告诉他二人立即返任,在代表团到他们那里时给以照料。

我经过几天的努力,与国民党秘书长吴铁城商妥同代表团举行一次圆桌会议。会议于 11 月 24 日晚在吴的官邸举行。中国方面与会的除吴铁城外，还有王宠惠、陈立夫、王世杰、翁文灏和我。王宠惠问代表团，照他们看来，战争结束以后，同盟国组织应该保留，还是应该解散以待日后建立一个和平组织。代表团一致回答……（原文此处空白——译者）。

翁文灏主张中国必须发展自己的工业，以便遏止日本的剥削和侵略政策。陈立夫阐述了他的保持永久和平的理论，说不能逼迫战败国太甚，以免播下仇恨的种子。他说，应该防止互相仇恨，在国际交往中要打消损人利己的念头；否则，国际间的冲突便会经常发生，其道理与私人间的交往一样。他还说他对商人甚少敬意，因为他们一味追求利润。我想他这是拐着弯反对翁文灏的主张（但陈的意见并未得到与会者的赞同。事后泰莆亚和艾尔文对我说陈是个梦想家。我说他是个理想主义者）。王世杰谈了战后关系问题。我发言说，会谈中提到的所有问题实际上都包含在孙中山先生的三民主义里，并邀请吴铁城以国民党秘书长的身份发表看法。参加会谈的每个人都感到这次讨论对了解中英双方各自的看法很有启发。

11 月 25 日，我陪代表团飞往西安。同机的还有朱将军和熊将军，英国大使馆武官洛维特·弗雷泽上校，空军中队长奥克斯福特，冈瑟·斯坦先生，《纽约先驱论坛报》的斯蒂尔斯先生和福克斯电影公司的摄影师。我的随行人员有沈昌焕先生、皮宗敢上校和沈鸿烈先生（农林部长）。在飞机上艾尔文和泰莆亚都说对在吴铁城家中进行的会谈极感兴趣，受益不少。他们表示希望在西安和成都也会有同样的体验。

西安机场很堂皇。在代表团汽车所经街道上的欢迎场面同样出色。沿街道两侧站满了欢迎的队伍，似乎西安人倾城出动来欢迎代表团。宽阔、笔直的街道，雄伟的城楼，使人难以忘怀。代表团下榻在一处豪华的招待所里，房间宽敞，备有现代化的设施。晚间，代表团在省主席官邸受到官方设宴招待。宴会设七桌，席间有乐队演奏。宴会组织得很好，在中国宫灯的柔和光线下，大厅中洋溢着一种典雅的中国气派。这给代表团留下了深刻印象。我现在特别提起这一点,是因为这是在中国中北部一座为欧洲人罕知的省城里。

第二天一早,我们乘火车去华阴。途中在潼关下车,目的是看一下前线的情形。我们乘小汽车前往潼关城,开到了黄河岸边距对岸日军最近的地方。通过望远镜,我们清楚地看到对岸的敌军。我们看了一个设有火力点和岗哨的掩蔽工事。壁垒森严,令人很感兴趣。我们还观看了一次战斗演习,以"拿下"一个机枪掩体而结束。演习很逼真,给每个人留下难忘的印象。接着,我们又乘火车到达赤水,在那里观看了七十八师的实弹射击演习、白刃战表演等等。部队集合听代表团成员和我的讲话时,动作迅速而整齐,朱将军和熊将军都在场陪同。陪同我们的还有蒋纬国上尉。他待人亲切、为人勤奋,说一口流利的英语,使我们印象极深。

11 月 27 日,去朱绍良将军处做礼节性拜访后,我们前往华清池。这一处历史名胜内有唐明皇建造的著名浴池。1936 年委员长突遭"少帅"张学良和绥靖公署主任杨虎城的卫队袭击时就逃到了这里。当时委员长正在中国北部视察军队。他在西安与少帅举行了会谈。会谈时张竭力敦促中央政府采纳武装抗击日本侵略的政策。我们被引到委员长遭袭击时居住的招待所卧室。当时虽然蒋本人得以逃生,他的几位文武随从却被打死,其中有监察院副院长邵元冲。我们看到卧室的一扇窗户上打破的玻璃和华清宫侧面墙上的累累弹痕。我们还观看了委员长藏身的巨大岩石,当时他的卫士们正竭力抵抗一心要捉拿他的叛军。我们还看了委员长半夜逃离卧室后翻越的墙壁。越墙时他跌伤腰部,至今留有伤疾。这些景物引起我和访华团员们的很大兴致,使人感受颇深。我们一致认为这是标志着中国历史上一个转折点的历史遗迹。从这里回南京后,委员长即从缓慢备战御敌的政策转为迅速、积极抗日的方针。

下午我们回到西安,出席了三民主义青年团的一次会议。这个组织看来是按军事纪律管理的。团员们个个朝气蓬勃。两小时后,我们出席了国民外交协会举办的晚宴。席间艾尔文和我讲了话,我谈的主题是外交关系问题,着重提到人民在促进和维护世界和平中的重要作用。

转天,我们访问了中央干部训练团。学员们斯巴达式的简朴生活使我们很受感动。尽管他们大都是省市一级政府的重要官员,他们在这里的生活看上去十分简朴,纪律严明。每间房里设十四张地铺,每张地铺上只有一个枕头和一床毯子。房间里没有家具,连椅子都没有。劳森和我讲了话,赞扬委员长在解决为中国现代化培养人才问题上的英明决策。我鼓励学员们充分利用这样的机会。从训练团出来,我们又去了中央军官学校第七分校。

趁着访华团观看学员操练的机会,我私下拜访了胡宗南将军。胡将军统帅着驻守陕北的五十万军队。这是国军中力量最雄厚的一支队伍。这支军队驻守在陕西省北部,名义上是抗击日本侵略者,实际上是为了严密监视延安附近的共产党,并且从事于限制他们的政治和军事活动。当时胡在国内享有很高的声望,一是作为军事将领,二是因为他是委员长最有影响的拥护者之一。他不仅是委员长的忠实支持者,在党政核心内部,他还常常被说成是蒋的两个最有希望的继承人之一(另一位是张治中将军)。

在我的建议下,我俩单独在一起共进午餐,以便能无拘束地交换看法。虽然胡是一员武将,但他对于政治和外交问题很为关心,我当然也发现他对这些问题很有研究。我对他谈了自己的看法,认为中国应该采取明智稳妥的外交政策。我说中国必须争取到十至十五年的和平时间,以求能够实行建设计划。我告诉他美英中三角联盟将是建立一个新世界的最佳核心,它将会帮助中国在这个新世界里占有应得的地位。要达到这一点,与英国的友谊是不可缺少的。我还讲了我关于中英签署一项条约的想法。看来他很赞同,尽管他没有明确地表达出来。他问我是否与委员长谈过,委员长是如何表示的。考虑到胡的地位、名声和权力来源,他这样问并不意外。很自然,他要在表示个人赞同之前确知委员长对这一问题的想法。但我得到的印象是：如果委员长赞同这个计划，胡就一定支持。

返回军校后，访华团和我应邀给青年学员们讲话。然后被请到一个茶话会上，再次讲了话。我借此机会谈了英国的战时生活。这个问题自回国后，不少人曾向我询问。晚餐时，蒋纬国上尉把场面搞得很活跃，使大家兴致勃勃。然后，我们返回西安，观看了一场芭蕾舞，演员都是战争孤儿，主要是阵亡将士的后裔。

第二天一清早我们离开西安。通往机场的路上排列着成千上万的人群，向我们挥手告别。路上我们停车参观了渭惠渠水利工程。然后继续乘车到宝鸡，机场就在宝鸡附近。在那里，我们看到工厂和纱厂如何建在山坳里面，以避免敌人的轰炸。我们观察了工业合作社。这些合作社是战时向人民提供日用商品的重要组织。在到达机场的最后一段路上，几百名小学生和工业合作社的工人们站在路的两旁。他们的热烈欢呼和集体歌唱给访华团留下了极其深刻的印象。在机场上，陕西省主席和一些负责各项工作的地方官员前来欢送。

经过两个小时的飞行，我们抵达四川省会成都。走出飞机，我们受到省主席张群和其他四川省政界和社会领袖的欢迎。象在重庆和西安时一样，街道两旁站满了两三层欢迎群众。访华团的成员们显然被这种热烈的欢迎场面所感动。使他们感动的不仅是政府方面的接待，更重要的是老百姓的热情。正象我对访华团所说，这实在是全城百姓的迎接盛典。将访华团团员安顿到他们下榻的宾馆的各个房间之后，我到张主席家中和他吃一顿安静的晚餐，畅快地谈心（我很快发现他请我吃饭的目的是要我看看他为第二天官方招待会准备的讲话稿）。我还赶紧给委员长发了一封电报，报告说结束了在西安的愉快访问后，代表团已安抵成都。

第二天，张主席和夫人为访华团举行欢迎会，并设晚宴招待。我陪同代表团出席。代表团成员们和我在两次会上都应主人邀请讲了话。

第二天是 12 月 1 日，我们开始了参观活动。首先参观了万耀煌夫人负责的一家合作社。然后参观了由万耀煌本人任教育长的中央军校。在这里我们观看了一系列军事演习,其中包括一项在各种条件下攻打敌人战壕的表演,两队士兵以短刀对长刺刀的搏斗表演,接着是骑兵冲锋表演和炮兵演习。事后在军校为委员长盖的一所房子里吃午饭。午餐会上劳森和我给学员讲了话。万给我们讲了一个有趣的故事,讲的是日本人在山西中条山打的一次包围战,中国军队当时处于道清铁路、平汉铁路和另一条公路三面包围之中。

随后,我们出席文化团体为访华团举行的欢迎会。订好由劳森和我在会上讲话。绥靖主任邓锡侯和川陕鄂边区主任潘文华设宴招待代表团。我们发现邓将军非常幽默。他妙语连珠,笑话不断,使晚宴趣味横生,一片笑声,以致一位访华团员高兴得饮酒过量,使他的同伴不得不催他提前离席。

泰弗亚发烧病倒了。我立即让人请医生来为他治病。请来了钱、胡两位医生。张群主席也很焦虑,来看望了一次。我给委员长打了电话,他要我向泰弗亚表示他的良好祝愿。泰弗亚的病主要是嗓子疼,并不严重。致病的一个原因大概是访问日程太紧。这些天来我们一直是一个活动紧接另一个活动。在去潼关的旅途中我们全都要坐在没有玻璃的破旧汽车里,沿着尘土飞扬的道路颠簸。在西安的访问日程也过于紧张。看来参加招待的单位太多了。有省政府、绥靖公署、第四军军部,还加上陇海铁路管理局。这些机构互不相让,又没有一个公认的权威来协调决定。在成都,我们就设法将访问项目减少一些,以使访华团不致过于劳累。

我和访华团访问了设在附近的航空学校,学校领导人是毛邦初将军。我们会见了学员和教官们,观看了他们的演习。他们驾驶着苏式教练飞机,P—43 型机和 P—56 型机。编队飞行极其出色。熟练的空中机枪打靶给我们印象很深。按事先的安排,又是由劳森和我讲话。我讲的大意是:空军是陆军和海军的眼睛和耳朵。虽然中国的空军建立不久,历史不长,它的进步却是显著的。我表示相信,一旦出击迎敌,这支队伍定能不负众望。毛将军设午宴招待。随后由他带我们视察学校的教室。

接着,我们访问附近的皇家空军营地。他们是缅甸陷落时被迫飞到中国来的英国飞行员。现在中国不得不照料他们。那里的情形和飞行员们的外表使人感到一阵怜悯。寓所破烂不堪,零乱而没有炉火(由于缺少木炭取暖),周围环境也很肮脏。尽管这些人身体看来还不错,境况却令人可怜。当访华团和飞行员们会面时,出现了很长时间的沉默。飞行员们明显的愁苦情绪立即反映到了访华团员们的脸上。在回答询问时,英国军官们说他们无事可做。我们也看出他们对这里的生活已经很厌倦。劳森问了他们几个问题。一些军官回答说,由于缺少汽油,已经两个星期没有足球比赛了。每星期他们能得到一百元中国币的零花钱,可是一张电影票就要用六元钱(?)。当问他们最想干什么时,他们都说想回到他们的"小鸟儿"——飞机里去。我个人对他们很同情,觉得政府应设法改善他们的生活条件。我在日记中写道:"在宣传上花了上万元钱,却让这些人在此不高兴,真是不上算。"

下午,访华团(除泰莒亚以外)与四川大学的教授们举行座谈会。会议室里人很多。访华团和教授们互相提出问题。中国方面提出的问题和回答有的不尽明智合宜。但有一个问题很有意思,是询问英国对于印度问题的意见。卫德波重申了伦敦官方的说法,并补充说,印度局势已经随着动乱的平息而平静下来了。劳森补充说:甘地的后台是资本家。那些人想要剥削印度的廉价劳动力,以便和其他国家竞争。他在自己国家里经常与这样的资本家斗争。艾尔文举出三条理由为自己的回答做解释:第一,一旦甘地死去,印度的局势将会大大改变。他的意思是甘地阻碍了在英国方案的基础上解决印度问题。他说,到那时一个新的领袖,而不是尼赫鲁,就能与其他各党派达成协议。第二,印度全国人口中只有一千万男子可以服兵役,现在被征用的已有四百万人。第三,他说国大党用来解决问题的计划与民主的原则和目标背道而驰,原因是这个党主张一党独裁。以上就是英国的观点。

当天晚上，华西大学的五位校长为代表团举行晚宴。

12 月 2 日，我会见张群将军。虽然他现在任四川省主席，但从 1935 年至 1937 年他曾担任外交部长的职务。我与他商讨了中英结盟的想法。中英结盟再加上美国会成为指导战后恢复和建立新秩序的核心力量。我向他解释了我的看法后，他表示赞同这样的结盟。他说英国人民很保守，对往事记忆很牢。一旦感到受了别国的侮辱，他们是不大会轻易忘掉的。他说这样的结盟很可取，对中国有益处。他认为，尽管在中英之间不可能发展成象现在中美这样牢固的友谊，但忽略和轻视英国，对中国是危险的。他说，我应该再次面陈委员长，建议促成中国与英国结盟。

在谈到和英国的关系时，张讲了个有趣的故事。他说温德尔·威尔基到成都拜访他时曾讲道：斯大林元帅在欢迎威尔基访问莫斯科的宴会上为英国祝酒时，当着英国大使寇尔的面称英国是偷别人飞机的国家（美国应中国紧急要求经印度向中国运送飞机，可是，英国却扣住飞机，攫为己有）。显然，斯大林是在设法丑化英国的形象来为威尔基说话。

12 月 3 日，代表团和我出席成都市参议会和华阳县参议会举行的午宴。我应邀讲话，强调了三点：四川省在张群领导下发扬了民主；这次聚会体现了团结精神；英国国会访华团的来访是为了促进两国人民间的友好关系，是联结两个爱好民主民族的纽带。特别这最后一点，我认为对世界的民主事业极为有益。

下午，皇家空军人员与中国大学联队比赛足球。双方都踢得不错，最后以二比二言和。我看这是个令人愉快的结局。因为无论哪一方取胜都会令人尴尬。赛球时的场面使人难忘。观众有数千人，其中不仅有学生，还有各行各业的民众。中间休息时，人们陪我们到博物馆参观汉藏艺术。引人入胜的展品和巧妙的陈列使我们难忘。球赛结束后，人们要求我们向在场的广大观众讲话。接着，学生们拥过来纷纷要求我题字留念。经过两位大学校长的反复说服，学生们才放我离开球场。

英国侨民在加拿大传教会为代表团举行晚餐会，由传教会的贝尔博士主持。张群、卫德波、劳森、欣克利和我都讲了话。我谈到，这次聚会由于皇家空军军官的光临而具有特殊的意义。并谈到，英国教士、医生、科学家和教师们的无私服务，为帮助中国现代化而不倦地工作。我还特别强调了中英关系的新精神。

访问灌县是一次令人难忘的经历。我们去那里是为了参观三千年前修建的水利工程。午餐后，我们一起步行了很长一段路去看一座悬索桥。据说，这是世界上第一座悬索桥。它是用竹索和木板构成的，看上去已磨损殆半。泰苇亚徒步过桥，的确够大胆的。我走过桥时真是胆战心惊，因为当我们一步步小心翼翼地在桥上挪动时，吊桥在空中来回摇晃。一步失足就会掉入下面的激流之中。这座桥大约有五百码长。

我们从灌县赶回成都，已将近六点钟。我赶到军校，就英国和战后时期的情况做了一个小时的报告。我坦率地讲到，盟国取得共同的胜利后，英国仍将在军事上和外交上占有重要的地位。我要求学员们从战后我们的外交政策这一角度来仔细地研究英国。我强调指出，英国和美国都具有很大的影响，英美阵营将会在战后统治世界。

12 月 5 日又参观了一些古迹。我们去望江楼观赏了长江支流，又看了武侯祠，访华团的一些成员上街买了些东西。我们去了一座佛寺，在那里看到和尚念经，并参观了他们的住处。晚上，轮到我为张群将军和夫人以及访华团举行宴会。出席宴会的客人有四川大学校长黄季陆（后来在台北任教育部长）、空军学校校长毛邦初和国民参政员吴贻芳女士。

关于这段时间，我在日记中记下了这样一段话：

每天的安排太满了，正象泰苇亚对我讲的那样，人的大脑不可能把所见所闻都吸收进去。然而，总的印象不错，尤其是中国年轻人机警活跃，富有进取精神，热切地要表现出中国的最佳面貌。他们充满自豪感和雄心勃勃的精神。缺点是缺乏经验，未能或不注意研究对方的心理以及不善于与人交往。这是成长中的一代很难避免的。

他们过分迫切地希望给外国人好印象,并怀有极大的好奇心。但是如果考虑到中国的这些地区极少有外国人来,特别是象英国国会访华团这样的外宾,便会感到这一切都很自然了。如果人们曾经看见过外国人的话,他们见到的也只是外来的传教士和教师。可是在我看来,总的印象,尤其是对年轻一代的印象,是令人满意的。他们渴望学习,求知欲强,而且精力旺盛,生气勃勃。当然,访华团遇见的人并不都是四川人或陕西人。从全国各地来的难民中,有的住在诸如重庆的沙坪坝,那是南开中学的所在地。有的住在华西坝,医生和学生步行了几千里来到这里,往往还要冒着生命危险偷越日本人的封锁线。我们所见到的人们,无论是难民还是当地人,确实使我们感觉到中国的未来是大有希望的。

我遇见的地方领袖也给我留下了很好的印象。他们工作效率高,大都受过一些现代教育,并对世界各地很感兴趣。其中有胡宗南、朱绍良,四川大学校长黄季陆和张群。我看他们是真正出类拔萃的领袖人物。邓锡侯常常被人看作是那些老式军阀中的一个,但在和访华团会谈时也是谈吐自如。所以,访华团和我对所遇到的人们的印象都是良好的。这也证明中央政府和委员长用人得当,对人尽其才这方面特别注意。

12 月 6 日十一点我们离开成都飞往昆明,于两点十分到达。由于逆风,这三个多小时的飞行时间比通常长了一些。同机的还有十个年轻的中国飞行员,他们去印度把美国的飞机开回中国。我们在昆明受到了盛大的欢迎。欢迎的队伍整齐地排列在飞机场上。首先是省政府的官员们,跟着是昆明市长、军方代表和男、女童子军等群众组织代表,以及中小学学生、民兵、工会等等。他们把花环戴在我们的脖子上;然后我们离开机场前往驻地。

我首先拜访了省主席龙云,这是我第一次见到他。他看上去性格坚强。他是一个旧式军人,充分意识到自己的力量。他给我的印象是,全省都在他的严密控制之下,尽管在昆明郊区驻扎着中央政府的一两个师。这些部队到这里来说好是为了去缅甸。龙云把省会完全地掌握在自己的手中。但是中央政府在昆明以外云南其他各地的影响还是明显的。宋子文既是省主席的朋友又是委员长的亲密同僚,所以成了委员长和省主席间不可多得的联系人。虽然在短暂的停留期间,我也曾听到省里官员对中央政府关于云南政策的不同意见,有时是抱怨,但从表面上看,双方的关系是相当和睦融洽的。省里有些人似乎担心中央政府实际上想控制这个省。

龙云看上去非常精明。他对欧洲及世界各地的局势非常了解。这对一位从未出过国、甚至在国内都很少走动的人来说是很不简单的。通过他就欧洲提出的问题来看,我断定他是同情法国的。这并不奇怪,因为在他的省政府和滇越铁路管理局之中有相当一批法国顾问。

后来,访华团正式拜访了龙云,当时我也在场。泰莩亚对会客厅的天花板和墙壁上的装饰物感到好奇,询问甚详。主人解释说,壁画实际上是法国画家罗萨·博纳尔所作。主人用法国香槟酒招待客人。有人告诉我省主席喜欢客人久坐,所以我尽量拖长时间,尽管访华团的成员们看上去很疲劳了,而且没有多少问题可问。省主席非常活跃,提出了许多问题。看来四十五分钟的访问使龙云很满意。

晚上,省主席在省政府为访华团举行正式宴会。这次宴会很堂皇。通往总部的路上铺满了松叶,这是对外国贵宾表示崇高的敬意。道路两旁点着中国纸灯笼。省主席的军乐队奏乐迎接我们。中餐西吃是件很费事的事情,菜肴中也有特别风味菜,如熊掌和烤乳猪。按照惯例,主人致欢迎词,访华团的四位成员分别作适当的答谢。

翌晨,访华团开了一个会,请我参加。目的是说服我向当局建议缩短日程安排。访华团的三个成员很想得到一些休息时间,不过劳森的要求正相反。他想尽可能地多看一些,特别是工厂,因为他担心没有机会再来中国了。为了符合大多数人的愿望,我便会见了接待委员会的人,包括黄仁霖将军。黄仁霖是委员长派来协助我照顾访华团的。我们压缩了日程安排,满足了访华团大多数人的要求。

翌日一早,艾尔文好象觉得不舒服。听说他告诉访华团秘书多尔森,他夜里浑身发冷,非常难受。早餐时,他也对我讲了这些话。我随即吩咐侍者在他的床上铺一条毯子,因为床上根本没有床垫。他似乎有些发烧。我派人请聂大夫给艾尔文看病。聂大夫过去在约翰尼斯救济院看病,现在主持昆明的四所医院。

按照日程安排,第一项活动是去参观龙门的名胜太华寺。那天天气不够理想,下了薄雾,五十码以外什么也看不清。我们在寺内一间宽敞的大厅里进午餐。大厅的门窗都被卸掉,因为这是庆祝重大场合的中国习俗。但是,时值十二月,厅内没有取暖设备,大块的四方石板地上也没有地毯。风吹到访华团成员和我的背上,冻得我们浑身发抖。我告诉负责午餐的人把长形大门安上,再想办法拿一个炭炉来驱驱寒。可是炉子上没盖,加上炭是匆匆忙忙地点燃的,大厅里到处是烟,弄得大家都很难受。这一件小事表明了各国的风俗习惯的不同,因为除了非常现代化的房屋之外,整个中国的生活方式就是如此。重大场合就是以这种形式庆祝的。在场的人,无论是客人还是主人,本应都穿上厚厚的棉衣来御寒。可是,对于欧美人来说,事先没有思想准备,这种滋味是料想不到的。我本人尽管是中国人,也没有预先想到这一点。所以,我和英国客人一样感到很不舒服。

下午,同访华团开了一个会,讨论的主要内容是关于访华团在行将回国之际要向中国人民讲些什么。几个草稿都读给我听了。我建议提一下是委员长邀请他们来中国的,同时表示希望将来有一天英国能够迎接一个中国代表团。我还建议给委员长本人发一个电报。他们一致同意了后一个建议。至于表示希望中国派代表团访问英国的建议,艾尔文有些犹豫,因为他不能肯定委员长是否赞成派代表团访问英国。我不好为这个建议争执。可是,我后来告诉泰莤亚说,这样做是适宜的,完全可以表示欢迎中国代表团访英的希望。访英代表团不必是一个议会代表团,因为,正确地说,中国还没有议会。可是中国是可以组成一个合适的访英代表团的。例如,从国民参政会、中国新闻机构和大学等单位各出两人即可组成一个代表团。他完全赞成在给委员长的电报里提到这件事,结果确实这样做了(一年后,中国派出一个友好代表团赴英访问)。

12 月 8 日访问了由陈纳德将军指挥的美国空军司令部。这次参观既有启发性又有意思。在泰弗亚的建议下,我告诉其他人员不要跟着我们,因为他觉得,这样陈纳德在谈到他的需要和计划时会感到更随便。这位美国将军首先对我们讲了他的空军在中国的活动。他说,美军轰炸机多带一箱汽油便能从昆明飞到香港空袭那里的日本人。我们看到各个目标被轰炸后的照片。很明显,空袭取得了巨大的战绩。陈纳德强调指出,空袭是十分成功的。因为日本人从未想到会有这样的空袭。从照片上看九龙码头的损失尤其重大。他告诉我们,若是得到更多的支援,便可轻而易举地到达台湾。这个岛是敌人海上交通总部的所在地,也是对盟国威胁很大的空军基地,是当时敌人在西太平洋上最重要的基地。泰弗亚说也可以让在印度的皇家空军仿效陈纳德的飞机的作法——不时狠狠地打击一下敌人,然后飞回在印度的基地。泰弗亚说,这样做所需代价很小,执行这项任务只用英国全部军火生产的一点点就够了。他还说,他将运用代表团的最大能力敦促将所需供应送到中国。陈纳德给我们看了霍克式和 B—40 飞机,后者在速度和灵活性方面不如 B—43,可是在火力方面胜过 B—43。

我们从陈纳德的司令部匆匆赶到西南联合大学。它是由清华大学、北京大学和南开大学联合组成,全校统一领导,有三千多学生。当我们于上午十一点到达学校的时候,听说大部分学生从九点半就在露天等着我们。我们见到的一切给访华团和我留下了深刻的印象。学校里几乎没有坚实的建筑,都是比较简陋、破旧的土坯房,三三两两散布在校园里。校园内还有很多日本人空袭留下的弹坑尚未填平。可是男女学生们都显得精神振奋、敏捷而聪明。清华大学校长梅贻琦介绍了访华团成员以后,卫德波以访华团的名义向在露天里的广大学生讲了话。散会后,我们被领到会客室。可是,有几位教授来说,人群不肯散开,非要我讲几句话。于是我去讲了五分钟。话题轻松而幽默。因为我注意到,在寒冷的上午等了两个多小时以后,人们的注意力渐渐减弱了(事实上,在卫德波讲话期间,就有两三个学生晕过去,被赶紧抬走了)。我简短的、带有诙谐笑话的讲话似乎使听众轻松了一些,因为他们发出了阵阵的欢呼声和笑声。

为了不使访华团成员过分疲劳,又能完成参观的日程,我们安排访华团成员分别在同一时间里参观不同的地方。劳森去参观工厂;泰莘亚在农学院就农业和化肥对人体健康的影响做了讲演。事后我们会合去吃午餐,然后参加了由国民党省党部、三民主义青年团、昆明市政府、抗敌后援会和战地服务团等单位联合举行的欢迎会。这次大型欢迎会是在过去的省议会举行的。大约有四千人出席,人们一直挤到了通往大楼的道路上。会议组织得十分出色,非常感人,以至泰莘亚和卫德波都要求讲话,虽然事先只安排劳森以访华团的名义在会上发言。大会主席也让我讲几句话。我开头讲了几句轻松的话,以打破大厅的严肃气氛。欢迎会的秩序井然和与会者的良好神态都给访华团和我留下了极好的印象。

由于艾尔文感觉不舒服,我向省财政厅长缪云台建议把艾尔文的情况报告给省主席,并派人代表省主席看望一下。我感到这种礼节性的关心是适宜的。

晚餐后观看了京剧,戏的音乐节奏对外宾来说似乎慢了一些,但他们认为汾河湾和黄天霸这两出戏很有趣味,非常喜欢看。尤其是泰莘亚看得津津有味。我给他解释戏中动作的含义和剧情。

访华团即将离开中国,因此为他们安排了一次记者招待会。泰莘亚希望让修中诚教授(牛津大学中文教授)出席。可是,多尔森似乎反对这样做。他们就记者招待会征求我的意见,我说招待会是为访华团召开的,访华团愿意说什么我都没意见,无论访华团愿意讲什么,都由自己决定讲话的内容。最后,艾尔文和劳森以及其他两位都同意了。

出于礼节,泰莱亚还给我看了致委员长的电报,对访华团受到的盛情款待表示谢忱。

艾尔文出席了记者招待会。他看上去很不舒服,他这样的健康情况实在不该来开会。多尔森到我的房间来告诉我,艾尔文对一直在他那里不断和他谈话的两位中国人感到厌倦。虽然他明白受命去照看他的中国人这样作是出于礼貌,他还是愿意一个人呆着。我说这件事我来办(事实上,我事先知道他们可能去看望他)。我发现艾尔文对接待委员会派去照看他的两位中国先生显得不耐烦,尽管我早些时候曾经向他建议过,他如果愿意上楼休息,而把那两位先生留在楼下,他就会十分适意了。另一次,泰莱亚用略带抱怨的口吻对我讲了楼梯口卫兵的事。每当他在夜里去我们所住学校大宿舍另一端的厕所时,卫兵都向他敬礼。他对我讲,三次中仅有一次他得以避开卫兵的注意。他感到穿着睡衣受人注视很难为情。这些虽然都是小事,却表明了两个民族的不同习俗和生活方式。中国人总是尽一切可能表示最大程度的礼貌,然而过分的礼貌并不总是令人愉快的。我当然懂得这些,于是采取了必要的步骤来改善这种情形。

由于天气的原故,卫德波病倒了。他感到很难受。我们劝他设法去住旅馆。因为聂大夫也病了,我们便请美军的医生马歇尔少校给他诊治。发现他有些发烧,便劝他立即卧床休息。我把自己吃剩下的一种叫做“盘夫拉温(黄色素)”的药给了他治嗓子。这种药在昆明是不容易弄到的。

我们参观了第一中学。学生们纷纷出来迎接我们。高中生一律身穿校服,低年级的学生穿着童子军服。他们列队站在校门口。我们一到达,指挥员高喊立正。访华团对参观学生的宿舍及饭厅尤其感兴趣。我们参观时,迎接我们的学生显然很迅速地解散回到各自的教室了。所以当我们进到教室时,他们都已整整齐齐地坐好,一人面前一张小桌。当时正接近午餐时间,我们见到餐桌上摆着很简单的饭菜。有三个菜:一份素炒土豆,一碗清汤和一碟炒豆子。每张桌子八个学生,一点儿肉也没有。

云南大学的两位教授来请我去他们大学讲话,大厅里聚集着大约八百名学生。当我讲话的时候,他们看起来都聚精会神地听。我讲了世界局势,这次世界大战和战时英国人民的状况。我同教师们谈了一阵。他们告诉我,云南大学遭到了敌人轰炸的严重破坏,二十一颗炸弹落到了校园里。教师和学生自然都感觉生活很艰难。每个学生一个月要花三百元才能吃到米饭和一份青菜。这确实难以维持他们的营养。许多学生不得不在城里花一部分时间干活,以获得一点收入。有些学生已完全放弃了学习而去谋生。教师与学生们一样也是生计艰难。

我急于要向访华团了解他们对中国的印象。泰莽亚说,他发现中国人诚恳、果敢和勤劳。返回英国后,他要促进中英合作,以帮助中国发展经济。他说,中国的一些工程师干得很不错。但是他怀疑这类人才是否够用,而且中国是否有财力投资建设大型工厂企业。他认为,英国派遣金融家、企业家和工程师到中国来是一个好主意,这些人可以研究合作的可能性,并且商谈具体事项。他们不一定急于立即得到订货单,但可以为战后的起步铺平道路。他的一番话证实了我在英国时的印象:英国最感兴趣的不是在战时如何援助中国,而是怎样在战后促进双方的贸易、商业和投资。

后来,在访华团行将离开中国返回英国时,我同泰莽亚又进行了一次谈话。他对我简述了他回国后的打算。他说他将就访华团的调查结果在上院提出辩论,力促英政府采取行动加强同中国的合作。他认为这也许是在战争期间引起人们注意中国及其重要性的唯一途径。当然,在战后的和平时期肯定会引起注意的。他提及了贷款一事,并且说他不赞同伦敦政府的态度。贷款总额只及三日的战时开支。至于印度,他认为问题非常复杂,现在还根本没有弄清楚。邱吉尔在代表团临行前夕对他们讲,给印度以自由是可以的,但是,如果印度由国大党来统治,将会有什么样的民主呢? 泰莽亚热衷于战后的企业前途,急于先派出一些工程师来研究在中国投资的可能性。他认为,成功之道在于同中国资本家合作,共同担风险,共享所获利益。他认为中国局势的稳定不再成问题。他看到了一个强有力的政府,而且会继续保持这种状态,同过去的不稳定状况不一样了。他说,他发现各省主席均富有才干,思想进步,人民同心同德,群情振奋。

访华团于 12 月 11 日离开中国。象他们来时一样,通往飞机场的道路两旁站满了代表不同组织和社会团体的人群。其中有自愿来的,有中学生、三青团等等。人们请访华团检阅欢送队伍,可是泰莱亚却急于去飞机场,不愿走出汽车。但在我们的劝说下,他还是出来代表其他成员检阅了送行群众。省主席龙云来机场为访华团送行,并用香槟酒送别。到机场上送行的人非常多,因为这里面不但有中央政府的文武官员,还有省政府的人员。

英国国会访华团历时一个月的访问至此结束。这是中英两国历史上前所未有的大事。

两天后,我飞回重庆,就访华团的访华结果向在黄山的委员长进行了汇报。他让我把客人们的印象以及他们所到之处受到招待的情况讲给他听。我就自己所见将访华团的印象概述如下:(1)在他们看来,中国已确实实现了统一,政治局势看起来稳定,最近十年或十五年之内不会发生任何严重的动乱。(2)他们都感觉到,中央政府的权力已有力地扩展到各省份。(3)服务与献身精神非常明显,在重庆之外的各地均可感觉到,这些地方在维持和平与秩序方面取得了实质性的进展。他们还注意到,驻扎在各省的中央军、三民主义青年团、干部训练团以及各学校的童子军和学生军训营都保持着严格的纪律性。(4)中国的国土辽阔,人口众多,给访华团留下了异常深刻的印象。(5)尽管从物质的角度来看,中国的发展仍是很落后的,然而他们对中国人民在物质方面用有限的简陋工具和物资取得进展的丰富才智表示钦佩。他们清楚地看到这样一个事实:中国人虽然穷,但没有一个人有饥色,相反,他们看上去很快乐。在这些方面,他们发现中国人显然不同于印度人。(6)他们对各省官员的才能也印象很深,看上去都富有才华,治理有方。(7)中国人民对访华团表现出的极大关注使他们感到高兴。(8)他们觉得四川省会成都是个非常令人难忘的城市(成都确实如此,我们中国人常常称之为"小北平")。

委员长询问访华团是否得到什么不良的印象。我先讲了几个使访华团感到不舒服及不便的例子,这些事情本来可以不发生的。最近的一起是他们在昆明的住处条件不好。在陕西,他们讨厌飞扬的尘土。我还举例说,他们在成都对司机的冷漠无情的态度感到吃惊。那些司机飞车驰过熙熙攘攘的街道,对行人的安全不置一顾。在重庆,他们对路上照看他们的警察表现出的过分热忱和对待老百姓的不必要的严厉态度感到不安。其中一位代表对中国到处都有严密的组织表示忧虑。访华团似乎有些担心中国最终会成为一个军人国家。

我还告诉委员长,访华团在成都郊区看望了皇家空军人员。我清楚地看到他们两方相见时激动的神色。我告诉委员长,为这些军官提供的住所好象不太整洁卫生,军官们曾对访华团流露出抱怨之词。我建议委员长采取步骤改善一下他们的状况。鉴于这些军官生活单调乏味,我建议在即将来临的圣诞节时委员长可以用他个人名义派人送给他们食品和皮背心。倘若可能的话,再由一个民间慰问团体送去一些娱乐用具,如象棋和一些国外的英文画刊等等。委员长显然有些触动,用笔记下了我的话。同时,他好象对我的评论有些敏感。他问我,毛邦初将军在访华团看望时是否在场(毛是附近航空学校的教育长,负责照料皇家空军军官)。我说我已把这些情况告诉了毛。毛解释说,这个地方遭水灾,到处摆满了涉水用的石头。现在院子里水干了,便显得比过去零乱。我绝非说某个人的坏话,我热情地赞扬了毛将军的航空学校。委员长对我的报告表示嘉许。可是他指出,皇家空军军官是出于他们本国政府的意愿来这里的。我建议向英国大使馆的空军武官了解一下,中国当局可以在哪些地方帮助改善这些人的状况。

访华团在如此短的时间内见到了比任何普通旅游者所看到的多得多的东西。总的来讲,这次访问是成功的。访华团对战时中国的精神面貌、政府的政策、人民的气质以及中国在战争中面临的问题均获得了一个总的印象。另一方面,这次访问使一部分住在过去被认为是闭塞地区的中国人对英国取得了一个激励人心的印象。因为访华团是由三个主要政党的成员组成的。英国在中国人民心中是民主之乡,是第一个与中国大规模交往的国家。英国国会访华团的到来使中国人民知道,英国人民对中国怀有十分真挚的钦佩之情,愿意和中国人民友好。这次访问对促进两国间的同情和了解肯定是十分有益的。因此人们完全可以认为,派出一个友好访华团的想法是十分可取的。而且这次访问使访华团对中国的状况和中国人民的抗战精神了解到如此多的情况,得到如此现实的印象,的确是一次成功的访问。

但是并不是说访华团成员的印象全是良好的,或者任何一件事都会增进两国间的了解。一般来说,他们会带着这样的想法回到英国,即中国政府的某些领导人是反英的,尤其不喜欢珍珠港事件之前的英国对日政策,因为这个政策被视为有损于中国。再者,访华团的某些成员觉得他们有一两次受到了委员长和蒋夫人的有意轻慢。总的来说,他们觉得中国政府的领袖们不了解英国的状况,不清楚英国政府在欧洲面临的问题,并且不了解世界各地的实际情况。

然而,我认为,通过他们向英国政府的报告和英国各地人民的讲演,这四个人在促进英国人民对中国的了解方面产生了深远的影响,从而进一步增强了英国人民对中国人民的感情。我将在以后再叙述这些事。

《顾维钧回忆录》第 5 分册,第 122—150 页

(二)宋子文访英

说明:《中英新约》签订后,为进一步改善与英国的关系,1943 年 7 月 24 日至 8 月 11 日,时任国民政府外交部长的宋子文对英国进行了

为期 18 天的访问。宋子文访英的主要目的是：首先督促英方尽快反攻缅甸和确定作战方案，其次要求英方兑现原先承诺的 5000 万英镑的贷款并对中国战后重建提供援助，最后是阐述中方对西藏问题的原则与立场。在英国期间，宋子文先后拜会了英王乔治六世、首相丘吉尔及英内阁主要部长，与他们进行了广泛的会谈。宋子文的这次访英没有产生任何直接的成果，但用时任驻英大使顾维钧的话说，"这次访问的重要性，主要的不在于解决了什么具体问题，而在于他同英国政府的领袖们建立了联系。"

宋子文致蒋介石电

1943 年 6 月 17 日

密呈委座钧鉴：英、美方面俱希望文早日赴英，与其政府交换意见，俟鄙恙调治复元，即拟首途。此除观察英国各派势力及方针，并促成实践攻缅计划外，拟引起彼国朝野注意中国建设合作之机会。英国一般论调，每以战后中国必不愿与其合作。故此举如能成功，对英一切交涉必有良好影响，无论战后能否实现，此时不妨表面上非正式示意。如何？尚乞察夺指导，俾有遵循。文叩。篠（十七日）。

蒋委员长批示：复。既允访英，待康复后应即往访为宜。

《战时外交》第 3 卷，第 247—248 页

宋子文致蒋介石电

1943 年 7 月 16 日

密呈委座钧鉴：本午将钧座侵（十二日）亥电亲交总统。彼谓拟即作复，极力尊重钧座意见。文告即将赴英，承其以私谊建议：（一）邱相仍以过去目光视中国，文言语之间，不妨强硬，中国将来之伟大，非任何方所能支配，英国应认识中国地位之优势。（二）印度问题不询及最好不谈，询时似可答以中国当然希望他日印度能自治，但中国对于印度绝无经济、政治野心，然印度、越南等事，最好暂时不提。（三）极力催促

攻缅。(四)委员长既能同意世界性机构之组织,似可竭力推动。总统对中国战后建设表示极感兴趣,约文回美后与之详谈,愿即设法推进云。今日见时甚久,其余所谈各事,另电续闻。文叩。铣申(十六日)。

宋子文与艾登谈话记录

1943年7月26日

地点:外交部办公室。

宋博士由顾博士陪同,艾登先生与亚历山大·贾德干(Alexander Cadogan)爵士一起接待了他们。

一

宋博士认为地中海方面传来的消息非常好,他同时问艾登先生,墨索里尼的下台将对欧洲的战争产生怎样的影响。

艾登先生回答道,自从意大利军队的抵抗削弱之后,他就一直观察意大利局势的发展动向,墨索里尼的倒台的确比他预想的要快。他禁不住认为,这预示着意大利快要准备退出战争了。

亚历山大·贾德干爵士补充道,巴多格里奥元帅声称战争将继续,但是并没有说意大利将战斗到底。他倾向于同意艾登先生的看法。

艾登先生说,观察意大利如何处理它留在巴尔干地区的30个师,将是十分有意思的。如果把他们全部撤出,将使防线出现一个大缺口。他并不认为德国会准备用自己的军队去填补这一缺口。如果是那样的话,德国的两个卫星国,罗马尼亚和南斯拉夫,肯定会利用现有对德军的秘密抵抗,在德国后方为盟军发动进攻开辟一条道路。

二

宋博士称,意大利局势的发展将有助于盟军在远东的对日作战。中国政府急于了解,盟军在为重新夺回缅甸所做准备的过程中取得了哪些进展。雨季快要结束了,从10月中旬到明年4月的作战季节十分短暂。他很高兴听到艾登先生在阿尔伯特大厅会议中发表讲话时所强调的,要把打通中缅陆路交通作为英国的主要目标,同时他诚挚地希望准备工作能不断推进,从而保证相关战役的及时发动。

艾登先生称,准备工作正在进行中,一个满载物资的大型车队已抵达印度。尽可能迅速地为发动战役做准备,是英国的目标所在。当然,地中海局势的明朗对此将是一大帮助。

当被问及英国是否已任命新的远东战区指挥官时,这位外交大臣作了否定的回答,但他说,英国正与美国政府商讨此事,双方均认为要任命一个中国、美国都会喜欢的人。他将把有关军事的一些问题交给丘吉尔先生,他愿意就此与宋博士进行更为详尽的讨论。艾登先生认为,宋博士与丘吉尔先生、三军参谋长以及即将上任的印度总督魏菲尔元帅举行会谈是会有好处的。

宋博士对此提议表示欢迎。

三

宋博士称,他最近访问了加拿大并与加拿大政府签订了互助协定,加拿大由此将向中国提供一些枪炮与武器,比如 25 磅炮与 3.7 英寸炮。但同时也有一些必要的辅助部件,比如(射击)测距仪、防空炮零件等。这些零件的生产不在加拿大,而在英国。他希望英国政府能向中国提供这些零件,以作为加拿大援助物资的一项补充。

艾登先生认为英国政府能够提供,同时也乐于这样做。

亚历山大·贾德干爵士想要一份中国所需英国物资的清单,他说,或许中国驻英大使将会把它递交给英国外交部。

宋博士称,他已经准备好清单,并十分乐意发送一份给英国外交部。

四

宋博士称,中国十分关注战后自身的安全,他询问艾登先生的看法。

艾登先生说,他想看到日本被解除武装,同时处置德国的方法也应该用于日本。也就是说,将不允许日本制造飞机,无论是军事或民用的目的。英国想要确保日本没有可能再成为远东地区的一个祸害。他相信宋博士会赞同这一想法。

至于（战后的）总体安全，艾登先生的想法是成立一个面对全世界的总理事会，由英国、美国、苏联和中国这四强担任该理事会的领导成员。另外，从世界不同地区选出其他8个国家，总共12个国家，共同组成该理事会。它与国联理事会相类似，但是该组织的名称和性质必须有所改变，因为恐怕有些人对于此项新的提议存在偏见。此外，还应该成立三到四个面向欧洲、美洲、加拿大和远东的地区性理事会，在远东理事会中，除中国外，英国、美国、苏联以及其他在该地区拥有直接安全利益的国家应该派代表参加。艾登先生就此事询问宋博士的看法。

宋博士回答道，总的说来，艾登先生刚才说的与中国政府的想法大体上一致。中国无意进行领土扩张，也没有大的野心，她只想拿回原本属于她的领土，比如满洲与台湾。关于印度支那、马来亚、缅甸及其他地区，中国没有政治上的兴趣或企图。

艾登先生说，英国当然愿意看到满洲被交还中国。英国同样没有领土野心，太平洋上的加罗林群岛和马绍尔群岛，就英国看来，可以交给美国或中国。英国感兴趣的是这些岛屿也将被用作总体防御计划中的空军基地。

五

宋博士提到西藏问题，他希望艾登先生能澄清英国政府对于此事的态度与政策。丘吉尔先生曾在华盛顿说，西藏是一个荒凉的、令人生畏的国家，中英两国不应该因此造成不快。

艾登先生说，英印政府当然没有攫取西藏的欲念。他们对西藏的兴趣，只是想确保其原先享有的自治权能够得到继续。他知道有关这一问题的谈判已经开始，而且同时存在如何划定中国与西藏分界线的问题。

宋博士理解英国政府的立场为，始终认为西藏是中国领土的一部分，并承认中国对西藏拥有宗主权。

　　艾登先生说,在中国对西藏拥有宗主权这一点上,英国有不同的看法,但他又补充道,他所说的只是个人看法,而不代表任何官方观点。在就此问题发表正式声明前,他还得与其他内阁成员商量。

　　亚历山大·贾德干爵士理解中国在西藏的利益,必须在那里开辟一条交通运输线,从而使战争物资得以运往中国。

　　顾博士称,西藏并非一直拥有自治权。某个时期,西藏地方当局处于中国政府最高权力的控制之下。中国政府对于西藏的控制程度不时发生变化。中国政府认为,自治权问题是其与西藏地方当局之间的内部事务,任何外部势力只会使中国政府与西藏地方当局间的关系变得复杂。所以,如果英国政府能够公开声明其在西藏问题上的立场,尤其像艾登先生曾经表示的那样,英国对于西藏没有任何企图,那将对中国十分有益。

　　顾博士补充道,此次会谈当然是一般性的,所以如果艾登先生准备一份备忘录声明英国政府的立场,同时宋博士也提交一份备忘录,声明中国政府关于这一问题的立场,那样也许会很有帮助。

　　艾登先生和亚历山大爵士都认为这是一个好主意,将有助于讨论的进行。

　　同时,双方讨论还涉及开辟从卡拉奇经伊朗和中亚地区至土耳其斯坦哈密的新交通线、中印空中运输业务以及经西藏至中国内地的新交通线。

　　最后,艾登先生称,英国政府内阁请他向宋博士表达最诚挚的欢迎,并请宋博士确信,英国政府希望看到一个强大而统一的中国,同时衷心希望中国能与英国开展合作,不仅仅在作战期间,而且还应在战争胜利以后建设和平的时期,因为英国政府相信,中国作为四强之一,是战后世界不可缺少的重要力量。

《风云际会——宋子文与外国人士会谈记录》,第93—96页

宋子文致蒋介石电

1943 年 7 月 27 日

密呈委座钧鉴:本日谒英皇,其重要谈话,谓英国受日本之害非浅,必以全力进攻,决无宽贷云。文叩。沁(廿七日)。

《战时外交》第 3 卷,第 253 页

蒋介石致宋子文电

1943 年 7 月 28 日

宋部长:兄到伦敦,英国态度如何? 若其无积极精神表示,则我方亦应消极,不可使其认吾人为有所求而往访也。关于南洋问题,凡与美国有关者,我不应与之单独先谈,如彼提及时,吾人此时并无成见,当待联盟国共同之洽商为辞可也。至于我国进入缅甸作战之部队,决不干涉政治,只要能打通滇缅路,达到仰光海口,则中国军队随时可以撤退,此可明言也。有人提议向英国租借物资,如布匹、机器与日用品之类,由中英组织空运公司,英国派机运到宜宾、昆明,使我国民对英国能改正观念,增进感情者,如其愿意为此,则可交涉,但其数不能太少,每月须在千吨以上,方能有效。其他可以在渝面商各项要旨相机进行,但亦须视对方之态度而定也。中正。俭。

《战时外交》第 3 卷,第 254 页

宋子文致蒋介石电

1943 年 7 月 29 日

D08C 加码呈委员长电　卅二、七、廿九日

委座钧鉴:本日邱相告文最近对义战事进展,又言攻击日敌,具有决心,除海空军外,正在筹画调遣大部陆军参战,俟下次与罗总统晤面时商决。文进问攻缅准备。邱答,当于雨季后进行。文以所言含(浑)〔混〕,告其钧座特欲明了英方攻缅详细计划。邱云,余欲彻底击溃日本,但攻击敌人,必须出其不意,攻其无备,不可限于人人所能预料之目

标。此次北(菲)〔非〕战事胜利,亦即恃此策略。下星期二余将召集重
要将领开太平洋会议,请阁下参加,当可得知内容。文云,依本人经验,
重要决策,往往在正式会议之外举行会议,有时不过为通告已决定事项
之大概而已。邱云,阁下之言诚然,兹请于下星期一先与海陆空军各最
高当局协商,次日再参加太平洋会议,等语。再者,狄而元帅适在伦敦,
顷来访晤。文询及攻缅计划,据云,雨季后攻缅,当无问题,但目标及所
用力量,全视一二星期内新总司令派定后,彼之主张如何,及义大利之
变化而定,义事两星期内当可分晓,如能速了,则用于彼方之登陆舰队
及有力之海空军,可移调印度矣。云云。并陈钧察。艳戌。文。卅二、
七、廿九日发。

《宋子文驻美时期电报选》(1940—1943),第 205—206 页

宋子文与丘吉尔谈话记录

1943 年 7 月 29 日

地点:唐宁街 10 号首相府。

宋博士由顾博士陪同。英国议会上院领袖克兰伯(Cranborne)勋
爵、联合作战总部参谋长路易·蒙巴顿(Louis Mountbatten)勋爵也参加
了会谈。

双方首先讨论了西西里岛与意大利的战况。

丘吉尔先生说,意大利人已不再有任何有组织的抵抗活动,只有德
国军队仍在拼命作战,尤其是在西西里岛东岸的卡塔尼亚周围。意大
利军队,在任何能投降的地点,都愿意向盟军投降。丘吉尔先生并不在
乎墨索里尼和他的法西斯政权倒台后,新的意大利政府将由谁来领导,
这个问题将由意大利人民自己作决定。他所在意的是,能有一个他乐
于与之打交道的意大利政府。他将向意大利要一些东西,而且他想得
到许多。他已经做好准备,与任何能够代表意大利签订停火协议的政
府打交道。

丘吉尔先生补充说,最新的情报显示,意大利海军舰队已离开军港

驶向海洋,可能是想摆脱德国人。他很高兴重新有了意大利舰队的行踪,因为这样英国海军就能跟着它了。

宋博士称,现在地中海已经向盟军舰船开放,他询问丘吉尔先生对击败日本有何计划。

丘吉尔先生回答道,等到1945年,也许1944年,德国被击溃以后,所有英国的海军和空军力量,以及可以找到的拥有船只的每一个人,都将转移到东方用来与日本作战。他正在与参谋长委员会商讨在亚洲彻底击垮日本的计划。有关军队如何分配的问题,显得更加困难些。要派多少军队去东方作战,同时让多少军队回国,将在不久后决定。最好的作战部队通常在海外驻扎时间最长,而他们也最有资格被替换下来。他不希望出现上次大战末期的尴尬局面,即在6天之内发生了10起兵变,因为士兵们都想回到自己的家乡去。到下一次会谈的时候(可能是与罗斯福总统),他将拟就击败日本的计划。

顾博士问,重新夺回缅甸的准备工作是否在进行之中。

丘吉尔先生回答道,准备工作正在平稳地进行。但击败日本的策略,并不一定是要靠攻击某一点。重要的事情是选择一些敌人最不容易想到会遭受攻击的地点实施进攻。拥有制海权将使盟军得以集中优势力量攻击任何一点,并击败敌人。如果缺少海上作战力量,这一计划就毫无意义了。一旦实施这一攻击计划,必要的人员和物资将被转移。转移他们要用10天还是30天没有太大差别。日本对珍珠港发动袭击后不久,就疯狂地争夺亚洲地区的海上控制权。但不久它就面临难以决定到底要把有限的海军派往哪里,以确保6个薄弱地点的防守。如果将海军力量集中于一点,会使敌人进攻其他未加防守的地点,这样一来,我们的计划就有问题了。现在主动权仍掌握在盟军手里,我们可以选择敌人防守薄弱的一些地方进行攻击,而不是他们所认为的我们会攻击的地方。

丘吉尔先生举了克里米亚战争的例子来说明这一点。他认为,从战略上讲,当时欧洲军队选择了沙皇俄国的一个理想地点进行攻击。

克里米亚岛本身对于欧洲军队或沙俄中任何一方都是没有价值的,但这一战略非常奏效。他的想法是一旦攻击行动开始,就应该将其执行到底从而实现最终目标。开始行动而又不能推行到底直至取得成功,是徒劳无用的。只要在欧洲击败德国,他愿意冒一切风险与日本开战。

顾博士希望,重新打通滇缅路交通的战役可以在今年秋天发动。

丘占尔先生说,雨季一结束,他就会发布攻击命令。

顾博士认为,这将是一场两栖作战。

丘吉尔先生说,攻击开始时,必要的海军部队将到达战场参战。但在丛林作战并不是件容易的事。那些坐而论道的战略家们常说,缅甸只有6万人的日本军队,为什么在印度两百万人的盟军部队不能发动进攻?显然,这样的说法显示他们缺少基本常识。除非我们开辟足够的作战空间,发展十分宽阔的前线,否则大量的军队将无法有效地投入战场,而且不一定能取得胜利。

宋博士回答说,他知道几天前日本空军袭击了特里戈马利的盟军海军基地。

丘吉尔先生说情况并不严重。

宋博士说,蒋委员长想清楚地了解,丘吉尔先生为今年的缅甸战役制订了怎样的计划。

丘吉尔先生说,下周二他将召集太平洋战争理事会开会,届时宋博士可以陈述中国的问题并与各位进行讨论。他也将邀请议会上院领袖克兰伯勋爵与会,以便将来如果上院有人向他提问,他可以回答。丘吉尔先生还会邀请三军参谋长来参加会议。他认为宋博士可以先与三军参谋长及蒙巴顿勋爵进行讨论,他已让蒙巴顿勋爵将这一会谈安排在周一上午。

丘吉尔先生急于向中国提供任何可能的援助,唯一的限制因素就是运输。他希望宋博士能就此与三军参谋长及蒙巴顿勋爵进行商谈。

丘吉尔先生开玩笑地补充说,关于(中国)"入侵"西藏的问题不会被列入此次理事会议的议程。

　　宋博士回忆道,华盛顿召开的太平洋战争理事会的一个会议中,曾经声称中国有 11 个师准备"入侵"西藏。但事实是,当时中国在西藏边境驻扎的军队不超过两个营。

　　宋博士补充说,由于蒋委员长想知道丘吉尔先生在缅甸问题上作出了怎样的决定,他希望会议上的这些讨论能被保密。

《风云际会——宋子文与外国人士会谈记录》,第 96—98 页

<h2 align="center">宋子文与艾登、贾德干谈话记录</h2>
1943 年 8 月 3 日

　　地点:威斯敏斯特。

　　艾登先生首先对林森主席的去世表达深切的悼念。他说,林主席深受英国人民的崇敬。他请宋博士和顾博士接受他最诚挚的哀悼。

　　亚历山大・贾德干爵士表达了相同的悼念之意。

　　宋博士与顾博士对此表示感激并向二位致谢。

一

　　宋博士称,他刚收到蒋委员长发来的电报,委员长请他向艾登先生确认有关意大利的局势,委员长同时希望英国政府能够遵守其已宣布的关于意大利的政策,即无条件投降。在意大利问题上,中国十分重视这一点,因为这或许将成为未来日本战败后如何处置的范例。

　　艾登先生回答说,迄今为止,(意大利方面)还没有什么确切的事情发生。巴多格里奥显然处境艰难,但他仍未诉诸和平。梵蒂冈方面(罗马教廷)呼吁不要过分地向巴多格里奥政府施压,应该给它时间。盟军在适度等待之后,于周日发动了进攻,现在战斗正在不断推进。他希望肃清德国军队并使意大利局势在 10 天或两周之内趋于明朗。他认为,由于大量的意大利军队仍在意大利国土之外,巴多格里奥正面临着一个困难的局面。意大利人民终将迫使他选择停战并诉诸和平,这只是一个时间的问题。

　　艾登先生和亚历山大・贾德干爵士都说,(盟军)为意大利制订的

条约是相当完备的。正如丘吉尔先生所说的那样,意大利将被要求仔细考虑一切有助于抗击德国军事行动的事,其中包括意大利军队的彻底投降及遣散,意大利空军的遣散,意大利军舰及其他船只的移交,以及对交通运输线的控制等。条约草案早在墨索里尼倒台前两周就已准备好,华盛顿方面有关条款的商讨也一直在进行中。意大利将以何种方式诉诸和平仍未能确定。如果意方希望通过外交渠道解决问题,那我们也已经为他们准备好了一份更长的条约草案,现在我们仍在与华盛顿方面讨论这份草案。但考虑到战场上的意大利军队指挥官会提出停火的要求,盟军已就一份更简洁的条约草案达成一致意见,并将其送交艾森豪威尔将军。

针对宋博士提出的一个问题,艾登先生回答说,没有迹象显示意大利海军舰队会落入德国手中。

亚历山大爵士称,德国在意大利没有能够接收舰队并进行操作的海军人员。

针对宋博士提出的另一个问题,艾登先生说,至今为止还没有任何报告可以确认意大利人与德国人在相互作战,即使是在克里特岛上。目前显著的情形是克里特岛和佐泽卡尼斯岛上的军事部署为:德军驻扎在一端,而意大利军队驻扎在另一端。

二

宋博士认为,一旦意大利军队作为战争中轴心国势力的一方被肃清,英国的地中海舰队将能够驶往孟加拉湾,与日军对抗。

艾登先生认为,可以抽出主要的舰船参与远东的军事行动,较小的船只将被要求留在地中海,为物资供应(的船只)护航。

宋博士询问了从地中海派潜艇到印度洋水域作战的可能性。

亚历山大爵士称,只能抽出很小一部分潜艇,因为仍需要使用它们去切断敌占岛屿之间的供给与交通线,比如克里特岛。

艾登先生说,驻守克里特岛的德军共有大约 2.5 万人。尽管他不愿过分乐观,但他还是认为,纳粹德国的垮台将早于普遍的预期。

三

宋博士询问,意大利王室萨沃伊家族将如何处置。

艾登先生回答道,坦白说,英国并不十分在乎它的去留,应该由意大利人民决定他们想要什么样的政府。就个人而言,他倾向于主张意大利国王退位,把王位或者传给王太子,或者传给他的孙子,同时让受人欢迎的王妃比利时公主玛丽亚摄政。

亚历山大爵士称,由于抵抗德国的军事行动必须不断推进,盟军愿意承担维持意大利国内秩序的额外负担。保留意大利国王将使国家团结,因此有助于对德国军队的作战。如果意大利再次分裂成为 6 个互不联合的政治实体,那对于盟军的军事行动而言,将是一个障碍。

宋博士称,中国对这个问题十分感兴趣,因为她同样正在考虑,日本战争机器被摧毁后,日本天皇将何去何从。中国政府认为,日本战败后,天皇应予以废除。

亚历山大爵士询问,天皇在日本是否具有很高的权力。

宋博士回答道,日本天皇仅仅是一个象征,而日本军阀正是以他的名义策划并实施了对于其他国家的侵略计划。

艾登先生很明白日本军阀给天皇披上神圣外衣的险恶用心,但怎样处置日本天皇的确是他要征询中国意见的一个问题,因为中国对于日本是最了解的。

四

宋博士观察到,中国媒体有报道称,盟国为意大利制订的条约已经得到苏联与美国的一致赞同。他想知道,这些条款是否能以联合国家的名义提出。显然,这是一个有关国家都感兴趣的问题。

艾登先生回答说,苏联已被告知条约的大体框架,就像他现在告诉宋博士的一样,而且苏联人已经同意向意大利提出这些条款。他自己也一直在考虑让其他联合国家以某种方式参与到这些条款中去,但他还没有找到合适的处理办法。

五

谈到那天上午与英国参谋长委员会会面时,宋博士向艾登先生递交了一份有关讨论要点的简报。宋博士印象中关于雨季后缅甸战役的准备工作进展如何,并不十分明确,他希望艾登先生能更加重视这一问题。他明白英国正在考虑击败日本的可能方案,同时他想知道这些方案是否与夺回缅甸的进攻作战具有互补性。

艾登先生称,由于职位关系,他恐怕无法过多地关注这一问题。他建议宋博士在第二天的太平洋战争理事会会议上提出这个问题,他认为丘吉尔先生肯定会努力提供一些信息。总的说来,艾登先生认为丘吉尔先生总是支持准备多种进攻方案,并选取某一点集中进攻,迫使敌人倾其援军而出,最终包围并击败敌人。这就是(英军)突尼斯战役所采取的策略。丘吉尔首相认为可以采用类似这样的战略。至于苏门答腊、克拉(地峡)或其他地方,到底哪一处将成为有利的攻击点,仍有待观察。他将把此事告诉丘吉尔先生,这样明天的理事会会议宋博士提出这个问题时,他好有所准备。

宋博士问艾登先生,在理事会会议上讨论这样一个重要问题是否安全。

对此,艾登先生予以肯定的回答。他还补充道,与会者只有荷兰人、怀南特(Winant)大使、英国海外自治领的代表,当然也包括中、英两国的代表。

顾博士称,他很高兴怀南特大使能够出席会议。

艾登先生称,美国政府已被要求授权怀南特大使参加会议,正如哈利法克斯(Halifax)勋爵一直参加华盛顿的太平洋战争理事会会议一样。

亚历山大爵士说,英国已多次要求美国这样做,但怀南特大使都没有来。这一次由于宋博士的到场,所以特别要求怀南特大使来参加会议。但亚历山大爵士无法肯定怀南特大使是否会接受请求。

顾博士希望怀南特大使能够接受。

艾登先生说,所有人都希望怀南特大使接受。

六

宋博士提到了顾博士给艾登先生的信,告诉他中国政府打算断绝与法国维希政权的外交关系,并称这一决定此前因为印度支那问题而被耽搁。但中国方面这一决定性的举动将进一步证实盟国间所建立的联合阵线。

艾登先生很高兴听到这一消息。

宋博士称,鉴于中法之间的外交关系业已破裂,中国军事当局将接管中印铁路从昆明到中印边界的部分线路以供作战使用。

艾登先生说这样做很好。

顾博士询问,关于承认法国民族解放委员会这个问题,是否有了新的进展。

艾登先生说,他想告诉顾博士的是,这件事华盛顿与伦敦之间仍在进行讨论,具体情况是,一段时间前,英国政府向华盛顿提出了一份草案,而罗斯福总统同时提出了另一份草案。昨晚,艾登先生送交了一份新草案,这份草案是在综合英美两国各自原始提议的基础上制订而成的。他对这份修订草案被华盛顿方面批准通过抱有期望。

顾博士问,这一问题的最基本原则是否未加改动,也就是说,法国民族解放委员会将被承认拥有对法国本土以外地区的控制权。

艾登先生说,基本原则仍旧是一样的,即声明该法国委员会将被承认拥有对其军队占领并控制的所有地区的控制权,同时,应该组建何种政府将在战后由法国人民自主选择。

七

顾博士提到,他的信中有一份军用物资清单。宋博士在与艾登先生的谈话中已经提到了这份清单,他希望英国能提供这些物资。顾博士尤其想了解,宋博士的军事同仁们可以与哪个部门接洽此事,并进行会谈。

艾登先生回答说,几乎可以肯定的是,奥利佛·李特尔顿(Oliver

Lyttelton)先生将是合适的接洽人选。但他仍会询问以确定此事,并尽快通知顾博士。

八

顾博士提到此前某次会谈中讨论过的西藏问题,他说,他将就中国政府对于此事的意见发出声明。他希望艾登先生一如既往地考虑此事,并同样根据英国政府的意见发给他一份声明,以便双方进行进一步的讨论。

艾登先生表示,将乐意收到中国方面的声明。他认为亚历山大爵士已经为下一次讨论准备好了对策。

《风云际会——宋子文与外国人士会谈记录》,第98—102页

宋子文致蒋介石电

1943 年 8 月 3 日

加码　呈委员长电　卅二、八、三日

密呈委座钧鉴:今午文偕顾大使、蔡文治与英陆海空军三参谋总长开会,陆军参谋长主席。

(一)文首先告以我方已按照加尔各答所商攻缅办法进行,军队及给养补充等等均循序准备无误,钧座亟欲得知英方准备情形。另欲声明者,英方一部分人士以为滇缅路已彻底破坏,修复后运量亦只每月万吨左右。此类意见与事实不符,须知滇缅路不易破坏,为前线军运,中国段已增加工作,敌占领段亦然。沙尔温江桥虽已破坏,但不难修筑临时军桥。我第二预备师早在该江西岸。以前滇缅路虽因缺乏车辆、汽油等,运量不大,但美国后勤部已有切实计划,每月可运十万吨。其方法为:甲、改良滇缅路工程;乙、利用滇缅铁路路基为第二条公路;丙、利用汽油输运管,供给沿途卡车;丁、编大部车辆运输队。此每月十万吨之计划,虽需数个月内逐渐实现,然第一步即使只运五万吨,对于反攻在华日敌,及空军轰炸日本,截断日本与南洋交通,或掩护英、美海军在中国沿海作战,已有极大效用。且得缅甸后,空运可不必绕越山岭。主

席谓,英方所得报告,运量及该路情形与此不同,请文书面详告,又谓:七月卅一日加尔各答以西铁路均被河水冲毁,由加埠至阿萨姆铁路未受影响。目前英、美工程师组织委员会研究,并调查解法,或可利用海运至加埠补救若干,但已影响反攻之准备无疑,加以机场若干处亦被冲毁,至影响准备之程度如何,俟数日后详告。

（二）文问海军准备如何。海参长答,义事变化,英国不久当可不必在地中海留大部海军,届时即可调至印度洋作战,不过调遣及稍加修理,均需时日。惟陆空军如准备完成,海军必不延缓。文复问义海军有无被德夺占之虑。彼答无此危险,但义军何日归降,不能预料。

（三）文问空军进行如何。空参长答,飞机场虽被冲毁若干处,飞机已较前加多,惟需增加重轰炸机,亦与对义用兵相关,义事早决,当可抽调（据艾登密告,英、美无进攻巴尔干企图）。联军在缅制空权已渐加强。据报,本年一月在缅日机有二百七十架,现只一百三四十架。又,二月至四月,联军空军出击次数,比敌多六倍,五月至七月,比敌多廿五倍。

（四）文问,首相见告英、美正讨论另以其他方法攻击日本,愿知其详。主席答,远东作战有下列各办法:甲）攻缅;乙）切断泰南KRA（克拉)半岛;丙）收复苏门答腊;丁）攻占南洋群岛,夺复石油、橡皮等原料区。但两国洽商尚无头绪。邱相欲用北（非)〔非〕作战出其不意之战术,强敌作战,一举而击溃之。文问之,如采乙、丙、丁办法,是否甲项亦同时进行。彼答,战术虽时时重新考虑,但在未商定改变以前,仍依原来计划进行。文续问,攻击日本,英方是否准备调大部陆军前赴远东。彼答,依甲项办法,大部可自印度调派及接济,如依乙、丙、丁项,则须自英国调遣,给养亦须由英国输送。至军队调动之多寡,须视船舶吨位而定,目前海运已大见进步矣。

（五）文问,依照加尔各答议定办法,由印度应出军数,是否已达准备位置。主席答,未,因该区患疟,调回后方训练区,俾保持康健。（未完）

（六）文问，联军在准备期内，以空军尽量轰击缅甸敌根据地与交通线，削弱敌力，最近情形如何。主席答，进行正顺，现注重敌占码头与船只，计自二月至七月，炸毁大小敌船七七三只。主席又告，最近华府会议，将来攻缅统帅问题，因有英、美军参加，当仿南太平洋办法，另设统帅，不归印度总司令统帅。人选现与美商，亟希早决。

（七）主席问，由泰南至缅敌造铁路情形如何。文答，据我方消息，业已通车，设备尚不完全耳。

（八）文问，联军在北非及西雪利登陆所用登陆驳船，收效宏，损失少，将来可大量照此以攻缅否。主席答，西雪利之役，损失之少，出乎意外，但蚀耗亦重，能调若干未可定。

（九）主席问敌在华活动及中亚、西藏两运线，文均酌量答复。

（十）综核会谈情形，英方攻缅，据云虽依序准备，而因水患影响运输，且义战牵连，海、空军调动全视地中海事何时可了，故恐本年雨季一完，未必即可进攻。与美商各种制胜日本之其他计划，尚未决定究采何种办法，但表面上，主席谓攻缅为恢复与华交通，故无变更之意云。谨闻。文。卅二、八、四日午后六时发完。

《宋子文驻美时期电报选》（1940—1943），第 207—208 页

太平洋战争理事会会议记录
1943 年 8 月 4 日

地点：唐宁街 10 号。

丘吉尔先生主持会议。他说，这次会议距离上次理事会会议的召开已有很长的间隔，主要是由于日本业已失去其在远东地区的战场主动权，在最近几个月里也没有太大的作为。一年前，太平洋战局仍十分危急。香港遭受着敌人的蹂躏，我们丢掉了新加坡和马来亚，菲律宾与缅甸相继沦陷，荷属东印度也被敌人占领了，印度的情况会怎样也很难说。但是现在，西南太平洋上的美军不仅与日军持续对峙着，而且还对他们形成了压迫的态势。印度的防守已经大为增强，在那里有着强有

力的陆军与空军。

丘吉尔先生补充说，这次会议的召集是为了配合中国外交部长的来访。他问宋博士是否愿意就中国战区的战况发表一个声明。

宋博士感谢丘吉尔先生给他这个机会，他说，自从他抵达英国后，就陆续与首相、艾登先生以及参谋长委员会进行了会谈。他想告诉丘吉尔先生，中国政府认为重新夺回缅甸是一个关键的因素，这样军用物资才有可能被运入中国，而中国军队也才能发动对日军的反攻。他毫不怀疑英国政府发动这场战役的决心，正如首相不止一次地宣称这是盟军的一个主要目标，但是时间因素也是重要的。他希望盟军能尽快为此做准备并迅速夺回缅甸。

接着，宋博士说，现在所有的物资都是通过航空运往中国。理事会各成员或许有兴趣了解当前每月的空运量，大约是 7000 吨，今年晚些时候这一数字可能会上升至 1 万吨，据说滇缅路的运输能力在某些季节是有限的，滇缅路重开后运输量上升也很有限。但同时他也想指出，就在缅甸沦陷前的几个月里，滇缅路的运输量超过 2 万吨。根据对此问题有所研究的美国专家的看法，如果改善滇缅路的运输状况，它每月运输量可以达到 10 万吨。这条路并没有遭受到十分严重的破坏。尽管萨尔温江大桥已被敌人炸毁，但现代工程师们对临时架桥过河并不会感到困难，只要我们重新打通这条路。而且，滇缅铁路已有现成的路基，并完成了一些隧道和桥梁的建设。滇缅路被打通后，现有的铁路路基可被当作第二条滇缅路来使用。

宋博士说，华盛顿也有一个项目，要铺设输送汽油的管线。此前，运送物资来中国的卡车必须装载足够分量的汽油，这样做是为了能够在送完货物后返回缅甸，而这将会增加这条路的运输负荷。管线建成之后，卡车用来装载汽油的空间就可以空出来。而且，罗斯福总统也决定在滇缅路重开之后继续维持目前的空运服务。滇缅路未来可能出现的种种情况对中国而言都是十分重要的。对中国予以充足的武器军火供应，将使其能够向驻华日军发起进攻，也使盟国空军能轰炸日本本土,从而切断其交通供给线。

宋博士强调,中国一直在推进缅甸战役的准备工作。现在印度蓝姆迦由史迪威将军训练的中国军队将做好准备,时机一到,就会立刻出征。蒋委员长和陈诚将军指挥的 10 个中国师也已在云南整装待命。宋博士补充说,他访问英国的主要目的是想了解缅甸战役的准备工作是否正在进行之中,以便及时实施各方认可的夺回缅甸的计划。

丘吉尔先生说,盟军于 1943 年 5 月占领了马达加斯加岛,这样做是为了配合将各类物资运往尼罗河三角洲地区,同时也是为了保证从伊朗运来石油的安全。苏联人曾被迫在高加索山脉退却。隆美尔的军队曾在北非坚持。德国针对盟国海军护航而采取潜艇战使形势变得十分严峻。盟军在地中海的处境是十分关键的。德国人本打算予盟军以重创,但幸运的是,这一情况没有发生。现在突尼斯已经被盟军夺了回来,西西里岛的作战行动也比想象中更有利于我们。苏联军队在斯大林格勒取得了辉煌的胜利,并由此在东线迫使德军撤退。印度军队比以前更为庞大,经好望角前往伊朗的航路已不再显得那么重要了,因为地中海的交通重新被打通了。

首相继续说道,唯一无法令人满意的地方就是远东地区,那里没有任何朝好的方向转变的事情发生。滇缅路依然对中国关闭,而中国虽遭受物资短缺之苦,但仍得坚持作战。盟军现有的资源比以前丰富得多,而且也没有必要将所有物资都用于对德作战上。相反,这些物资已经出现剩余,可以抽出来分配到其他战线上去。所有的这些构成了一幅令人满意的图景。他还问荷兰总理是否愿意发表一个声明。

葛布兰迪(M. Gerbrandy)先生感谢丘吉尔先生,他说,欧洲的战况已经好转了许多,为此,荷兰十分感激(盟军的努力)。一年前欧洲还像个病夫,现在彻底恢复生机了。他很想知道欧洲的战争还要多久才能结束。荷兰政府时刻准备在欧洲战争结束后与美英两国展开合作,贡献自己的力量。

葛布兰迪先生补充说,荷兰海军总司令赫弗里希(Helfrich)将军最近刚从西南太平洋战区返回,他或许有一些东西要向理事会各成员报告。

这位将军说,一年前我们就有必要发动一场控制战。直到今年4月,一股攻击达尔文港的敌人出现在了海面上,他们准备了 2.5 万—3万人的军队过来。安汶岛以及帝汶岛与新几内亚岛之间其他的一些重要岛屿都被占领了。敌人已经在新几内亚岛南部部署好了船只、军队和飞机,以便发起突袭。当时的战局十分关键,因为一旦达尔文港被敌人占领,澳大利亚西北部的小飞机场也将落入敌人之手,而美国与澳大利亚间的海上交通线也面临着被切断的危险。现在这一威胁大大降低了,但我们仍有必要尽全力阻止敌人切断美国与澳大利亚间的交通线。

赫弗里希将军接着说,要击败日本并不是一件轻松的事,敌我双方间一系列的恶战将无法避免。日本人不愿意投降,他们总是选择战斗到底。在阿图岛,只有 4 名日本兵被俘虏。即便是日本的妇女和儿童,也会用木筏逃到海上去,而不让自己落入敌人的手中。日本士兵与军官宁愿选择自杀而不是被俘。

这位将军的印象是,美国对于日本的战略在于切断日本的交通与补给线。总的看来,这是非常好的战略。但是我们应该注意到,敌人在食物和其他原料上是自给自足的,特别是他们控制了马来亚,从而可以在那里获得丰富的原料。所以,他对仅仅通过切断日本的海上交通与补给线就能赢得战争表示怀疑。

赫弗里希将军对于美国的战略还有进一步的看法。他认为美国占领腊包尔北海岸及新几内亚岛后,将继续攻占拥有 52 个登陆点的菲律宾群岛,以图切断中国沿海与日本主要岛屿间的海上交通线。他也同样不相信从中国对日本进行轰炸能够加速日本的战败。他觉得有必要加强作为海、陆、空军事基地的达尔文港的防守。

丘吉尔先生认为,重新夺回爪哇与新加坡是有价值的。在欧洲,战事的发展有利于盟国。(盟军)攻击意大利的腹地地区,结果使墨索里尼政权倒台。对意大利开展的军事行动有助于拓宽盟军在意大利北部、亚平宁半岛及法国方向的战线。现在仍然无法肯定,推翻德国的纳粹政权是否会像在意大利推翻法西斯政权那样产生突然的震动。但是有理由认为,如果独裁政权没有人民的紧密配合,也就不能期望这样的国家在一场重大的军事失败后能经受得住社会动乱。

丘吉尔先生继续说道,盟国在各战线全力进攻的时间已经到了。这是完全有可能的,因为盟国拥有优越的和能实施远距离攻击的空军与海军力量。(盟军)并不一定要盯住任何一点实行攻击,也没有必要在丛林中与敌人进行长时间的拉锯战。此前在突尼斯、现在在西西里岛大获成功的战术,应该拿到其他地方去尝试一下。欧洲战事异乎寻常的有利发展要求我们修改原先的战略。当他说在丛林中作战并不必要时,他的意思不是要少作战,而是要尽可能多地作战。

丘吉尔先生说,(英国)已向华盛顿方面提出了如何彻底击垮日本的问题。美国人民也认为,击败希特勒是必要的,但这只是日本失败的开端。主要有以下几种办法可以摧毁日本的战争机器:(1)由苏联提供协助,允许盟军利用其沿海省份攻击日本本土;(2)增加中国的空军力量,从而使中国军队可以发动反攻;(3)以中国沿海地区为基地,对日本实施轰炸;(4)利用阿留申群岛,向西攻击日本。在英国的要求下,美国正就以上几个办法制订详细的计划,以供抉择。

丘吉尔先生对敌人可能进攻达尔文港表示怀疑。日本现正受到美国的压制,而且盟军在西南太平洋上部署了强大的军事力量。罗斯福先生与他本人一致认为,没有必要采用人对人的策略。盟军肯定会应用所有科学成就,让它们在打击敌人的过程中发挥作用。无论西方会发生什么,美英两国现在都打算将强大军力部署于东方。德国现政权的垮台和乞降并不是不可能的。如果德国真的投降的话,英国所有的海空军力量将被派到东方去抗击日本。关于军队的数量,可能只需要150万人。至于哪些人将被派往东方进一步作战,哪些人将返回英国,这一问题,我们正在考虑中,也会制订出一个计划来。同时,英国将尽其力量来援助中国。

阿玛瑞(Amery)先生认为没有必要占领整个缅甸。重新占领缅甸北部将使利用港口成为可能,并因此缩短了物资运入中国的航路。

宋博士对丘吉尔先生先前令人鼓舞的谈话表示赞赏,但关于滇缅路他也想补充几句。滇缅路本身没有遭到严重破坏,今后能有大的发展。随着阿拉干公路运输的恢复,每月运送物资的数量将提高到 20 万吨。中国政府对未来滇缅路恢复运输并提高运量这一前景十分乐观。

丘吉尔先生盼望在荷兰获得解放之后,与其在远东地区展开合作。德国是否会出现动乱仍未可知。与此同时,对德国的空袭行动将继续下去。投掷在德国工业中心的炸弹量是德国轰炸英国的五倍,而且这一数字仍将不断增加并达到顶点。由于德国目前处于守势,苏联军队和政府感到欧洲是安全的,所以苏联很可能在抗击日本的战斗中提供支援,届时将有可能轰炸日本,以迫使其退出战争。可以肯定的是,尝试这样做将没有任何坏处。

关于缅甸,丘吉尔先生说,对于每一个秘密潜入丛林的日本兵,我们将派出 10 名士兵跟着他,所以并不存在部队人员短缺的问题。为协助交通和物资运输而进行的筑路工作将被推进,同时,空中运输的任务也将加大。英国方面将负责建造更多的军用机场,而美国方面将提供飞机并有可能负责飞行操作。陈纳德将军麾下的战机已得到良好的使用,他指挥的空军力量将得以增强。

关于滇缅路,丘吉尔先生认为将要花费 15 个月的时间使它恢复秩序。即便是滇缅路重开以后,他认为空运吨位仍有提高的可能。关于军队的数量,印度有 200 万英军,可用来对抗缅甸的 6 万日军。为了重新打通运输线,英军将在可能的时候从印度出发,经由缅甸北部向东推进。同时,英美两国将继续发展并维持(中印间的)空运路线。是否有必要攻占缅甸南部,现在仍在研究之中。

丘吉尔先生接着说,盟军突尼斯一役的获胜改变了战局,并使盟军的总体战略发生变化。可以选择一个宽泛的进攻目标,在那里敌人会源源不断地投入援军,就像德国人在突尼斯所做的那样,我们就在那里击败他。这样做是完全可行的。在攻击敌人方面,避强击弱、出其不意、攻其不备都是很好的策略。随着英美两国舰队获得制海权,而盟军又拥有压倒性的空中力量,我们将有可能在某个地方发动一场大的军事行动,从而最有可能赢得对敌人的胜利。换言之,盟国的联合力量已经达到这样一种程度,即可能采取更具冒险性的策略,以加速日本的最终失败。

《风云际会——宋子文与外国人士会谈记录》,第102—106页

宋子文与辛克莱尔①谈话记录
1943年8月4日

地点:空军部。

阿奇巴德·辛克莱尔(Archibald Sinclair)爵士首先表达了对林森主席去世的深切慰问。他接着说,他最近收到了一封署名为T.S.C.的人的来信,自己从未见过此人但他却一直写信过来,这些信十分有趣,让他大开眼界。就在几天之前,他刚刚收到T.S.C.寄来的一封信。信中T.S.C.批评了英国优先打击希特勒的政策。但是,阿奇巴德爵士希望与宋博士坦诚交换看法,他想告诉宋博士的是,"优先打击希特勒"是英国所能采取的唯一正确的策略。他认为德国是一个远比日本危险的敌人,所以有必要集中一切力量首先将纳粹德国击败。我们不会给德国喘息的时间,以防她利用此时机发明一些新式武器,从而延长战争。但只要希特勒被击败,英国就决定将她所有的力量用于打击日本。

在回答白天空袭与夜间空袭的优缺点问题时,阿奇巴德爵士说,英国空军将仍只限于进行夜间空袭,而美国空军将负责白天的空袭行动。他个人认为,夜间空袭的打击更加精确,而且飞机和机组人员的损失也轻得多。但同时他也不会低估白天空袭的价值所在,作为夜间空袭的一种补充手段,白天空袭也是十分有用的,但他对于白天空袭是否能够

---
① 时任英国空军大臣。

取得与夜间空袭相同的效果表示怀疑。而且,天气条件常常干扰白天空袭的进行。白天行动代价很大,损耗很高,只有像美国这样的经济强国能够承担。

在被问及德国所拥有的最有效的作战机型时,阿奇巴德爵士回答说,德国有容克 Ju88 型及福克—武尔夫 Fw190 型两种战斗机,还有多尼尔 217 型轰炸机。不同的字母表示他们有多系列的战机,可用于不同的空战行动。

他接着说,英国空军最近对于汉堡的空袭行动十分奏效。英国科学家们已经能够通过改进飞机制造技术来确保飞行员的安全。在战术上,他们已经研发出一套系统,可以花费最小的力量计算得出最大的结果。因此,他们能够找到任何指定攻击城市的饱和点。举例而言,如果一个城市已准备遭受 200 架飞机的空袭,那么第三批 100 架飞机将能给予这个城市比前 200 架飞机更具毁灭性的打击。德国同样依靠雷达去侦察盟军前来空袭的飞机,但是当盟军派出庞大的机群时,雷达侦察也不奏效了。另一方面,英国能够最大限度地使用雷达并对其进行了诸多改进,以提高自身的防空能力。

阿奇巴德爵士补充道,如果希特勒被击败,他可以向宋博士保证会将所有的英国空军力量派往远东,用于轰炸日本。当然,在欧洲战场敌人被肃清后,英国海军也能够被派赴远东作战。但是德国必须首先被击败。出于这一原因,他个人一直在争取获得飞机,不仅仅从中国,也从世界其他地区。空军力量只有集中起来使用才能获得最大的战果。他认为德国被击败后,苏联将加入对日作战的行列,这样,盟军就获得了一个轰炸日本的理想基地。

宋博士并不确定,即使在德国被击败后,苏联是否会参加对日作战,没有什么能保证苏联这样做。

阿奇巴德爵士说,中国似乎是唯一能够对日本实施有效空袭行动的地方。

作为对宋博士问题的回答,阿奇巴德爵士称,德军前线战机总量已达到5000—6000架,包括战斗机和轰炸机。其中,1500架战斗机位于法国西部,只有500架战斗机被部署于苏联前线。这表明德国仍然重视西欧。

宋博士询问,英国对德国鲁尔工业区的轰炸取得了多大成效。

阿奇巴德爵士回答说,鲁尔工业区有50%被我们炸毁,而鲁尔区本身的工业产量就占德国工业总产量的15%。尽管德国空军规模和飞机产量很小,但她在集中自身力量方面具有优势,而英国却不得不分散自己的空军。因此,英国空军除了在非洲作战外,还不得不将大批部队部署于大西洋上,用来对付德国潜艇。但英国空军伤亡比例是很小的。训练一名空军飞行员需要18个月的时间。我们需要更多的飞机来加快欧洲战场的胜利。

阿奇巴德爵士重申了他对于宋博士的保证,即一旦欧洲的战争结束,英国将与中、美两国合作,倾其全力对付日本。他相信日本很快就会被击败。

《风云际会——宋子文与外国人士会谈记录》,第106—107页

宋子文与克拉克、丹宁①谈话记录

1943年8月4日

地点:中国驻英国大使馆。

宋博士很高兴有机会与两位进行会谈,他问克拉克(Ashley Clark)先生是否有些特别的问题想拿来讨论。

一

克拉克先生提到《中美租借协定》的第七条,有关盟国间在战后的经济合作事宜。他问宋博士,是否愿意谈谈中国政府关于应用这一条款的想法,他想知道宋博士是否已就此事与美国政府进行了讨论。

宋博士回答说,他在华盛顿时已就此事知会美国政府,告诉他们中

---

① 克拉克,时任英国外交部远东司司长;丹宁,时任英国政府法律顾问。

国政府很想与美国缔结新的商务条约,这将为两国间商业与贸易的来往运作打下基础。美国政府因此向重庆方面提出了某些建议,以供中国政府研究。既然英国在华的治外法权与其他相关权利已经被废除了,他希望英国政府也能准备与中国缔结商务条约。中英与中美之间的商务条约应该尽早缔结,因为这将被视为中国与其他列强谈判并缔结条约的典范。

克拉克先生说,困难在于很难预见战争会在什么样的情况下结束。一方面,战时环境并非常态,同时,要预见战争结束后会出现怎样的局势也不容易。他明白,中国政府已经对某些商品比如烟草实行了专卖。不断有英国商人来外交部询问,中国政府的专卖政策在战后是否仍将继续保留。

宋博士说,中国政府已有的这些专卖政策是战时的措施,他个人认为,一旦恢复和平,就不应继续采用这些政策。届时外国公司将会有在中国做生意的空间。

克拉克先生知道中国现有的公司法规定,中国人必须拥有51%以上的股权。那些想在中国继续做生意的英国商人经常问他,中国政府在这些法律的运用上究竟抱有怎样的想法。目前,中国的沿海港口仍然在敌人手中,而战前各国的在华权益也大多在这些港口中。所以,我们很想等这些贸易集散中心全部收回后,再与中国缔结新的商约。

二

克拉克先生从不同的中国发言人处得知,中国将在战后启动一项宏伟的工业化计划,他很想从宋博士处了解,中国政府是否欢迎来自海外的合作。

宋博士说,中国欢迎(海外的)技术及金融合作,但是这些合作的条件自然与战前不同。他知道英国商人对废除治外法权表示欢迎。

克拉克先生说,原有(由西方列强)获得租界的旧惯例造成了一方拥有特权,而另一方却处于不平等的地位,这样的情况不会继续下去了。许多英国商业公司对中国的战后重建很感兴趣,他们很想知道如何能与中国开展合作。

宋博士回答,双方应以互惠互利的方式展开合作,而不能采取任何有损中国主权和政府政治控制的方式。他刚与英美烟公司的库赞(Cousins)先生见过面,他还打算与太古集团的华伦·斯威尔(Warren Swire)先生及怡和公司的约翰·凯斯威克(John Keswick)先生碰面。

克拉克先生很高兴他们要与宋博士会面,毫无疑问,他们将从这位中国外长那里获得许多启示。

三

克拉克先生说,中国最近在英国购买物资的数量有所增加,英国政府于 1939 年和 1941 年提供给中国总共 850 万英镑的购料贷款已很难满足需要,因为这笔贷款一部分已经花掉,其他的则也已有指定的用途。其中一个案例是中国政府询问用于购买某些物资的款项支付,是否应算入 5000 万英镑贷款中,直至这笔贷款用完为止。他问宋博士,这种货款中国将如何支付。

克拉克先生在回答一个问题时称,中国政府这次购买物资共需支付几十万英镑。

宋博士与顾博士都说,他们并不了解这个案子。

四

宋博士说,在蓝姆迦的中国军队过去由印度政府提供食宿。有关经由印度向中国运送某些物资的事宜,印度政府也曾垫付款项。他认为,刚才克拉克先生提到的这些款项应该列入中英租借条款中进行处理。

克拉克先生说,中英间的租借安排将包括军用物资的供应。英国方面已经准备好一份协议,他希望宋博士能在访英期间签署这份协议。

五

克拉克先生还提到英国帮助中国建立货币平准基金的问题。卡托(Catto)勋爵和凯恩斯(Keynes)勋爵愿就中国的货币问题与宋博士进行讨论。

宋博士称,他期待着与两位金融专家共进午餐,他也知道自己将在聚会上见到所有的英国财政部要员。

克拉克先生很高兴听到宋博士这样说,他希望所有提出的问题都能予以讨论。

六

丹宁(Denning)先生说,他盼望着日本被击败,对此,他毫不怀疑。他想知道日本天皇应该受到怎样的处置。他询问宋博士中国对于这一问题的看法。

宋博士回答说,中国政府认为,日本天皇应该废除。意大利王室的影响力并不大,而日本天皇虽然只是一个象征,但却被日本军阀用来掩饰他们的侵略计划。

丹宁先生对日本天皇不抱同情。他认为,就意大利而言,英国并不在意意大利人民要选择何种形式的政府,关键问题在于意大利必须有政府来签订停火协议,无论是巴多格里奥政府,还是国王,或是王太子、摄政者。一旦签订停火协议,意大利建立怎样一个新政府对盟军而言没有什么区别。

但是对日本来说,丹宁先生继续说道,情况并非如此简单。他承认天皇在日本是一种神的象征,日本军阀为了发动侵略战争,利用这一象征号召民众聚集到皇权之下。但同时他也担心,废除天皇并不能消除日本军国主义的根源。在上次大战期间,人们认为德皇是战争的罪魁祸首,而且应该被废除。废除德皇的结果是纳粹主义的崛起,从而使整个世界都卷入这场灾难之中。他认为如果天皇被废除,日本国内将出现相同的危险。或许日本国内将掀起一股布尔什维克主义的思潮,他肯定中国也不愿看到这一局面。

宋博士认为,为(战后世界的)安定起见,唯一保险的办法就是废除日本的天皇制度。虽然可能会出现布尔什维克主义的危险,但是,意大利、德国、法国或保加利亚等国向布尔什维克转变的危险比日本更大。

　　宋博士继续说道,中国目前考虑的主要问题是重新打通滇缅路。有些人认为,只有通过大规模的海空军行动才能击败日本,但他并不同意这个观点。同样,他也不同意某些人所认为的,即夺回缅甸后滇缅路的恢复还要花上一年或更多的时间。这条路本身没有遭受大的破坏,它不仅很容易就能恢复,其运输状况还可以得到进一步改善。一个最近刚刚考察过阿拉斯加公路的美国石油公司代表告诉他,那条路只用了5个月就建成了,而且其每月的运输量已达到20万吨。滇缅路并不要求建得如此好,但肯定能在改良之后承担起比缅甸陷落前更大的运输量。同时,滇缅铁路的路基也可充当辅助路线。油管的铺设将有助于石油的运送,并提高陆地及空中运输线的运载能力。他指出以上几点是为了让克拉克先生和丹宁先生了解这些情况。

七

　　宋博士同时也提到了西藏问题,这一问题他此前已与艾登先生讨论过。

　　克拉克先生说,他相信外交大臣将就此事致信英国驻华大使。

八

　　宋博士说,顾博士已经向英方递交了一份物资清单,他希望英国能够向中国提供这些物资。他毫不怀疑克拉克先生已在接洽此事。同时,还有经由印度运送加拿大供给中国的物资以及英国供给中国的补充物资这一问题。中国方面已经委托兵工署长俞大维将军负责物资器材经由印度运输及储存事宜。为此,宋博士想得到印度政府的许可。

　　克拉克先生已注意到此事,他认为江少将已与盟军理事会负责援助事务的秘书长开始接洽。

　　宋博士与顾博士都表示,据他们所知,中国方面尚未指派任何人负责此事。

　　克拉克先生答应将去了解此事并向驻华使馆提出建议。

九

　　克拉克先生说,他有另一件事想非正式地向宋博士提出,以提请他注意。去年在华盛顿时,他已经详尽地向宋博士说过,中国媒体和新闻发言人针对英国有一些口头及书面的批评言论。最近他收到林语堂先生的一本书,书中的内容让他怒不可遏。这本书尖刻地批评英国,鉴于中国与英国战时盟友的关系,这是非常令人遗憾的。他想知道宋博士能否就此事提供帮助。

宋博士称,对盟国的批评在所有国家都会发生,他认为不需要过于关注这些言论。

克拉克先生希望宋博士了解,英国媒体有关中国的言论是令人满意的。

宋博士说,在美国的英国人常有攻击中国的言论,而且有一位令他印象特别深。当然,这对于中英两国盟友关系的发展是无益的,但要平息这些批评并不那么简单。他认为,最好的办法是在两国间建立某种联络机构,使所有类似的事件得以提交并寻找到制止的办法,从而避免任何引起两国不满的情形。

《风云际会——宋子文与外国人士会谈记录》,第 107—111 页

宋子文与达尔顿①谈话记录
1943 年 8 月 5 日

地点:贸易委员会。

宋博士首先对英国工党针对 1931 年日本侵略满洲所持的立场表达感谢。

达尔顿(Hugh Dalton)博士说,当时工党政府刚下台,他就与外交大臣阿瑟·亨德逊(Arthur Henderson)一同离开了外交部。他回忆起在英格兰北部举行的一场支持他重新选举国会议员的重要竞选演讲,当时一名杰出的演讲者批评了英国新内阁在远东问题上的软弱政策,并强调这完全是因为阿瑟·亨德逊与休·达尔顿离开了外交部。

---

① 时任英国贸易委员会主席。

达尔顿博士特别向宋博士谈及联合国家的救济机构。他已经与美国、中国以及苏联共同拟订了一份协议草案,将在9月召开会议,届时联合国家所有国家也将被邀请与会。这份草案提议由四强组成一个委员会,来制订总体政策并指挥救济工作的开展。但是,这一提议遭到那些也想加入这一委员会的小国家的反对。事实上,每一个非常任会员国只要他们对某个问题有兴趣,并认为有必要提出来讨论时,都将被邀请派出一名代表。他恳请宋博士回到华盛顿以后,利用其影响力去消弭那些小国家的反对,使会议尽快举行。

达尔顿博士补充说,他坚信善后救济工作应由四大联合国家来负责领导。也就是说,他们应该在每一个组织中成立核心团体。以粮食会议为例,我们花费了许多时间才争取到苏联的参与,他们显然对此抱有种种怀疑。但是会议召开之后,苏联代表团做出了非常有价值的贡献。

宋博士说,我们最近经常使用"四大联合国家"一词。但到了实际应用的时候,大家都更多地强调每一个国家各自能获得多少枪炮,而较少地关注他们能在其他方面做出什么贡献。

达尔顿博士说,那是因为热爱和平的国家都从以往的经验中得出,在对付像欧洲的德国和亚洲的日本这样的侵略者时,枪炮是必需的东西。

达尔顿博士问宋博士如何看待战后中国的贸易政策,中国是否欢迎来自国外的合作。

宋博士告诉他,中国将集中全力发展轻重工业,提高人民的生活水平。中国在其可接受的项目上欢迎外国技术与金融合作加入。如果中国必须经历以前苏联所经历过的艰苦道路,她将勇于面对困难障碍,甚至拒绝使用生活消费品。

达尔顿博士说,他在十年前访问过苏联,当时,他对苏联政府执行工业计划的决心,尤其乌拉尔地区工业化的快速推进印象深刻。回到英国后,他把这些告诉了许多人,但他们都无法相信。他向宋博士推荐了一本由英国工程师斯科特(Scott)先生写的书,名叫《乌拉尔前线的背后》。

宋博士相信达尔顿博士在担任贸易委员会主席期间,将会在战后英国贸易政策与对外关系的发展上大有可为。他希望与达尔顿博士保持联系。

达尔顿博士问,中国驻英使馆中是否已经有专人负责处理贸易问题。

顾博士回答说,有一名使馆商务参赞。

宋博士说,关于战后经济问题,或许还需要一些专家的参与。

《风云际会——宋子文与外国人士会谈记录》,第111—112页

宋子文与莫里逊①谈话记录

1943年8月5日

地点:本土安全部。

莫里逊(Herbert Morrison)先生说,欧洲的战局令人满意,但他对远东的形势不是很满意。他认为英国军队表现不佳,特别是在缅甸。但是他明白缅甸的战况十分艰难。在丛林中作战与在其他环境作战有着很大不同。由于日本士兵据说是死拼到底的,他认为单靠跳岛战术或是轰炸将不足以夺回缅甸。

宋博士说,只有缅甸北部地区是丛林,仰光所在的缅甸南部地区,战事的进行需要海空军参与。缅甸战役的成功需要南北两面的协同努力。他深信人员的重要性,但他并不确定雨季过后是否有足够的海空军力量可供调用。

莫里逊先生认为,快速击败日本的最好办法就是发起毁灭性的空中轰炸。他认为苏联在解除欧洲战场的压力后,将会协助英美对日本进行打击。因此,盟军可以以海参崴为基地对日本实施轰炸,使之无法维持下去。

---

① 时任英国本土安全大臣。

宋博士称,海参崴将起到很大的作用,但就他个人看来,苏联还没有要参加对日作战的迹象。

谈到欧洲的战势时,莫里逊先生对盟军在西西里岛和苏联战事的积极进展表示满意。意大利退出战争后,意大利军队也将撤出巴尔干地区,德国因此必须接防巴尔干,这对其而言不是一件容易的事,因为其人力紧张。

宋博士问莫里逊先生,欧洲的战事还将持续多久。

莫里逊先生回答说,他无法预知,但他感觉战事将在明年春天之前结束,因为他无法想象德国如何继续抵御像汉堡所遭受的那样猛烈的空袭。照欧洲战场上战事目前的发展来看,正如他最近告诉丘吉尔先生的那样,盟军或许可能在未知的情况下迎接和平的到来。盟军将继续对德国实施轰炸。他能肯定的是,德国人民的士气迟早要受到影响,尤其是当他们看到整座城市遭毁弃时。人们从汉堡撤离已经给德国的士气造成了巨大的影响。

莫里逊先生在回答另一个问题时说,鲁尔工业区及其周边城市损坏得非常严重。

《风云际会——宋子文与外国人士会谈记录》,第112—113页

宋子文致蒋介石电

1943 年 8 月 6 日

密呈委座钧鉴:本日太平洋会议,邱相发言甚多,关于缅北作战,揣其真意,英依旧进行。至缅南登陆问题,义变后正与美商。邱表示英、美既有绝对制海、制空权,不必专以缅南为对象,或选攻其他敌区无备地点,迫其决战,如德、义在西雪里、萨底里亚、科斯加、巴尔干、挪威、法国各地,到处设防,疲于奔命,而英、美选定西雪里集中攻击一点,果将墨索里尼打倒云。邱既固执如此,拟俟回美与总统再商攻敌计划,最后恐仰仗钧座与罗面商也。文叩。鱼(廿一日)。

《战时外交》第 3 卷,第 257 页

宋子文与克兰伯[①]谈话记录

1943 年 8 月 6 日

地点:格维德尔宫。

宋博士告诉克兰伯勋爵重新打通滇缅路很重要。他说,丘吉尔先生关于最终夺回缅甸后使这条路恢复运输及对增加该路运输能力可能性的了解似乎并不完整。宋博士列举了事实,并拿出一份延长并修缮这条路的计划大纲,以显示这条路的运输能力要提高到每月 20 万吨并没有很大的困难。即使是每月 10 万吨的运量,对中国战区而言都有着巨大的价值。武器装备尤其是枪炮与飞机的充足供给,将使中国军队能向日本人发起反击并将其赶出中国。只要得到制空权就能迫使日本人撤出长江河谷,长江目前是日军向其华中部队运送物资的大动脉,对长江上运送物资的日军船只实施轰炸是非常有效的。一旦补给线被切断,日军将不可能再留在华中地区。为了轰炸日本并切断其海上交通线,中国的沿海港口将是必不可少的基地。重新夺回缅甸将加速日本的失败。印度军队可以与中英两国军队合作展开地面行动,以夺回缅甸北部地区。这一行动将从南北两个方向并从中国的东部对日军施压,从而有助于通过海上作战夺回缅甸南部地区。

克兰伯勋爵问宋博士,是否已将以上这些事告诉艾登先生。他说他会亲自将这些告诉艾登先生。但他也很想知道,直接攻击日本本岛是否更快且代价更小。通过海空军联合行动对日本实施打击将是致命的。

宋博士说,如果盟军能对日本本土的中心发起攻击,那么这个国家的其他地区也将很快瓦解。

宋博士问克兰伯勋爵是否考虑过建立一个维护安全与和平的世界性组织的问题,他的想法将是最切实可行的。

克兰伯勋爵说,他对这一问题十分感兴趣,而且一直在研究。当

---

① 时任英国上议院领袖。

然,他不能代表英国政府发表任何言论。他的个人看法,正如去年秋天顾博士离开英国回中国前他告诉顾博士的那样,英帝国远东殖民地所遇到的问题并不是由于管理不善,而是现有的旧体系无法建立足够的防御屏障,以确保这些海外属地的安全。

他继续说道,国际联盟过去没有发挥作用,因为美国未加入这一组织。他希望这次美国人民已吸取了过去的教训,并乐意看到他们自己的国家来填补世界集体安全体系的空缺。中国遭到日本攻击后,国联未能帮助中国,据他回忆,主要是因为英美两国还没有做好充分的准备,正如诺曼·戴维斯先生在布鲁塞尔会议时告诉他与顾博士的那样,当时美国还无法向中国作出提供支持的承诺。

谈到远东问题时,克兰伯爵士说,中国、英国、澳大利亚、新西兰以及美国必须联合起来,加入一个总的防御体系。他的想法是,应该在中国、马来亚及远东其他地方建立一系列的条约口岸供盟国实施共同防御。他的意思与"条约口岸"一词的旧概念有所不同,即这些港口应仍归其国家所有,但可成为供签约各国共同使用来抵御侵略的海空军基地。

宋博士称,中国赞成建立一支捍卫和平与世界秩序的国际军事力量。

克兰伯勋爵说,这取决于"一支国际军事力量"的含义。如果它意味着建立一支单独的独立军队,由一名独立的指挥官负责指挥,并由一个世界性组织控制,以维护和平,那他怀疑这样的体制是否会被所有国家接受,尤其是捷克斯洛伐克、比利时等较小的国家,他们将会担心受别人支配,特别是如果较小的国家必须放弃保留自身军队的权利时。但如果它意味着一种安排,即在有需要时由各国出兵组建联合军队,用来先发制人或制止侵略,那或许更加可行。这就是他的想法,而且他认为,制订出针对世界不同地区盟军联合防御的单独计划将更加容易。

宋博士认为,英国皇家空军已经具备了某些国际军事力量的性质。

克兰伯勋爵说,就成员中包含不同国籍人员这一点而言,它具备了国际性质。但在装备与指挥方面,它仍然是一支单纯的英国军队。

宋博士相信,要组建一支国际空军力量并不困难。如果日本应该被完全解除武装,那么她不仅不被允许拥有陆军(警用部队除外)、海军和空军,还不允许其保留兵工厂与航空工业。

克兰伯勋爵完全同意宋博士的这一看法。在抵御侵略方面,他说应该制订一些关于任何特定地区间合作的计划。他坚决认为,只有预防性战争才是正义的战争。

《风云际会——宋子文与外国人士会谈记录》,第 115—116 页

宋子文与阿玛瑞①谈话记录
1943 年 8 月 6 日

地点:印度事务部。

一

宋博士感谢印度向正在蓝姆迦受训的约 4 万名中国军人提供帮助。

阿玛瑞先生很高兴得知中方对此感到满意。他说,一年前印度正处于危险之中,但现在,印度的防御力量已经大大增强了。再过 3 天,就是甘地绝食的周年纪念日,国民大会党的成员是否会试图扰乱印度的和平与秩序仍有待观察。无论发生什么,(英印)当局都会为此做好准备。

二

阿玛瑞先生认为,就他在太平洋战争理事会会议上的观察来看,存在某种有影响力的观点,认为缅北作战之后,(中印间的)空中航程将大大缩短,空运将在整个运输事务中占据更大的比重。

宋博士告诉阿玛瑞先生,滇缅路重新开通后,其运输吨位很可能提高。(这一目标)不仅可以通过修缮这条公路来达到,还可以通过利用

---

① 时任英国印度事务大臣。

滇缅铁路的公路带来实现。此外,铺设通向中国的输油管线,并在滇缅路沿线建造一些用于加油与进一步提高运输服务质量的站点,也是提高增加运输吨位的手段。铺设输油管线本身就将为那些向中国运送物资的卡车节省大量空间,因为届时这些车辆将无需再与往返程携带足够的汽油。同时,这也为飞机运输省下了大量空间,这些飞机现在还不得不腾出许多地方装载汽油。

三

双方就天然气的各种替代品进行了讨论。阿玛瑞先生说,犹太复国主义运动领袖怀斯曼博士发明了一种利用任何含淀粉的蔬菜制造燃油的方法。这位伟大的科学家有好几项科技贡献,他现在住在杜切斯特酒店。

四

阿玛瑞先生问宋博士,是否已经没办法挽回由缅甸沦陷与滇缅路关闭带来的局面,同时是否有可供选择的办法占领整个缅甸,尽管这需要很长时间。他进一步问道,有没有可能对日本防御体系中一些重要的地点实施打击,比如轰炸日本本岛,那里易燃的房屋可以成为随意攻击的目标。

宋博士说,他很清楚一旦日本本土的重要地点遭到袭击,整个国家就会垮掉。

和某些人一样,阿玛瑞先生不相信日本人都是战争超人,随时准备战死也不愿当战争的俘虏。他认为,空袭是迫使日本最终溃败的有效办法。

《风云际会——宋子文与外国人士会谈记录》,第 117 页

宋子文在 BBC 之演辞

1943 年 8 月 8 日

当余应英国公司之邀请广播时,余最初认为必须发表一演说。上星期日余曾聆听九时十五分之闲话节目,由伦敦出租汽车司机安德生

以简单及自然之方式,讲述伦敦在大轰炸期间彼所能忆及之一切,故余乃自忖曰,余在此间仅有数分钟对余之友人英国民众发言,余将无法作一演说,故余乃将演辞分裂若干片段。

余莅贵国以后不久,即接见报界代表,彼等曾对余提出若干关于中国之重要问题,余已自彼等身上获知诸君大约将以询余之问题性质。诸君开始或将询问中国以其薄弱之军事装备,如何能作战达六年之久。余可实告诸君,我国民众对于我国之抗战,并不感觉有特殊英勇之事物存在。日人早已计划蹂躏中国,征服全部东亚,进而统治世界。吾人系其邻人,故深知其所计划者为何。然当吾人以此事告知诸君以及世界其他各国时,并无人相信此说。吾人认为日人此次计划系属幻想,然彼等有此计划,则系事实。彼等于一九三一年侵略吾人之东北。此一地区包括吾人三大最富之省份,拥有全中国煤矿百分之四十,铁矿百分之六十。第二次世界大战,实于是时开始。彼等继乃逐步进略华北,所到之处劫掠、焚烧、屠杀,无所不为。吾人目睹一切事实之发展,吾人不得不起而应战,至于吾人是否准备充分,则在所不顾也。吾人倘不抗战,必沦为奴隶,且子子孙孙莫不如此。吾人如起而抵抗,则至少尚有度过危难之机会,故吾人乃起而应战。在此抗战六年之期间,吾国军队死伤数百万,平民在此最野蛮之侵略中,因屠杀、患病、饥饿而丧失生命者,更何止千万。吾人所予日军之死伤为二百万。吾人之损失,远较此数为巨。然吾人对此无须辩饰,盖吾人之武装至为简陋也。我国人民曾受极大之痛苦,然一若伦敦过去之遭受空中闪击,吾人仍能忍受,今则远距离之终点业已在望矣。

余常闻及一项问题,即吾人在军事装备方面之情况若何。诸君或亦知之,吾人仅能造制步兵武器及轻炮,而不能制造重炮、坦克及飞机。在抗战之最初三年内,中国曾接受苏联之军火援助,惟德国侵苏时,苏联即诚恳告吾人,不能希望再获援助。幸而其时罗斯福总统已施行租借政策,吾人乃能自美国获得若干武器。当时身在英国之诸君,不能为吾人之助,诸君本身亦未有准备,亦有若干与吾人所求诸彼等者相同,故供给吾人以作战物资及财政协助之主要部分者,乃系美国。事实上当美国第一批供给中国之武器到达仰光时,吾人尚须与缅甸之贵国军队分用此极少数之珍贵武器。缅甸失守以后,武器及军火即不能经由陆路运输。由印度至中国之空运线,虽畅通无阻,然迄最近为止,吾人尚不能获得充分之运输机。运输机之需要极巨。吾人之美国友人在斯罗门及阿留申方面亦需要运输机;北非方面为防止隆美尔进入亚历山大港起见,需要更多;大西洋之战争亦需要极多之运输机,结果所能供给中印路线应用之飞机数目,乃极有限。目前因武器及飞机生产之增加,局势似远较过去有望。美国当局已殚智竭虑,以增加由印输华物资之数量。然吾人必须重开陆上或海面通华之路线,俾久未获得国外接济之中国军队能有充分之武器,对日军发动反攻。吾人获得此等武器时,为更能与诸君及美国盟友合作,以击败亚洲之纳粹。

今君等必然盼余报告中国战后之希望。此种希望,乃以中国国内之复兴为中心。吾人毫无领土野心。吾人固欲收复全部失土,但对他国之寸土,并无染指之意。我全国人民之视线,皆集中于建国之任务上。君等必感觉我国人民借其决心,在蒋委员长领导之下,进行抗战,不顾一切困难,虽牺牲其生命财产与幸福,而绝无怨言愠色。中国今日之力量,在其国家之统一,全国上下,亿兆一心,普通人民,对此皆具信心,愿为此而贡献一切。君等今日正在考虑战后之社会安全,同样我中国人民亦正在考虑计划如何改进我全国之生活水准。吾人设不能达到此项目的,则对日作战之胜利,必失其大部分意义。中国以农立国,故提高生活水准最便捷之方法,为改进农业。政府将不再坐视不问,任令农民听天由命。吾人将实行农贷、合作,与兴修水利,改良施肥,设立农业试验场,及现代之运输机构。吾人相信行之十年以后,中国农民之收入必将倍增。惟吾人最艰巨之问题不在农业,吾人最大之困难,在建立中国的重工业与轻工业。吾人对此不存幻想,吾人自将解决此类问题,如如何获得必要之科学技术与资金,以树立吾人计划中之无数工厂,余前已言及吾人深知此事之困难,但吾人已决心建设吾人之工业,因无工业,吾人即不能将中国人民生活之水准大事提高,亦不克于世界之新经济合作多所作为。故吾人决定自战争后之复兴至工业化之动员,勿令其有闲歇之时,且吾人具有极大之优先条件。盖吾人无需如英美,从容缓进,而能立时应用最现代之技术。此种技术之获得,并非过难,今日但愿付出代价,亦可现成获得,一如其他货物。中国之工程师,将大批出国学习此种智识,将来归国后,将更有受过高深训练之外国工程师,甚至外国管理人员协助彼等建设新工厂。

至对于中国能否获得使其工业化之必要资本一问题,余之答案,为吾人相信战后在可能接受之条件下,吾人可获得外国借款。吾人认为中国工业之长成,对于吾国及前进之工业国家,互相有利。中国将成为一空前之市场,先进工业国可在其中推销其机器、船舶、机车、卡车等,及其他中国未能自制之消费品。当中国人民生活水准提高时,举世将蒙其利。试思一具有四亿五千万人民之市场,其购买力为如何。吾人在计划中发现与苏联政治制度虽异,但苏联为一极饶兴(趋)〔趣〕之前例。苏联原为与中国相似之农业国,但在二十五年之中,苏联已自一农业国家进为农工业同时发展之国家。苏联何以得臻于此,其本身甚少资金,而欲从国外获得资金,又极困难,但借其人民不断之劳作与平日之节衣缩食,以获得建设工厂之资金,苏联遂完成其工业化之奇迹。苏联以艰苦方法完成此举。就苏联而论,可谓借其人民惊人之牺牲,而获得惊人之成就。吾人感觉战后吾人将借艰苦方法,达到吾人之目标。故吾人如不能获得外援,而必须如此时,则吾人将以我国之新精神,一如苏联,使人民节省其消费品,以建设其工厂,决不畏缩。我国人民已在战时牺牲,必亦愿在和平时牺牲以完成吾人决心稳树之伟业。吾人自需和平,且其需要程度之迫切,一如任何旁人。余愿向诸君等保证,吾人始终切盼能对树立世界集体安全制有所贡献,愿使吾人之后裔无须再度对军国主义国家作战,无论在战或平时,吾人皆能与契友及盟邦之英国人民密切合作。

重庆《大公报》1943 年 8 月 13 日

宋子文在劳埃德银行欢迎午宴上非正式讨论记录

1943 年 8 月 9 日

地点：劳埃德银行董事会议室。

劳埃德银行董事会主席华廷顿（Waddington）勋爵说，他对宋博士在昨晚广播演说中提到的中国战后经济重建的潜力十分感兴趣。他欢迎宋博士就中国所需及英国能够提供的帮助发表看法。他们将竭尽所能提供帮助。他想知道宋博士是否有什么具体的建议，他提出的任何建议都将得到劳埃德银行最为仔细的研究与考量。

华廷顿勋爵接着说，他和他的同事们已就发展与中国更紧密关系的问题进行了讨论。有以下三种可能的办法：(1) 在中国设立进出口银行；(2) 让某些中国的银行充当代理行或联络机构；(3) 成立某个类似于苏联贸易委员会的机构，审批进出口合同。

宋博士说，直接在重庆设进出口银行没有太大作用，因为那里不会有这样的业务需求。至于另外两种办法，他愿意认真考虑。

关于中国战后的贸易政策，宋博士提到了他对纽约 J·P·摩根（J. P. Morgan）公司说过的话。中国反对美国、英国及日本的某些银行组成银行团在中国开展业务。期望中国同意那些银行通过银行团进行业务交易是非常可笑的，因为根据组建银行团的协议，没有日本的参与与允许，什么事情也做不成。汇丰银行代表英国。他把自己关于银行团的想法告诉了查尔斯·阿迪逊爵士，发现爵士先生十分不悦。

宋博士继续说，中国政府已经制订了集中发展中国重工业的十年规划。总的说来，中国政府的政策是监督、控制这些对国家十分重要的产业，同时将某些产业留给私营企业经营。铁路、水电工业与钢铁制造厂将归国家所有。其他基础工业，诸如船运业与煤矿开采业，将在政府制订的总体原则与框架内由私营企业经营。根据这些规划，在预定的几年时间里，中国将生产数百万吨煤，铺设数千英里铁路，建造数万吨船舶，等等。如果私人资本无力承担，政府将接管；或者如果发现私营企业完成的无法达到政府为国家制订的指标时，政府将负责填补空缺。

672　中华民国时期外交文献汇编 1911—1949 · 第八卷

比如,如果政府要求每月产煤量达到 200 万吨,而私营企业只能生产 150 万吨,那么为剩余的 50 万吨煤的产量政府将介入,或者以公私合作的方式增加这些私营公司的资本,或者重新开采一座新矿。

一名董事提问说,中国的银行是否会采用伦敦当下流行的体制。

宋博士回答说,这一问题他在作出答复前还需要研究。

另一名董事说,任何外国国民都能来英国创业。他问,外国公司在中国是否也会受到类似的待遇。

宋博士回答说,只有中国公司有权创业,但在国有资本占据主导地位的条件下,我们允许外国资本加入。外国人甚至可以在管理岗位上任职,但绝大多数的管理者必须是中国人。然而,这样的做法将不会持续很久。一旦中国感到其主权不再具有被他人侵犯的危险时——他实在不喜欢用"主权"这个词——她将对在华外国企业越来越敞开大门。

一名董事说,他的银行乐于为中国在英国购买机械和其他资本货物提供贷款服务,英国政府的出口信贷部将为中方提供担保。他想知道,是否中国出口货物时也能由某家中国的银行提供贷款,比如中国银行。

宋博士以中国银行董事长而不是中国外长的身份回答说,他认为这件事很好办。

重新谈及外国资本在中国投资的问题时,一名董事认为,有关贸易的小额日常贷款可以交给银行去完成。但对于战后的中国而言,他认为需要一笔中期贷款以购买生产资料。

宋博士问,中期贷款是什么意思。

那名董事回答说,就是 3 年至 5 年期贷款,在英国,由英国政府担保,也可以延长到 10 年。

《风云际会——宋子文与外国人士会谈记录》,第118—119 页

宋子文与英国红十字会及圣约翰协会战地组织成员谈话记录

1943 年 8 月 10 日

菲利普·切特伍德(Philip Chetwode)爵士感谢宋博士能在百忙之中抽出时间与联合战地组织成员见面,并讨论红十字事务。他问宋博士,战地组织除捐赠钱款外,如何才能最好地帮助中国。

宋博士同样对切特伍德爵士表示感谢。他呼吁战地组织与中国红十字会进行合作,从而最好地帮助中国。

宋博士告诉与会成员,中国红十字会迄今在中国所得到的支持是不够的。中国红十字会现在已经重新组织成立,没有任何党派性与政治性。它由一些公认正直的人进行管理,诸如,会长蒋梦麟博士是著名的北京大学校长,还有胡适博士与林可胜博士。

中国政府为协助中国红十字会工作,已经向其提供了一定数量的钱款。

他(与各成员)讨论了供给医疗物资的问题。

2. 宋博士称,向中国红十字会供给物资的一个大困难就是众所周知的运输瓶颈问题。由于所有的飞机都被用于作战了,经印度通过空运获得物资是不可能的。

3. 因此,宋博士认为,帮助中国的最好方式就是直接帮助中国红十字会,我们应当将所有的一切都引导到同一条渠道中来,这条渠道就是中国红十字会。他指出,中国现有的其他两个机构——全国卫生管理局与陆军医疗服务处,现在已经与中国红十字会建立了联系。

战地组织的成员完全同意宋博士有关通过中国红十字会向中国提供协助的看法。

4. 宋博士认为,当前,(捐赠)钱款将是最大的帮助。钱款将直接用于帮助战场上的作战部队。它不会被花在维持红十字会的运作上,而是通过红十字医疗人员与地方采购,为那些最需要帮助的人,尤其是那些在西部前线战场作战的士兵提供直接的帮助。这些士兵很快就会在缅甸攻击战打响后加入作战。

5.经过讨论后,宋博士同意战地组织提出的三个明确目标,这些目标为英国红十字会与圣约翰协会援助中国红十字会提供了最佳办法,即通过:

(a)向我们的委员提供所需花费的钱款,听取大使阁下以及他的顾问委员会的建议,同时应中国红十字会的要求,征询该会在各地采购材料的看法。

(b)委员们同意最好由中国红十字会开列一份体积小、重量轻的紧急物资的清单(比如药品、预防接种用血清以及类似的东西)。这样,即使来自印度的飞机过于拥挤,仍然可以容易找到放置这些物品的空间。大家同意由战地组织请求顾维钧博士为他们提供这样的清单。

(c)委员们同意,如果中国提出一份体积更大的物资的清单,那将十分有用。一旦滇缅路重新开通,这些将最先运送到中国。印度的战地组织可以先把这些物品储存在印度,以等待滇缅路的开通。

委员们认为,由于处于战争环境,要派出大量医生与护士并不可行。但少量的医疗人员,尤其是专业性强的人员,将是十分需要的,也很有用。

委员们认为,英国红十字会将指派一名委员驻重庆,与英国驻华大使协同开展工作,并与中国红十字会密切合作。战地组织将负责尽快向中国派出这样一名委员。

顾维钧博士阁下承诺,他将以任何可能的方式提供协助。

与会人员皆感谢中国外交部长宋子文博士提供有用的建议。

《风云际会——宋子文与外国人士会谈记录》,第119—120页

宋子文与亚历山大①谈话记录
1943年8月10日

地点:海军部。

---

①　时任英国海军部第一大臣。

亚历山大先生说起他长期以来对中国的关注,他回忆说,当年他担任在优山美地峡谷举行的泛太平洋会议英国代表团团长时,就预言,德国与意大利将会参与到推翻西班牙共和政权的革命中去,日本也将攻击中国,欧洲的战争将会在三四年内爆发。现在回想起来,他自己也很惊讶,他的预测竟然都成真了。

在回答宋博士的问题时,他说,意大利海军舰队没有落入德国人手中的危险。意大利人自己也不愿看到德国人得到这些舰船。这是他们唯一的王牌,用来确保从盟国那里获得更有利的和平条款。欧洲的战事一旦肃清,英国将派出所有的海军力量前往东方打击日本。

顾博士问亚历山大先生是否有关于日本海军舰队位置的确切消息。

他回答说,日军舰队仍在其本国的水域上。使日本溃败的最快办法,就是针对日本主要岛屿发动一次海上攻击行动。

宋博士认为,这样的攻击行动一定是从太平洋一侧海面上发动,而这样一来盟军将容易遭到敌人从陆地发动的空中突袭。

亚历山大先生指出,攻击舰队可由航空母舰上的战机提供护卫。

再次谈及意大利舰队时,亚历山大先生说,盟军想得到它们并不是为了用作己用,更多的是想让他们从后方为我们在地中海的海军提供护卫。意大利的维多利奥级战列舰非常强大,但从技术上讲,它们不如英国军舰。

顾博士认为,从海上攻击日本不仅需要英国派出其在海外的舰船,还需要派出国内舰船中的很大部分。

亚历山大先生说,英国只会派出国内舰船的一部分,因为德国军队尽管遭受了损失,仍然十分强大,大部分的国内舰船仍需要用来监控他们。

顾博士认为,要成功对日本发动海上突袭,必须要有一支优越的海军力量。

亚历山大先生对此表示同意,他说,美国人一直在建造强有力的舰船。以爱达荷号为例,它是一艘 4.5 万吨的战列舰,拥有 10 门 6 英寸主炮以及一组副炮,另有 80 门高射炮用来保护其免遭敌人的攻击。他自己就曾登上过这个级别的美国军舰,并观看了演习的情形,前来攻击的轰炸机无法接近它。

在与宋博士与顾博士话别时,亚历山大先生说,他对中国的兴趣确实可以追溯到儿时。当他还是一个 5 岁的孩子时,他在学校的一次表演中扮演"盒子杰克"中的角色,老师给他穿了一件中国服装。

《风云际会——宋子文与外国人士会谈记录》,第 121—122 页

宋子文与布雷肯①谈话记录

1943 年 8 月 10 日

地点:情报部。

会谈一开始,布雷肯(Bredan Bracken)先生说,英国与中国有伟大的友谊。他很高兴宋博士的来访将增进中英两国间的相互理解。他祝贺宋博士发表了精彩的广播演说,从而使英国人民彻底了解了发生在中国的战争以及她的需要与问题。他认为在英国人民面前展示中国十分重要。他对作为大使的顾博士过去在这方面的活动表示钦佩。现在,战事正朝着有利于盟国的方向发展,建立一条盟国联合战线是非常可取的。令他遗憾的是,他注意到最近莫斯科的广播与此并不同调。所有这些不协调对于盟国的合作没有任何好处。相反,这帮了戈培尔的忙,因为他正缺少这种宣传素材。

他继续说道,在战争胜败的危急关头,美国的孤立主义分子也无法预见一些更大的议题,他们一直在做一些毫无用处并徒然挑起盟国间矛盾与误解的事情。最近《泰晤士报》上刊出了一封信,有许多美国孤立主义分子的签名,这封信批评英国的印度政策,宣称印度应该获得自由。他很遗憾地发现,一个叫林语堂的中国人也名列其中。

---

① 时任英国情报大臣。

宋博士完全同意布雷肯先生关于主张建立盟国联合战线的看法。他注意到,一些在美国的英国人同样有反对中国的口头及书面言论。他认为解决这一问题的最好办法是由布雷肯先生从他在纽约的办事处指派某个人担任联络官,而他(宋博士)也将任命(中方的)一名联络人员。只要有中国人或者英国人在媒体或公众演说中出现与盟国共同利益相违背的论调,这两位联络员就应该会面,协商解决办法。他认为,可以很容易地找到制止(这些言论)的方法或手段。

布雷肯先生说他十分赞同这一想法。

提及意大利局势时,顾博士问,巴多格里奥政府是否为寻求和平而与盟国方面进行了任何直接或间接的接触。

布雷肯先生回答说,双方还没有进行直接的接触。但他知道,意大利政府与盟国间已有了间接接触。意大利局势发展的延缓是由于意大利人民向往和平,而德国人却一直逼迫巴多格里奥政府将战争继续下去。当然,盟国想将意大利作为与德国作战的基地,至少是使用其部分地区。他认为意大利海军舰队不会落入德国人手中,因为意大利人自己想保留它以便与盟国讨价还价。这些舰船对盟国而言不会有太大的用处,但盟国也不愿看到,当他们去远东与日本作战时,自己背后还有一支敌对的海军舰队存在。

布雷肯先生认为,意大利战事还要两个月时间才能完全肃清。目前,西西里岛的激烈战斗仍在进行,那里尚有 4 个到 5 个德国师。德国军队现正背水一战,猛烈抵抗盟军的攻势。但是,他们没有可能再获得援军了。某些德国士兵曾试着在夜间横渡海峡逃跑,但盟国海军盯得很紧,只有极少数人能成功逃到大陆上去。

他说,首先将希特勒击败的总体战略是正确的。德国被击败后,英国将能够派出大部分的海空军力量用以打击日本,"东方的普鲁士人"必须像他们在欧洲的伙伴那样被彻底击败。他同意宋博士的看法,即必须在德国溃败前重新夺回缅甸。

宋博士告诉布雷肯先生,英国某些人对滇缅路抱有悲观的看法,这种看法并不正确。他提到滇缅路的现有状况,以及在夺回缅甸后很快对其实施改良的可能性。宋博士还提到对滇缅铁路公路带的使用,以及输油管线的铺设。

宋博士同时向布雷肯先生说,就他与英国政府领导及各部门长官谈话的结果来看,他感到英国政府对于在雨季过后实施重新夺回缅甸的计划并没有坚定的决心。宋博士强调了缅甸战役的重要性,认为这不仅能使中国向大陆上的日军发起进攻,还将使盟国通过利用中国沿海为基地作战,最终击败日本。他还建议同时发动旨在夺回仰光与缅甸南部地区的两栖作战,以配合北部与东部的陆路推进战。

布雷肯先生说,这正是英国在欧洲击败希特勒之前就打算要做的事情。要粉碎亚洲的轴心势力,就不该有任何的仁慈之心。我们应该轰炸日本本土并将其摧毁。他认为东京不会是一个易于攻击的目标,因为这座城市是在火山爆发后牢固地建设起来的。但日本其他地区建筑陈旧,可以毁于大火。日本总是为其过多的人口而喋喋不休,并将其作为对外扩张的一个理由,通过空袭,盟军能帮其减低人口规模。

宋博士问布雷肯先生对于日本天皇的看法,并表示中国人民认为天皇应该废除。

布雷肯先生完全同意宋博士的看法,天皇仅仅作为一种象征存在,被日本军阀用来策划种种阴谋及侵略活动,应该予以废除。他希望看到日本出现一位由人民选举或罢黜的总统。中古的思想因素必须从这个国家铲除,否则东方就不会有和平。英国此次受日本伤害尤深,决定给予日本一次沉痛的教训,使其在未来不再危害世界。

《风云际会——宋子文与外国人士会谈记录》,第 122—123 页

宋子文与艾登谈话记录

1943 年 8 月 11 日

地点:外交部。

宋博士说,他非常抱歉自己来晚了一会儿,刚才他正与财政部的官

员们共进午餐,双方进行了非常有趣的讨论。

艾登先生很高兴听说中英双方的此次会面,他问宋博士,关于贷款问题是否有好的结果。

宋博士回答说,双方的讨论是一般性质的,因为他没有提出任何具体的问题。他非常感激艾登先生及英国政府对他的盛情款待。由于想回到大西洋的另一端(美国)去参加重要的讨论,他不得不缩短对英国的访问。

二

艾登先生拿出一份丘吉尔先生致蒋委员长的电报给宋博士看。

顾博士说,他知道丘吉尔先生已经抵达加拿大,他想知道首相先生是否已和罗斯福总统进行了接触。

艾登先生回答说,丘吉尔先生与罗斯福先生将在未来几天内进行会面,并非正式地交换看法。双方的正式会谈还需再过几天才会开始。双方的三军参谋长将首先会面,因为此次会议有着大量的准备工作需要完成。他们这次在加拿大见面仅仅是由于那里比较凉爽而已。要讨论的问题主要是军事方面的,但双方谈及政治问题时,他(艾登先生)将参与讨论。昨晚,他收到了丘吉尔先生发来的一封电报,称远东问题正在研究之中,而且已经取得了很大的进展。

艾登先生说,首相的随员中有熟悉缅甸情况的人。

宋博士认为应该是温盖特上校,艾登先生证实了这一说法。

艾登先生说,所有这些都显示,远东局势在丘吉尔先生心目中占有很大的比重,他无疑将与罗斯福总统商讨这一问题。

宋博士询问缅甸战役总指挥的任命是否已经确定。

艾登先生回答说,首相心目中已经有两到三位人选。但他(艾登先生)不便告知这些人是谁,因为事情还未最后决定。他希望地中海战区最高指挥官能出任这一职务,但这只是他个人的看法。更有可能的是,首相将任命一位海军指挥官或空军指挥官担任总指挥。

宋博士称,蒋委员长想请他准确告知(这一问题)讨论的进展情形。所以如果他出现在加拿大的话,还请艾登先生不要感到意外。

<h2 style="text-align:center">三</h2>

提到意大利局势时,艾登先生说,意大利政府已经通过里斯本与阿尔及尔方面与盟国进行间接接触。但这不过是他们的一种呻吟而已,并非明确提出结束敌对状态。我们不可能回应这样一种接触。如果这样做了,那就等于关上了谈判之门。

<h2 style="text-align:center">四</h2>

顾博士知道,艾登先生可能将经由莫斯科前往加拿大。

艾登先生说他可能会这样做,因为他将在英美加拿大会议结束后访问莫斯科。尽管苏联没有派代表与会,但仍了解会议的进行情况。

在回答顾博士的一个问题时,艾登先生说,梅斯基就要离职回国了,而新任的苏联驻英大使尚未到达。

<h2 style="text-align:center">五</h2>

宋博士说,他已经收到艾登先生关于西藏问题的非正式备忘录,并将其转达给了重庆方面。

艾登先生说,关于英国政府对于西藏问题的立场,他的备忘录并没有提供任何新的说法。

宋博士希望,一旦时机成熟,双方可以很容易地解决这一问题,尽管今天这一问题或许无法解决。他无法想象作为中国领土一部分的西藏,对英国而言竟是如此的重要。从儿时起他就记得,中国人民一直渴望维护国家的领土完整。

艾登先生说,他已经通过这份备忘录阐明了英国政府的意见,同时他也希望中国政府向其递交一份声明,说明对于这一问题的立场。

<h2 style="text-align:center">六</h2>

宋博士称,奥利佛·李特尔顿爵士已经告诉他,英国能破例提供他所要求的物资。

艾登先生很高兴宋博士对此结果表示满意。

七

艾登先生询问，宋博士访英结束之时是否由英国发表一份政府公报。

顾博士回答说，毛里斯·皮特逊爵士已经准备好一份公报草案，宋博士对该草案十分认可。

宋博士说，这是一份出色的报告。

八

艾登先生问，宋博士是否将与他签署一份租借协定，如果要签署的话。阿什莱·克拉克先生告诉他，这件事在过去 18 个月里显得十分重要。

顾博士解释说，中方已经提出一份协议草案，该草案与另一份贷款协议草案同时提出，并以电报的方式发给重庆方面，中方对此的商议集中在贷款问题上，目前还未收到重庆方面关于此项租借协定的回复。所以当克拉克先生与宋博士接洽这一协定的签字问题时，宋博士将其提交重庆方面，请求指示。

宋博士与顾博士都说，重庆方面将给予回复。但现在时间已晚，他们恐怕无法在宋博士离开英国前收到这一回复。

九

当被问及行程计划时，宋博士说，他打算今晚启程，直接前往普雷斯蒂克。由于他必须回中国参加 9 月 6 日举行的国民党中央执行委员会预备会议，他可能假道英国回国。此次会议将讨论几个重要的政治问题，其中之一就是在战争结束 6 个月后实施宪政。这对中国而言很重要，因为国民党是目前唯一的执政党，同时也是政府的后盾。他希望艾登先生了解此事。

艾登先生很高兴听到这些，并表示赞赏。他希望宋博士能再次访问英国，无论是回中国的途中还是从中国回来，他保证，宋博士随时都将受到热烈的欢迎。他对因林森主席去世，宋博士不得不缩短行程，减少活动安排，感到遗憾。他有许多问题想与宋博士讨论，他希望能有机会再次与这位中国的外交部长举行会谈。

《风云际会——宋子文与外国人士会谈记录》,第 123—126 页

中国外交部公报①

1943 年 8 月 14 日

中国外交部长宋子文博士,应英政府之邀,访问英国,已阅数星期。在此期中,曾与英首相、外相、各部大臣及陆海空军高级当局,作数度非正式之谈话。在英首相主持之下,曾召集太平洋会议特别会议一次,对远东方面之战略形势,加以检讨。在此空气极尽融洽之各次会谈中,双方就东西两方战事之各方面均曾交换意见,战后问题亦曾讨论。对方对于全力作战,以迄德、日两国彻底溃败,以及建立各项办法取得世界永久和平之需要,完全同意。

宋部长及英政府均热烈欢迎此次之机会,得以增进中英两国之谅解,并扩大两国继续作战及战后和平建设之密切合作基础。

重庆《大公报》1943 年 8 月 14 日

宋子文致蒋介石函稿

1943 年 8 月 17 日

呈委员长函稿　卅二,八,十七

委座钧鉴:

文留伦敦三星期,与彼方朝野名流及各国使节、流亡政府领袖等晤谈之余,见闻所及,或有呈供钧座参考之处,谨择数端,录陈于次。

一、此行自以探询英方对于远东战事之真实态度为主要目的。文与邱相谈话内容,前于艳戌电详陈,已可知其大概。虽自英皇以次,艾登、邱吉尔、陆海空军各部长及各党领袖,无不表示对日作战坚持到底,但所谓攻缅战略,另谋捷径,即便实行,为期尚远。一般以为欧战乃生

---

①　该公报在重庆、伦敦同时发表。

死关头,德败则轴心瓦解,远东战事非目前之急务,即亚洲英帝国权益,只可暂时不顾。此类观念,与美国不同。美国人民一致要求扩展对日战争,视为国家必需之政策,不仅为同情援助中国,且舆论影响甚巨。英国战时内阁实权庞大,一切政策之决定,全在政府。人民虽亦同情我国抗战,但政党意见、人民舆论,影响甚微。故太平洋作战之最后决定,仍在美方。美国若供给陆海空军力量,英国亦必合力作战。盖能左右英政府者,惟罗总统一人而已。

二、墨索里尼意外失败,无疑为意大利崩溃之开始,大举轰炸德境,秋季更将加甚,以及苏联抗战之坚强,轴心〔国〕潜艇之失效,联盟国军需生产之激增,凡此种种,俱使英当局确信德国不久必不能支持。空军总司令言,德国有效防空方法若无进步,联军陆海军若速合进攻顺利,则仅以空军之力量,即足使德国于本年底投降。此言虽过于乐观,然一般人俱以为至迟不过来年春夏季间事耳。

三、英国战时社会生活完全改观,人民自五十五岁以下,均须服役工场或补助战事之业。劳工部长严厉执行此项政策,无分贵贱,待遇一律。生活必需品,一切企业、交通、金融,无不受政府严格有效之统制。社会秩序井然,优于美国,颇足取法。一般政党领袖、企业家、银行家、教会,公认最前进之社会保护政策为战后所必需,但在战争时期,自以政府主持设计及统制管理为适当。不若美国人民,反有私管企业之趋向也。

四、英国外交方针,胥以能否制止德国再起为转移。英苏廿年不侵犯条约之签订,英本以为唯一解毒之方,其实苏联不过为求得物资上之援助,及至开辟第二战场未能实现,渐感失望。目前苏联实力强大,已有单独行动之势。且参加对日作战,须在德败以后,乃有可能。但亦不过坐享其成,一九三九年对波兰之故智。艾登因此希望法国复兴,加入同盟,抵制苏联,复拟划分其他欧陆为英苏两势力范围,再由列强保证世界安全。邱吉尔怀疑苏联,力图取得美国共同负责之外援。在战时,美国应不惜牺牲人力物力及海军,一切按照两国资源比例分担损失。

战后恢复远东失地,甚至扩充英属政策于欧洲大陆,香港至少须为英海军根据地。海陆空军均将保持战时全部力量,以便配置于欧陆及远东。英外部意见,日本战败后仍当维持其皇室,以秩父代昭和。

五、英国对于印度及英属各地,负债达四十万万美元,加以战时每年举债十万万零两千万元,对美所负债额,更属惊人。英政府负责者,正考虑设法销除。战后复兴,势将倚赖国外市场,并愿恢复日本市场。罗总统曾明告艾登,希望中国因美国之协助,于五十年内成一强国,此言或足以增加英方误会。邱相深知英美对华之最后决定在华府,只有以其毅力试为操纵而已。

六、文曾与欧洲各流亡政府首领,及前西班牙共和党各领袖晤谈,彼等一致畏惧德国之再起及苏联势力之影响,虽明知若无苏联之抗战,联盟国早已战败。欧洲沦陷区内秘密活动,颇有社会主义之趋向,政治组织虽不显明,或有联合为一欧洲集团之可能。

七、最难解决之问题,即为苏联与波兰之争端。苏联希望或者成立一独立之波兰,与苏联缔结军事同盟及共同一致之外交政策,或者以分割土地及无产宣传,使沦为弱小国家。苏联显然争取一九四一年与芬兰所定之边界,割取挪威北端,以达大西洋,并获得波罗的海诸小国、罗马尼亚、沙罗尼加埠之管理权。英国最初受美国影响,反对战时关于土地疆界之谈判,但目前英美或将变更此政策。

八、德国国防军内部分为三派,旧军官派已渐失势,其余两派势均力敌。附属戈林及沙特者主张与西欧各国成立谅解,共同对付苏联;另一派则主张苏德同盟为德国称雄世界唯一办法,即使赤化,亦所不恤。苏联现拟成立自由德国委员会。此举足以操纵现局,英美颇抱不安。后因史丹林再三拒绝与罗总统会商,于是奎贝克会议后,艾登乃不得不赴莫斯科一行。

综核上陈各节,欧洲战事,虽有进展,政治内幕,则愈趋复杂。对日作战,英美未趋一致,最后决定,仍须总统努力。

《宋子文驻美时期电报选》(1940—1943),第209—211页

顾维钧回忆录载宋子文访问伦敦经过
1943 年 7 月—8 月

外交部长宋子文在 7 月 24 日到达伦敦。他在尤斯顿车站受到英国政府代表、中国大使馆全体人员,以及中国政府其他代表的欢迎。我陪同他到克拉里奇斯饭店他的房间,我们二人在那里就英美的政策,以及战局概况互换了情报。他告诉我,在离开华盛顿以前,他会见了罗斯福。罗斯福对他的伦敦之行有所嘱咐,要求他保持坚定,对全球局势要有信心。罗斯福并告诉他,英国人还是不愿意充分承认中国的地位。因此,和他们谈话时态度要高昂一些。宋也见到了副国务卿萨姆纳·韦尔斯,韦尔斯告诉他,英国将会同意把满洲和台湾交还给中国。关于满洲问题,唯一的困难是要看苏联持何态度。韦尔斯认为西藏不成多大问题。香港问题虽然要棘手一些,但只要在交还的条件上作些讨价还价,中国还是可以把它收回的。

中国外交部长访英的初步印象并不太好。使馆的参事陈维城报告我说,宋到英国那天,英国外交部派布罗德到普雷斯维奇去迎接他。布罗德在火车上告诉他,外交部常务次官贾德干爵士不能到伦敦车站欢迎他。宋子文当时显得十分愤怒,他问陈,怎样才能把他访英的日程缩短到至多不过三个星期。这是第二件使他不高兴的事。第一件是艾登也不亲自到伦敦车站欢迎他。但我认为这二位外交首脑不去车站迎宋,并非存心侮辱或有意冷遇。他们实在是为大小会议忙得不可开交。后来事实证明,那时他们正在准备离开英国,随同首相去同罗斯福总统举行会谈。

由于宋子文在华盛顿时曾写信告诉我,他想找个清静处所度周末,因此我在韦布里奇给他租了一处舒适的住所。7 月 25 日,星期天,我驱车把他,还有李滋罗斯爵士一起带到韦布里奇的住所。在那里,李滋罗斯告诉宋和我,英国财政部对中国贷款问题的态度丝毫未变。财政大臣金斯利·伍德爵士总是"无所作为",而依靠凯恩斯勋爵找些论点来支持他自己的无所作为。英国外交部现在对这一问题更是无能为力,因为他们接到重庆的报告称,委员长倾向于同意目前的条件,只有财政部长孔祥熙还在争取向伦敦把条件搞得更优惠些。这就是问题被拖延的原因。

宋子文告诉我,美国愿意向中国提供价值两亿美元的黄金以维持法币的币值;并且商诸英国,希望借用印度的黄金库存,以免远道从美国运往中国。但是英国的答复颇令人沮丧。他们说,把黄金送到中国去,只能助长那里的投机风,受惠的仅仅是银行家们。更有甚者,他们说,把黄金从印度拿走会动摇印度货币的信用,政治影响不好。

宋和我私下里商议我们应该对艾登说些什么,以及从大体上说,他此行应该争取达到哪些目标。他认为如果西藏问题能够取得保证,缅甸的作战方案也能定下来,他就应该满足了。他对贷款问题倒不急于求得解决,特别是在听到了李滋罗斯的那番话,以及我所作的估计,认为要想修改英国人最后提出的条件没有多少成功的希望之后,就更不去想贷款问题了。宋告诉我说,他此行的首要任务是推动缅甸战役的准备工作加速进行。雨季只剩下两个月了。他要摸清英国人到底是打算积极推动计划,以便在十月中付诸实施,还是采取拖延政策。如果是后面这种情况,他就打算把他的访问缩短到三个星期左右。

第二天,我把宋带到白金汉宫去在金册上留名,然后按照预定的安排去访艾登。我们来到外交部时,贾德干已经在那里迎候。我们见到艾登后,宋首先提出了西藏问题,一时气氛有些紧张困窘。艾登说,关于中国对西藏的宗主权问题,他的政府和中国的立场是不一样的。实际上,双方的见解是截然不同的。我建议双方各自提出一份备忘录,表明各自的观点,以利商谈。我提出这一建议的目的是为了尽快结束这一尴尬局面,防止局面进一步恶化。他二人都表示赞成我的建议。这样,会谈才得以继续进行,而再没有发生其它障碍。

英国政府预定在 7 月 28 日晚间为中国外交部长举行一次正式宴会。上午我和宋在一起,帮助他起草晚间他要在宴会上发表的演讲稿。下午一点,艾登打来电话说,他记得宋博士已经同意不发表正式演讲。

但是他现在了解到宋打算发表。（他这个不完全正确的消息肯定是从他自己的下属那里得来的。）我说是的，宋正在起草他的讲稿，这是因为他看到了一份艾登的讲稿才动手的，尽管那稿件上确实写着"此稿尚未经艾登过目"。艾登说，这是天大的误会，应该由他的秘书来负责。他不打算发表这样的演讲。我说，宋实际上也同样乐于不发表正式演讲。这样，宋的讲稿就重行改写，大大缩短，有关政治方面的内容基本上全部予以删节。下午四点，我给艾登送去一份副本，供他参考。他也同样好心地给我送了一份讲稿副本，还加上了他的说明。

宴会是由艾登代表政府主持的。赴宴的有四十来人，其中有八个中国人、美国大使、英国战时内阁和三军的代表，还有许多英国的其它显贵。这一盛会确乎不同寻常。艾登发表了措辞适当的讲话，既诚恳又不拘形式。他表达了热情和诚意，至少他给我的印象是如此。他在讲话中甚至还提名赞扬了我。他说："从大使这个辞的崇高含义"来认识，英国政府能有我这样一个人作为中国大使，驻在这里，"实在感到十分幸运"。他指出，在复杂、微妙，有时是十分费力的外交事务中，我起了有益的作用。我得到的印象是，至少艾登本人强烈希望，战后英国能同中国，以及美国、苏联一起，共同携手合作。

宴会以后，宋和我在他卧室内又谈了一个小时。他问起了我在袁世凯总统手下工作的经历。他告诉我，他渴望和邱吉尔会谈，摸清邱吉尔对缅甸战争有多少诚意，并以此决定他自己在英逗留的久暂，换言之，他的主要目的是要求英国合作，以便促使早日光复缅甸。

第二天，邱吉尔夫妇为宋举办了一个招待会，那完全是个社交集会。与会的总共有十来个人，其中包括蒙巴顿勋爵夫妇和克兰伯恩勋爵夫妇。席间谈笑风生，话题广泛。例如墨索里尼的倒台，意大利濒临崩溃，以及议会工作经验等等。邱吉尔对我承认，他在反击下院某些反对他的人时曾说过，中国古代的御史，为了表白其忠贞和纯洁，常采用自杀行动。邱说，他是说过这样的话。不过，当他自己是反对者时，那就又当别论了。我的夫人坐在邱吉尔右侧。邱吉尔对她说，他很遗憾，未能会见那位伟大的夫人，意思是说蒋夫人。他又说，他现在老了，不能到中国去访问了。（表面看来，他是随随便便说了这么一句。但是可以体会到，他确实是由于没有会见到蒋夫人而感到失望。）

那天下午，我陪宋去访问财政大臣金斯利·伍德爵士。我们仅泛泛的谈了一会，双方都避而不提贷款问题。

宋子文出席了我大使馆为英国议会内英中委员会举行的午宴。席间，利斯托韦尔勋爵、卫德波上尉和海军上将比米什都坚持认为，要从缅甸出击打败日本，代价太大。比较好的方案是直接进攻日本本土诸岛。他们说，这是英国政府内部普遍的意见。

第二天下午，宋要我到他那里去，帮助他制订一个约会计划。他说，他打算在 16 日前往美国。这比他原定的日期提前得多。他说，他已经把这一行动计划急电报告委员长。他给我的印象是，他认为邱吉尔不够直率，不够友好。另外是新任印度总督魏菲尔也访问了他，但没有谈什么重要的事，是一次纯粹的礼节性拜访。约翰·迪尔爵士也访问了他，这个人比较坦率。迪尔说，英国海军已经向远东方面增援，一俟印度的局势得到澄清，还要继续增派。宋认为邱古尔应该把这一情况告诉他。但是相反，邱却说，他现在还无法获得任何海军增援部队。

同一天，财政大臣在萨沃伊饭店为宋举行午宴。在座的有，财政部大臣艾奇逊、战时储蓄局首脑金德斯利勋爵、凯恩斯勋爵、凯特尔、肯尼特及凯恩博伊……。也就是说，所有的财政和金融巨头都到了。财政大臣两次举杯祝酒，第一次是为英王，另一次是为中华民国。祝酒后非正式致词，欢迎宋子文来英访问，并赞扬了他的成就。宋也即席讲话，讲得既得体、又庄重。

下午，我陪宋去会见劳工大臣欧内斯特·贝文，谈得很融洽。贝文给宋的印象是个典型的劳工领袖，但比艾德礼精明能干得多。他告诉我们，英国四千五百万人口中，已经有二千五百万成年男女军事化。宋问，战后工党打算追求什么样的目标。他说，英国将执行一种介于不分贵贱的美国式资本主义与苏联式共产主义之间的社会主义化中间路线。他并且告诉我们,他正在号召为飞机厂和飞机工业增募新员。因为要在远东打败日本,空军对飞机的需求正在增长,而且将继续增长。英国人民将会怎样来对待这一局面? 政府的决心早已昭告于全国。英国人民会不会认为远东离他们遥远得很,打败日本人是个长期的任务,因而不支持政府? 这是个盘旋在贝文脑际的问题。

魏菲尔将军拜访了宋子文。不过据说这仅仅是一次礼节性拜访,并未提到收复缅甸的事。

星期六,即 7 月 31 日,我再次陪同外交部长和他的随从人员来到韦布里奇住所。我们就各项问题进行了长谈。他谈到对中国政局的看法,需要一个民主立宪式的政府,或者至少要用民主宪政来装装门面,他和委员长打交道的经验以及他二人之间的矛盾,他在广东创办中央银行的情形,他对中国经济复兴的兴趣,他对外交工作的厌恶,保留外交部长这一职位,仅仅是使他在国外有资格同美国以及其它国家政府打交道。今年回国后,他打算辞去这一职位,并希望我接着担任起来。他感到自己拙于辞令,而我则最适于担当这一职位。

8 月 1 日,我们得到了林森主席逝世的消息,是路透社和英国外交部报道的。到下午两点才得到中国外交部的证实。这使我们大家都感到震惊,虽然这不是意外,因为他从 5 月份以来就已经病倒了。中华民国主席溘然逝世,这一突如其来的噩耗使人感到悲痛,也使宋在伦敦的既定活动计划变得复杂起来。英国外交部希望知道,宋是否还能出席那天预定的鸡尾酒会,以及蒙巴顿爵士夫妇准备在 4 日为他举行的午宴。于是我们马上对这些问题进行了研究。开始我想宋可以出席这些招待会的,宋的随行人员拉西曼博士和施明博士也都同意我的看法。但是大使馆全体人员和总领事全都逼着我把一切社交约会都取消。我被他们说服了,并决定不采取任何折衷办法。国内的人不会理解这次宋因公出访所遇到的特殊情况。但是,不管如何悲痛,我国和一个盟国的关系应该延续,尤其是在战时。我决定夜间去找宋,告诉他一切社交约会均取消。

8 月 3 日,宋和我一同去参加了一个参谋长会议,这个会议是为了研究中国的需要,发动收复缅甸的战争,以及重开滇缅公路等问题而召开的。会议由帝国参谋长艾伦·布鲁克爵士主持。英国方面有八九个人参加,其中包括空军上将查尔斯·波顿爵士、海军参谋长路易斯·蒙巴顿勋爵、空军参谋长达德利·庞德爵士、联合作战司令伊斯梅将军及太平洋作战委员会霍利斯将军。布鲁克将军办事很有条理,他把英国人的观点表达得既简洁又坚定。英国方面在滇缅公路收复后,能否重开这个问题上,意见有分歧。宋在会上做得很得体,他大胆发言,说得铿锵有力。我所得的印象是,英国人并没有决心通过一场大战来收复缅甸,他们只不过想收复滇缅公路。他们的计划是在别的地方进攻日本,把它包围起来,用较短的时间将其打败。而且这也要等到德国被全面击溃以后方能实现,还是老问题。我们中国人迫切希望发动一个战役,以收复缅甸,同时打击日本人的气焰,使他们不敢对中国发动进攻。可是英国人却渴望首先打败希特勒,把日本和远东问题暂时搁置一旁,等打败德国以后再说。

我立刻赶回去,为宋草拟了一个电报,把这次会议的结果报告委员长。

我又陪宋到威斯敏斯特去见艾登。贾德干也在那里。

我在大使馆主持了宋子文举行的记者招待会,并把他向八十来名记者作了介绍。宋毫不迟疑地回答记者们的问题,他的坦率程度给记者们的印象很深。会上的记录相当完整,但是宋不希望向外界透露。他要求把记录全部销毁,包括修正本在内。他要求这样处理有个理由:就是澳大利亚记者提的问题和当地公布的文本都使他很不放心。当然,已经说了出来的话是很难收了回去的。而且记者们都已赶忙去打电报发新闻。当然,没有官方公报,总是可以说这段报道并不准确。

在 8 月 4 日举行的太平洋作战委员会的会议上,这位外交部长谈得很自信,也颇自如。他讲的主题是重开滇缅公路的必要性,并且驳斥了那些关于要修复滇缅公路,扩大其运输能力,困难很大的托辞。听的人都感到他讲得切实有力。

下午晚些时候，外交部的阿什利·克拉克先生和丹宁先生来访宋子文和我。他们来的目的是想就两国有关的问题与我们交换意见。谈及的问题之一是，打败日本以后如何处理天皇制度。当时非常普遍的意见是要废除天皇制，特别在美国，这种主张最为普遍。这种主张一直流行到日本投降前夕。在我记忆中，那是由于一个美国人，前驻日大使约瑟夫·格鲁的坚决反对和论证，才使罗斯福总统终于同意保留天皇制这一明智的抉择。在我们同克拉克和丹宁谈话过程中，宋坚决主张要把废除天皇制作为和平条件之一。这使我感到相当惊讶。他从未向我透露过这一主张。事实上，这是我第一次听到中国政府的意见。我感到，宋表示的意见是委员长的意见，也是他自己的。但事实上，我不能肯定，我们的外交部长这时发表的意见反映美国人的观点多些呢，还是委员长的多些？丹宁曾在日本居住和服务过十一年，他千方百计地设法打消宋的主张，但无济于事。（后来，我国政府对这一问题的立场终于转变了。）

8月5日，我陪宋去见挪威大使特吕格弗·赖伊博士。我们进行了友好的谈话。赖伊为人爽朗坦率，宋和我对这次谈话都感到愉快。

同一天上午晚些时候，我们会见了休·多尔顿博士。我知道他过去是伦敦大学的经济学教授，入阁不久，他待人和蔼，但书生气比较足。他强调中国、苏联、美国和英国必须携手合作，形成战后世界的四大支柱。宋显得有些不悦，可能是因为他怀疑多尔顿言不由衷，也因为多尔顿只提到中国在战后的重要性而没有提在战争中的重要性。宋答道，有许多人心目中仍然只有飞机大炮，如果以这个尺度来衡量那就肯定不会在平等的基础上把中国作为四强之一来对待。

后来，我们又访晤了赫伯特·莫里森先生。我们之间的谈话毫无拘束。不过，莫里森似乎不太熟悉礼仪，我们站起来告辞时，他仅和我们握了握手，却站在书桌旁，一动也不动，甚至没有把我们送出办公室。多尔顿和贝文也是如此，不过他们把我们送到办公室门口。

我们又去拜访了阿奇博尔德·辛克莱,他谈话很坦率,但在谈话中有些傲慢。他提到有个西南联合大学政治系主任叫钱端升的,给他写过一封信。辛克莱说,钱和他素昧平生,但他的信却很有意思,见多识广。不过,他对英国打算先击败希特勒的政策,颇多责难。

第二天,我陪宋去看詹姆斯·格里格,他是陆军大臣。他曾在财政部任公职十多年,并任过财政部驻印度财政专员五年。他对中国的知识似乎是从顽固分子的报告中得来的。

从陆军部出来,我们又到印度事务部去见艾默里先生。我们之间的谈话大部分是社交性的,但我们确曾触及了滇缅公路问题,以及如同对德国一样,把日本彻底打败的重要性。

宋和我应空军少将格拉泽之邀,同他作了一席谈。谈得非常坦率。他告诉我们一些有趣的情报,有的是关于日本生产飞机的能力的情况,有的是关于德国、英国、美国以及日本等各国的飞机优劣的情况。他说,日本的飞机补充能力是每月八百到一千架,即便是德国也超不过每月五千到六千架。但是仅英国自己的生产能力就已经超过了德国。

原先,经我建议,并得到宋子文同意,我已经为他安排好,还要会见另外许多人物,特别是一些暂时在英国设立流亡政府的盟国领导人。一般情况下,凡我没有陪同他一起访问时,他都把谈话的内容介绍给我。这些人中,我们见到过捷克总统贝奈斯,并感到他对欧洲战事相当乐观。他希望欧洲战事能在 1943 年内定局。他说,希特勒必须把他的军队撤回到波兰东线以西。他的高级指挥官告诉他,德国军队只能再保住东线六个月;而且德国必须和苏联讲和,才能顶住英美在西欧和南欧发动的进攻。我们问他苏联的远东政策时,他说,苏联没有领土野心,它不会要满洲。

宋子文同荷兰外交大臣范·克莱芬斯的谈话可不太愉快。宋问我,范·克莱芬斯建议把两个中国海员的问题提到海牙国际法庭去是何用意。我说,他想必是打算把这一争论拖到战后再解决。这样,双方都可以保住面子。

宋还访问了斯塔福德·克里普斯爵士。他认为此人有些教授派头,不甚坦率。克里普斯对中英两国间产生磨擦的原因都提到了。他说,同印度的麻烦,实际上是印度政府造成的。还有,香港不能交还给中国。

生产大臣奥利弗·利特尔顿告诉宋,除英国不生产的东西而外,宋所提清单上的项目,有可能全部提供。

外国银行盼望能象在伦敦盛行的那样,在放宽的条件下同中国往来,汇丰银行的海因克曼希望宋子文对这个问题作个明确的否定表态。由于宋不了解伦敦和纽约的情况有什么区别,所以他没有答复。(在纽约,外国银行是不允许接受存款的。)

宋从美国大使怀南特那里获悉邱吉尔将去加拿大参加魁北克会议。至于宋是否需要缩短他对英国的访问,立即去大西洋彼岸的问题,大使答应探明艾登的意见后再告诉宋。(实际上,宋不久就决定飞往魁北克。)

8月8日,美国武装部队的德弗斯将军派一名军事信使送来一份电报。电报是美国参谋长马歇尔从华盛顿打来。电文说,他接到可靠消息,中国政府已经向中国共产党人提出要求,限令他们在8月15日以前解散他们的政权,并把其军队置于政府控制之下。如不照办,政府将采取措施来对付他们。马歇尔将军表示感到不安。我问宋能否设法防止冲突。他显然是感到心烦意乱,要求我马上给委员长发一个电报。

8月11日,宋再度会见詹姆斯·格里格。回忆五天以前,我们三人进行的谈话,并非十分顺当。这次在李滋罗斯爵士的建议下,由他二人单独会见。李滋罗斯是格里格的好友。这样做是希望他们可以自由自在地讨论任何问题,愉快的也好,不愉快的也好。后来宋告诉我发生的事,他说这位陆军大臣谈到了印度以及中国军队的糟糕情况等等。宋老实不客气地告诉他说,他绝不能把中国人和印度人等量齐观。中国对印度没有野心,怎样对待印度人是他们自己的事。不过,在宋看来,英国人应该对印度人宽厚些,因为他们是雅利安语族,而中国则不是。宋毫不犹豫地承认中国军队受到了重大损失,由于缺乏武器,所以中国军队伤亡惨重。他说,这就是为什么中国一直在呼吁要求提供更多物资的原因。至于中国的内部情况,他告诉格里格,在战争结束六个月之后,中国将建立起一个宪政政府。

8月11日宋出席了一次有财政部高级人员参加的午餐会,其中包括凯恩斯勋爵。席间进行了冗长的讨论。宋关心的主要是中国的财政经济状况。而财政部的先生们却逼着他,要他说明,他打算怎样解决贷款问题。他们自己则坚持两个基本条件,分毫不让:

(1)这些资金只能在英镑区使用。

(2)借款不得延长到战后使用。

宋对他们明确地表白自己的立场。他说,他不是来解决借款问题的,因为他不是财政部长。杨还想进一步逼他表明态度,但是韦利小心地打断他说,不能强迫宋博士谈他所不愿谈的事。

那次午餐会拖得很长,以致耽误了宋的下一个约会,和艾登的最后一次会谈,由于宋的迟到,艾登接着还有另一个约会,所以这次会面时间很短。但他们二位把中英两国间存在的所有突出问题都谈到了,其中包括经由西藏向中国运送物资的问题。他们也谈到了邱吉尔同罗斯福在魁北克的会晤,以及中英两国为宋子文访英发表联合公报事宜。宋即将离开英国,他自己把这次访问的重要性总结了一下。他说,这次访问的重要性,主要的不在于解决了什么具体问题,而在于他同英国政府的领袖们建立了联系。

《顾维钧回忆录》第5分册,第351—362页

(三)中国报聘团访英

说明:1943年底,国民政府为加强与英国的友谊,组织派遣了中国访英团,对英国进行了为期40多天的友好访问。中国访英团,亦称中

国报聘团,是对 1942 年英国议会访华团对中国访问的一次回访。其性质同议会访华团性质类似,都是友好访问团,目的都是为了加强中英的相互了解,促进双方的关系向更好的方向发展。中国访英团访英时,民主国家在各个战场已转入反攻,二战的胜利已成定局。中国访英团访英的重点则在消除双方的误解,为战后世界的安排和中英间的合作奠定基础。中国访英团正式成员由王世杰、王云五、胡霖、温源宁、杭立武五人组成,李惟果任秘书。在英期间,访英团足迹遍及英伦各地,先后拜会了英王乔治六世、首相丘吉尔、各部大臣、内阁阁员及各界的代表人物。访华团所到之处,无不受到热烈欢迎。

在英期间,访英团成员向英国朝野表达了中国真心和英国合作的愿望,回国后又将其在英国的所观所感转告国人,进一步加强了双方对彼此的认识。在中英关系较为困难的情况下,访英团英伦之行,向世界各国表明了中英双方不论是战时还是战后,都愿意继续加强合作的愿望,表明了盟国间的团结友好。

吴国桢致蒋介石签呈

1943 年 6 月 10 日

顷准英大使薛穆来部面称:奉艾登外交部长电令,以英国前派国会访华团来华,备受欢迎,用特探询我方有无派访问团报聘之意,并建议若果派遣,似以秋季前往为宜,且望对于访问团人选能事先告知,以便邀请等语。理合报请核示,以便答复英使。谨呈

委员长蒋

蒋委员长批示:交王主任雪艇妥为核议,并拟定人数与名单呈核。

《战时外交》第 2 卷,第 127—128 页

蒋介石致军事委员会参事室代电

1943 年 7 月 10 日

侍秘字第 18371 号

本会参事室王主任勋鉴：七月二日第214号签呈悉。顷据顾大使少川来电称：（一）曾向外次商邀我访英团方式，彼云如团员不仅参政员拟由英国政府名义邀请，如全系参政员，则另须转商两院议长加请，但彼亦以为我如能将团员性质放宽，包括他界代表，则联欢范围更广，益足鼓起英国民众之兴趣与同情。对于议院方面，可由团中之参政员会递专书访问，而该院亦仍必热诚招待；（二）团员人数定六人亦甚适宜，惟似不必限于参政员，除教育、新闻界、党与经济及工业、社会每方面亦可酌派适当人员一人，党如吴铁城、张大田（电码错误）、梦麟或世杰，经济如光甫或贝菘先生，社会如晏阳初先生，工业如刘鸿声或钱昌照先生等，如何仍请酌夺；（三）我国参政会性质与英议院稍异，如访问团能包括他界专家，成为范围较广之团体，则对英各方联络更易，既可博英民之情感，益可宏访问之效。近数月来，因中英间种种磨擦，此间政府、议院及民众方面殊多流言，或谓我态度骄矜，或谓我国家主义过浓，而英方驻华经济、军事代表所陈政府关于我国现状之秘密报告语多悲观，益滋评议，钧意此次访问团首席似宜遴派资望深经验富者充之，庶借此极力转移视听，俾收一举两得之效等语。特电转达，即希就所陈各点核签意见，迅速具复，候复为盼。中正。午蒸。侍秘。

中华民国三十二年七月十日发

中国第二历史档案馆藏国民政府军事委员会档案

参事室致蒋介石呈函稿

1943年7月15日

谨呈复者：奉交核议顾大使关于访英团人选意见，昨经约略面陈，当承钧座指示并嘱续予研究。窃意顾大使来电拟请政府遴选有资望之人参加报聘，借以转移英国朝野对华之观感，用意良是。兹谨续呈意见三项如左：

1、此次报聘团似以由参政员及党部派员参加为宜，如另向会部以外遴人参加，则其组织颇嫌纷杂，或不易为英方一般人士所明了或重视。窃意钧座似可就中央党部中再指定二人参加访问。

2、参政员中经遵示接洽,表示愿往者,有王云五、钱端升、杭立武、胡政之四人。日昨陈启天参政员来言,如就其他党派中指定一二人参加,对内对外,似均有益。陈参政员并嘱转陈。此议可否采纳,敬祈赐予考虑。

3、拟于钧座决定人选后,以钧座及参政会主席团其他主席名义,将拟令参加报聘之参政员名单提出驻会委员长会议征求同意。

以上所陈,是否有当,敬祈裁核。谨呈

委员长

参事室主任王〇〇谨呈

七月十五日

中国第二历史档案馆藏国民政府军事委员会档案

参事室拟中国访英团节略
1943 年①

一、名称　中国访英团

二、目的　增进中英友谊,加强中英合作

三、组织　本团由中国政府征询参政会主席团及立法院院长意见后,选派左列国民参政会及立法院人员组织之

王世杰　参政会主席团主席委员

王云五　参政员

胡　霖　参政员

杭立武　参政员

温源宁　立法委员

四、任务

---

① 原件无日期,推定应为 10 月份。

（一）宣达中国对英之友感；（二）考察英国努力抗战实况，并报道于中国政府与人民；（三）与英国朝野交换意见

五、赴英时期及留英时间　定十一月赴英，留英期间预定约一月

中国第二历史档案馆藏国民政府军事委员会档案

王世杰致陈布雷函

1943年10月22日

布雷先生左右：敬启者：关于访英团事，日昨吴次长来询如何通知英大使，当经告以本团名义为"中国访英团"，本团团员五人系由"中国政府于征询国民参政会主席团暨立法院院长意见后选派"。盖惟有此方式较为合适也。故在内部手续上，似尚须以委员长名义报国防最高委员会，一面以国民政府文官处以奉主席谕之方式，通知被选派之五人（即王世杰、王云五、胡霖、杭立武、温源宁），至对外发表之期，则俟英方回答到渝后定期发表。以上拟议手续，如兄认为妥适，敬烦惠予办理为荷。并候刻安。

弟王○○敬启
十月廿二日

中国第二历史档案馆藏国民政府军事委员会档案

王世杰致蒋介石签呈稿

1943年10月26日

谨签呈者：访英团不久将启程赴英，兹拟就钧座交由该团致英王暨英首相中文函稿各一件，谨附呈核实。并请核实后交侍从室缮正，呈经钧亲署。其英文译本拟由职室商同外交部妥办，附于中文正本之后。又克利蒲斯爵士夫妇处，可否请夫人致一亲笔英文短函，嘉其募款及其他有裨中英友谊之努力，并祈察核。谨呈

委员长

附呈函稿二件

参事室主任王○○谨呈

十、廿六

中国第二历史档案馆藏国民政府军事委员会档案

蒋介石致英王乔治六世函稿

1943 年 11 月

英王乔治六世陛下：

去岁贵国议会代表团莅华,对于促进贵我两国邦交,致力甚勤,贡献殊多。每忆及当时之欢聚,未尝不深感欣慰也。

今联合国抗战已逐渐进入最后阶段,贵我两国之合作,无论在作战方面,或建立和平方面,均将与日俱进。敝国人民咸欲向贵国朝野宣述此种期望。而贵国在战时之伟大努力与成就,足供敝国借镜者,亦复比比皆是。

敝国政府为应贵国政府邀请,于征询敝国国民参政会暨立法院意见后,特选派参政会及立法院人员五人,组织访问团,前来贵国访问,以宣达敝国朝野对贵国之友感,与增进中英合作之期望,并借以了解贵国战时之努力与成就。中○特嘱该团于抵英之时,代致祝候之忱。尚祈惠予指导,俾得完成其使命,无任感荷。

敬祝

健康

蒋○○敬启

中华民国三十二年十一月

中国第二历史档案馆藏国民政府军事委员会档案

蒋介石致丘吉尔函稿

1943 年 11 月

邱吉尔首相阁下：

去岁贵国议会代表团莅华,于促进中英邦交,裨益匪浅,至今犹为敝国人士所津津乐道。

敝国抗战已逾六载,世变虽瞬息莫测,而政策则始终一贯:全国上下群以为非竭全力以抗战,将无以自存,非与盟邦合作,则世界和平将无由奠定。

贵我两国邦交,因袍泽同舟之谊已日益亲睦。贵我两民族之文化,容各具特质,而共同之理想则甚多。本此理想以一致迈进,深信随战争之顺利结束,贵我两国之团结必益臻巩固。斯固不仅贵我两国所当庆幸者也。

四年以来,贵国军民英勇抗战,深为敝国军民所欣慕。而阁下独具只眼,烛奸于未战之前,宏毅忠贞,奠国基于艰危之际,尤为敝国朝野所钦佩。因之敝国公共团体,屡思组织访问团体向贵国军民暨阁下郑重致其友感与敬意。

兹者敝国政府为应贵国政府之邀请,特于征询敝国国民参政会暨立法法院意见后,就参政会及立法院人员中,选派参政会主席团主席委员王世杰、参政员王云五、胡霖、杭立武、立法委员温源宁诸君,组织访问团,来贵国访问,借申敝国朝野对于贵国军民暨阁下之友感与敬意,并借以观察贵国战时之种种努力与成就。尚祈惠予指导,俾得完成其使命,无任感荷。

顺祝

健康

蒋○○敬启
中华民国三十二年十一月

中国第二历史档案馆藏国民政府军事委员会档案

宋子文致蒋介石电

1943 年 10 月 28 日

军事委员会委员长蒋钧鉴:兹准英国大使薛穆爵士本年十月二十二日

照会,内开"联合王国政府鉴于去冬英国议会访华团之成功,亟望得有机会接待中国同样之访问团,并深信此项访问团对于增进中英两国之谅解暨加强两国人民现存之友谊,均能有极大之贡献,而且此举亦可使联合王国政府对于去岁英国议会访华团所受中国朝野之盛意招待有一报答之机会。本大使兹奉联合王国政府之命,将其最大热诚邀请中国访问团赴英之意转达中国政府"等由。理合抄同原文呈请鉴察为祷。外交部长宋子文叩。俭。

《战时外交》第 2 卷,第 128 页

沈士华致外交部电

1943 年 10 月 28 日

外交部	来电	来电第 39028 号
来自何人	沈士华	发电三十二年十月二十九日 12 时 10 分
来自何处	新德里	收电三十二年十月三十日 14 时 50 分
第三二六号	二十八日	

重庆外交部部、次长钧鉴:顷据孟伯顿司令派政治顾问凯瑟克来署面称:我访英团经印赴英时,孟司令拟派员赴加招待,并嘱事前告以该团团员名单及抵加日期等情。除面致谢意外,应如何答复,乞电示遵为祷。

驻印度专员沈士华

中国第二历史档案馆藏国民政府军事委员会档案

顾维钧致外交部电

1943 年 10 月 29 日

外交部电报科		来电第 31055 号
来自何人	顾维钧　叶公超	发电三十二年十月二十九日 20 时 10 分
来自何处	伦敦	收电三十二年十月三十一日 14 时

00 分

第一○二一号　二十九日

重庆外交部并请转王雪艇李惟果兄勋鉴：奉电欣悉。兄等访英对中英邦交大增益感，曷胜庆幸，承嘱各项，自当先期预备。惟耶苏节前后及新年期间，值议院休假，议员多离伦敦，不知可否行期略更，或提前或稍移后，与各方接触较为便利。如何乞电示，及英文团名可否用 THE CHINESE SPECIAL MISSION TO GREAT BRITAIN 并请核夺。再国家议会团英国分会之英文名称为 INTERPARLIAMENTARY UNION BRITISH SECTION，并以奉闻。　弟顾维钧　叶公超

中国第二历史档案馆藏国民政府军事委员会档案

顾维钧致外交部电

1943 年 10 月 31 日

外交部　　　来电第 39079 号

来自何人　顾维钧　　发电三十二年十月三十一日 13 时 28 分

来自何处　伦敦　　收电三十二年十一月一日 24 时 00 分

三十一日

重庆外交部转王世杰、李惟果先生：惠电奉悉。承示拟办各节，均极适当，至深感佩。此间各项布置正在商议，容再续闻。兹将管见数端，先行电请卓裁：

（1）前英访问团来华时，曾携贵族院及下议院两议长致我参政会长函，此次我亦宜由参政会主席致两议长道候，以示联络。惟因贵团非系参政会名义遣派，措词似有所斟酌，俾免谈为遣派机关。

（2）贵团英文名称似可用 The Chinese Mission On Visit to Great Britain，盖此间习惯 MISSION 一字不加说明，或致疑有对英交涉之任务。

（3）为表示专诚访英起见，贵团沿途似以不接受正式参观之邀请，对新闻记者亦不作正式谈话为宜。

（4）国际会议英国分会之名称为 British Section Of Parliamentary U-
nion。

（5）贵团团员履历，尤其在社会上服务经验，请电示，俾先发表。

弟顾维钧

中国第二历史档案馆藏国民政府军事委员会档案

参事室致蒋介石签呈

1943 年 11 月 2 日

签呈　侍从秘书号（乙）第 60464 号

号次　第 327 号

谨签呈者：兹经会同中国访英团团员拟就访英国工作计划大要一
件，谨缮呈，敬祈核示祗遵，可否于本月十四日全团启程以前，更赐面
示，俾识机宜之处，并祈察夺。谨呈

委员长

参事室主任王世杰呈
三十二年十一月二日

附呈访英国工作计划大要一件

拟中国访英国工作计划大要

一、目的

访问目的在增进英人对华之了解，减少其对华之疑忌，以期造成一
种友好空气，为中英两国未来之合作暨中国今后一切对英交涉，增加便
利，减少阻力。

二、活动方式

在英期间不必过分注重公众宴会或讲演与夫政府方面之酬酢，应
并注重（1）对社会各团体之个别访问；（2）对英国朝野要人之个别访
问；如有必要访问团团员得分为两组，分赴各方面访问，但其言论须事
先共同商定。

三、言论范围

访英团团员在英之言论应共守次列范围：

（甲）言论之重点

在英言论除以忠实态度报道中国抗战事实以及中国人民在生活上及思想上之变化外，当以次列两点为重点：

（一）中英两国之加强合作为中国人民的普遍期望

第一、因为中英俱为爱好和平之民族（于此应郑重申说中国人民爱好和平与反抗侵略之传统思想，即本之大同主义，因以显示中国民族性与日本国民性完全相反），此点用意在祛除英人对于中国复兴之疑惧。

第二、因为中英均以民主主义立国（于此应说明中国政治的传统思想为民主，本党主义亦然，但中国对于现代式之民主政治，决以渐进方式求其实现，不愿躐等致蹈虚伪之弊）——此点用意在祛除英人对我政治动向之误解。

第三、因为中英经济合作，可随不平等条约之废除而加强（于此当说明外人在华投资在过去往往不为中国舆论所赞同，其根本原因为领事裁判权等等之存在。不平等条约废除以后，我国民众必欢迎英美工商业界予我以资本及技术之援助，中英经济关系必日趋宏厚）——此点用意在祛除英人对我排外之疑忌。

（二）抗战到底为中国人民最坚强的决心，中国决不因任何困难或引诱而放弃敌人无条件屈服之主张——此点用意一面在祛除英人关于中日中途妥协之疑虑，一面暗示中国决不能赞同盟邦以任何理由中途变更对日政策之意。

（乙）对于若干具体问题之言论

关于左列具体问题除第（六）问题或可酌量公开论及外，访英团应不作任何公开的讲演或讨论。遇有询问而不便绝对拒绝答复时，其措词亦当守下列范围：

（一）港九问题

（1）九龙为租借地，故中国民众咸认九龙问题为废除外人在华治外法权问题之一部;(2)对于香港问题中国报纸迄未有具体的讨论;(3)一般中国民众有一共同感觉,即中英既是盟邦,此项问题不久必能圆满解决。

(二)西藏问题

(1)一般中国舆论认西藏问题纯为内政问题;(2)西藏地方政府之态度虽甚模棱,但西藏民众大者倾向中央。一因中藏有悠久历史,而且根本并无恶感;二因西藏地理与历史以及经济条件决不能脱离中国而独立也;(3)依照三民主义之原则,中国必与藏人以完全平等之待遇。

(三)英国对华五千万镑借款问题

访英团可表示对于此事磋商之经过不甚明了,因我政府并未发表任何文件,亦未向国民参政会提出报告。至于一般中国民众似均以为此项借款业经双方议定,完全解决。

(四)印度问题

(1)中国民众希望英印能早日协调,打开僵局;中国一般舆论界其主张。(2)中国民众同情于印人之要求解放;但就本团同人所知,中国政府对于一切可能增加英政府处理印事的困难之言论,当尽量力阻抑;而且对于英印间之态度皆袒白公正,从无不公开之时。

(五)英国远东殖民地问题

(1)中国报纸很少讨论。(2)中国言论界所注意的为中国在马来、荷印等地华侨待遇问题。(3)中国不独对于此等殖民地无任何野心,即对于缅甸、安南等地亦决无土地要求。

(六)战后如何裁制日本

对于此一问题,中国民间言论最明显的倾向,有如下所述:

第一、台湾、琉球及九一八以来日人所占领的中国领土必须归还中国。朝鲜必须独立。

第二、日本必须完全解除武装,九一八以来战争祸首必须惩罚。至于如何根绝日本再度发动侵略之可能,中国人民认为其关键不在盟邦战后对日政策之宽大或严厉,而在英、美、中、苏四国能否充分合作。

四、留英期间

留英期间预定为四星期至六星期。

中国第二历史档案馆藏国民政府军事委员会档案

参事室拟外交部公布中国访英团行文
（原件无日期）

中国访英团

外交部公布"去年秋间英国国会议员团来中国访问,于中英邦交之促进,裨益良多,政府为敦睦中英盟谊,鉴于国民参政会曾有组织访英团之建议,并应英国政府之正式邀请,现经决定组织'中国访英团',并已征询国民参政会主席团委员王世杰、参政员王云五、胡霖、杭立武、立法委员温源宁等五人为团员,并派李惟果为该团秘书,业经本部通知英政府,该团即将定期启程。"

中国第二历史档案馆藏国民政府军事委员会档案

保君建①致外交部电
1943 年 11 月 6 日

外交部	来电	来电第 39211 号
来自何人	保君建	发电三十二年十一月六日 16 时 40 分
来自何处	加尔各答	收电三十二年十一月七日 8 时 30 分

第五四〇号　六日

重庆外交部李司长勋鉴:三四九号电敬悉。(一)印度航空公司已通知,二十五日留定由加赴开罗机位,但告八位而尊电六位,如何请电示。(二)名片已代印。(三)留加期间日程当遵筹定,兄到后请核。(四)藏青哔叽一套恐不敷,似须各加制灰色或黑色条裤,以便日间换衣,至夏衣可制灰色薄料,以便到英时亦可更换,而在此亦可敷衍,晚礼

---

① 时任国民政府驻加尔各答总领事。

服应否制请酌。闻伦敦方面最大盛会虽战时仍用,礼服之事如何请酌。
(五)裁缝衣料等已筹备,一到即着手,三日可毕。(六)旅馆房间当代
定。(七)请合并向王团长为致敬。弟保君建叩。

中国第二历史档案馆藏国民政府军事委员会档案

李铁铮致外交部电
1943 年 11 月 6 日

外交部　　　　来电　　　　　　　　来电第 39217 号
来自何人　李铁铮　　　　发电三十二年十一月六日 17 时 00 分
来自何处　新德里　　　　收电三十二年十一月七日 14 时 0 分
第三三八号　六日

重庆外交部李司长惟果:豪电敬悉。弟当即期在 BASRA 迎候,美
军用飞机每周两班对开,径飞开罗。弟或附乘送行往开罗,便为驻伊拉
克使馆购物开办。代陈雪公。弟李铁铮。

中国第二历史档案馆藏国民政府军事委员会档案

沈士华致外交部电
1943 年 11 月 6 日

外交部　　　　来电　　　　　　　　来电第 39227 号
来自何人　沈士华　　　　发电三十二年十一月六日 18 时 30 分
来自何处　新德里　　　　收电三十二年十一月七日 19 时 0 分
第三三八号　六日

重庆外交部李司长惟果:冬电敬悉。本日与孟司令会晤谈已为面
陈一切,其他各处自当遵照尊意随时婉达加尔各答方面,当密请保总领
事酌办。在加拜访人员,弟意只须省长及中国事务局局长二人,其他可
临时斟酌办理。敬复。弟沈士华。

中国第二历史档案馆藏国民政府军事委员会档案

张伯苓致克兰波、伊文思函（译自英文）

1943 年 11 月 15 日

国际议会联合会英国分会会长克兰波爵士暨主席伊文思先生阁下：鄙人谨代表中国国民参政会全体同人，向阁下暨贵会全体同人敬致之友感。自敝国开始反侵略斗争以来，贵国人民曾不断以种种方式向吾等表示同情。敝国人民深为感动。贵国人民在反侵略战争中所表现之英勇与坚毅，实为举世爱好和平之民族树立楷模，敝国得为贵国盟邦，诚为荣幸。而吾等对未来之作共同作战咸具自信与决心。贵我两国将不仅并肩作战直到最后胜利而后已，更将同心协力从事永久和平之组织与维持。

中国国民参政会主席团代表张伯苓敬启

三十二年十一月十五日

中国第二历史档案馆藏国民政府军事委员会档案

驻印度加尔各答总领事馆致外交部电

1943 年 11 月 15 日

外交部来电

| 来自何人 | 沈士华 | 发电三十二年十一月十五日 18 时 35 分 |
| 来自何处 | 加尔各答 | 收电三十二年十一月十六日 8 时 |

第 548 号　十五日

重庆外交部惟果兄勋鉴：访英团日程事，已遵示拟定，略计：十九日，制衣、购物等事，晚驻印各机关联合公宴。二十日，试衣、参观。午后印度援华总会园会，晚弟私人请宴。二十一日，零星杂务，参观铁厂。晚中央宣传部驻加代表骆传华宴。二十二日，不可避免之接见访问，午后印政府外交部中国事务局茶会，晚驻印总支部及各侨团公宴。二十三日，杂务，午后总领事馆茶会，邀请各界中美英印仕女参加，因仰望风采者甚多，此茶会一二小时可以了之。晚孟加拉省督在督府宴请，又旅馆已代定妥。裁缝亦已约定，中国事务局主管人与随兄等同行之瓦特时有电往来消息,该局亦与总领事馆取得联络。谨闻。

弟沈士华
此电已代转(印)

中国第二历史档案馆藏国民政府军事委员会档案

参事室拟中国国民参政会代表团在英国国会演说词
1943 年 11 月

在英国国会演词

贵国议会访华团去年冬天曾到中国访问,本团同人缅怀当时情景,无不引以为快。我敢向诸位说,访华团的访问在中国人民心目中确已留有一个深刻的印象,大家都深深感觉到贵国朝野对于中国人民具有极其真挚的关心。

数年来,贵国人民在国会与邱吉尔首相领导之下,以英勇坚毅的精神从事抗战,中国人民一致钦慕。本团同人此番前来访问,第一个目的就是要向贵国人民表示中国人民的敬意,你们的伟绩已足表明,一个民主而爱好和平的民族,一旦集中力量从事作战,则虽历史上最大黩武国家也要望风披靡,这所给予世人的鼓励是不可限量的。

本团访问的第二个目的,是要把中国人民一种逐日增加的愿望传达于贵国人民。这个愿望是:中英两国不仅在战时应为盟友,尤应在战后继续并扩大目前两国间的合作。

为使诸位对于中国人民这种愿望充分了解起见,我今晚拟与诸位从长研讨中国的一些问题和中国的一些希望,这些问题是中国将来要用相当长的时间去解决的问题,这些希望也是中国尤有理由应当抱有的希望。

我们战后最重要的工作,是增进我国人民的物质生活,这样的工作自然并非中国独有的工作,但这工作的广大性和迫切性,使我们几乎感觉到这是中国独有的问题。

诸位如能想到,在中国我们所要照顾的并非几百万或几千万的人口,而是四万万五千万人口,则对于这一问题的广大性当能见及一般。
我们所要解决的若只是几百万或几千万人的问题,我们的工作自属比
较容易。我想在十八世纪的时候,在中国较富庶的区域,譬如说扬子江
下流、钱塘江一带中国人民所过的生活,并不较英国人民那时的生活为
低,而且那一带住民还较英国人口为众,其土地面积更不及不列颠群岛
大,但中国并不只是这一点地方,也不是许多这类地方的集合体。中国
乃是山岭绵延、沙漠纵横、高原与平原并有的国家,当我们说中国人民
物质生活要增进,我们是指中国全体人民的物质生活而言,不分富庶地
方或贫瘠区域,都要使之增进。用比喻来说,这等于你们英国人要把东
欧和中欧人民的生活水准,提高到和英国的生活水准一样。

这问题的另一因素就是他的迫切性,这是由于我们科学和工业发
达落后所致。我在上面曾说,在十八世纪初年我国较为富庶地区人民
的生活比之英国人民的生活并无多让,但由于近代农工业之应用科学,
这种局面就完全改观了。你们的生活标准日益进步,中国则瞠乎其后。
近年以来,这种不平衡现象愈形显著,以致到过或不曾到过中国的外国
人,甚至怀疑中国人民究竟有无经济建设的先天能力。我们中国人民
的心中却不存此种疑念。但是我们并不否认这种显著的不平衡是不健
康的现象,并非我国的光荣,我们更不否认这种不平衡愈大,经济改造
的要求亦即愈迫切。因为如不急速矫正,则其演进将至于不可想象的
地步。何况经过六年战争的破坏,在经济善后与经济建设方面,我们的
需要更要迫切。中国被侵略的时间最长,牺牲也就最大。所有繁富的
城市无一不遭摧残,所有的工厂和实业,所有文化的和物质生活的工具
无一能幸免敌人有计划的与极残酷的破坏。战争一经结束,中国差不
多要从许多废墟上开始建设。

因此之故,惟有"急速的"与"大规模的"工业化,我们才能希望把
全国人民的物质生活改善,我们说"急速的",因为不如此,我们也许永
远不能赶上工业先进国家。我们说"大规模的",因为惟有大规模的
干,才能真正的适应需要。

在一个广大中国，要迅速而且大规模地实现工业化，自然不是一件很简单的事。所幸工业化的各种条件，却已大致具备，我们相信这一伟业的完成是极有希望的。为什么呢？

第一，因为在中国今日已有一种极普遍而热烈的认识。这个认识是：我们如果要不辜负肇建中华民族的祖宗，我们必须把工业化这件事付诸实施。大家都抱着决心要在我们这一代人中完成工业化。这种决心的产生，由于一种共同认识，即工业化必然产生其所能产生的利益。在从前我们若谈工业化，一定有人随口说出，中国是一个农业国家，把农业沦为第二位是危险的事情。在从前，我们若讲物质生活的重要，一定有人把我们看作是轻视精神生活的唯物论者。现在情形完全改变了。人人都晓得工业化能增加人民的生产力，并且能把农业现代化，科学化。此外，现在也没有人会认为物质生活同精神生活是对立的了。因此我们可以说从前大家对于工业化的需要还有争论，现在则工业化之应当实现而且必须从速实现，已成了全国上下一致的认识，全国一致的呼声。

第二，因为中国政治已日趋安定。英国现时国力、财富和荣誉的养成，得力于两百五十年以来英国政治的安定者甚大。这句话，诸君当必同意。所幸政治的安定，今日亦已渐渐出现于中国。这自然不是上天的馈赠，而是半世纪来我们人民种种尝试、失败和牺牲的苦痛经验的结果。

所谓政治安定不仅指混乱之不见而已，政治安定必须以被治者的同意为基础，所以政治的安定，必须树立一种制度，使人民可以表达他们的意思。我们于此应知多年以来我们苦心经营的，就是用渐进而且稳健的方法，依照中国人民固有的民主思想，和我国国父孙中山先生的民权遗教，来把我们的政治制度逐渐民主化。在这期内我们的愿望应受两种阻碍而不曾实现，其一为扫除军阀的军事行动，其二为抵抗外来侵略的战争。一旦外来的侵略者溃败，而民族统一的要求又复高涨，则在到实行民主的道路上便不会再有战争的阻碍。国民党中央执行委员最近的一次全体会议,预期胜利的到来,业经郑重的正式宣布,在战事停止后一年以内召开国民制宪大会。

我们在中国负有推行民治任务的人,都知道民主宪法的颁布不一定就是民主化。提倡民主精神,训练民众行使政权,实行地方自治,采用适合中国状况的代议制度,这一切都是民主成功的先决要件。这些事情并非一蹴可几。这些工作,我们已在一步一步的推进。我们相信在我们实行民主的进程中,国家的统一,政治的安定,也必然也随着加强。我于此不妨举出本团多数同人所代表的国民参政会为例。国民参政会成立于民国二十七年,经过五年来的努力和实验,对于民主政治的训练和国家的统一,都已有相当的贡献。

中国政权操诸国民党。因此一般称中国为一党独裁的国家。这种说法,有时不免使人误解。国民党对于中国的统一,进步和安定曾有很大的贡献。近年以来,国民党虽当战乱之际,仍极力寻求并尊重其它政党和社会上一般领袖人士的意见。我们要在党治时期铺平宪政大道。等到宪政实现,国民党便要与其他政党并存并进。关于这一点,我愿引蒋主席本年九月间在十一中全会的一段演词。蒋主席说:"宪政实施以后,在法律上本党应该以一般国民和其他政党处于同等的地位,在法定的集会、结社、言论、出版自由的原则之下,享同等权力,尽同等的义务,受国家同等的待遇。"

我们对于在一国之内多党相敌对的政治制度,并非看不到其缺点。我们不独要把上次大战后欧洲许多国家的经验记住,并且要想着民国初年我们自己的苦痛的失败教训。因此,我们每一想及至少战后若干年内国民党领导地位不致遽形动摇一事,未尝不引以为慰。国民党党员为数甚众,其领导全国渡过历史上极大困难的功绩,已为中国人民所公认。任何政党想从国民党手中攫取政权,在若干期间内是不可能的。所以宪政实现以后,其他政党虽然可以公开与国民党竞争,我们的政治安定仍然不会发生动摇。

我想战后由国民党继续秉政,同时亦受他党的批评,这对中国是非常有利的。因为国民党尚有多年当政的时间,我们不需顾虑政府变动的频繁。因为国民党以外的党派既有批评政府的权力和机会,我们也可不必过虑社会纷挠的发生。

换言之,我们对于工业化已经具备了两个基本条件,一是全国的共同理解,二是政治日趋安定。我们所需要的只有另一个条件,那便是国际合作。

我们中国人是一个重实际的民族。我们都知道,外人在华决定投资以前必然要考虑我们是否能做到以下几个条件:第一是政治能否安定。如无政治安定,纵使友邦同情我们,一定也不愿投资。第二是否有利,这是一切投资的基础。第三中国成为工业发达而强盛的国家以后,是否将继续努力维持世界和平。

第一条件已经在上面说明。至于讲到第二个条件,我可以说中国政府现在正在那里修改商业法规,以保证外国投资应得的合理利益。因为中国人注重实际,所以我们并不认为外人对我国非投资不可。相反的,是我们要设法吸引外资,我们要用种种可能方法使外资流入。所以我们认为吸引外资是我们自己应该做的事体。

同时,诸位也必承认,事情并不如此简单。我们认为我们盟邦中的工业先进国必也愿意帮助我们。他们之注重实际,正和我们一样。在一个半富半贫的世界内,和平与秩序既无法实现,纵然实现也不能长久,正如一个半自由半奴隶的国家之不能长久存在一样。对于这一点我想大家必很容易抱同样见解。如果东欧、亚洲和非洲大部分居民处于困境,而西欧北美等地人民十分繁荣,我敢说人类所认为宝贵的和平、人道、正义等等理想是不会有保障的。

说得清楚些,在经济建设方面,英国及其若干自治领(如加拿大),以及美国,乃是我们同盟国中最有帮助我们的力量的国家。对于这些国家,中国不独感到气味相投,且愿永远结好。在这些国家方面,也必以中国为维持远东和平秩序的主力。我们于此不能不进而说明上述的第三个条件,即一个因工业发达而强盛的中国是否将继续为世界和平而努力。

　　由于历史、传统和教育关系,中国人从来是爱和平,恨战争的。有人会说,中国人爱和平爱得过火。正因如此,中国人才从来不歌颂战争。中国的文艺作家不分今古,从来不喜欢描写残酷斗杀故事,但是他们对一切雍容恬静的意境的叙述,则素称能手。你想要从中国名画中找出一幅状绘战争的杰作是很难的。但对大自然的和平境界的描写,论细腻,论可爱,是无人能出中国艺术家之上的。诸位有到过民国二十四年伦敦所开中国艺术展览会的,当能感到商铜,汉玉,宋画,和明清的瓷器,所表示的中国人的天才,是全副用在和平上头,这些作品简直可以说是和平的制作。其所表现的和平意味真是使"心旷神怡"。

　　我敢确说工业化后的中国必定要成为一个世界和平的保障力量。中国人天生是反侵略的,不管他们的国力有多强。他们相信国际往来,一如个人往来,最能讨得便宜的是宽大,而不是征服。在中国五千年历史中,除了为了自卫,差不多从无发动全国向邻邦作战之事。即以自卫而言,一旦自卫目的达到,人们便自然回复到和平状态,一致的认识是继续使用武力为无用。

　　我们中国人民急切祈求的是不要再有任何世界战争,我们希望我们将来由于工业和经济发达所产生的财富将永久供作增进全国人民生活的用途。防止国际无政府状态之再现,建立新的世界和平与秩序,这在我们中国人看来是增进我们物质生活的一个必要条件。

　　从我以上所说各点,诸位不难得一结论,即我们中国人民现在最注意最倾心的为用工业化来改进我们的人民生活。为达这个目的,我们要努力以求政治的安定与进步,我们要增强中国与英国及其他盟邦间的友谊与合作。我们要努力以求世界和平的树立与巩固。

中国第二历史档案馆藏国民政府军事委员会档案

王世杰致蒋介石电

1943 年 12 月 4 日

渝。七九二五。密(表)。

委员长蒋钧鉴:世杰等于江日抵伦敦,沿途均安适,英方招待甚为热忱,外交部政务次长柯尔在车站欢迎时广播致词,深以钧座与罗、邱二公会议至堪庆幸为言。本月十四日前,世杰等均在伦敦,十四日后将赴外省参观,耶节前再返伦敦,谨先电闻。王世杰、王云五、胡霖、杭立武、温源宁、李惟果。支。

蒋委员长批示:酌复慰勉。

《战时外交》第 2 卷,第 131—132 页

英王乔治六世致蒋介石函(译文)

1944 年 1 月 5 日

蒋主席阁下:

贵国访问团赍下尊翰,盛情周至,使余于欢迎各团员之余,倍感欣幸。

访问团诸君此来,证明我二人间及我二国国民间所存在之睦谊与同心。彼等已在敝国造成极良好之印象,且使余欣慰者,此卓越之团员诸君,必能携回贵国以珍贵之报道,此即阁下来函所惠予提及关于敝国国民为达成共同目标之努力是也。自阁下最近所参加主持之可纪念的会议举行之后,此种努力为之加深,且更与贵国及各联合国之努力相配合,确可保证新年之开始将有极可庆幸之前途,必能愈益坚确、愈益迅速达成整个推翻吾人公敌之目的,而贵国亦必完全恢复其悠久之自由也。

贵国访问团诸君已完成其所受命之工作,余今谨以诚意,回致阁下以彼等所代表之敬意。当此贵国旧历新年将届之时,更请贵主席接受余最热忱之祝忱,奉祝阁下康强幸福,贵国国民之事业与英勇努力之成

就与昌隆。（签署）

顾维钧致蒋介石电
1944 年 1 月 26 日

渝。六七四九。密（表）。

委员长蒋钧鉴:昨钧偕访问团谒邱相,见其病后精神已复,惟据云四肢尚感疲软,不能多行。又云在开罗得与钧座及夫人会面时,彼此同感快怀。提及战事,彼谓英国户口仅四千余万,力量有限,对远东战事,以忙于对德,尚不能大举为歉,惟日、德皆为侵略者,决一律予以严惩云。又云第惟亚(魏亚特)将军为其老友,才能经验卓越,故特派驻渝,以求增进彼与钧座间之联络。又彼展诵钧座致函,不胜欣快,谓拟赶备复函,交访问团携渝面递。顾维钧。宥。

丘吉尔致蒋介石函（译文）
1944 年 1 月 20 日

蒋主席阁下:

余自国外归来,最先即图与贵国访问团诸君相见。嗣于一月二十五日会晤时,蒙交下崇翰,读之至深感激。

首先余欲表达者,即余深为各方面称颂贵国访问团团员之报告所感动,此种报告均称述访问团已完成其佳良之工作。团员诸君完毕其辛劳而郑重之日程,甚鲜稍有休息之时,而且在访问期中,诸君所表示谦恭和悦与完美合宜之态度,使凡与接触者均发生敬爱与仰慕之感。惜余不得不滞留国外多日始回,直至诸君将离之日,方获亲晤,此则余所歉憾者耳。

余兹更欲向阁下表达余之感谢及我政府之感谢。盖阁下既派遣访问团惠临敝国以增进我两国既存亲密之邦交,而所选择者又为如此卓著之人物,适于完成此项重大之使命也。

　　自尊函发出以后,余已得有荣幸与阁下亲自会晤,且复获见蒋夫人,殊为光荣与愉快。夫人以如斯才能协助阁下负荷重任,而阁下之重任,则为领导一广大与强有力之民族也。(签署)

《战时外交》第 2 卷,第 133—134 页

五、中美关系的发展
与史迪威指挥权危机

说明:抗战后期,中美关系继续发展。作为并肩作战的盟国,美国与中国签署了巨额贷款协议,并向中国提供更多的租借物资援助。中美之间的高层互访也在不断进行。中美之间的联系比以往任何时候都更为密切。在这同时,中美之间的矛盾也发展着。缅甸作战失败后,这一矛盾便开始显露出来。其中,既包括蒋介石对史迪威个人的不满,也包括对美国轻视中国政策的不满。居里再次来华,进行说明和调解工作,暂时缓解了矛盾。围绕着反攻缅甸问题,中、美、英之间进行了长时间的讨论。美国和中国都希望尽快反攻缅甸,但英国一直对此反应消极。1944 年春,为配合缅北战场的作战和英军在英帕尔地区的作战,罗斯福严厉催促中国远征军参战。此后,为应付中国军队在中原战场的溃败局面,美国提出了由史迪威指挥在华全部盟国军队的要求,并以高压姿态促蒋同意,由此触发了"史迪威指挥权危机"。蒋介石最终顶住了美国的要求,迫使美国召回了史迪威。

本章主要资料来源:

中国第二历史档案馆藏国民政府军事委员会参事室档案

中国第二历史档案馆藏中国银行档案

中国国民党中央委员会党史委员会编,秦孝仪主编:《中华民国重要史料初编——对日抗战时期》第三编《战时外交》(一)(三),台北"中央"文物供应社,1981 年(以下简称《战时外交》第 1 卷、第 3 卷)

中国国民党中央委员会党史委员会编,秦孝仪主编:《先总统蒋公思想言论总集》卷 37、38,台北"中央"文物供应社,1984 年

罗伯特·E·舍伍德著,福建师范大学外语系编译室译:《罗斯福

与霍普金斯——二次大战时期白宫实录》(简称《罗斯福与霍普金斯》),商务印书馆,1980 年

Charles F. Romanus and Riley Sunderland:Stilwell's Personal Files:China,Burma,India,1942-1945,Wilmington,1976

Charles F. Romanus and Riley Sunderland: Stilwell's Mission to China,Washington:Government Printing Office,1953

Charles F. Romanus and Riley Sunderland: Stilwell's Command Problem,Washington:Government Printing Office,1953

White,Theodore,ed. :The Stilwell Papers,New York,1948

《联合作战战略计划(1941—1942)》

The Committee on the Judiciary,United States Senate ed. :Morgenthau diary (China),New York,1974

United States Relations with China:with Special Reference to the Period 1944-1949,Washington:U. S. Government Printing Office,1949

United States Department of State, *Papers Relating to the Foreign Relations of the United States* (《美国外交文件》,以下简称"FRUS"),1942,China;1943,China;1944,Vol. 6

Rosenman,Samuel ed. :The Public Papers and Addresses of Franklin D. Roosevelt,Vol. 1943,New York,1950

Welles,Sumner:*Seven Decisions That Shaped History*,New York,1951

美国国家档案馆(总馆)收藏的下列档案:

Records of the Office of the Director of Plans and Operations,the War Department(RG165)

Records of Joint Chiefs of Staff(RG218)

Records of U. S. Theaters of War. World War II(RG332)

Map Room Files,Franklin D. Roosevelt Library:Box 10,Roosevelt and Chiang Kai-shek,1944;Box 11,Roosevelt and Hurley,1944-1945

Papers of Harry Hopkins,Franklin D. Roosevelt Library:Box 33,File

7, China Affairs(1943–1944).

(一)争取美国经济援助

说明:太平洋战争爆发后,国民政府向美国提出巨额贷款要求。为了鼓舞中国军民的士气,使抗战继续进行下去,罗斯福、摩根索等同意向中国提供一笔数额巨大的财政援助,但对贷款用途主张应加以限制。中美之间围绕贷款条件展开了多次磋商。最终,美方作出让步。1942年3月,中美签署了5亿美元的巨额贷款协定,且无担保、无利息、无年限、无指定用途、无附带条件,可谓史无前例。太平洋战争爆发前,中国已开始获得租借物资,但中美并未签订相关协定。1942年6月,中美签署《抵抗侵略互助协定》(又称《中美互助协定》或《租借协定》),中国开始获得更多的租借物资。

1. 中国提出贷款要求

蒋介石致宋子文
重庆,1941 年 12 月 29 日

宋子文先生:刻因经济急迫关系,特与英经济顾问倪米亚[①]、卡大使商借英金一万万镑,拟发行长期公债及定期储蓄券,为提高法币信用与收回法币之用,并声明此次借款不能有任何担保之条件,倪与卡已允急电其政府商洽且期速成,惟问中对美是否同时进行。中答其对美亦将提出美金五万万元之借款,共总计向英、美政府借之总数合为美金一十万万元也。刻据卡大使称,已将此意由其通知高斯大使,嘱其共同协

————————

①　Otto Niemeyer,奥托·尼迈耶,1941 年 8 月美、英两国派遣联合经济使团访华,尼迈耶是英方代表。

助,彼且已赞同允电美政府矣,但中尚未与高斯面商也。请兄即亦照此意在美积极进行,以期速成。总之,此次借款手续决非如平常普通之财政借款可比,或先商用度办法,而后再定款数,盖此时若能由英、美十万万元美金大借款接济中国,则中国人民心理必被动摇,尤其在日本初次胜利之时,敌伪以东亚为东亚人之东亚之理由,竭力鼓吹与煽惑作用发生影响之时,更不能不有此一借款急速成功以挽救国人心理与提高抗战精神也。所以中提出此急迫要求,请英、美先承允此借款总数,至用度与办法当再容后共同详商也。整个运用计划亦正在拟订中,拟定后当详告。庸兄病重伤寒,半月来热度皆在一百〇三度上下,故财政、外交皆由中亲自主持也。中正手启。艳。

《战时外交》第 1 卷,第 325—326 页

高斯致赫尔

重庆,1941 年 12 月 30 日

编号 548。

蒋将军今天约见本人,简要地叙说了最近为与美、英军事、政治合作所采取的措施后,他转而谈及政治形势,其内容概要如下:……中国能够为共同事业提供作战人力资源,但是,美国和英国必须从财政上帮助中国,以防止经济基础的进一步恶化和对中国货币信心的丧失等等。这样的帮助将会大大提高士气,平息怀疑和批评之风。他要求一笔十亿的信用贷款。他已经通过英国大使要求英国政府提供总数的一半、或一亿英镑,他要求美国提供余数或五亿美元。他请我把他的要求转达给美国政府,并强调在这个时候这个援助对于压倒日本的宣传提高中国士气的重要意义,以及给予中国经济结构必需援助的重要性。

FRUS,1941,Vol.5,p.768

蒋介石致宋子文

重庆,1941 年 12 月 30 日

宋子文先生:今午见高斯大使商谈借款,如昨电所述者。彼甚热心,并愿促成其事,允电其政府核办。请兄即向其政府正式提议,以期速成。中正。陷。

《战时外交》第 1 卷,第 326 页

宋子文致蒋介石

华盛顿,1942 年 1 月 2 日

密呈委座钧鉴:居里云,五万万元借款计划如无切实用途及具体方案,恐不易办到。据财部友人建议,最好由文先以中国经济极端困难,势必阻碍军事进展为言,向财部要求美国速为有效之援助,至于援助方法,暂为不提,以此重大责任,加于财部,使其无法饰词拒绝,谈判易于进行。俟淞孙带到倪米亚秉承钧座担任之具体方案后,再正式提出。我如此时自动提出任何方案,财部可以借一原因推诿。此意与文世亥(卅日)电所陈愚见略同,恳赐考虑,迅电示遵。弟子文叩。冬未(二日)。

《战时外交》第 1 卷,第 327 页

高斯致赫尔

重庆,1942 年 1 月 8 日

阁下:请参阅 1941 年 12 月 31 日关于中国财政经济情况第 261 号报告,及 1941 年 12 月 30 日及 31 日所发关于中国政府要求 5 亿美元美国信贷及 1 亿英镑英国信贷的第 548 及 549 号报告。兹向国务院送上:(1)蒋委员长于 12 月 30 日要求我向美国政府提出借款要求时的谈话备忘录;(2)英国大使就此事发给英国政府的电报;(3)范宣德[1]和

---

[1]　John Carter Vincent,驻中国大使馆一等秘书。

英国大使馆财务专员郝伯枢谈话备忘录;以及(4)交通部长张嘉璈为蒋委员长及孔院长所拟关于中国财政情况的秘密备忘录副本①。

我在 12 月 31 日第 549 号电报中建议,在中国政府提出并重申其明确要求以后,可以要求国会授权向中国提供一笔特定金额的信贷,此笔信贷将按美国政府行政部门制定的协议及安排方式使用。

我确信按蒋委员长所要求的信贷数额(共计约 10 亿美元),从政治心理或财政经济观点或两者来看,均是与局势要求不相称的。既然现在没有任何根据真实数据作出的明确建议,便只能作一概略估计,我认为最多不超过 5 亿美元的(美国与英国)信贷,足能满足心理和财政情况的要求,超过此数的信贷会造成错误印象并招致滥用。所谓错误印象是指,人们会普遍指望信贷规模与实际结果相当,其实不然,因为在目前情况下并无能够有效地合法利用如此巨额信贷的可行方法。它还会招致追求私利的银行和某些政府部门的滥用,这些机构会经不住从如此巨额信贷中谋取私利的诱惑。

除了支持政府信贷和延缓通货膨胀的笼统说法外,没有听到使用所请求的信贷的任何计划。经与福克斯②博士及奥托·尼迈耶爵士的谈话,我认定中国政府尚未制定应付内部严重局面的方案,从而无法明确说明它所希望的外国信贷的用法。张嘉璈以非常笼统的言辞说明发行用外国信贷支持的内部公债的需要和益处,二位财政部次长③谈到的"重建",就当前需要而言,甚至更为含糊,不能令人信服(第 3 号附件)。我想,这些例子是很能说明政府是怎样解决问题的。财政部长和经济部长④的态度也不令人鼓舞。

---

① 附录从略。

② A. Manuel Fox,中国平准基金委员会成员。1941 年 4 月中国政府分别同美、英政府签订《平准基金协定》,由两国贷款项设立平准基金,稳定中国通货,并设立了由三方代表组成的平准基金委员会,中方三人,美方一人,英方一人。

③ 俞鸿钧和顾翊群。

④ 翁文灏。

在对此问题尚未进行技术性研究的情况下，大使馆对于合理地建设性地使用这笔可能提供的信贷实无法得出即使是比较明确的想法。然而以纯属建议性的词句说明大使馆以一般观察为依据的对于此事的想法或许是有益的。

外国信贷支持的国内公债，理论上似乎合理、可取。但无从得到倘在市场上销售此种债券金额相近似的明确数字。经常谈到的数字是20 亿元（中国法币），情况有利时此金额可能增至 40 亿元。实现所希望的目标，似乎主要是在投资界中销售，使货币回笼和积存的货物出笼。显然，在把政府银行库存的货币和为由外汇按一定比率支持的公债而新发行的货币进行一次交换，其中并无公众利益之可言。

对农业和小工业的生产进行鼓励才是当务之急。如果可行，拟将一部分信贷用于支持对农业的贷款或赠款，进行农田的开垦和改良，或用于支持家庭及社区工业。尽管这样做的益处是很明显的，中国政府在给予支持方面一贯既迟缓而又勉强，但是如果规定保留一部分信贷款专门用于支持这种借款或赠款，就可以诱导中国政府这样去做的。至于保留作此用途的金额，仅能作出大概的估计。可以指定用 1 亿美元支持 10 亿元（法币）的借款或赠款，用于小规模生产，以及将同等金额用于改良农业，这么多钱多半是用不完的。

在 1 月 3 日 9（10）点第 11 号电报中，福克斯（向财政部长）特别建议利用一部分信贷推动中国从苏联的进口……我不能对这样一种计划的实际特征进行评估，但是我知道，凡是在现时能鼓励货物运进中国的机会都不应忽视。为此用途，可以保留信贷中的 1 亿美元，其中一部分可用于完成所希望的结果。

国民党中央执行委员会在去年 12 月举行的会议上通过一项决议，要求"执行一项土地政策并建立一专责处理土地登记和平均地权的政府机构"。很多国民党机构和委员会以往已通过类似的决议，但无效果。为鼓励实施上述决议，合乎实际的步骤，似乎是将信贷中的一部分（估计 1 亿美元足够）指定用于支持计划中的改良农业所需的资金。

　　蒋委员长强调在此时的巨额政治性借款或信贷在心理上的有利影响,但他没有提出用款的计划,只是说提供信贷后即提出计划。在信贷的必要性和影响方面我同意他的说法(虽然对金额有意见分歧),但是从中国和我们自己的观点来说,我确信指定信贷中的一部分作某些用途是可取的。指定信贷中的一部分以支持上面所建议的措施,可能招致银行界和政府某些部门的不满,但是从公众福利和从加强这个国家的经济结构以便继续进行抗日战争的全局观点看来,我相信这样做比提供一笔不指定用途的笼统的巨额信贷或借款能产生更具有建设性的结果。这样做便有理由说支持上述措施(尤其是增加生产和改良农业)正是没有忽视对中国人民心理上的有益影响;而且即使是部分采用和实施此类措施,其实际效果也必然能充分证实我们的支持是正当的。或许所建议金额的不过一半就能有效地用于上述目的;毫无疑问,会有行政上的困难和低效率,但即便如此,至少可以满足迫切的需要——如可以增加生产(从而消除由通货膨胀引起的一些怨气),可以开始早就应该着手的农业改良。在中国,曾强烈要求实行这些措施的人,以及愈来愈多由此得益的人们必然会受到鼓舞,从而加强他们积极抗日的决心,因为他们从实际上已看到他们的战斗是有意义的。不然,另一种办法就是通过提供一笔"慷慨的"信贷来收买政府中以及和政府密切联手的一些腐朽的、谋求私利的以及或许是朝秦暮楚的分子的支持,因为我相信反正必须提供一笔巨额信贷。

　　在我的 1 月 12 日第 34 和 35 号电报中,我着重强调了我的想法,即关于我们可能向中国提供的财政援助,应当明确而有力地告知中国政府:我们反对将此项援助的任何部分直接或间接地用于资助既费钱又有害的垄断事业。此事实无须再详细说明,因为确信国务院完全了解这种情况的危险性。

FRUS,1942,China,pp. 425–428

谈话备忘录①:对华贷款建议

华盛顿,1942 年 1 月 8 日

居里、伯勒②和利夫西③按约访问了财政部的哈里·怀特④,并与怀特、伯纳德·伯恩斯坦⑤、弗里德曼⑥、弗兰克·科⑦及索瑟德⑧,就蒋介石将军要求财政援助一事举行会谈。

怀特要求对政治因素进行说明。伯勒说,在国务院关心此事的人,无不认为为了坚定中国士气现在给予大量财政援助是极为重要的。居里表示同意这个观点。

怀特说,显然少量贷款不会产生有益的经济政治影响。另一方面,中国货币处在明年会迅速加快贬值的阶段,从而削弱中国为其军事力量供给资金的能力。提供一笔足以制止通货膨胀的大量贷款,可能产生有益的效果。

经同意,不必等待英国对蒋介石所提同样提议采取行动。英国对此事的关系可在以后确定。

在讨论过程中怀特说,设想的行动可以恰当地称之为稳定币值行动,但是摩根索在未取得国会授权条件下可能不愿向中国提供如此巨额平准基金。也曾有人建议,在国会约于月内考虑此类财政援助时,应考虑修改租借法,纳入此类财政援助。

作为财政部行动的依据,怀特要求由国务卿或可能由总统发出一份信件,通知财政部长,出于政治和军事理由现在由美国政府提供前述

---

① 本备忘录成为国务院远东司及对外贷款司就对华贷款采取肯定行动的基础。1 月 9 日远东司的备忘录完全同意,"在尽可能早的时刻给中国以巨额贷款是适宜的"。

② Adolf Berle,助理国务卿。

③ Livesey,国务院财政司司长。

④ Harry White,财政部副部长。

⑤ Bernard Bernstein,财政部总顾问助理。

⑥ Irving S. Friedman,财政部货币研究司司长。

⑦ Frank Coe,货币研究司司长助理。

⑧ Frank A. Southard,货币研究司司长助理。

一定数额的财政援助实属必要。财政部持此信件,即可着手研究此项安排将涉及的很多实际的和技术性的问题。同时,由财政部告知曾询问此事的中国外交部长宋子文,对此事正进行深入研究。

利夫西

FRUS,1942,China,pp.424-425

财政部长归档备忘录

1942 年 1 月 9 日

1942 年 1 月 8 日上午 11 时,在怀特先生的办公室与国务院官员居里先生举行会议,讨论对华贷款问题。

与会者有:伯恩斯坦、伯利、弗兰克·科、居里、弗里德曼、利夫西、索瑟德以及怀特等诸位先生。

与会者讨论了中国目前的经济和财政状况,一致认为中国的形势很严峻,需要美国给予援助。然而,这次所冒的风险远远超出了财政部此前采取的一切行动,如果付诸实施,那必定出于政治和军事的考虑。

高斯大使早晨发来一份描述中国目前形势的电报。在利夫西先生介绍了该电内容后,与会者开始讨论中国的政治形势。利夫西先生说,高斯大使描述了委员长用以获得国民党各派系支持的方法以及他是如何依靠他们的支持的。不过,大使不相信失败主义分子会取得成功。伯利先生插话说,这笔贷款将有助于加强蒋的地位。他还说,除蒋以外,重要的抵抗组织只有共产党。

与会者也讨论了筹措贷款的途径,并初步探讨了使用平准基金和国会修改现有租借法的可能性。居里先生说,加强中国的经济实力是强化其军事行动的前提条件,如果以此点为考虑的基础,也许有可能利用租借法对华提供一笔贷款。

与会者重新讨论了与英国人合作的愿望。居里先生说,他认为中国人更喜欢美国的贷款。英国人是否不会坚持参与这项贷款的问题也提了出来,大家认为,这是一个必须由国务院解决的政治问题。

怀特先生要求国务院向财政部长呈送一份正式的贷款建议书。伯利先生说,他认为国务卿正准备这么做。怀特先生告诉伯利先生,财政部也将在这期间研究该项建议。

怀特先生告诉国务院说宋子文拜会过他,并对他说,还有其他情况提供。与会者认为可以告诉宋子文,贷款建议正受到同情的考虑和细致的研究。

Morgenthau diary（China）, pp. 565–566

罗斯福致摩根索备忘录

华盛顿,1942 年 1 月 9 日

关于中国贷款之事,我意识到中国目前不可能给予任何抵押和保证,但我仍希望帮助蒋介石和他的货币。我希望你能够设法办理此事。也许我们可以购买一定数量的这种货币,即使这意味着以后会遭受部分损失也在所不惜。罗斯福。

Morgenthau diary（China）, pp. 566–567

孔祥熙致摩根索

重庆,1942 年 1 月 9 日

中国进行抵抗战争已达四年半之久,资源几尽,牺牲难以言论。现在,中国的经济和财政形势处于危险境地,由于价格不断上涨,人民生计困难,前线英勇的士兵缺吃少穿。必须维持对货币和物价的控制而不使生产衰减。如果已经非常危急的经济和财政局势崩溃的话,中国将不可能继续进行战争。

由于民主国家的生存是互相依靠的,因此,现时世界大战的进展迫切地要求这些国家联合使用他们的经济和军事资源。因此,我向你们申请一笔五亿美元的战时政治贷款。为了凑足需求的总数,我们也向英国提出了一亿英镑的借款要求,我们正等待着英国的回答。如果你们愿意带个头的话,我相信他们会紧紧跟上的。这笔借款准备用作储备金,以恢复货币信用,增加生产补偿日益减少的进口,控制价格,以及应付其它迫切的战争需求。无论是从经济角度,还是从联合军事阵线的立场来看,这笔借款都是有充分的理由的。然而,坦率地说,我向你提出这一请求的理由更主要是基于政治性的。获得这种性质的借款甚至比得到租借物资更为重要。这一举动的要点就是要求及时行动,要在即将来临的几个极困难和紧要的月份中,证明中国对盟国的信任是与盟国对中国的信任相称的。尽早地宣布这笔借款,不仅是为了激奋公众舆论,它还会在整个亚洲,包括我们共同的敌人日本,产生迅速的影响。你对中国的不断的热心关注使我有信心向你发出这份信电。

United States Relations with China, p.476

亨贝克致赫尔备忘录

华盛顿,1942 年 1 月 10 日

国务卿先生:关于从政治动机看有必要向中国提供一笔贷款一事,我认为我们有充分的理由。我相信,此事以立刻进行为宜,不必等待和英国进行磋商。我相信,如我们按一定方向首先行动,英国即将跟随。我认为,无论是否作此假设,我们必须行动;最好在菲律宾败局(可能还有马来亚的败局)已定之前,对中国作出承诺。

建议作出安排并在近日内向蒋介石保证我国将提供一笔贷款,金额不低于 3 亿美元,最好不低于 5 亿美元。

* 国际经济关系顾问菲斯(Herbert Feis)加注:

"我完全同意。我极力主张您立刻和总统讨论,以便在原则上迅速作出决定。然后,我认为(1)您应通知中国政府;(2)立即通知英国政府,并表示,希望英国亦迅速采取类似行动。菲斯。"

FRUS,1942,China,pp. 433-434

赫尔致摩根索

华盛顿,1942 年 1 月 10 日

部长阁下:关于蒋委员长 1941 年 12 月 30 日请求美国政府向中国提供 5 亿美元财政援助,以鼓励中国士气并防止中国货币进一步贬值和中国基本经济状况进一步恶化,关于高斯大使在 1941 年 12 月 31 日电文中所提建议以及国务院及财政部官员和居里先生关于此事的非正式讨论,特此致函阁下。

对于蒋委员长所提方案已经仔细研究。我认为作为战时政策的一项行动,并为防止因中国货币丧失信用、货币购买力贬低而导致损害中国的军事成就,美国政府现时向中国政府提供至多 3 亿美元的财政援助是非常合适的。我相信,我国政府对此事作出决定无须等英国对中国所提类似的英镑信贷请求的肯定态度。

我认为重要的是,应以最大可能性加快进程以达到能作出一项声明的程度。我还认为,对于此事,似乎最好是随时向英国政府通知我们的观点和决定,用以向英国政府提供机会,以便在它愿意时可以同时采取相应的行动。

FRUS,1942,China,pp.434-435

2. 摩根索、罗斯福的设想

弗兰克·科致摩根索备忘录

华盛顿,1942 年 1 月 12 日

事由:部长关于对华贷款的方案

(一)部长的方案是美国应协助中国筹措军费,特别是中国士兵的军饷和维持费用。

初步的考察表明,按上述方针向中国贷款,能够达到应为美国政府有关此笔贷款目标的主要要求。如总统同意,可告知委员长,部长准备讨论此方案及其它事项,并公开声明开始谈判。

然而,执行部长的方案有很多方式,对每种方式均应进行探索。

由于缺乏很多必需的资料,以及执行部长方案的每一可能途径均有其优缺点,因此声明应该是概括性的,而不应限于某一特定方案。

(二)美国能够资助中国军费的几种可能方式如下:

1.将美国货币运到中国在中国发行,用于支付士兵军饷及其他军事开支。

2.将美国货币运到中国发行,用于购买大米及其他物品,发给军队供其分配。

3.在美国开设法币帐户,中国按此账户发行公债,售得的法币可用于军费。

4.给中国专用黄金,凭此黄金按上述办法发行公债。

为对这些及其他方案进行评价,我们对于中国政府现在如何对士兵付饷,必须作更多的了解。

我们现在所知道的只是付了多少元、多少大米以及各种各样的支付金额和方法。特别是关于在中国使用美国货币的方案,无论是用于付饷或支付物资款,政府和人民对此方法将作何反应,我们必须取得更多的情报。

(三)对于这些方案中的最新一项(上述第1号方案),初步列出赞成与反对意见如下。

(四)使用美国货币支付中国士兵军饷及其他军费的优点。

1.这一方案符合贷款的政治目的,即援助中国的军事努力。

2.这类贷款能满足进行引人注意的巨额贷款的政治需要。这一方案将贷款规模和中国军费支出联系起来,从而有助于解决贷款应是多大数额的问题。

3.部长在战争进行期间分期付款的目标可以达到。

4.此项贷款必然能使士兵、民众及政府以善意对待美国。如果支付给军队的金额提高了一般士兵的有效购买力,尤其会是这样。

5. 这一方案意在试图使美元成为国际货币。①

6. 仅就士兵和军用品供应商接受美元而言，就可有助于遏止通货膨胀，因为不需要再为此项用款发行中国货币。

7. 因为有些人要集敛美元，所以可能削弱囤积货物的趋势。在货币制度中引入一种外国货币，在中国比其他地方更为可行，这不仅是因为通货膨胀，也因为中国商人对各种货币有着丰富的经验。

8. 如果认为租借法优于平准基金或由国会授权借给中国，有可能从租借法支付这些款项。

上述很多优点也可以用发行到期兑现美元的公债来达到。使用美国货币支付向军队销售的大米也可分享上述某些优点。如证实现在付给军队的法币金额不大，以及如果不能肯定军队会接受美元付款，则用美元购买大米及其他物资的方案可能比方案（二）·1 更可行。

（五）方案的缺点：

1. 中国士兵和民众可能不愿接受美元，因为他们购物时用法币支付，货币陌生，以及最终要运去的货币面值对他们的用途来说太大。因此，政府必须提供等值的法币，从而并不减少印刷中国货币的数量。

2. 发行的美元只会被富有者聚敛投机，必然会有无数兑换率与法定汇率不同的黑市出现。

3. 中国人可能将发行新货币解释为要收回或废止法币，从而进一步削弱对中国货币的信心。日本人和中国投机商会以他们手中持有的大量法币换取美元，而在市场上抛售这些法币会进一步使中国货币贬值。

4. 安全运输困难很大。1000 万元的 1 美元钞票的重量超过 10 吨半，或正好是等值黄金的重量。1000 万元的 5 美元钞票重两吨以上。因此，在许多宝贵物资亟待空运之时空运这样数量的小额钞票是一项相当庞大的工作。将这种宝贵货物穿过缅甸公路运输需要很多武装保

---

① 政治关系顾问（亨贝克）在页边上加注："摩根索和赫尔热心此事吗?!"

护措施。双方政府为保障安全运输都要化费很多力量和行政精力。(如果用美国货币购买物资,不用于向士兵发饷,自然可以大大减少运输问题。)

5. 向军队支付美元可能加剧军队腐化。除了鼓励从士兵身上牟取暴利外,还可能出现大量伪造物资供应合同。

6. 士兵对于所付军饷的购买力的汇率的不满可能从中国政府身上转到美国政府身上。

7. 投机者,倒卖外汇者及各种各样狡猾之徒都要去诈取收了美元的穷人,攫走原打算用美元付款能取得的利益。

8. 委员长和很多其他中国人会认为这种方案是使中国丧失独立的货币制度,使她依赖美国。

FRUS,1942,China,pp. 435-438

对华财政援助
1942 年 1 月 12 日

与会者:弗利、伯恩斯坦、科、瓦伊纳①、贝尔等。

摩根索:宋子文刚离开这里,他讲得冗长而罗嗦,他试图使自己进入角色,说明这笔贷款的正当理由。他说当他最初得到这个任务时,他不知道如何提出,因为他不在这儿已很长时间了——我指的是,他离开中国的时间太长了。他说他不知道如何提出。结果他们要求从我们这儿得到 5 亿美元,从英国人那儿得到同样的数目。

蒋委员长象一位将军一样说:"我不能告诉你我打算把部队部署到何处。我必须拥有我的部队,然后才会告诉你我会把他们部署到何处。"

我说:"首先,如果是相对俄国而言,中国得到的租借物资比俄国多。"他说:"是,我们已得到提供 6.5 亿美元物资的承诺。"

---

① Jacob Viner.

　　我说:"你们想要的物资都得到了,但都在仰光,你们无法运输。"他说:"对,是这样。"我说:"你们已得到 5000 万美元款项,但尚未动用。"他说:"对,是这样。这很难解释。"于是我说:"那么你们考虑的是军队,不是吗?"他说:"是。"我说:"如果我们给这些军队支付美元会怎么样? 他们会喜欢吗?"他的脸上露出喜色。他说:"这是件大事。但麻烦在于银元,现在一银元不值 1 美元,人们对此有些怀疑。1 美元的纸币就很好,因为它更容易运输。"于是我提了个问题,我说:"你将每月付他们 5 美元吗?""噢,不,不。"然后他思索了一下,1 美元相当于法币 15 元,他明白过来后说:"每月 5 美元也许不太多。当然,100 万军队每月是 500 万美元。这样他们就可以为自己购置衣服,还可以为我们修筑——你们把它称作什么来着?"

　　贝尔先生说:"兵营!"

　　摩根索:诸如此类的东西。所以我说:"那么,宋博士,我正在考虑的是每月向你预付下一个月的费用。"我把这句话说了三遍。为的是让他尽释疑虑。我告诉你们,我今天早晨试着想个办法,当士兵们在作战,就让他们得到军饷,如果他们不作战,就分文不给。他明白了这一点。我说:"这只是我个人的想法。我还未与赫尔商量过,也未与总统商量过。这是我的想法。"我说:"请你发电报商量一下这件事,好吗?"他说他会的。

　　……

　　摩根索:明天早晨 10 点 1 刻我要去见总统,我要问他是否喜欢这个想法。我曾告诉宋,我会给他打电话……

　　哈里①不在时,你(科)能否把这件事告诉亨贝克博士(不是通过电话),告诉他我提出的建议。

　　科:好吧!

　　摩根索:我外出期间,我想让贝尔与宋子文保持联系。我想让贝尔

---

　　① 哈里 · 怀特。

在我外出期间与宋子文保持联系,这样我们就可以直接联络。科是个年轻人,他可以干一点跑腿的工作。我们要让他告诉居里和亨贝克博士。现在,你们大家——

弗利:你打算怎么做这件事呢?

摩根索:噢,那是你所担心的(笑)。

瓦伊纳先生:我能说句话吗?

摩根索:我应该担心吗?

瓦伊纳先生:不。

贝尔:得借助于租借法来办这件事。

瓦伊纳先生:我认为那是解决这个问题的办法。我认为这样可以。我想汇报一下今天早晨我和居里的谈话情况。我试图以同样的方法做点什么,但我建议使用黄金。如果你确实想按这种办法行事,并确实想有助于他们,你必须得注意两件事。第一件事是把钱发给士兵。第二件是他们能够用光他们自己的钱来做点什么。给他们双倍的钱,不是每月1000万,而是1000万给军队,另外1000万用于货币控制,这样他们就可以尽可能买进自己的货币来使用。宋也许没有看到这一点。否则,这不会完全解决他们的问题。

摩根索:让英国人给予资助。

……

摩根索:现在我另有一个想法,想让你们货币专家考虑考虑。我看到的不完全是表面现象。请你们把美元当作世界货币考虑一下。好好考虑一下。现在,他们可以用光一切——杰克——这是个无底洞。他们会以更快的速度印刷那个该死的东西。但是你给他们1000万美元钞票,连同轰炸机一起运到那里,现在这些四引擎的轰炸机要离开那儿了,它们把那些废纸一起带走。这样就开始把好端端的钱投到毫无希望的地方。你反复考虑一下这个问题。如果要收购这些废纸予以销毁,你收购的速度有多快,他们印刷的速度就有多快。如果你按月1000万、1000万地投入那个国家,你就可以在那儿得到稳定的货币。

瓦伊纳:是的,但是——你知道,在波兰他们也是在那个基础上采取行动的,但结果是——

摩根索:什么基础?

瓦伊纳:他们用美元代替了本国的货币。

摩根索:那是什么时候?

瓦伊纳:通货膨胀时期。

贝尔:他们使用了金储券。

摩根索:情况怎样?

瓦伊纳:就金储券所能达到的程度而言,情况非常好;但却使他们自己的货币陷入了绝境。

Morgenthau diary（China）,pp.576-578

对小企业的贷款和对华贷款
1942 年 1 月 13 日上午 11 时 10 分

与会者:瓦伊纳、贝尔等。

贝尔:你把一切问题都解决了吗?

摩根索:和总统吗? 是的。总统说到了中国的事情。他说:"你可以替我转告宋子文,我对这个想法非常热心。"我曾告诉他,国务院反对我们雇佣军队。他说国务院的人不知道他们在说些什么。假如我想与蒋介石(他是军事委员会的委员长,有防御部队)达成一项协议,我想得到的是 100 万人的攻击部队,我将把他们置于德鲁姆将军的指挥之下。我也许想拿下上海。我也许想支援菲律宾。我也许想做任何事情,但是我需要由德鲁姆将军指挥的 100 万攻击部队。现在,我希望为他们支付军饷。我将从我作为总司令的基金中,从租借经费中给他们支付。他说:"我将以每人每月 5 美元付给中国政府作为部队的维持费,每人 5 美元付给部队本身。"他又说:"我们叫它 dimo,民主,这是一种新的通货。"

……

Morgenthau diary（China），pp. 592–593

宋子文致蒋介石

华盛顿，1942 年 1 月 12 日

　　密呈委座钧鉴：接三妹电，今日往晤毛根道①，谈借款事甚久，据云已接到庸兄电，极愿为中国及钧座帮忙，且重以尊嘱无论如何困难，总当设法解决成功。借款五万万无固定之计划提出议会，颇难启齿；且滇缅路交通困难，不能将美国物资输入中国，借外债之普通效果已失，是以再三研究之余，较好方法莫若借美金钞票为每月直接发给中国士兵饷项之用。美国币制信用甚高，既维持士兵生活，增加战斗能力，且可向议会报告此举可使中国更能牵制大部敌军，美方海、陆、空军之充实得有富裕时间迅速完成，似较空洞办法易于动听而有实效，询文意见如何。答以如此曲折经营，盛情可感，容俟请示委员长，当再奉商等语。据文愚见，此种办法于无可如何之中，似尚直截了当，并可达到使英、美负担我长期抗战军费之目的，不过实施详细计划尚未议妥，且任何办法均有极困难之点，是否可行，未敢妄断，应请钧座迅予指示机宜，俾有遵循，再与前途续商。毛又问每兵每月粮饷若干，文答约国币十五元，未贬值时约合美金五元，官长饷目不止此数，除战斗兵外，其他必要辅助军费各机关如兵工厂、交通、电信、机场等等人员、士兵为数甚多，应请注意。毛谓明晨即向总统提此意见，一面请文电陈钧座。本星期三毛赴南方休养，坚邀文俟奉钧座复示后，前往共同密商，并陈。弟子文叩。侵戌（十二日）。

《战时外交》第 1 卷，第 329—330 页

---

① 即摩根索。

宋子文致蒋介石

华盛顿,1942 年 1 月 13 日

密呈委座钧鉴:侵戌(十二日)电计达。毛根道今日见总统后,约文晤谈,据云总统对其提议,表示极为赞同,嘱彼告文,美国愿每月担任一百万中国军队之军费,官兵平均以每人十元美金计,即一千万元。总统又谓,本人有一计划,拟于战后,发行民主集团国际币制,名曰Demos,异日当召文讨论。当时,邱吉尔在座,语毛根道曰,英国方面愿与美国同样办理,并请其转达子文云云。至如何运用,请文与美财部人员详细研商,彼等愿贡献意见,请钧座为最后之决定。文请其代向总统、首相转致谢忱,并云即当请示钧座。窃按此项办法,英、美可以无条件共同负担我军费每月美金二千万元。我虽非一次之巨额收入,但每月有此接济,加以贷借案军械之供给,此后我军维持及整顿等问题,大致可以解决,如此事宣布,对国内外之影响,或竟甚于一次借我十万万元。至维持法币或另觅途径,或运用此项每月美金之收入,均可从长计议。盖维持军队即所以维持国家民族,军队有办法,其他可以徐图挽救。此为文个人之感想,备钧座参考而已,未向美方透露,即乞裁决速示。弟子文叩。元申(十三日)。

《战时外交》第 1 卷,第 330—331 页

蒋介石致摩根索

重庆,1942 年 1 月 14 日

亲爱的部长先生:

我已经请福克斯先生亲自向你报告现时中国的经济与财政的现实和需要。在这些危急的岁月中,你对中国事业的支持一直是最富同情和最具热忱的。现在,在我们的利益和命运已完全同一的时候,你自然比从前更加关心我们的问题和困难。

如果中国的经济和财政不能得到改善和加强,我们对日本侵略的抵抗力量将会受到极为不利的影响,以致使整个盟国的战线都要不可

避免地遭受损害。我的政府和人民殷切希望,你的政府将会给我们最快和最有效的帮助,希望你尽你最大的努力,依照我的请求和我们的财长准备的计划,提供中国所希望的借款。从战时的实际需求来看,这笔借款并不算大。

我相信,福克斯先生的当面报告会充分地说明中国的军事、经济和财政形势,并会详细地说明这些对于争取我们的共同胜利具有何等影响。

致以最良好的祝愿!

蒋介石

United States Relations with China, p. 477

蒋介石致宋子文

重庆,1942 年 1 月 15 日

宋子文先生:侵戌电悉。毛财长所提每月发兵士军粮办法,理想似较简易,而于实际上诸多弊端:其一,此法可使中国军队与国家政府及社会经济形成对立或脱离关系,而且只有使我国经济、政治与法币之加速崩溃,不惟毫无补益而已;其二,我国今日军事与经济不能分离,而现在经济危急,故致军事不济,若拟增强军事,决非单纯军费之所能解决,必使经济与法币之信用提高与稳定,而后军事自能日起有功,此乃常理使然。况中所拟借之款全在友邦表示对我信任,所以不能有任何之条件及事先讨论用途与办法,否则乃非对我表示信任,而等于普通借款必须有条件与监督用途,恐失盟邦互助之盛情也。此意兄或不便直说,将托福克斯君到美向毛面详一切,请兄与之接洽为盼。中正。删。

《战时外交》第 1 卷,第 332 页

宋子文致摩根索

华盛顿,1942 年 1 月 21 日

亲爱的部长先生:

在你离开华盛顿期间,我收到了委员长致你的信函。

预计福克斯先生很快就要到达华盛顿,因此,在我们再次会谈之前,你也许愿意先行会见福克斯先生,从他那儿听取有关中国的形势。当然,如果你希望早些见到我的话,听随你安排任何时间。

附件

委员长深深地感激摩根索部长为使美国政府承担用美元支付中国军队一部分军费的计划付诸实现的努力。然而,经过周密的考虑之后,他怀疑这个计划是否可行。向中国士兵支付美国货币,将容易造成军队和中国总的经济结构之间的分裂,它可能竟会促使中国货币的崩溃。在福克斯离开重庆之前,委员长和他进行了一次长时间的讨论,委员长指出了实现这一计划的种种困难,并请福克斯先生转达给摩根索部长。

委员长迫切希望美国对他原先的提议给予仔细的考虑,给予中国五亿美元的政治贷款,这将是防止正在迫近的经济崩溃的唯一手段。这笔借款应被看作是对一个正在对共同敌人作战的盟友的借款,同时,在它的使用和偿还办法方面不应要求有任何担保或其它先决条件。

United States Relations with China,p. 478

罗斯福致摩根索备忘录
华盛顿,1942 年 1 月 26 日

致摩根索:

我们仍然认为待福克斯来此,此事即可确定。如果他们不愿要美钞,我们何不购买法币,用于在中国当地支付中国军队的装备。我完全愿意在这样的基础上每月花 2000 或 2500 万元。

FRUS,1942,China,p. 450

摩根索日记:1942 年 1 月 29 日

与会者:怀特、克劳茨夫人。

摩根索:今天早晨 9 点,我给陆军部和马歇尔将军打了电话。我问

马歇尔将军，他怎样看待中国的军事形势。

他详述了形势，回顾了英国人在仰光所犯的错误和其他一些事情。我所不知道的是，他们似乎要派史迪威将军担任蒋介石将军的总参谋长。这件事是陆军部和宋子文在这里进行磋商的，他们喜滋滋地认为蒋介石愿意让一个纯粹的美国人担任自己的总参谋长并指挥全军。

马歇尔说那儿的情况很严重，因为：1.日军在印度非常活跃；2.日军在中国一直非常活跃。如果仰光或新加坡陷于敌手，只会火上烧油，更有助于日本人对中国人展开的宣传攻势，即黄种人应该团结起来，白种人正在遭受失败。马歇尔认为形势很严峻。

然后由史汀生说，他认为形势很严重，我们应不惜一切代价让他们继续战斗下去。

史汀生显然没有看到或没有找到我给他的那封信，即我给总统的信的副本，但他一直在询问这件事情。他非常坦率地说，他认为我建议给中国军队支付军饷是犯了一个大错误。他得到的是错误的消息。他认为我们打算直接给部队发饷而不是把钱交给蒋介石。所以我说，我是在与总统、丘吉尔以及宋子文认真谈清楚之后才这么做的。

他说："你不能相信宋子文。"他说："总之，就我与东方人打交道的经验来看，如果你向他们提出建议，他们总回答是，从来不对你说不，但是他们会用某些拐弯抹角的方法来应付你，常让你觉得他们欺骗了你，但他们不可能对你说不。"

我问他，他是否认为我应该让国务院处理这件事情，因为我的心思不在这件事上，也因为这完全是一个政治问题。他说是的。但转而一想，我不打算这么轻易地放弃，特别是因为总统已要求我做这件事，我必须前去告诉总统，我认为自己干不了这事，这种事我以前从未干过。

当然马歇尔将军和史汀生都认为这件事很重要。史汀生最后告诉我："现在，不要因你和国务院之间的任何分歧而使这件事情归于流产。"我说："恰恰相反，我可以袖手旁观，因为我有总统的一封信，信中告诉我等福克斯先生回来。我还有一封宋子文的来信，也要我等待。"

但是我说:"我正在大力推动此事。"总统说:"请你干吧,无论代价多大,我也要干。"

哈里,我将在11时15分坐下来与你讨论中国人的事情,所以从现在开始,请你把心思完全放在这件事上。你知道,我不清楚的是高斯大使对中国的形势说了些什么,因为我没有时间读他的报告。

怀特:我有一些东西要补充,如果你想听的话。

摩根索:说吧。

怀特:昨天晚上亨贝克在电话中说,赫尔先生认为就贷款安排发表一项总体声明是非常重要的,尽管无须详述具体细节。具体细节可以在以后公布于众。

我告诉亨贝克,据我理解,我想你也是这样理解的,应等待福克斯回来后再处理这件事。亨贝克说,在赫尔先生获悉福克斯先生将耽搁很长时间因而会拖延此事太久之前,这也许是真的。他肯定的理解是,赫尔先生不想等福克斯先生回来,我这里有关于此事的一个便函……

摩根索:就这样吧。11时15分。

Morgenthau diary(China),pp.632-634

摩根索致赫尔
华盛顿,1942年1月29日

亲爱的科德尔:我完全同意亨贝克向本部所陈国务院的观点,即我们应立即研究对中国的贷款,不必等待福克斯携来蒋委员长的音信。

阁下1942年1月10日来函、国务院1942年1月23日备忘录以及财政部及国务院官员举行的讨论,均告我现时对中国提供财政援助的决定性的考虑是属于政治和军事性质的。我准备在此基础上立即着手进行。在我们预定明天举行的会议上,可讨论今后应采取的步骤。

兹将下列为满足蒋委员长请求筹措资金的方法提请考虑:

A.国会授权贷款;

B.根据租借法案拨款。我想这需要立法;

C. 平准基金；

D. 总统的战争金库（或许可从中得到部分必需的资金）。

这几种资金来源自然各有其优缺点，您也许愿在我们的会议上研究。

在上述资金来源中，我以为平准基金最不适宜，这是由于拟议中的财政援助性质特殊。如决定用平准基金援助，就必须以 1940 年 12 月我们为 5000 万美元中国平准基金获得批准的同样方式，取得国会有关委员会的批准。

可能您愿考虑总统和我们立即同国会领袖会谈，将此问题通知他们并讨论其他财政援助方法。在他们通过后，总统便有可能立即声明总统和国会领袖经必要的国会程序准备向中国提供蒋委员长所要求的财政援助。细节可在以后制定。

FRUS,1942,China,pp. 450–451

3. 贷款协定的商讨与签署

宋子文致蒋介石
华盛顿，1942 年 1 月 30 日

密呈委座钧鉴：星岛危急，经济及军需品均将受极大影响，福克斯又尚未到，文今午谒总统，商请各事如下：（一）即借款五万万元，以挽危机，并详述为应付目前通货膨胀之特殊情形，不能有任何条件之束缚。总统甚以为然，决召国务卿及财长商量，或用租借案方式，或交议会通过。文谓议会手续繁琐，恐时不我待……（三）邱吉尔最近演说中，有拟在华盛顿设立英、美、荷、澳太平洋军事联合委员会之言，文询总统，欲知其详，盖因种种理由，在太平洋对日作战，必须中国参加。总统谓演词不确，彼与邱并无太平洋军事委员会之组织，在华盛顿虽有英美联合参谋部，只为对魏佛尔区内作战事宜，荷、澳两国代表可向该部咨询而已。一切事项，蒋委员长与史太林可直接与我及邱吉尔接洽云云。其口气与文江(三日)电所陈邱吉尔意见相同,似俱不愿受国际会议之束缚也。余容续陈。弟子文叩。陷未。

《战时外交》第 1 卷,第 332—333 页

罗斯福致华莱士

华盛顿,1942 年 1 月 31 日

副总统阁下:美、中两国政府负责官员均告我迫切需要立即向中国提供经济及财政援助,援助金额及方式均超过国会授权范围。我相信,就中国国内经济以及一般地就它在我们共同战斗中发挥最大军事效能而言,此项额外援助定能加强中国的地位。

因此,我极力主张国会为此事通过拨款法案,兹附上以实现此项方案为目的的联合决议草案。

FRUS,1942,China,pp. 454–455

蒋介石致宋子文

重庆,1942 年 2 月 2 日

急。宋部长:世未电悉。借款方式与名义,皆可不拘,由美决定;我方所坚持者,乃无条件之借款,亦不能有任何拘束而已。中正。萧。

《战时外交》第 1 卷,第 334 页

宋子文致蒋介石

华盛顿,1942 年 2 月 2 日

委座钧鉴:本午议院即将公布总统提案中国借款五万万元。午后三时,毛根道邀文讨论借款协约草案,谨当遵照钧座意旨,以无担保、无利息、无年限为此次借款之主要原则。窃查美国军货贷借法案规定,关于偿还办法,各外国政府应接受美国总统认为满意之条件,或以军械财产,或以美国直接或间接利益偿还之。文拟参照此项规定,提出更较广泛借款协约草案,大意如下:整理此次对华借款之详细办法,由美总统

于战事结束后,根据一九四二年一月一日反轴心联合国家共同宣言第一项(各国政府保证以其军事、经济之全部资源为反抗轴心国之用)决定之,关于总统此项决定,中国承允接受。是否有当? 乞速示遵。弟子文叩。冬巳(二日)。

《战时外交》第 1 卷,第 334—335 页

罗斯福致蒋介石

华盛顿,1942 年 2 月 6 日

本人向国会所提要求授权向中国提供 5 亿美元一案,已经参众两院一致通过,成为法律,对此本人及美国政府和人民深感欣慰。

国会对此项措施以不寻常的速度及意见一致所起的作用,以及此项措施在整个美国受到的热心支持,表明美国政府及人民对中国所怀有的全心全意的尊重和钦佩。同时,也表明我们在争取自由的伟大战争中具体帮助我们伙伴的诚恳愿望和决心。中国军队对野蛮入侵贵国的侵略者的勇敢抵抗,赢得了美国人民及其他爱好自由人民的高度赞扬。武装和非武装的中国人民,面对巨大的困难,已经进行了 5 年的坚决抵御装备远为优越的敌人的战争,这鼓舞了其他盟国的战士及全体人民。中国人民在破坏自己的劳动成果、免使其被掠夺成性的日军利用中作出了巨大的牺牲,这是我们正在满怀信心夺取胜利的人们所必须具有的牺牲精神的范例。我本人希望并相信,利用现在由美国国会批准的基金,对于中国政府和人民应付由武装侵略强加的经济财政负担,以及解决对于中国胜利抵抗我们的共同敌人至关重要的生产和收获方面的问题,将起到很大作用。

本人谨向阁下致意,并致最良好祝愿。为最终属于我们的共同利益、共同目标及共同胜利,我远隔重洋向阁下伸出战友之手。

FRUS,1942,China,pp.456—457

罗斯福致蒋介石

华盛顿,1942 年 2 月 9 日

我们在迅速地增加经过非洲和印度抵达中国的运输服务,现在我可以对你明确保证,即使在仰光遭受再大的挫折,我们仍然能够通过空运维持经由印度到达中国的补给线。

这个全盘计划似乎是切实可行的,我相信,我们能在不久的将来使其成为现实。

FRUS,1942,China,p. 13

摩根索致宋子文贷款草约

华盛顿,1942 年 2 月 21 日

中、美政府正与其他意志相同之国家及人民,从事合作抵抗共同敌人,以期建立公正而持久之世界和平基础,并为本身及一切国家获致合法秩序。中、美又为一九四二年一月一日同盟宣言之签字国,该宣言宣称:"各政府决使用其军事上或经济上之全部资源,对付正与其作战之三国公约会员国,及其附庸。"美国国会于一九四二年二月七日无异议通过第四四二号公法时,宣称如予中国以财政及经济协助,当可增强中国抵抗侵略之力量,并谓中国之自卫具有最大之重要意义,同时复授权美国财政部长经总统核准后,予中国以财政协助。此项财政协助将使中国:(一)增强其金融、货币、银行及经济体系;(二)资助并提高必需品之生产与分配;(三)抑制物价之高涨、增进经济关系之稳定或阻止通货之膨胀;(四)防范粮食及其他物品之屯积;(五)改善运输及交通工具;(六)推行社会及经济方策,以确保中国人民之团结;及(七)应付军事需要并采取其他适当作战步骤,借使中国在抵抗共同敌人上之作战力量大为增加。兹为达到此项目的起见,本签字人经获各该政府之适当授权,同意下列诸点:

第一条 美国财政部长同意立即在美国财政部帐册上,用中国政府名义开立一贷款户,数额为美金五万万元。美国财政部长于接获中国政府请求时,即就该项贷款户中,将所请求之数目用中国政府或其指定任何代理者之名义,移转至纽约联邦准备银行,开立一个或数个帐户,中国政府得直接或经由其授权之代理人或代理机关,请求该项移转并提取纽约联邦准备银行中之该项帐款。

第二条　中国愿将本约中所列资金之用途,通知美国财政部长,并愿对该项用途随时征询其意见,美国财政部长愿就此项资金之有效运用方面,向中国政府提供技术上及其他适当之建议,以期完成本约中所述之目的。其因履行本约中所定财政协助而随时发生之技术问题由美国财政部长及中国政府讨论之。

第三条　此项财政协助所依据之条件,包括应行酬还美国之利益在内,俟将来事实明示该项最后条件及利益确于中、美互有裨益,并确能建立持久之世界和平与安全时,再作最后决定。在决定最后条件及利益时,对于本约中所定之财政协助款项,不应要求付息,并须对维持中国战时及战后经济财政状况之健全与稳定,增进中、美两国间有利之经济财政关系及改善全世界之经济财政关系诸点,予以充分注意。

第四条　本约自本日起生效。

《战时外交》第 1 卷,第 339—340 页

摩根索致韦尔斯

华盛顿,1942 年 3 月 10 日

韦尔斯先生:阁下 1942 年 3 月 9 日询及取消送交宋子文的协议草稿中第二条是否适宜的来函敬悉。

在和中国所作的财政安排中,凡能保护美国的财政利益及促进中国最有效利用资金的任何条款,本人均表示欢迎。如果不是出于打破政治及军事平衡的考虑,则我坚持保持原稿中的第二条,甚至加入更强硬的条款。但是,在国务院和财政部的会议上,始终一致同意财政援助的目的主要是政治、外交和军事方面的。提交给中国人的协议书的条款也正是根据这些方面的考虑决定的。

　　如阁下所知,送交中国政府的第一稿中有关于征询意见和交换情报的第二条。然而,宋子文致本部函中提到蒋介石对第二条的反应并要求取消此条,财政部不愿因坚持保持协议书中的第二条,而损害此笔财政援助的重大军事价值,因此将该问题向国务院提出。

　　鉴于包括或删除第二条几乎已成为政治性质的问题,并鉴于我们今天的电话商谈,请见告你对答复蒋介石方面下一步行动的高见。

　　由于我感到时间十分重要,必须尽快完成这项协定,对此事请从速赐复为感。

FRUS,1942,China,pp.482-483

孔祥熙报告借款协定修正案

重庆,1942 年 3 月 17 日

　　介兄委员长钧鉴:关于美借款合约磋商经过,迭经函陈,谅邀钧察。顷接宋部长十四日来英文电,以美财部对合约草案第二条美未允删除而提出修正(附件一:宋部长三月十四日英文电及译文),嘱弟转请钧示。查原第二条条文,前据子文电告,弟以其似有未妥,惟为顾全中、美睦谊,加以酌改(附件二:美方原案及修正案),其用意为对于用途之支配,我方只须通知美国,惟技术事项则与美洽商。嗣据子文电告,亦谓第二条原文似嫌束缚,可洽商全删,并谓不难办到,当复电嘱其洽办。顷据来电,非仅未能删去,反似加重原案所含束缚之意。弟意照美方新修正案不妥之点有三:当此战时我方对借款运用如必须按照原条文,随时互商并交换关于运用此项资金最有效方法之报告材料与建议,势必需时日久方能洽定拨款,诚恐贻误军机时机者一也。万一双方互商时发生意见相左之点,恐将惹起误会致影响中、美友好邦交者二也。英国方面向惟美马首是瞻,据郭秉文①密报观察,而英对借款意存留难,如美有此条文,将来英方亦据此订约,恐惹起更大纠纷者三也。拟即复告

---

① 财政部常务次长,中英贸易协会主任,常驻英国。

子文,最好能删去,否则亦望照弟前电所提修正条文列入。最低限度亦须将美方所提修正如下:"为表现中国与美国双方共同作战之合作精神起见,双方政府之适当官员对于此项财政援助所发生之技术问题,将随时互商报告及建议,俾到达双方政府所期望之目标",庶免日后发生误解,致起争议。究应如何之处,谨抄同子文来电及原草案第二条条文与我方前提修正文并陈尊察,即祈裁夺示复为祷。敬颂钧绥。弟祥熙谨上。三月十七日。

附一:外交部长宋子文致行政院副院长孔祥熙

庸兄勋鉴:三月八日专电奉悉。关于借款合约,美财部对我方所提各项建议皆可接受,惟对第二条认为不拘形式如何,应予保留,复经详细考虑结果,将第二条条文修正稿交来,弟以为较原条文及兄拟改之条文似较优,可予接受。其条文如下:"为表现中国与美国双方共同作战之合作精神起见,双方政府之适当官员对于此项财政援助所发生之技术问题,将随时互商,并交换关于运用此项资金最有效方法之报告材料与建议,俾到达双方政府所期望之目标。"请即请示委座,电复为祷。弟子文叩。寒。

附二:第二条原文(译文)及我方修正文

……

我方对第二条修正文"中国财政部长对此款之用途,愿随时通知美国财政部长,并对与用途有关之技术事项与之洽商,为求此款得有有效之运用而达到目的起见,财政部长愿予中国财政部以技术上及其他适当建议。至关于因实施财政协助随时所发生之技术问题,由美国财政部长及中国财政部长讨论之"。

《战时外交》第 1 卷,第 340—342 页

会谈备忘录

华盛顿,1942 年 3 月 21 日

中国外交部长宋子文今晨应邀来访,我告诉宋,我在总统和财政部

长会谈后即请他来访,就拟由他和摩根索签署的美国向中国提供 5 亿美元财政援助协定中的第二条,如果取消可能引起的某些问题进行商谈。

我说,当然美国国会和政府向中国提供 5 亿美元财政援助的行动,说明我们在共同战斗中对中国的信心和美国援助中国的愿望程度。我说,然而我们美国的人民迟早会坚持要求知道,我们提供的这项援助究竟如何确实援助了进行共同战争努力的中国政府和人民。我还说,如果在协定中和达成协定的会谈记录中,没有中国政府应向美国政府提供此项资金用途的充分情报的规定,则不可避免地会出现损害两国利益及两国关系的局面。

我说,从蒋委员长致总统的电文来看,我完全理解中国政府将此项援助解释为是"不附任何条件的"。因此,我并非建议重新考虑此事的这一方面。但是,我想出于我上面提到的原因,可由中国政府向美国政府作一单方面的声明,说鉴于两国间此项愉快的合作,中国政府拟随时将使用此笔援款的情况充分通知美国财政部长,不知宋博士是否同意,这种方式不失为一合适的解决办法。

宋博士立即声明甚愿按此办理,并说如果我同意,他将按此意以中国政府名义致函财政部长。

我对他的友好合作态度表示欣赏,并且说,我想这确实是圆满解决此事的恰当方法。我说,如果现在采取了这一步骤,我确信协定可立即缔结。韦尔斯。

FRUS,1942,China,pp. 488-489

4. 租借协定执行情况

中美抵抗侵略互助协定

华盛顿,1942 年 6 月 2 日

美国及中国政府宣告:两国现联合其他抱有同志愿之国家及民族,

从事共同之努力，以期奠定公正、永久和平之基础，俾其本身及一切国家获得法律秩序。

又，美国及中国政府为一九四二年一月一日联合国宣言之签字者，以是而承受一九四一年八月十四日美国大总统及英国首相所为之联合宣言，即称为大西洋宪章者中所包含之宗旨及原则之共同纲领。

又，美国总统已依照一九四一年三月十一日美国国会法案决定：中华民国之防御及抵抗侵略对于美国之防御关系至为重要。

又，美国已给予并正继续给予中华民国以援助，以抵抗侵略。

又，中国政府转变此项援助及美国以酬答此项援助而获得之利益之条件宜延缓以待局势之进展，使能更了然何种条件与利益能对于美国及中国有相互利益及促进世界和平之建立与维持后，再作最后之决定。

又，美国及中国政府，俱愿对于防御援助之供应，及决定此项条件应顾及之若干事项，在目前成立初步协定。

又，此项协定之订立案经正式核准，举凡按美国及中国之法律，在订立此项协定以前应完成或执行之手续条件，均已依法完成或执行。

后列签字人，经其本国政府为此目的正式授权议定如下：

第一条　美国政府将继续以美国大总统准予转移或供给防卫用品、防卫兵力及防卫情报供给中国政府。

第二条　中国政府将继续协助美国之国防及其加强，并以其所供给之用品、兵力或情报供给之。

第三条　未经美国大总统之同意，中国政府不以任何根据一九四一年三月十一日美国国会法案而转移之防卫用品或防卫情报，转移其所有或持有，或允许任何非中国政府官员、雇员或代理人之使用。

第四条　如以将任何防卫用品或防卫情报转移于中国政府之结果，而中国应采取任何办法，或给付款项，以充分保护对此项用品或情报有专利之美国人民之权利时，则中国政府经美国大总统之要求，当采取此项办法或付给此项款项。

第五条　依美国大总统之决定,此次紧急状态终了时,中国政府当以未曾毁坏、遗失或消耗及美国大总统决定为对于美国或西半球之防卫或对美国其他方面为有用之用品返还美国。

第六条　在最后决定中华民国政府给予美国之利益之时,对于一九四一年三月十一日后,中华民国政府所供给及经大总统代表美国接受之一切财产、兵力、情报、便利或其他利益或事项,应加以充分之考虑。

第七条　在与美国会商以后,中国政府为报酬根据一九四一年三月十一日国会法案而为之援助,应给予之利益之最后规定中,其条件应不致影响两国间之贸易,而应促进两国间相互有利之经济关系及改善世界经济关系。为此目的,上述规定中,应包括载有美国及中华民国同意之行动,并公开使其他具有相同志愿之国家参加,借国际的及国内的适当办法,以增加为全世界人类自由、幸福、物质基础之物品之生产、使用、交换与消费,并取消国际贸易间一切歧视待遇、减低关税及其他贸易障碍,一般而论,即应实现美国大总统及英国首相于一九四一年八月十四日共同宣言内所列之经济目标。两国间应于迅速便利之日期开始谈判,以期参酌主要经济状况,决定以其本身之协意行动达到上述目的之最佳方法,并谋其他具有相同志愿之政府之协意行动。

第八条　本协定自一九四二年六月二日起生效,在双方政府所议定之日期以前,应继续有效。

一九四二年六月二日,作成两份,签订于华盛顿

中华民国政府代表外交部长宋子文

美利坚合众国政府代表国务卿赫尔

《中外旧约章汇编》第 3 册,第 1248—1250 页

侍从室致何应钦等代电

1944 年 9 月 2 日

侍从室快邮代电(9 月 2 日)

一八四八号。

何总长、熊秘书长、王主任雪艇钧鉴:据魏大使感电称:端纳、雷尔逊及霍雷昨飞渝,端氏此行,在着重经济问题,行前曾探询我国战后经济建设计划,及与美国国外经济局主管中国租借法案部分人员洽商,兹谨将两者有关资料及研究分陈如后:

甲、(一)自一九四一年三月至本年六月协助联合国租借法案物资总值二八,二七〇,三五一,〇〇〇美元,我国所得者,为三七一,六四五,八三六美元,约占总数百分之一点二;(二)自去年五月至今年六月,十四个月中,美国会所定租借法案协助我国军事部分,预算为一九八,一四四,五六九美元,及非军事部分,由国外经济局主管者,为三三三,一六四美元,在此期中运送我国者,总值为二〇一,九二五,〇四六美元,约占预算百分之九;(三)在今年最高纪录,五月份美运送盟国物资,总值一一,〇〇〇,〇〇〇,〇〇〇美元,运送中国者,仅四,八一三,二七五美元,约为总数百分之二;(四)至办理手续,亦极缓慢,由申请运送以迄取得每需时十月以至两年。供应公司改组后,职接洽要旨,即以量小时缓,促其改善,并且以现时空运大有增进余地,不应以此为托辞,将来陆路及海口交通重开,亦须即时添配,国外经济局已允预筹两年计划。惟促成整个租借法案协助问题之改进,雷尔逊归国报告,当为重要,谨陈经过,敬备参酌。

乙、关于我国战后建设与美国合作方式虽有稳当可能,但美必将偏重商业性质,如以战后问题进行,现时殊不易有所确定。惟租借法案,虽限于战事有关,但界说并无确切规定,我国战后,拟办事业,如能在战事未结束前进行,自有不少与战事直接有关者,且皆有助益军事进展,交通一项尤属必要,美军在欧对于解放地方水电,亦协助恢复建设,在此利用租借法案定货至多,现发生如战事结束后,此项定货尚未制造完成,应如何办理问题,当局意向例以此项定货配合建设之用,即使不能续用,租借法案亦必交货,解决办法,另行商订。故我国对于战后建设,似可迅即择其与战事有关,且能于短期完成者,作为陆路、海口通运后之战时建设计划,以期协助军事进展,积极进行,其余则作为战后计划办理,如此收效可望较速。如蒙认为可行,与雷氏谈时,似宜着重战时建设,当否,谨祈鉴核。等语;希加研究具复为要。中正。申冬。戌侍参。

卅三年九月二日发

中国第二历史档案馆藏国民政府军事委员会参事室档案,761/155

王世杰致蒋介石呈

1944 年 9 月 6 日

关于与罗斯福代表纳尔逊等磋商,利用美国租借法,以应我国抗战及战后建设需要一案,奉交魏大使感电一件,遵经将该电与原案合并详细研究。谨将研究结果及我方应如何对美代表纳尔逊提出交涉之处,分条陈述如左:

(一)规定今后每年租借法总额中对我援助之百分比

过去三年中,美国以大量物资援助英、苏,而对我援助为数特微,其原因虽有种种,要以战略侧重欧陆,与对华运输困难为主因,现在战事即将完全移到远东,而我国对外又不久可望海陆通运,故极应对美严重交涉,订立协定规定某期间,提议定为三年。第一年度(1944 年 7 月至 1945 年 6 月)应请美方规定对我之援助为租借法总额百分之二十五,美国本年度预算中所定租借总额职务虽尚无确定数字,但约略估计如定为总额百分之六十五,其数目当为三十七万美元左右。第二年(1945—46)及第三年度(1946—47)至少估各该年度美国租借总额百分之三十五。

(二)预留战后继续利用租借法之地步

上述之新租借协定,应明白规定倘远东战事在协定满期前即告结束,则依协定业经租借于中国之物资如有已交货而尚未使用,或已订货而尚未交货者应许中国继续使用,以供战后善后复兴之需。又如美国政府于新协定满期以前废止现行租借办法,美方应当与中国另订适当贷款办法,俾在该办法废止以后,协定满期以前,中国每年能获得与协定第一年度所得租借额相当数量之物资,以应中国继续作战或复兴事业之需。

（三）酌量提高租借额中非军事部分之比率

我方对美交涉之一部分目的既在利用美租借法案以应我国战后初时复兴之需要,则对我租借额非军事部分,以应向美方交涉,酌予提高。魏大使感电报告,自去年五月至今年六月,军事部分与非军事部分之比率约为六与一之比,今后各地逐渐收复,其善后复兴工作,自需要较多非供纯粹军用之物资,因之军事部分物质与非军事部分物资,应使提高至三与一之比。

（四）确定物资大量运入之办法

过去美方对我援助特别细微之一个主因,在对运输问题彼此从未切实规划,以求得充分的解决。此次商谈似应该对:1、现时空运吨位问题;2、将来海陆通运后车运船运问题;3、中国内地运输能力扩充问题,成立切实之协议。

（五）赶速制造对美定货清单

魏大使所陈我方应迅即选择与战事有关之建设需要,早日向美定货,以便在战争结束前于后方及收复地区之公用事业开始建设。此议最重要。例如交通器材及恢复地区之公共事业,均可列入此项要求。按向美定货,动辄须一年半或二年方能提货,故我方应责成各主管方面赶速拟制切合实际之定货单,俾乘纳尔逊留华期间,由彼提出,至少亦应于纳氏留华期间求得若干初步的决定。

以上意见除随时与何总长、熊秘书长、宋部长、翁部长洽商外,敬乞钧长鉴核。谨呈

委员长

军事委员会参事室主任王世杰　谨呈

王世杰致何应钦等签呈稿

1944 年 9 月 6 日

敬之总长先生、天翼吾兄勋鉴:

　　敬启者:奉委电发交吾兄、先生及弟代电一件,关于利用美国租借法,以应我抗战及战后建设需要问题,想尊处已在研究中,弟处顷已拟具研究意见呈复委座。兹特抄送一份,以供参考。耑此,即颂

勋祺

弟王○○敬启九月　日

王世杰致宋子文签呈稿

1944 年 9 月 6 日

子文吾兄勋鉴:

　　敬启者:关于利用美国租借法,以应我抗战及战后建设需要问题,奉委座交下魏大使代电签呈一件,弟处顷已拟具简单意见签呈委座,兹将原代电暨签呈各一件抄附,以备参考为荷。耑此,即颂

勋祺

弟王○○敬启

王世杰致翁文灏签呈稿

1944 年 9 月 6 日

泳霓吾兄勋鉴:

　　昨日函奉利用美国租借法,以应中国抗战及战后建设需要案一件,

想荷誊文。兹奉委座交下魏大使代电一件,弟处业已呈复,特缮同原代电暨敝弟签呈委座稿各一件,备兄参考。耑此,即颂
勋祺

弟王〇〇敬启

中国第二历史档案馆藏国民政府军事委员会参事室档案,761/155

魏道明致蒋介石

1944 年 10 月 4 日

17722。重庆。密。主席钧鉴:今午总统招待我国出席代表,谈话约十余分钟。伊告职谓,雷尔逊离美时,伊对我国局势原觉暗淡,现据雷氏报告,情形似较好,伊本拟开太平洋军事会议一次,因患伤风未果,稍愈当举行。按雷氏报告要点认中国局势虽严重,但非无望,详情已由孔副院长电达。渠带回有关生产计划材料,现正由我供应委员会帮同整理,拟于周内作成报告,送呈总统。又今日午后总统在记者会中有询及中国发言人所云接济极少一点,总统当时颇露窘态,答语历十余分钟之久,原文已由中央社详电。再此间舆论对于军事近况批评不无官方授意之嫌,此事除与史迪威将军问题有关外,似亦不无同情、预为卸责地步之意味。但关系最重者仍属中共问题:一则总统向以趋左为标榜,自不欲失左派之同情;再则美方所得关于我方报告多不利于我,且以对苏关系之顾虑等等,因而不免发生误解。在目前情势下,职见对中共问题惟有表示坚决态度,方可促使官方翻然觉悟。但我政府机关行政效率似须厉行改革,而与美接触有关者尤必步骤一致,迅速切实,俾免借口。至对社会方面现双十节将届,如能于钧座宣言中将国人对实行三民主义决心不移作有力表示,亦必有裨益。职魏道明叩。江。

《中华民国与联合国史料汇编》筹设篇,第 267 页

财政部对美互惠租借案经过概述
1945 年　月

对美互惠租借案经过概述

一、对美互惠租借案之缘起

查三十一年五月，美国政府根据其国会通过之一九四一年国防法案（即租借法案），提议由中美两国订立《中美抵抗侵略互助协定》，除规定美国应以物资及情报援我外，并于第二条及第六条规定，我应供给美国各种物品、人工便利及情报。经外交部呈奉委座核准，并授权宋部长代表签字在案。

三十二年六月间，宋部长函称：美国政府提议依据上项协定，由宋部长与美国务卿换文，规定中国对美协助办法，并名之为反转租借协定（即回惠租借协定）。换文要点择陈于左：

1. 中国对美协助大致分为下列二类：（甲）直接以材料或人工供应美国部队及机关，此项供应美国政府应记入租借帐内中国政府户下；（乙）供给中国货币，俾美国部队及机关得用以在中国获得材料及人工之供应，并支付其他用途。中国政府所供给之中国货币总数，由双方随时商定此例，其中一部由美国政府以美金按照官价折合，付与中国政府，其另一部，则记入租借帐内中国政府户下。

2. 此项协定无强迫性，两国政府对其本身能力与责任之考虑，仍保留其最后决定权。遇有一方政府被请求协助时，如自认可以供应，始依照规定原则办理。

3. 此项协定只规定原则，实施办法由美国正式授权当局与中国政府主管或指定机关，随时提出议定。

以上各节经外交部详核，认为美国提议尚无不合，呈报委座发由行政院交本部复核，亦以为大致可行，并签署意见如下：（甲）将我方可能供应之范围、种类及数量预为商定，以便核编概算，并事前准备及时供应；（乙）将来我方为内部切取联系及对外进行接洽，确有设置机构专责办理之必要；（丙）所有供应美方材料、人工，应按我方实际支付价款,照官价折合记入美国租借帐内中国政府户下,其记帐手续应由双方预为洽定,并将详细帐目按期互相核对结算;(丁)际兹双方成立相互协定,所有三十一年度以来,支付美军招待设备等费与建筑机场工款,择其应归入美方租借案内处理者,提请美方同意一并记入美国租借帐内中国政府户下。以上所签意见,曾由本部函行政院秘书处请由院召集各有关部会共同研讨在案。惟院会究系如何决定,迄未奉批。复嗣于三十三年一月二十九日奉行政院机字第二零二零号训令略开:查美国空军及陆军来华者渐众,有关机关支付美军经费日益繁多,为期中美物资之租借将来清算便利起见,自应集中登记,着由本部国库署办理等因。已饬国库署设立专册登记。

二、美军总部所提在华新建筑付款办法之商讨

三十三年二月十九日,美国驻中印缅军总部史迪威将军上委员长蒋第 138 号备忘录,又于三月十日送致军事委员会外事局商局长第 893 号备忘录,抄附美军总部三月六日送致美军在华各机构第 AG686 号训令,规定美军在华新建筑付款办法。择述要点于左:

1. 本年三月一日起,凡主要为供给在华美军使用之建筑与保养费用,均由美方负担。

2. 包工合同在本年三月一日尚未完工而费用已由华方付给一部分者,将继续由华方付给至完工为止。

3. 美方负担者:

(1)直接供美军需要之作战及非作战设备之建筑及保养费;

(2)服务美招待所之战地服务团人员住屋之费用。

美方不负担者:

(1)非战地服务团中国人员之住屋;

(2)道路、渡船、渡船码头;

(3)中美混合队机场之作战及非作战设备(美方使用之非战斗除外);

(4)土地;

（5）道路使用权；

（6）华方杂用开支及监督费用；

（7）捐税。

4. 新有之工程与保养工作以及签订合同与监工事项，原则上仍请中国政府办理。惟遇工程急迫无法请由中国办理者，或工程太小，无须请求中国办理者，则为例外。

5. 付款或付还垫款手续

工程先由中国政府核准，再由在重庆之中国总机关，将工程估计所需款项拨交主办该工程之中国工程师，华方垫用款项之一切合同、协议、收据、发票，均须送交当地之美负责代表予以核准，美方始可付还垫款。

惟以此案关系国家主权及战后清算问题甚巨，由外事局于三十三年三月二十四日召集军政部、交通部、财政部、航委会及工程委员会等机关代表研究，签拟意见，经何总长于三十三年五月二十五日函复史迪威将军。分述要点如左：

1. 中国政府可为负担者仅为购地费、地上权费、中国空军使用之作战及非作战设备，至于各机场及附带建筑物、通达机场之道路、美军使用之作战及非作战设备、美军人员之住所设备等之建筑与保养之费用，均应由美方负担；华方因办理此等工程之管理费及工程人员、监工人员、工人之薪给，亦应请美方偿付。

2. 凡应美军部请求建筑之新机场及建筑物，或原有机场及建筑物之扩充改善，以供美方使用，无论已完工或兴工者，其费用亦应照前项办法，分由两国偿付。惟原由我国自行建筑之机场借与美空军使用者，其费用无须由美方偿付。

3. 各工程处当随时准备帐项册据，并派所需人员供美方指派人员核对，但按上述办法应由美方偿付之各项费用工程，业经办理而美方指派人员尚未到达，各工程处无法将其所有帐项单据送经美方代表签字者，亦应请美方照付。

4. 为使双方工作进行便利起见,今后美方如托办在中国境内之工程事项,请烦与工程委员会洽商,该会呈委员长核准后办理。美方所应偿付之各项费用,亦由该会结算通知美方,照数偿还,交中国财政部归垫。

5. 在中国境内建筑之各机场及建筑物,在战事终了时,自当由美方无条件归还中国。

6. 关于美军在华之膳食招待费问题,罗斯福总统曾屡次声明,美军在华之一切费用当由美国政府偿付。从前阁下亦多次表示同样意见,华方前曾情愿支付此等费用,对来华美军以来宾招待。惟嗣以美军在华人数增多数倍,中国政府之财政负担实因此增重,为使情事明瞭起见,亟愿得知对此问题之尊见,以便洽订适当办法。

上函去后,复接美军总部送致何总长六月八日第 639 号备忘录,谓该项问题已交由参谋处详细研究,容或有若干点未尽同意,但亦非不可加以克服者,一俟汇集有关各部门之意见,自当急速函达等语在卷。

三、美军垫款偿还办法

三十三年十一月孔副院长致主座感电内开:美军垫款问题,前在布里敦森林会议,美方对三十三年二至六五个月垫款,以每月拨付美金二千五百万元,共一亿二千五百万元,为了结其七、八、九三个月垫款,允以每月拨付美金二千万元共六千万元,为了结两项共美金一亿八千五百万元,包括一切,连成都机场之款亦在内。弟以成都机场之款需另付,美总统有电允许,坚未接受。嗣经一再交涉,根据罗总统致主座一月十二日之电力为争辩,美方允再加二千五百万元,共为二亿一千万元,包括二月至九月一切款项,连成都机场之款混算在内。弟仍未允接受,此次前来,交涉再三,美方允让步,除付现款二亿一千万元外,成都机场之款承认我方出款建筑,可记入互惠租借项下,将来清算。军部如不再有异议,即可照此明白解决,如此解决,约合国币八十元折算美金一元。又同月孔副院长致主座条电内开:美军垫款问题业照感电所陈完全解决,美财政部正式复文亦已收到,该款正由美国库办理拨付手续，约旬日即可收联邦准备银行我政府之帐。三十三年十二月，孔副院长致俞部长文电内开：美军垫款清算至十月一日为止，办法大致如下：(1)由美方拨我二亿一千万元，作为清结至九月底止所有一切垫款；(2)成都机场之款，美方硬欲包括在垫款之内，不欲另付，经我力争再四，方承认我方债权，记入互惠项下；(3)招待美军各费，为维持中美友好关系，不便再索，故已声明由我负担，不过照解决办法，亦限至十月一日；(4)十月一日起每三个月清算一次，虽经提出，但以十二月尚未完结，故未洽有办法。三十四年一月，孔副院长致俞部长巧电内开：结算至九月底止之美军垫款交涉，业已全部结束，由毛财政长亲递支票。惟据面告，内中美金三千四百零九万七千二百三十九元九角六分，系由驻华美军总部存在中央银行之存款，划抵列收我政府之款，所称是否属实，盼速电复。经本部于一月漾电呈复，美军总部划还美金三千四百零九万七千二百三十九元九角六分，据中央银行业务局郭局长称也已收到。查我国应美方要求支付各款，截至三十三年九月底止：(甲)国库垫款总数 15,018,665,724,79 元内减去美方承认可记入互惠租借项下之成都机场工款 3,200,000,000,00 元及已声明由我方负担之招待美空军用费 3,365,217,764,66 元，结算垫款 8,453,447,960,13 元；(乙)中央银行垫款总数 21,137,874,000,00 元内减去美方承认可记入互惠租借项下之成都机场工款 4,791,000,000,00 元，结算垫款 16,346,874,000,00 元，两共结算垫款 24,800,321,960,13 元，美方拨还美金二亿一千万元，每美金一元约合国币一百十余元。

四、招待美空军费用解决办法

关于招待美空军用费一节，三十三年五月二十五日何总长函史迪威将军，提及此项费用请由美政府负担。惟史迪威将军复文并无明确表示。三十三年十二月奉委座亥庚侍参代电，据战地服务团黄主任仁霖呈，美军人数日增，物价继续上涨，此后招待费用将逐月增多。查美军驻英及澳洲、印度部队所有给养系根据反租借法案内核算抵付等情。交部核议等因。经本部审核认为可行，正核办中。适奉十二月孔副院长文电,招待美军各费声明由我负担限至十月一日,自十月一日起每三个月清算一次也。经于三十三年十二月二十八日国字第八三五四号代电呈复委座在卷。又战地服务团三十三年十二月二十日函,招待美军事宜,近奉孔副院长在美来电指示周详,所有三十三年十月一日以前招待费用,业经决定由我国政府负担拨付,该项帐款自应即予清结告一段落,所有报销拟径送由贵部核销,以轻责任。此后自三十三年十月一日起,自当另立帐目,以资划分,并拟订办理办法五项,送部查核等由。经本部以(1)贵团招待美空军费用,也经孔副院长在美商定,三十三年十月一日以前,由我国政府负担。除由本部将十月一日以前所拨招待费用函知航空委员会,补办法案追加空军建设费外,所有贵团十月一日以前贵团报销,应请查照本部前函径送航空委员会核转审计部核销,以符法定手续;(2)关于招待费用划分,即请与美方供应处洽商见复;(3)美军食宿及其他服役事项费用,仍拨交贵团负责办理,在反租借法案内抵付一节,前据贵团签呈交部核复,似尚可行,仍俟贵团将十至十二月份招待美空军实际开支帐目结算清楚报部后,再行转电孔副院长与美政府洽商决定;(4)招待美空军费应请遵照委座核定标准,每人每日额支国币 600 元(暂按 27,500 人数月拨五亿元)计算,不得有所超出,如人数增多,自可比例照算;(5)贵团按照上月月终实际招待人数,请领次月招待费,自可照办,惟应按月核实结报多退少补等语,于三十四年一月八日,以库渝五字第 17115 号代电核复在案。近据该团一月十五日务渝字 2820 号代电称:本团现领招待费五亿元系专负外员食宿之责,其开办设备等费用,经于三十三年三月十八日与美方洽定,统由美方负担。

五、我国应美方要求支用各款总数

我国应美方要求支用各款分为两大部分,截至三十三年十二月底止分别列数于左:

1.国库垫拨部分

(1)修建机场工款　　　　　　　　8,191,744,146,25 元

（2）建筑营房工款　　　　　　　1,434,893,860,00 元
（3）改善公路工款　　　　　　　3,230,346,800,00 元
（4）招待美军费用　　　　　　　5,123,238,714,61 元
（5）美军物资运费　　　　　　　1,320,847,654,29 元
共计　　　　　　　　　　　　 19,301,071,275,15 元
2.中央银行垫拨部分
（1）垫拨美军总部费用　　　　 18,100,000,000,00 元
（2）垫拨工程委员会机场工款　 12,748,707,000,00 元
（3）垫拨航空委员会机场工款　　2,108,874,000,00 元
共计　　　　　　　　　　　　 32,957,581,000,00 元
总共　　　　　　　　　　　　 52,258,652,275,15 元

中国第二历史档案馆藏中国银行档案,397(2)635

（二）中美高层互访

　　说明:1942 年 10 月,美国共和党领袖威尔基以美国总统特别代表的身份来华访问。威尔基之行并未负有特别使命,是一次彼此交换意见的友好访问。双方就战时和战后的各种问题广泛交换了看法。威尔基回美后,对中国抗日颇多肯定,敦促美国援华。1942 年 11 月至 1943 年 6 月,宋美龄访问美国,在疗养就医的同时,协助办理中美外交,在各种场合大力宣传中国抗日,争取美国的支持,获得相当成果。1944 年 6 月,美国副总统华莱士访问中国,中美会谈议题主要集中在中苏关系与国共关系这两个问题上,蒋介石不得不同意了美军向延安派遣观察组的要求。华莱士回国后向罗斯福提出的观点是:在现时,美国除了支持蒋介石别无选择,但可以影响蒋介石实行改革。

1. 威尔基访华

罗斯福致蒋介石
华盛顿,1942 年 8 月 21 日

委员长钧鉴:我正在要求温德尔·威尔基先生从莫斯科返回美国途中设法在重庆拜会你。

你知道,威尔基先生是我在 1940 年大选中的竞选对手,是名义上的反对派领袖。他全力支持政府的外交政策和在战争中采取的行动,帮助促成了目前团结一致的大好局面。

我特别希望他见到阁下及尊夫人,因为我知道从中定能获益不浅。我希望他了解你面临的许多重大难题,同时也把我们的一些难题告诉你。

我非常希望蒋夫人能尽快来美国。我夫人和我热切期盼着她的光临。

FRUS,1942,China,p. 140

蒋介石、威尔基谈话记录
重庆,1942 年 10 月 4 日

……

威:今日晤谈,拟提出两项问题,敬聆明教:(一)美国不能予中国以适量之援助,其症结究竟何在? (二)钧座对战后问题之意见如何? 深信钧座日理万机,不喜多言,而豁达坦诚之态度,正如本人,故愿以毫无掩饰之辞,互申款曲。再就本人言,经济既可自立,非干求禄位之人,故所负使命与普通使节不同,可摒除一切外交仪节,率直晤谈。同时并愿向钧座保证,凡不利于中国之辞,决缄默不言。自信愿为中国贡献臂助之诚,倘能坦怀相告,当能得钧座之谅解。

关于第一问题,华盛顿官方有若干人士正传说纷纭,谓美国运华之

少量轰炸机,中国亦不知如何运用;又谓中国无意准备对日反攻,今正集中大量部队于西北,专作应付共党之用。更有人言,在缅甸作战之中国将领,因惧战败丧失颜面,拒绝接受长官之命令,而华军突破日军阵线,实为无稽之传说。总统与居里先生虽未作任何表示,然见美国军人众口一辞,咸感不安。目前此种传说,尚只限于私人谈话之范围,惟惧时日稍久,恐将公开见诸舆论。租借法案器材,今虽照常供应,然迄未增加,已可见其影响。

就美国一般舆情而论,99%倾向中国,倾向英国者70%,倾向苏联者不及70%。然就美国实际援助之比例言,获得人民同情心70%之英国得其最大部分,而获得人民同情心99%之中国,所得者相差甚远。此中必有彼此隔阂而生误会之症结,本人此来,愿尽力解除此种症结,俾大量军用品得源源输入中国。深盼钧座能尽量赐教,当密陈总统,以达成此项任务也。

委座:此项问题,实至重要,在阁下离渝以前,当为详加解释,今拟先讨论第二问题。

威:即令上述诸项问题并非虚构,本人亦决为中国辩护,盖本人已献身为中国奋斗矣。至战后问题,牵涉中、美而外之其他同盟国,应付自当格外审慎。本人于离美前夕,曾与总统作数次谈话,今愿再聆钧座之意见。深谨机密奉告,兹总统言,大西洋宪章并未得邱吉尔之签字,此为外间无人知悉之秘密。邱吉尔既不与总统以讨论此事之机会,而邱吉尔亦未尝作任何有关战后问题之声明。故战后各种问题,究应如何处理,迄今尚无彼此谅解之中心原则之决定……

本人深知美国人民之心理,故就美国立场中,可预测届时问题之中心。美国人民以为最重要者,帝国主义必绝对摒除。

夫人:未知总统亦如此主张否?

威:原则上总统自亦赞同,惟邱吉尔从旁怂恿而动摇之不遗余力,故总统处境确甚困难。盖丘吉尔明知美国决不肯与其主要之同盟国作公开之纷争,故锲而不舍,挟持甚力。

兹再就美国心理,述解决战后问题之三原则:

一、大多数美国人民主张,应确定印度独立之期限。

二、在中国应消灭势力圈及占领地之存在。

三、荷属东印度等地域,民众之政治水准尚未达成熟时期,应先成立一国际共同训导与保护之机构。及其完成独立自主之地位时,此项机构即应取消。大西洋宪章原则亦应应用于此处。

本人作此言,一方面表示个人之信念,一方面亦可称美国民意实循此倾向而形成其具体意念。

假定战事突然结束,本人敢预料邱吉尔将重述其如下之措辞:"英伦三岛中五分之二以上之人民,皆恃印度及其他殖民地以维持其生活,故英国不能坐视其势力摒除于印度及中东地域之外。"在和平会议及今后调整世界局势时期中,英国必反对摒除其势力于上述地域以外之建议……然就各方面观察,我人仍可作两种假定:(一)英国当求竭力保持其原来之占领;(二)苏联或将求其领土之扩展。此为不能不加考量之可能发展。为应付此种可能发展起见,美国民众之心理有如下之倾向:

(一)中、美两国观察未来,判断既相吻合,应努力求联合国间绝对融和。

(二)吾人一方面保持信守吾既定之政策,一方面应使苏联完全与吾相处无间。

(三)吾人应在各方面与英国合作以求共同之胜利。

(四)中、美两国对战后问题,应求彻底之谅解。

……

委座:就远东问题言,未识总统对印度问题取何态度?

威:总统因不愿表示我同盟国内部意见之纷歧,使德、日称快,故迄今无所举动。

委座:余愿率直奉告,目前并无使印度独立之必要,所必要者,应规定其战后何时可以独立之期限而已。此种规定,当不致使德、日称快也。

威：解决印度问题如何最为妥善，实难遽作答案。就本人言，上次竞选总统之时，拥有 2300 万之选民，欲发动民众为印度争独立，固非难事，然其影响及于同盟国战争前途者又将如何？是实使本人反复考量，无从决断者也。发动美国舆论不难，所难者，如何避免内部之裂痕耳。我国智识界与思想自由分子之在不妨碍战争前途原则下，研究解决印度问题连类而及解决战后诸问题者实不乏人，然皆不能得一圆满之方案……智知识界与思想自由分子之意见，每足为舆论之先导，测其倾向，将具体集中于下列二点：

（一）印度应予自由。

（二）远东任何民族不应再受西方任何国家之统制，即美国亦不作例外。

此项舆论尚未形诸具体之表现。至如何可以使此民众之期望一一见诸事实，亟盼钧座之明教。

委座：于我人继续讨论诸问题之前，予亟欲先知阁下以为战事结束之后，中、美间之关系究应如何？美国将以对英、苏同样程度之态度对华欤？抑将有更深一层之密切关系？阁下可不必立即作答，愿加深思，再行赐教。余意战后最重要者为太平洋问题，其次则为种族问题。……

《战时外交》第 1 卷，第 753—760 页

蒋介石、威尔基谈话记录
重庆，1942 年 10 月 5 日

……

委座：在印度问题未发生前，远东 10 万万人民视美国为其领导，为黑暗中惟一之明灯，今如此，自必有此反响。就美国政府之立场言，不便立即表示其偏袒何方，尚可得印人之谅解；所最使印人失望者，其争取平等与自由之奋斗，竟未能得美国人民同情之响应，美国舆论不独未

见鼓励印人之达成目的,主张援助其独立之斗争,反从而多方阻挠之。

威:未识解决印度问题之计划,究应如何? 美国如愿协助印度之独立,其时限之规定又应如何? 愿闻明教。

委座:美国应保证战后三年以内印度获得其独立,在此三年期中,应准备移交政权之步骤,俾免混乱。如此则交通机构、经济组织,皆无纷乱停顿之虞。美国在印之财产与投资亦自得其保障。

威:或谓国民会议领袖与回教同盟间意见甚深,苟其内部裂痕不先予弥缝,独立完成之日即将先见纷争,未知此说确否?

委座:今春予访印返国,在纪念周中曾作对印度问题之报告,董副部长①可将此讲稿送阁下一阅。印、回间之裂痕,实不如阁下所闻者之严重,加紧而扩大之者,实皆英人从中作祟耳。

……

委座:再谈战后中、美基本邦交问题如何?

威:愿闻明教。

委座:瞻望未来,太平洋上之永久和平,将待中、美两国完成其最密切之合作而奠定其基础。未识此最密切之合作将如何着手完成之?

威:……中、美两国业已有敦睦之友情为着手之基础,我人第一件合作大事,当为设法打销英国之帝国主义政策。盖英为帝国主义者之领导,苟战后而英国仍能保持其殖民地,荷、法等国继起效尤,无从阻之矣。中、美两国应有勇气担当此事。表示合作之第二大事,则应由美国尽量加增租借法案器材之向华输送,俾以实际行动向中国民众表示其真挚之友情。凡上二事,皆非空言所能塞责。就第二点言,本人得两种方案,尚未知如何抉择。曾约陈诺德将军谈未果,而晤其参谋长,据称:中国抗日所需器材皆可由空运运入,故欲加强中国作战实力,应尽量以大量器材由空运输送来华;同时,复晤史迪威将军,则称:欲大量输送军用器材来华,与中国以实际败敌之援手,必先克复缅甸。本人非军人,

---

① 国民党中央宣传部副部长董显光。

闻此二说,无从判断其优劣,愿钧座教之,俾异日讨论时,得引钧旨以为参证。

委座:欲克缅甸,中国必先有足以胜任之空军,此为最显明之事实。故此二事,互为关联,无分轩轾。中国空军实力不充,实无克复缅甸之望。

……

委座:尊论至当,苏联实为一重大问题。彼为我邻邦,如不愿与我合作,即为我进展之一大障碍。惟苟能得大民主国,如美国者与我合作,则我主张之贯彻亦非困难。盖任何侵略,倘能得中、美两国合作以抵御之,鲜有不得圆满之收获。故至彼时,太平洋问题之重心,将为中国是否能阻止苏联之侵略。

……

委座:予信俄人将改变其共产主义之观念。

威:本人亦作如是想。

委座:倘中、美合作紧密,可以促成苏俄之此种改变。盖中国如强,苏联无进展之机会;中国如不能独立,苏联即可使中国共产化,再从而扰乱全世界之秩序。美国若不援助中国,使成独立自主之国家,后患实不堪设想。故基本问题实为中、美两国是否能紧密合作,以形成全世界之安定势力。未识尊意以为如何?

威:拟先就战事着手讨论。联合国家在短时期间即将获得胜利,届时必有若干国家起而讨论战后问题,主要者自为中、美、英、苏四国。美国立场,自将尽力协助中国,俾得在解决战后问题之讨论中,有平等发言之权。然英国不肯放弃其帝国主义之政策,已为我等所熟知,欲其自动就范,势不可能。盖一旦英国放弃其殖民地,所余之蕞尔三岛,安得再与其他三强争论短长。天下无陷其国家于自杀途径之政治家,故英之立场,可称谓定之于先天,无法改易。英之态度既如此,欲贯彻我人之主张,必求其他三强之合作。中、美而外,问题中心,厥在苏联。苏对英,衔恨虽深,仍有合作之可能。盖英欲保全其领土,苏亦抱扩张疆土之野心,在此心领神会之彼此默契中,实有结合之余地。我人此后之努力,应打破此二国在战后之合作。因此,为中国计,敢作越份之建议。希望钧座此后对付中国共产党能改取比较宽大之政策,俾得利用之以应付此国际复杂之环境。盖藉中共对苏之关系,必可减少中、苏两国间之若干磨擦,同时即可免去苏联对中、美两国若干挑衅之藉口。中国战后必努力建设,建设须有宁谧之环境,倘能因此而造成此种局面,数年之内,苏联无实现其侵略计划之机会,同时美国协助中国作经济实业之建设,则突飞孟晋。及基础既固,苏联之煽惑自亦无能为力矣。此即为本人百年和平之计划,其利多端,可以想见。反之,中、美两国之任何一国,若不计利害,与苏联以挑衅之机会,而苏联对英,或者因此解除误会,扬弃宿恨而完成合作,则为害难言矣。钧座所言,本人根本皆能同意,惟愿念环境之复杂,处理之时应力求技巧之运用耳。

委座:所言予皆同意。

威:本人在渝曾晤中共之温和派者若干人,其温和之态度,实出乎本人意料之外。深盼钧座在战时及在战争结束时,勿与中共有严重问题之发生。并望谅我直言,勿以其涉及中国内政而斥之。

委座:我政府对中共一贯抱容忍之政策,中共如不作反对政府之举动,政府自亦安之。

……

威:昨日曾与一青年中国共产党周恩来谈,其思想和平,实使本人骇异,彼似并无任何恶意,且对钧座推崇备至。

委座:共党宣传皆取间接方式,必择色采不甚鲜明者为其发言。凡彼携带谣言返国之美国军官,皆不知其无意中已为共党所利用矣。

……

蒋介石、威尔基谈话记录
重庆,1942 年 10 月 7 日

委座:予亟欲详知美国对保卫太平洋之意见。予意美国之视太平洋,应就整个全洋面东西两岸同样重视,只注意于东太平洋而忽视西太平洋,实有未足。战后我沿海要塞,如旅顺、大连以及台湾必返诸中国,予欢迎美国参加在该各要塞建筑海军根据地,我两国共同维持而应用之。西太平洋如不能因中、美合作而稳定,东太平洋亦将受其影响而动摇,故即为保证东太平洋计,美国亦有与中国合作保卫西太平洋之必要。未识阁下能将美国政府将来稳定太平洋局势之政策见告否?

威:公私两方迄今尚未有任何决策。就本人个人言,既已与钧座商定对于远东问题之政纲,则任何实现此项政纲之方法,自愿赞同。美国政府方面,对此之政见迄今尚未一致。国务院中之意见,约可分成三派:第一派以为目前对远东问题不应遽有决定政策;盖远东问题涉及英国,英国今正在危难时期中,则我人此时任何举措,以避免干扰英国为宜。解决战后问题之政纲不论如何决定,皆无所助于胜利之完成,或将阻碍之。另一派之主张则与本人相同,坚决而坦白,要求以本人屡次奉告之主张为基础,立即决定政纲。概言之,即战后各民族皆应获得自由,不得再见帝国主义一国家或一民族控制其他国家或民族之现象。第三派则处于此两极端间。

……

委座:适述中、美于战后共同维持与应用中国沿海要塞以稳固西太平洋防务之建议,望向美国领袖及政府代为转述。予认此为太平洋上最重要之问题,倘不遵此方针实行,难求太平洋之安定。

《战时外交》第 1 卷,第 777—778 页

2.高斯对威尔基访华的评论

高斯致国务卿

重庆,1942 年 10 月 8 日

阁下:关于威尔基以总统特别代表身份访华一事,兹附上下列资料供国务院参考:

1. 威尔基访问期间官方活动日程。

2. 按中国报纸所报道的威尔基和中国政要在他访问期间发表的演说。

3. 大使的保密评论。

从威尔基 10 月 2 日到达重庆至 10 月 7 日离华,中国政府、新闻界及群众均对威尔基热烈欢迎。市区主要街道用写有欢迎威尔基和欢呼中、美合作口号的旗帜装饰,在他到达的那一天,中国群众手持美国国旗夹道欢迎。在他访问期间,重庆的报纸满载报道他生平的专文、对他的采访表示赞同的社论以及他在华期间活动的新闻。

对于访问,社论强调三个要点:(1)中、美人民间的真诚友谊,(2)中、美两国观点一致,以及(3)战后中、美两国全力合作的必要性。《大公报》(有影响的独立报纸)在提到威尔基访问工业区时指出,中国之所以没有能够在工业方面表现出较大的力量,是由于"不平等条约",以及中国人民努力不够和日本的阻挠政策。该报呼吁通过美国援助加强中国的战时和战后经济,威尔基在访华期间是能看到这种需要并在回美国后采取一些援助措施。《益世报》(天主教报纸)赞同威尔基对于战后的观点,并欢呼他关于种族平等和自由的态度。《大公报》认为美国应在种族平等问题方面率先消除长期存在的偏见,并且表明赞同威尔基在这方面的观点。

威尔基访华期间发表的演说的主调是所有国家和人民都享有自由、种族平等、公平和机会均等,保证美国全力援助盟国,他还描绘了一幅美国战时生产的美好图景。威尔基在一次演说中声称,他的这次访问有两个目的:(1)鼓励他访问的国家努力作战。(2)帮助建立一种战后世界秩序,使所有人民,无论种族、信仰或肤色为何,都有权决定他们自己的社会和政治社团,都在自由和公正中生活。在离华之日最后会见新闻界时,威尔基在宣读一份事先准备好的声明中,强调联合国家必须采取进攻行动,增加对中国和苏联的援助,认为应对亚洲人民具体应用《大西洋宪章》原则,而且这样的行动不应推迟到战后,而是应由所有联合国家现在就联手实行。

附件:高斯备忘录

重庆,未注日期

威尔基的访问受到中国政府热烈欢迎。对迎接和款待以及群众的欢呼场面都作了精心安排。为了向美国和向威尔基本人表达最诚挚的友好态度竭尽了全力,因为他是杰出的美国人士,总统的"特使",是可能对美国事务和涉及中国的世界事务施加巨大影响的美国政治活动家。

按大使馆所知,目前在华盛顿的中国外交部长宋子文通知中国政府说,威尔基(1)可能是下届美国总统,(2)可能出席将讨论和决定对中国切身利害相关的问题的和平会议。因此,宋建议尽最大努力使威尔基访华成功,尽一切可能争取威尔基坚定地支持中国事业。

威尔基的访华可以说是成功的,因为他受到热烈欢迎和盛大款待。他对中国人的态度极其亲切真诚,在进行视察、演说等访问日程时精力旺盛,不知疲倦。

威尔基没有担任过公职,显然也没有在海外广泛游历。他在重庆的态度,或许像是一位来访的美国重要政治家,而不像担任"总统特别代表"的美国显要。中国官员和其他对美国熟悉的中国人对于威尔基访华期间的做法——他们把它描述为是美国政治运动的技巧——颇觉有趣,对美国或外国不熟悉的其他人多少有点感到迷惑不解,但是表示关心,且态度友好。

　　对威尔基访华的主要意见是他对中国和外国新闻界的态度。他利用每一机会向记者和新闻界人士讨好,请他们陪同视察访问(虽然官方日程中并没有这一项),并且在这样的访问中把主人——政府部长们置于一旁,集报界人士在他的周围,鼓励他们对他的评论作记录。在他抵达重庆时就迁就新闻界人士,接见新闻记者而让主人(中国官员)等候。在他出席招待会或其他集会时,对记者的要求迅速听从,反而将中国主人冷落在一边,和记者们走到一个角落谈话长达10到15分钟。这使中国高级官员难堪,但是他们却以典型的东方风度和中国人的好脾气(如果不是乐趣)接受这种状况。

　　盟国的外交代表都应邀参加为威尔基举行的很多盛大招待会;但是除了接受引见以外,没有和其中任何一位交谈,虽然他最近曾屡次访问他们的国家。

　　威尔基没有访问美国大使馆。外交部准备的计划是原准备让威尔基先去美国大使馆,并在大使寓所先过第一夜。原来按此向威尔基发出了亲切热情的要求,但是他别有选择。大使陪同威尔基对国民政府主席蒋介石及其夫人、行政院副院长孔祥熙博士、参谋总长何应钦及外交部进行了礼节性拜会。大使也参加了由国民政府主席蒋委员长和夫人和孔博士举行的正式宴会和午餐会。大使举行了一次招待会,参加的是中国官员、外交使团的团长们和美国的社团。大使还参加了由文化团体为威尔基举行的招待会。在视察工厂、兵工厂、教育机构等处时,应外交部的要求选派了大使馆的官员或专员陪同威尔基。大使馆海军武官陪同委员长的代表到迪化(乌鲁木齐)迎接威尔基。陆军和海军武官陪同威尔基离开重庆去潼关前线访问。这些武官尚未从前线返回重庆。

　　威尔基曾和蒋委员长及夫人有过几次私下会谈。没有邀请大使参加这几次谈话,威尔基也没有将谈话主旨通知大使。蒋委员长和夫人的习惯是,邀请显要的外国来宾进行私下会谈抒发中国的雄心(很少有外交代表参加这类谈话),在这种场合少不了对缺少来自某个国家的充分支援进行抱怨或批评，或批评某某国家的态度。

在 10 月 3 日星期六对蒋委员长和夫人进行礼节性拜访时，威尔基用了大部分时间极力邀请蒋夫人乘他的专机访问美国。蒋夫人询问，此行是否有可能生产"供中国用的飞机"，威尔基保证她的访问会得到她想要的全部飞机。

蒋委员长在这次谈话中一直面露笑容，但除了说蒋夫人一直想重访美国、或许有一天能成行以外，不作任何承诺。

大使告知威尔基，大使馆愿在其访问期间提供任何帮助以及他所需要的情报。然而，威尔基未向大使或大使馆索要情报或指导性资料，也未对中国或其他各种事务进行磋商或讨论。

FRUS,1942,China,pp. 161–165

罗斯福致蒋介石

华盛顿,1942 年 10 月 26 日

委员长阁下：1942 年 10 月 6 日来函诵悉，惠示阁下对于威尔基最近访华所作评论，至以为谢。

从来函欣悉阁下认为与威尔基会谈有益，特别是使阁下了解了本国面临的与战争有关的问题，为此深感欣慰。

威尔基告诉我，他受到了阁下及贵国人民的热烈欢迎，他得到充分机会观察各种情况，得以与阁下及其他中国领导人交流意见，我谨对此向阁下表示深切谢意。

我十分高兴地告诉阁下，威尔基以极其热烈的措辞谈到，他发现高昂的斗志在中国人民中占主导地位。他的访问，由于使我们在美国更清楚地看到涉及如何把我们共同的战争努力结合在一起的问题的许多重要方面，因而必将证明是极为有益的。

我的夫人要我对你转达的蒋夫人的音讯表示感谢。亟盼能早日欢迎蒋夫人，我还希望你来访。

FRUS,1942,China,pp. 171–172

3. 宋美龄访美

宋美龄致蒋介石

纽约，1943 年 1 月 2 日

介兄：(一)贺浦金斯①前来访，询中国方面有何消息，妹告云南战线我缺乏飞机侦察敌人动态及轰炸敌军，故未能作总反攻。乖谬(似有错误)只能作两国工作，俟有充量飞机后，始能开始反攻。并告兄对同盟国在东亚开始反攻，综合缅甸先决条件为：陆、空联军同时由中国及印度反攻；海上由英海军作有效之封锁，三面围攻使敌无转息之暇。若暂不反攻则已，若我同盟国决先反攻，则兄坚决主张非有充分准备，然后须至完成目的方毕，决不能轻举妄动也。妹将此意告贺浦金斯，彼当感觉有始有终之精神毅力，及透彻法论之卓济(似有错误)。(二)妹此间对中国战事消息报载所见极鲜，不若在国内想像之多。且妹在报上所见者，彼等谅亦见及，反之，国内认为普通之战息，此间往往完全未闻，如贺浦金斯所提者，将来定多，若由妹酌告美当局各种较重要之我军事动态，在此一举则已做到我在此宣传机关虽费九牛二虎之力而不能做到者，故为消息正确而免遗笑密切关系计，惟有请兄亲自命所欲告彼等者，饬属不时电妹。(三)贺浦金斯又告，英、美参谋部拟在 3 月 1 日在缅开始反攻。并告美已派数千技术工兵赴缅矣。罗总统对近来航船损沉数目锐减，极抱乐观，并闻。妹龄。冬(二日)。

《战时外交》第 1 卷，第 786 页

---

① 即霍普金斯。

宋美龄致蒋介石

纽约,1943 年 1 月①

大姊转介兄:罗斯福已抵非洲,斯大林亦被邀发言②,我方有无重要代表,不得实知。如以上会议并无预先知照我国,则未免太显露将来趋势矣。妹近又电曾告兄,贺浦金斯曾提及斯大林表示对非洲问题坚持参与,今由美国政府热诚请俄参加,亦可知俄不可太欺。妹自抵美之后,即抱我国虽穷亦决不作低头求人态度,尽我国民族之抗敌,乃为全世界人民之幸福而作此极大牺牲,非仅为中国谋久长之康乐。至今为止,妹撮要之,少数言论家均谓中国此种精神既可钦佩,且与向来作风相同。在妹则认为此亦无他,唯为我等经历年戮力同心工作所造成之信誉耳。他人不便说者,我不但透彻声述,反令人敬仰我等宗旨之高尚纯粹也。此次非洲会议则可作我前车可鉴之一点者,乃因美国如居里辈乘机诋毁者,正不乏人,若在和议席上欲争取合法权利,亦非有力量方能有资格说话。换言之,赶快积极发展轻、重工业,在可能范围内千计百方,总需设法切实提倡创办。须知欧美各国初始亦仅赤手空拳也,若再沉于幻想,俟他国战后开始供给所需,或纸上空谈,或竟沉潜于以往头痛医头、脚痛医脚敷衍办法,则一切均将太晚矣。再,妹觉对方国内共产党纷歧问题拟提及,以免外人认为我不团结,更可欺凌。此次非洲会议,中、苏均被摒于主观外③,我若在可能范围内与俄得一具体谅解,俾于国际上取一致态度,即操得团结力量,于我国似为巨得计。兄意如何? 盼速电复。妹。

《战时外交》第 1 卷,第 787 页

---

① 原件日期不详。
② 斯大林或苏联代表并没有参加卡萨布兰卡会议。
③ 原件如此。

蒋介石致宋美龄

重庆,1943 年 1 月 29 日

蒋夫人:罗、邱北非会议是欧战会议,可说与远东战局无关,此不足为异,但其对华方式太坏,兄接彼等之电为廿七日下午,而其会议结果之消息,乃在是日晨已广播公布,何得谓之对兄已随时通报? 吾亦并不以接其通报为荣。此会美国又中英国之计,但我方应以冷静处之,暂观其后,切勿对美政府有所批评,吾人本无所望,亦无所求,一切当以冷浚处之。廿九。

《战时外交》第 1 卷,第 788 页

蒋介石致宋美龄

重庆,1943 年 2 月 12 日

蒋夫人:兄致罗总统函意之电,乃我国在日前维持战场最低之要求,亦是极少之数量,未知其政府为何连此极少而可能之物品不肯作切实之答应,令我军民皆莫名其妙。阿诺尔[①]对此尚未能解决,故彼此来,兄认为并无结果,有便与当局婉言之。彼对陈纳德只增加重轰炸机卅六架,兄以为不能发生作用也。十二日。

《战时外交》第 1 卷,第 790 页

蒋介石致宋美龄

重庆,1943 年 2 月 13 日

蒋夫人:对国会讲演,语意切不可使听者觉有训示之感,亦不宜有请求之意,只以友邦地位陈述意见,以备其检讨与采择之态度。其次应使听众能移其目光,留心于太平洋问题之重要。再次认定日本为中、美两国共同之敌人,非根本打倒不可。再次战后亚洲经济地位之重要,若

----

① 即阿诺德。

不准备大量开发亚洲,尤其是中国之资源,则战时之机器与资本及技术将无所施用,必致废弃。若能以中国之物资与美国之机器,以中国之人力与美国之资本配合,则中、美两国百年内之经济皆无虑其缺乏,而世界全人类生活亦必能长足进步,增进其无穷之幸福矣。最好去年一月邱吉尔在美国议会演说全文,嘱董显光兄检查,一加研究其当时之谨态为要。十三日(二)。

《战时外交》第 1 卷,第 792 页

第 881 次记者招待会
——总统和蒋介石夫人联合记者招待会(节选)
1943 年 2 月 19 日

(新闻界的介绍——蒋介石夫人的谈话——向中国提供物资的问题——中国作为抗日的一个基地。)

(在中间窗户前,总统的办公桌旁放有三把椅子。蒋夫人坐中间,罗斯福夫人在她右边,总统在她左边。)

总统:让我乘此机会把你们大家介绍给蒋夫人,而不是把她介绍给你们。蒋夫人,这几乎是十年来我们的第一千次记者招待会。这么多年后,新闻界和我仍很友好,这也许是个好的信号。我们仍在互相交谈。我认为我们彼此很喜欢对方(笑)。

你们已成为此间一个非常有代表性的群体。我认为,依人口数量而言,世界上任何国家的报刊杂志都没有我们多。它们个个都很生动活泼。但今天我要告诉新闻界的是,我希望我们(新闻界和我本人)对中国的了解能有作为特使的蒋夫人对我们的了解的一半那么多。这一点与前来我国访问的大多数特使都不相同。她对我们的访问将会对未来产生实际助益,因为一个多世纪以来,中国人民在思想上和客观上都很接近我们美国人,我们有共同的伟大理想。

中国在过去不足半个世纪内已成为世界上一个伟大的民主国家,我们应时刻不忘,他们的文明比我们的要早数千年。这正是我认为我们应该比中国了解我们更多地了解中国的原因。

蒋夫人了解我国,作为她的一个老朋友,我要请她讲几句……

(然后转向蒋夫人)我把你介绍给美国新闻界。

……

记者:蒋夫人,总统请你留在这儿充当他和国会之间的"联络官"了吗?

蒋夫人:我不认为总统或其他任何人需要我充当这个角色(笑)。

记者:蒋夫人,我知道这是个大问题:你认为我们可以做的能够帮助中国的头等大事是什么?

总统:(插话)我可以回答这个问题:提供更多的军需品。我们都赞成此点。这个毫无异议的。

蒋夫人:总统说得对。

记者:蒋夫人,我想问一个问题,如果这个问题不太适当,我知道总统会更正的(笑),但我的印象是,在支持中国人的问题上,美国人民的意见比其他国家人民的意见更为一致。我听说的一个问题是,中国人民没有尽其所能支持抗日战争。如果这的确是个问题,总统可能会让我问一下,你可以谈一谈,澄清一下……

蒋夫人:(打断对方)我不是太理解你的问题。中国政府……

记者:(打断对方)也许我能换一种问法。昨天,在你两次动人的演说之后,我在国会大厦听到的一个问题是,中国人没有最大限度地运用其人力。该问题也许应该公开答复一下。如果你想谈一谈,现在是个好机会。

蒋夫人:正如军需品的运用一样,我们也在尽量运用人力。我们不能赤手空拳对敌作战。在过去五年半中,我们一直在没有空中保护的情况下对敌作战。但我们不可能赤手空拳去打仗,虽然我们用刺刀与敌人进行肉搏战。说中国没有全力支援前线是不对的,因为我们尽了全力。

记者:谢谢你……

记者:蒋夫人,你能谈一谈在华美国空军吗? 它在道义援助和实际援助方面意味着什么?

蒋夫人:可以。当美国志愿航空队初次来华时,我并未大加赞赏。

我们在重庆遭到了可怕的轰炸,因为中国空军在战争初期只有数百架飞机。随着时间的推移,那些飞机日益减少。开始时,俄国送给我们飞机。后来,他们自身的压力越来越大,送来的飞机就越来越少了。你们知道,飞机和其他东西一样都要损耗,而且损耗得更快。我们得不到补充。这时美国志愿航空队来了。他们对我们的帮助不仅仅在于物质方面,因为他们使我们的人民感觉到,美国在我们抗击侵略的共同事业中是全心全意与我们站在一起的,那些飞机实际上使敌机无法对重庆等某些居住中心再进行狂轰滥炸。当然不是全中国都受到了保护,因为这支空军还不够大。

我认为最大的帮助在于,我们中国人感到我们不是在单独浴血奋战,美国在帮助我们,美国是我们真正的盟友。

正如总统刚才所说的,我们需要军需品。我们有人力。我们也有受过训练的飞行员,但我们没有飞机,也没有汽油。问题是我们将如何得到它们。总统已经解决了许多难题,成功地度过了许多重大危机,我觉得我可以放心地把答案留给他(笑)。

总统:蒋夫人,关于我们想做和正在试着做的事情,你说得百分之百的正确。我甚至可以说出,除了正在中国作战的少量飞机外,我们正在开始做什么。

但我认为如果你再看看旧地图(正如我常说的那样),你会发现,虽然我们可以让飞机飞到中国,我们同时又得把所有让飞机飞的东西运到中国,以便让飞机保持运作。这是一个运输问题。我们不能直接越过大洋飞到那里。我们也不能从俄国飞往那里。所以我们只能从东南方飞到那里。这意味着运输机必须带上汽油飞到那里,并带上足够的汽油使它飞回来再装载物品,还得带一些汽油留在中国以保持战斗机正常飞行。

我认为,用飞机把物资运往中国的问题是军事运输人员目前研究得最多的一项任务。

现在我可以告诉大家的是,我们正在竭尽全力,我们肯定要增加该项援助,我认为很快会增加,并且希望如此。这不仅仅是一个感情问题,这是一个与赢得战争有关的实际问题。我们和中国一样渴望打败日本。我们准备在各个方面帮助中国。

我记得我以前曾指出,日本目前的交通线——从缅甸到荷属东印度、从所罗门群岛及其以北地方到托管的群岛,除距离这儿非常遥远外,距离东京也非常遥远。我记得我在白宫记者协会的晚宴上曾说,一步一步,一个岛一个岛向前推进是不够的。如果我们在由南向北推进途中每月攻占一岛(一年 12 个岛),我计算了一下,我们到达日本得花大约 50 年时间。

因此,显而易见,只要看一看地图(你不必精通战略),外行也会发现,击败日本的最好办法是切断其交通线,我们的目标是切断日本交通网中心附近的交通线。现在我们可以做到这一点,我们准备更多地把中国作为作战基地来做到这一点,当然,前提是用足够的设备把这个作战基地建立起来。

这不仅仅是切断交通线的问题,它意味着我们可以直接在日本本土上打击日本了。这是一项非常明确的政策。

如果我是中国政府中的一员,我会问:"什么时候?""多久?""为什么不更快一点?"作为美国政府中的一员,我也这么问。我们将用全部的智慧,以上帝所允许的快速度来做这件事情。

我认为,这是对我们正在努力做的事情的一个非常简要的概括,而未涉及具体方法和军事行动本身的细节。我得说,在华盛顿的每一个人都应保证加快速度,增加工作量,使中国成为一个重要的大基地——从长远看,也许会成为我们与共同的敌人作战的最重要的基地。

记者:总统先生,你是否允许直接引用"以上帝所允许的快速度"这句话。

总统：不，我不允许。许多人不喜欢随便谈论上帝（笑）……

记者：请问蒋夫人，你能就如何逐步增加援助之事给我们提出任何建议吗？你能给我们提出任何具体建议吗？

蒋夫人：总统刚才说"以上帝所允许的快速度"来做这件事。我得加一句："上帝帮助那些自助者。"（笑）

总统：对。

记者：蒋夫人，你反对直接引用关于上帝的话吗？

蒋夫人：我认为我应切实照总统说的做……

记者：总统先生，你初次宣布 750 万军队数量时，我相信你把另外几部分也算在内，我认为军队总数实际上是 1080 万。你说的数字有任何变化吗？

总统：是否包括军官在内？

记者：是的，先生，共 75 万。

总统：完全正确。

The Public Papers and Addresses of Franklin D. Roosevelt, pp. 100-108

蒋介石致宋美龄

重庆，1943 年 2 月 22 日

蒋夫人：甘地先生绝食，其生命已入危险状态。吾人无论为联合国利害计，或为友义关系计，决不愿英政府出此无人道之举动，而妨碍英国之荣誉。请即面商罗总统，从速设法切劝英国政府立即释放甘地先生，以确保联合国为民主、为人类作战之信念也。廿二日。

《战时外交》第 1 卷，第 802 页

霍普金斯备忘录

1943 年 2 月 27 日

蒋夫人约我在星期六下午去看她，我和她谈了一个半小时。她说，和总统的谈话进行得很好，并说相信明天要和总统举行的会议将圆满

地结束她的会谈。我觉察到,她对于这次访问总的来说是不觉得愉快的。她一直坚持要及时为在那里的十五航空队①提供飞机,她对我说:"我们不要得不到履行的诺言。总统告诉我要送去这些飞机,他一定不会使我和委员长失望。"

然后,她详细地提出她的关于战后世界的主要观点,其中第一个要点是我们可以确信在和平会议上中国会和我们站在一起。这是因为中国信任罗斯福和他的政策,并且正因为有这样的信任而愿意先作出承诺。

她告诉我,她认为应立即采取某些步骤,使四大国讨论战后事务,而总统应为这一团体的主席。

她极力要我去中国,并说收到了委员长催促此事的电报。我告诉她,如果罗斯福夫人就要去中国,我看不出我去中国有何意义;除非有真正的理由要我这样做,否则我不想去;我们已经确切地了解委员长的要求,我对他的观点抱有同感,要竭尽全力使其实现,因为我认为他的想法是对的。我的论点似乎不能打动她。看上去她感到疲倦,有点沮丧。

星期日上午,我将我和蒋夫人的谈话报告总统。并说,她想在那一天与总统作一次推心置腹的毫无保留的谈话。总统显然感到他们已把有关的事务谈论得够充分了,但是我力劝总统在那天会面时倾听她的谈话,让她把话讲完。总统和蒋夫人于星期日下午举行会议,会议从 4 点起持续到 5 点 30 分。以后我又去见总统,可是总统对我说他没有听到任何新的东西,但给了她充分的机会让她畅所欲言,而且总起来说,总统似乎对她的访问颇为满意。

在她返华以前还要再来消磨一两晚。

宋子文私下告我,委员长不愿意她去英国,而她告诉我,作完预先安排的演说就回国。我估计她大约在 4 月 1 日离开这里。

Papers of Harry Hopkins,Box 33,File 7,China Affairs(1943-1944)

---

① 原文如此,显系第十四航空队之误。

蒋介石致宋美龄

重庆,1943 年 4 月 29 日

　　蒋夫人:密。在一、二月内,如太平洋方面倭敌不受严重打击,则倭必进攻西比利亚,请密告美当局注意,并问其对日俄战争,是否望其从速发动,盼速复。如吾爱不即赴华府见当局,则请速告子文兄转询,俾得明了其意见。廿九日。

《战时外交》第 1 卷,第 834 页

宋美龄致蒋介石

纽约,1943 年 5 月 11 日

　　大姊转介兄:一、佳(九日)电、二十九日来电中,西伯利亚电码误为西沙群岛电报,往返查询,致有稽延。妹意既非如果袭击西伯利亚即减轻对我之压力,实属有利,即使妹询罗斯福,彼恐未必有明显表示。盖此事关系俄国培植(似有脱漏),最多不过转知史大林而已。仍当转告探其态度如何,容再电告。二、魏菲尔①已由罗电其来美,并非无因,惟仍无行期确息。三、罗斯福已再三派员邀史大林晤谈。四、顷据文兄电告,兄力主全面反攻缅甸,直达仰光,此举当为英军部与我彻底合作,如能办到,自属上策。但妹与罗谈话当时,文兄既不在场,焉能体会罗之言谈含意。妹与罗检讨此项问题时,罗原来主张完全放弃反攻缅甸计划,经妹再三阐释,始取消原意,允助我攻至腊成,共同保护新路线。如罗无意助我全面反攻缅甸,则即使此时得其诺言,将来仍无实效,即使彼允助我攻至仰光,而仍无积极援助,则裨益极鲜。故妹以为反攻缅甸问题可分两步骤,此时无妨暂以五月四日妹与罗协定作为局部反攻缅甸、中美合作根据,俟腊成收复后,再竭力进行全面反攻问题。届时胜利在握,于心理上构成较有成功希望也。

---

　　① 即韦维尔。

兄意如何？盼径复。

《战时外交》第 1 卷,第 837—838 页

蒋介石致宋美龄

重庆,1943 年 5 月 13 日

蒋夫人:十一〔日〕电悉。对西比利亚事究有与罗提及否？盼详告。对反攻缅甸事,在军事上非先占领仰光,决无克复腊戍与蛮德腊①之可能,如去年,徒然牺牲我军,不仅无益,而且真有灭亡之危险。此事关系太大,切不可谦让。故英、美如无意攻仰光,则我军决不能攻腊戍与缅北,此应坚决声明,不可留有回旋余地。余详文兄电中,万不可有所迁就,并望从速回国面商一切。在美不可再住,千万速归。兄中。十三日。

《战时外交》第 1 卷,第 838 页

宋美龄致蒋介石

纽约,1943 年 5 月 13 日

大姊转介兄:罗夫人刻来告,邱吉尔抵美,带来 100 余重要将领及高级随员,此为从来未有者。其中有本在印度之陆、海、空军司令长官。二、罗谓将向邱吉尔商讨,请英将定疆飞机场修理交由美工师部队接收负责,以增强运华吨位。三、兄交史迪威带来之信,文兄俟妹由华府返纽约后始寄妹。函中所告伪军扩充情形业已转告罗矣,罗允当即告邱吉尔,并谓将设法增援。四、罗夫人告,罗谓此次与邱吉尔谈话,将为晤面以来最困难之一次。五、文兄电力主全面反攻缅甸,如能做到自属上策。但妹当时与罗谈话,罗将完全放弃反攻策略,今至少已允保护新路线。妹意若此第一步先能做到,使其将领不再见敌生惧,然后再挺进取获仰光,则似较其垂手不动为强多矣。况以前罗欲兄代其受辜,声称不

---

① 即曼德勒。

攻仰光,今已将其此意无形打消。哀我战线无捷音助兄妹之运也。

《战时外交》第 1 卷,第 838—839 页

蒋介石致宋美龄

重庆,1943 年 5 月 15 日

　　蒋夫人:刻召见美国代办,面告转达其政府之言如下:此次邱吉尔首相在华府期间,凡于中国有关事项,或与太平洋有关问题,如有会议,请约蒋夫人与宋部长出席参加可也等语。此系正式通知,罗、邱必能重视,请准备一切为盼。兄中正。删申。

《战时外交》第 1 卷,第 840 页

蒋介石致宋美龄

重庆,1943 年 6 月 18 日

　　蒋夫人:与罗总统拜别时,最后一点应相机提出,即史迪威问题。但不必太正式,亦不以要求其撤换之方式出之①。只以真相与实情告之如下:史迪威在华如只对余个人之不能合作,则余为大局计,必能容忍与谅解,不足为虑。但其态度与性格对中国全体之官兵与国民成见太深,彼终以 20 年前之目光看我今日中国革命之军民,不只动辄欺侮凌辱,而且时加诬陷与胁制,令人难堪。而其出言无信,随说随变,随时图赖。故自史氏来华与缅甸失败以来,在此一年间,中国军队精神不惟因彼之来华援助未有获益进步,而且益加消沉与颓丧。以史对华之态度与心理所表现者,几乎视中国无一好军人,无一好事情,根本上不信华军能作战,更不信华军能有胜利之望。彼之心理既对华军绝无信心,若且如欲其指挥华军求胜利,岂非缘木求鱼。而彼对其自身所处理之业务与计划,以为无一不善,固执不变,毫无洽商余地,绝不肯为全盘战局与整个计划作打算,亦不顾及其事实与环境

---

　　①　原文如此。

之能否做到,而全凭其主观用事。故现在中国一般军人对史心理皆以为如果再听其指挥,不惟无胜利可望,且必徒受牺牲,非至于完全失败不可。且其日常态度与动作尽是胁制中国,而非协助抗日而来,其结果必与美国政府对华之热忱援助,及传统之友爱精神完全相反。此种事态如任其发展,则可忧之至。然余为史事对于一般军官严加劝诫,令与史氏合作且尊重其意旨,俾史氏工作得以顺利推进,自当用尽心力维持友义,惟长此以往,若时时发生此种误会,则有不胜防制之苦,故余为大局之前途,为作战之胜利计,甚望罗总统明了此中真相与现状,甚恐负其对华之盛情,使其将来失望,故不敢知而不言也。十八日。

《战时外交》第 1 卷,第 852—853 页

蒋介石致宋美龄
重庆,1943 年 6 月 18 日

蒋夫人:史迪威昨已来见。关于其海军所用兵力,已知大略,此事可对罗总统称其坚强作战决心,表示无限感佩之意。惟望其能加派陆军若干师,如不能派来三师,则二师亦可。请再相机恳谈,或能收效。其次,关于史大林对彼复信之内容,如有可告者,请其明告一二。中甚望俄能供给美国以西比利亚空军根据地,直接轰炸日本。详询此事进行已否比前更加成熟。十八日(二)。

《战时外交》第 1 卷,第 853 页

蒋介石致宋美龄
重庆,1943 年 6 月 18 日

蒋夫人:对于战后远东和平与善后处理之各种政策,应照余所面属各件,再与罗总统详细讨论,作一结论带回。关于旅顺、大连问题,中国只可与美国共同使用,而不宜与其他各国共用,尤其旅顺港更应绝对保留为要,将来大连或可作为自由港,但亦须看俄国对于外蒙等边疆问

题,能否尊重我主权以为定。十八日(三)。

《战时外交》第 1 卷,第 853—854 页

宋美龄致蒋介石

纽约,1943 年 6 月 20 日

渝。蒋委员长:密(加表)。史迪威事,若照兄意告罗君,以妹判断:(一)恐因不满我方之真实评议,反使进攻缅甸计划障碍丛生;(二)一切计划及联络均有史氏接洽,今突然提出易人,恐害联系,请兄熟思后,是否仍应照来电转告? 盼即电复,以便日内赴华府时谈洽也。二十日。

《战时外交》第 1 卷,第 854 页

蒋介石致宋美龄

重庆,1943 年 6 月 21 日

蒋夫人:电悉。对史迪威事并非正式要求其撤换,不过使之察知实情而已。待有便乘机以闲谈出之,否则不谈亦可。廿一日。

《战时外交》第 1 卷,第 854—855 页

宋美龄致蒋介石

纽约,1943 年 6 月 25 日

大姊转介兄:顷晤罗斯福洽商结果如下:(一)罗允洽商二师赴缅甸作战,于 9 月准备完毕。(二)据告邱对缅南海、陆、空总攻事仍未热心赞同,虽亦能口答应,但觉其无诚意,届时未必履行。然缅甸原系英属地,中、英、美又为联盟国,罗谓不便迫英实行也。(三)邱心目中仅有英、美、俄三强国,将与中国摒于门外,答询将来与兄晤会时,是否约邱参加,妹答以可由罗与兄直接商谈。(四)关于大连、旅顺、台湾,中、美海空军共用事,罗对兄意表示(似有脱漏),并谓俟中国准备完妥之

后,美即可退出。（五）罗意高丽①可暂由中、美、俄共管。（六）前国联交日本保管之太平洋各岛,罗意战后可由联盟国接收组织暂时共管之。特闻。有（廿五日）（二）。

《战时外交》第 1 卷,第 855 页

4. 华莱士访华

罗斯福与韦尔斯的一次谈话

1943 年 9 月底的一个星期天,我作为罗斯福总统的客人,和他在海德公园进行了交谈。我要从这次谈话讲起。

和总统一起度过那个周末的还有他的小儿子和小儿媳妇,挪威皇太子妃以及她的子女和男女侍从。那是哈德逊河谷秋季少有的阳光明媚的日子之一。我们在总统的山顶别墅共进午餐。之后,总统把我带回"大房子",领我进入那间小书房。他喜欢在那间小书房里工作,他还经常在那里向全国发表广播讲话。在谈论许多事情的过程中,他把话题转向远东。在较详细地谈了军事形势以后,他谈起了战后应该进行的政治和领土调整问题。

他谈了他喜欢的一个问题:根绝法国对印度支那的控制,在那里建立联合国托管区,菲律宾应在其中扮演重要角色。在与荷兰女王和荷兰政府成员会谈以后,他感到战后荷兰人能够令人满意地解决荷属东印度群岛问题,其中包括在荷兰联邦中给予印度尼西亚人民完全平等的地位。他懊恼地提到,丘吉尔先生坚决反对他提出的给予印度自治地位的建议。但他表示坚信,一旦战争结束,印度人民（无论是统一的还是分散的）就会建立完全的自治政府。

当然,对总统来说,远东问题的关键是中国。我无须在此详述我在前面一章中强调过的事情:他对中国人民特别友好,他认为美国的远东

---

① 即朝鲜。

政策应以中、美两国政府密切的工作关系为基础。他把近来与蒋介石之间产生的无数难题告诉了我。他认为蒋的"性情变幻无常"。他毫无遮掩地谈论着蒋政权的腐败无能。蒋政权对中国民众的悲惨生活缺乏同情，他对此难以忍受。但是他承认，蒋政权有正当的理由对当时我们所能提供的援助过于菲薄表示强烈不满，对其所急需物资常常转拨给英国表示愤怒。他认为，尽管蒋委员长的军事见识有限，所统率的军队战绩不佳，但他是能够确保中国军队继续抗日和能在战后把中国人民团结在一起的唯一领袖。他说蒋对中国作出的贡献是巨大的。他担心现在苏联政府公开帮助那些反对国民党军队的派别。为此，他迫切希望我们尽全力调解重庆和共产党之间的分歧，以使蒋能够继续对日作战，而不必动用他本已衰弱的军事力量去与其他中国人打仗。

但是他最为担心的是日本战败后在中国燃起内战之火。其中的危险在于，苏联会介入内战帮助共产党，而西方为自身利益计则会冒险或被迫支持反共的一方。他说，到时候我们就会看到与西班牙内战时相同的情景，而且规模和内在的危险都更大。他认为战后最有可能产生麻烦的地方是中国，除非外部世界能够尽快帮助她恢复国民经济，弥补因日本的长年侵略而造成的一些损失。中国还需与苏联达成一项牢固的协议，防止苏联象第一次世界大战以后那样干涉其内部事务。

我提请总统注意今年春天蒋介石夫人来华盛顿时我们与她进行的那次会谈。当时他向她保证，他本人赞同国民政府的立场：如果中国不收回日本占领的领土和以前被其他国家攫取的领土（包括香港），远东的调整就不可能稳定或持久。

总统说，他当然仍抱这种想法。然而，他认识到，在战后英国是战胜国之一的情况下，要说服丘吉尔先生或任何一届英国政府，英国应在和平条约中放弃她已统治百年之久的一块殖民地是非常困难的。他说，台湾应该回归中国，但这一安排应包括在那儿建立一个供联合国警察部队使用的战略空军基地。他特别强调，在实现太平洋和平的过程中，台湾具有重要的战略地位。

　　我非常清楚地记得,我当时问他是否担心俄国人会在要求收回1905年他们战败后割让给日本的领土的同时,要求据有他们在中华帝国风雨飘摇的最后岁月中攫取的中国领土。

　　总统回答说,他认为俄国人当然应该收回按《朴茨茅斯条约》割让的千岛群岛和南库页岛,同时他希望他们对满洲的要求不要超过设立合法贸易机构的范围。他正在考虑把大连辟为自由港,以满足他们在贸易方面的要求。(在世界许多地方建立自由港,特别是在象基尔那样容易引起国际纠纷的地方建立自由港,一直是罗斯福总统喜欢考虑的事项之一。关于大连,几个月后他在德黑兰向斯大林提出的也正是这样的建议。)

　　我们当时没有谈及朝鲜问题,但我们在那个夏季早些时候的几次谈话中已经讨论过,那时总统的看法是,朝鲜应在中国、苏联、英国、美国和加拿大托管下,重建为一个独立的共和国。

　　1943年9月我们的谈话记录相当详细而又准确地揭示了罗斯福总统当时关于战后远东诸项安排的构想。美国应该发挥影响力去实现下述目标:

　　(1)把以前他国通过征服或强迫手段攫取的所有中国领土归还中国。

　　(2)支持中国国民政府作为唯一能够统一中国并防止发生内战的政府。

　　(3)中苏达成一项协议,以防苏联干涉中国的内部事务或侵犯中国领土。

　　一个月后,总统在前往开罗和德黑兰之前又在白宫和我进行了一次谈话。在这次谈话中,总统提到了他在说服丘吉尔应该把中国视为四大国之一时遇到的麻烦。他说他告诉首相,如果重要盟国要完成在战后保持和平的任务,就应该与中国联合起来。

　　他告诉我,丘吉尔先生的想法是,这次工作应该全由英语国家来做。虽然很勉强,他还是愿意退一步,让俄国参与这项工作。总统认为,丘吉尔先生不愿看到在世纪之交存在过的大英帝国永远失去往日的荣光,正是这一点左右着他的思想。他确信,西方世界为自身安全计,应该断然放弃把亚洲人民视为劣等民族的观念,从此以后应该全心全意与中国合作,这才是防止西方和东方在未来岁月里彻底分裂的最好办法。

在任何会谈或国际会议的记录中,我都没有发现任何证据表明总统曾经偏离过他向我概述过的这些总体目标。

总统和蒋介石政府之间的摩擦时常会变得激烈起来。有时候,军事援助的某项承诺不能兑现,例如,当罗斯福改变原来的以占领安达曼群岛作为缅甸战役的一部分的承诺时即是如此。史迪威将军和蒋委员长之间的极端不和在重庆引起了强烈反感,正如蒋委员长一再拒绝听从美国在战略和人事安排方面的忠告而在华盛顿引起同样的反感一样。罗斯福总统在中国的代表们一再努力(该承认,这些努力是笨拙的)说服蒋介石答应中国共产党的各种要求。这些努力是误解的产物,损坏了国民政府的名望和权威。

由于对中国一无所知且缺乏在远东工作的经验,总统在那里的某些代表对他有害无利。这些代表花费许多时间互相争吵,或者与他们的下属争吵。据我所知,他们无时无刻不在试图执行总统关于在战后建立一个强大中国的指示,但他们的错误判断和各种各样的建议使他无法对形势作出准确的评估。

尤为糟糕的是,这些代表告诉总统,说他可以在雅尔塔表述这样的意见:根据他最近派往重庆的一批代表的情报,中国共产党拒绝与国民政府合作的责任应由共产国际和国民党而不是共产党来负。尽管得到的是不确切的情报,总统既未改变他业已开始执行的政策,也未改变他关于在战后建立一个统一而又强大的中国的初始目标。

罗斯福给予国民政府的支持自始至终都未曾动摇过。在总统的督导下给予中国的军事和物资援助是巨大的。

Seven Decisions That Shaped History, pp. 150–156

包兰亭①会谈备忘录

华盛顿,1944 年 3 月 14 日

按约去副总统办公室。我向他说,昨日国务卿告知副总统去中国的计划,并建议与副总统谈谈该国的局势。

副总统说,起初他对于总统让他作中国、苏联之行的建议并未认真对待,但是最近他从总统那里得到的提示,使他感到,总统对此事极为认真,事实上只是昨天副总统才得到总统对他意向的进一步说明(副总统没有向我透露有关总统计划的信息)。副总统声称,要不是有重要的理由,他是不愿作这样的旅行的,尤其是在现在这样的时刻。在谈话过程中,副总统向我表示,他无意以任何方式插手当前中、美间外交事务,例如美元与法币的汇率问题。他显然已经收到马歇尔关于此事的书面材料。

我按照下述思路对副总统表示了意见:

美国政府和人民在传统上一向对中国同情友好。我们对于中国人的很多优良品质、尤其是他们的社会制度(和政治制度不同)的实质上的民主,以及对他们在抵抗日本侵略者实力悬殊的斗争中表现的坚韧不拔的精神深为钦佩。自然我们愿意尽我们所能对他们进行鼓励和援助。

但是另一方面,我们所表达的同情的结果却在某种程度上走向了我们愿望的反面,它没有起到鼓励中国人作出更大努力的作用,中国人反而日益倾向于感到在以往六年中中国在遏制日本方面已经尽了全部责任,现在该由美国独自去粉碎日本了。此外,中国人把我们所表达的同情作为他们对于我们的援助的不切实际的期望的基础。我们在多大程度上没有能满足他们的期望,他们就在多大程度上对我们感到失望,这对于我们的利益是不利的。

很多中国政治家全神贯注的不是战争,而是战后重新建设。因此,

---

① Joseph W. Ballantine,美国国务院远东司副司长。

美国负责人士和中国政治家对中国战后问题的讨论,可能将他们的注意力更进一步从战争转移开去。此外,因为中国战后问题的一个重要方面是外国信贷,我们必须警惕,以免我们关于愿在战后和中国进行经济合作的言论,使中国受到莫须有的鼓励而期望大规模信贷;从合理性方面考虑大规模信贷也许没有充分理由,或最近期内无论如何是不会给与的。

在美国和在中国一样,原因论和政治观念之间是相互冲突的。虽然国民党试图在中国建立一党制度,但整个政治组织的问题在中国从1911年以来一直处于不断变化和初级的演变状态。从推翻满洲人统治开始,个人统治的权力争夺迄未终止,仍然有大量的"军阀主义"痕迹。所谓的"共产党人"虽然占少数,却是一个严密坚实的实体,在政治舞台上不是一个没有影响的角色。西方人,即使生平对中国和中国人有所了解的人,也难于把中国所有这些互相竞争、互相冲突的政治潮流、渠道、派系等等了解透彻,判断清楚。一个对中国陌生的人,在和中国领导人的接触和谈话中,或在对中国人民或有关中国人民的问题表达意见时,很容易得到错误的印象,作出错误的举动。

在涉及中国和苏联的关系、中国和大英帝国的关系方面,有各种各样重要和微妙的问题。这些问题对于中、美关系及战时和战后体制中应给予中国的位置及其理由等方面美国所持的观念及目标,都具有重要的意义。

毫无疑问,中国人对于您去访问会感到非常愉快和荣幸。中国人对于您对于他们和他们的问题的同情态度,会非常欣赏。

另一方面,鉴于我所描述的当前情况,可以既安全而又有利地进行讨论的题目是受到很大限制的。中国人处于感觉过敏的阶段,即使无意谴责也容易引起他们的敏感反应。另一方面,意在加以鼓励的同情表示,反而会支持了他们无视自身责任的态度。

副总统似乎对于他在中国公开或私下谈话中的言谈宜保持警惕一事,留有印象。他表示,为妥当起见将他要作的任何声明事先交由国务院或大使馆仔细鉴定,在中国的访问日程也要进行仔细安排,以尽量减少发生如我才所说的问题的可能性。他想在重庆以外的地区中,将他的活动限于观察他特别感兴趣的农业情况。他问,和农民一起到田间使用农业手工工具是否妥当。我说,中国白领阶层反对把手弄脏是2000年来的传统,我怀疑违背这一传统是否明智。

副总统说他拟于5月下旬起程,以便充分利用他所计划的路线——阿拉斯加和西伯利亚一带的飞行气候。

我们的谈话持续了一个多小时,副总统问了我很多要求作具体答复而不是提意见的问题。

FRUS,1944,Vol.6,pp.216–219

赫尔致高斯
华盛顿,1944年5月5日下午8时

副总统预期头一天到达迪化①,6月23日左右从迪化到达重庆,访问3天后离重庆去昆明。如切合实际,他将访问西南地区很多地方,然后直接前往成都并在该地度过一两天。他将从成都前往西安和兰州,再从该地返回。在中国约停留10天,到达中国以前要用约一个月时间在西伯利亚旅行。

他希望访问他特别感兴趣的农业设施和乡村中心区。现正为他安排对驻华美军事人员的访问。在重庆,当然他要进行必要的官方拜会,并出席你认为他必须出席的社交性集会。除他希望和你共度的第一个晚上以外,他在城里只有两个晚上。他想在重庆时有时间访问和农业发展以及工业合作社有关的值得注意的地方。因此,他希望尽量减少社交活动。

---

① 即乌鲁木齐。

　　副总统将由范宣德、拉铁摩尔①和哈沙德②陪同。哈沙德为副总统在西伯利亚旅行时担任译员,另外还有机组人员,约 10 名军官。

　　请将陪同副总统的人员通知蒋主席和外交部长,并在严格保密情况下向其通告上文所列的旅程,但勿提及具体日期,除非你认为有必要。你可以简略地说,他希望在 6 月 20 日后不久到达中国和重庆(在重庆度 3 天),并在中国约停留 10 天,然后再补充说随后即可告知到达重庆的确切日期。

　　现时,对于上述计划以不公开为宜。

FRUS,1944,Vol. 6,p. 227

蒋介石致魏道明

重庆,1944 年 5 月 20 日

　　华盛顿。魏大使:六〇三六。表。华副总统来华,如果有调解中央与共党合作之表示,则中国抗战局势不仅因之动摇,而以后共党势力必更加枭张,无法消弭赤化之祸害,请非正式表示之。中正。哿。

《战时外交》第 1 卷,第 862 页

赫尔致高斯

华盛顿,1944 年 5 月 23 日

　　以下是总统和副总统于副总统起程之日(5 月 20 日)所作的声明:
总统声明

　　"我请美国副总统担任我在中国的信使。和他同行的有国务院中国科科长范宣德,战时情报局海外处副处长拉铁摩尔,以及对外经济署苏联供应处首席联络官哈沙德。

　　东亚在未来的世界历史中将要起极为重要的作用。在那里正在释

---

① 战时情报局太平洋作战地区副处长。
② John Hazard,对外经济署苏联供应处首席联络官。

放着对我们的未来和繁荣和平极为重要的力量。副总统以他现在的身份和他在经济及农业方面的训练,非常适合于为我和美国人民带来一份极其宝贵的第一手报告。

暂时不能多谈副总统这次出访的某些方面。只须说他要访问我长期以来想看到的十几个地方就足够了。他今天起程,大约在 7 月中返回向我报告。"

副总统声明

"总统要求我访问亚洲。总统是全世界千百万人民的希望的象征,我为担任他的信使感到光荣。没有新闻界或其他公众代表和我同行。这次出访的目的,是让我们的亚洲朋友了解美国人民的精神以及他们的统帅的信念和期望。

亚洲和欧洲对美国同样重要。我们正在南北太平洋及中太平洋与顽敌作战。我们因为珍珠港事件而战斗。我们战斗是为了维护我们的自由,为了澳大利亚、新西兰和加拿大的民主政治。我们战斗,是为了使持久和平及其福祉对于生活在世界最大的海洋两岸的全人类一半的人口变得可靠。

现在,中国和苏联两块大陆是灿烂辉煌的。西伯利亚是大武库,没有这个武库不会出现俄国对德国的胜利。在保卫斯大林格勒、莫斯科和列宁格勒的战斗中,表现了唯一能与中国人为其生存所进行的抵抗相比拟的意志。如果我能向这些工作和战斗着的亚洲人民带去一些美国人民及其总统对他们的巨大努力感到自信和骄傲的东西,我就不虚此行了。

中国在其四千年的历史篇章中写出了一个简单的真理,就是亿万爱好和平的人民从来没有被侵略战争永久征服。要和平、要在土地上生存的愿望在中国人的精神中扎下了深根。中国从来没有谋求征服世界。中国只是谋求并且成功地实现了它要求工作、和平和生存的目的。

现在为这个伟大人民开辟了新的时代。闭门自守一去不返。侵略者企图通过屠杀和掠夺毁灭中国人生活的日子也一去不返。中国的未来属于世界,公正与和平的世界应属于中国。

缅甸的沼泽、喜马拉雅山和日本的战舰都不能阻止美国将一切可能的、及时的援助送到该国伟大的、坚韧不拔的人民手中。这就是我们的总统给中国的信息。

蒋介石直接从总统那里收到信息。我的访问只是,又一次强调,即要使千百万中国人民知道,美国人援助中国的意愿是持续不变的,直到取得胜利。

但是,中国人也有权知道,美国人把能与中华民族一道,为我们的太平洋盟国的持久和平繁荣——这将使我们自己得到持久的和平和繁荣——进行工作和规划视作我们的责任和殊荣。……”

FRUS,1944,Vol.6,pp.228-229

斯退丁纽斯①致格鲁②备忘录
华盛顿,1944 年 5 月 24 日

格鲁先生:在上星期的内阁会议上,总统在结束会议时提及他请副总统访华之事,并谈到他曾请副总统和蒋委员长就很多重要问题进行商谈。

总统说,他非常关心有关中国的前景,他第一次为在整个战争时期能否和中国站在一起感到担心。他认为,副总统在此刻出访,能为联合国家进行极为重要的工作。他说,他要求华莱士副总统向蒋委员长说明,主要是由于赫尔国务卿在莫斯科会议上的坚持,中国才被承认为四大国之一;然后再借此发挥,并向蒋委员长表示,希望他必须理解这一点,以及不能在美国对中国作为一个世界大国表示了信念,寄托了希望以后,再拆美国的台。

FRUS,1944,Vol.6,p.230

---

① Edward R. Stettinius,Jr.,美国副国务卿,1944 年 11 月 30 日起任国务卿。
② Joseph Grew,美国国务院远东司司长。

王世杰关于拟就蒋介石与美国副总统华莱士谈话要旨签呈稿
1944 年 6 月 10 日

三四三号

谨签呈者:兹遵钧座日前面谕拟就钧座与华莱士谈话要旨一件,谨缮呈察核。再此经钧座核定后,世杰等与华氏及随从人员谈话时亦拟以核定之件为范围。是否有当,敬祈裁示。谨呈

委员长

王世杰谨呈

六月十日

附件一:谨拟委座与华莱士副总统谈话要旨

(说明)次列两点为拟本稿时所特别注意之事实:

第一、罗斯福总统深以中苏关系恶化为虑,华莱士氏素为赞许苏联经济建设之人,华氏返华府后,对于中苏关系问题,势必有所报告或建议。

第二、华氏为美国政府中思想较为急进之人,平素对于国际组织及战后建设等问题极其注意,其对于本党节制资本的主张尤寄同情。

1. 中苏关系

(1)中国对苏将坚持善邻政策。

(2)外蒙问题为中苏悬案,但中国并无战事结束前不解决之意。

(3)去年新疆境内剿匪事件发生时,政府曾密令新疆当局勿令军队入外蒙境。新疆当局确曾严格遵照中央命令。苏联空军飞入新境轰炸事件对外发表。

(4)罗斯福总统倘有任何适当方式斡旋中苏关系,望随时见告。

2. 国家安全组织问题

(5)中国认为联合国应迅即成立,此类组织不可迟至整个战事或欧战结束以后。

(6)联合国组织内之执行机构(姑称为联合国委员会),不宜仅以四强为组织分子,应令若干小国参加,但参加国之总数不宜太多,否则

行动不易灵活。

（7）联合国组织必须是一个能充分实施武力制裁的组织。（中国并主张空军国际化。）

（8）关于敌人处置以及联合国间之争执,均应暂由联合国组织处理。

（9）中国必须参加联合国组织之核心机构。（中国之如此要求,不是为荣誉,亦不是为自己利益打算。盖中国如不参加此核心机构,则使世界上多数民众［尤其亚洲人与有色人种］对于此种国际安全组织将不免因疑忌失望而反对。罗斯福总统想亦必有同样见解。）

（10）中国赞成于国际安全组织之下,成立远东区域组织。

3. 军事问题

军事方面较宜提出何项问题,拟请委座斟酌情形决定。此有一问题似可郑重提出:即远东方面将来盟军克复地域内与占领区域（敌人领土）内之行政,在战事完全结束以前,应如何处理? 此一问题在苏联参战以前,中、英、美先自成立一种协定,则未来之困难与纠纷或可减少。否则苏联参战后其军队或先我而入东三省、朝鲜,各该地之行政或将引起极大纠纷也。委座似可促美国注意此事,并提议迅即成立中、英、美协定。凡中、英、美三国领土克复时,其行政权应由盟军立即交由其主权国行使。

4. 中共问题

（11）中国政府必尽力求得政治解决。惟完全的解决必经过若干步骤与若干时间始可望实现。

（12）在中国目前舆论压迫之下,中共纵不听命,料亦不致冒大不韪而与政府决裂。中国战区的反攻计划当不致大受中共的牵制。

5. 经济问题

（13）物价　中国政府物价管理政策将侧重（甲）控制大量物资（尤其粮食）与（乙）补助生产两事。但中国希望在今冬明春能恢复对外陆路交通与一二海口,以便利物资之输入。此层希望如不能实现,将来局势确极可虑。

（14）战后经济建设　战后中国必厉行民生主义,发展国家资本。希望美国于考虑战后援华计划时,(1)重视中国国营事业;(2)视对华投资不只是经济投资,并且是一种政治投资。

6.民主政治问题

（此一问题倘或谈及,委座似之须郑重告以党与政府态度坚定,决采渐进方法实现民权主义,不愿操切,亦决不因循。至于详情,似可由他人告以十一中全会关于宪政与政党问题之决议,望十二中全会关于民意机关与言论自由之决议。）

中国第二历史档案馆藏国民政府军事委员会参事室档案,761/149

华莱士、蒋介石谈话摘要

重庆,1944 年 6 月 21 日

华莱士将罗斯福总统的评论告知蒋介石,即:英国并不认为中国是一个大国;罗斯福总统要中国在实际和理论上成为一个大国;在开罗会议上英国反对在实际上给中国作为"四强"之一的地位,在德黑兰会议上涉及中国时英国态度冷淡。然后华莱士向蒋主席引述了罗斯福总统的以下表示:"丘吉尔老了。新的英国政府将把香港归还中国,而中国翌日就使香港成为自由港。"

FRUS,1944,Vol.6,p.232

谢伟思会谈备忘录

重庆,1944 年 6 月 23 日

贺恩参谋长①

会谈于本日下午 5 时举行,参加会谈的有:

委员长　　　　　　　　华莱士副总统

---

① Thomas G. Hearn,史迪威的参谋长。

宋子文（兼任翻译）	费里斯将军
王世杰	约翰·卡特·范宣德
蒋夫人	欧文·拉铁摩尔
	谢伟思

副总统说，从他前一天晚上与委员长会谈之后，他收到了罗斯福总统通过美国陆军发来的电报。然后，他宣读了总统电报中关于为搜集情报需要派美国观察员前往包括共产党地区的华北各地的部分内容。

副总统还读了总统来信中起首部分，这封信是 1944 年 4 月 1 日前后由本司令部与大使协商写成，内容是说明派遣这种观察员的必要性。

然后，副总统说委员长已经在原则上同意派这样的美国观察员。对此委员长表示同意。华莱士然后让参加过前几次会谈的范宣德简单扼要地说明一下所达成的协议和委员长提出的条件。

范宣德根据他的笔记提出最后确定的唯一一项条件是派遣观察员应由军事委员会主办。委员长此时再次说明这是他唯一的条件。

副总统说由于情况特殊，有必要将这个条件明确一下。参加过前几次会谈的王世杰博士提出原来使用的中文名词，谢伟思说这个词最好译成英文的"sponsorship"（倡议）。拉铁摩尔和宋子文博士均表示同意。

副总统又回到有必要澄清这个条件的话题上。他说他邀请了美国陆军代表陪他前来，这样关于这个问题的讨论可以更准确，避免以后可能出现误解。

然后费里斯将军感谢委员长同意派遣观察员。他指出这种做法有利于获得对我们共同作战有用的情报。他补充说目前形势中有许多因素要求观察员有充分的行动自由。例如，对空军有价值的作战情报必须立即发回。这就需要建立直接无线电通讯联络。

委员长同意观察员可以建立自己的无线电通讯联络。然后他问，获得的情报是否也将提供给军事委员会。费里斯说，所有有关敌人的情报都将通知军事委员会。

费里斯将军提到由于涉及的地区很大、情况变化不定,所以事先确定观察组的行程比较困难。委员长同意观察组有充分的行动自由。

费里斯将军说,观察组最好不要军事委员会的译员和联络官陪同。委员长没有问及详细的理由(因为理由显而易见),便同意不勉强按照一般条件派译员和联络官陪同。

拉铁摩尔插话说,从委员长谈话的中文用词来看,很清楚,委员长想要给观察组最大限度的行动自由。

委员长要求由费里斯将军向何应钦将军办理有关观察组的出发和细节问题。

费里斯将军请求将有关此事的决定通知何应钦将军以免产生误解或耽搁时间。委员长答复说他将立即向何将军发出指示,请费里斯将军第二天下午4时找他一同讨论细节问题。委员长接着提出不会有任何耽搁的保证,观察组"一旦组成"即可出发。

费里斯提出观察组可能要由多达20个人组成。委员长说这个数字完全可以接受。

委员长然后提出了有关观察组的名称问题。他说不喜欢总统电报中所用的"观察团"这个名称。他建议用"观察组"(侦察组)名称取代,费里斯将军和在座的其他美国人均表示同意。

委员长又回到对这项计划的态度问题上,再次强调愿意该计划有完全的自由,军事委员会只是名义上的发起人。但是,他接着说,虽然他能保证在国民党地区有充分的自由,但不能保证共产党将要如何对待观察组和给他们多大自由。你们必须自己去与共产党接洽。副总统和费里斯将军对此表示赞同。

拉铁摩尔说,应该记住我们最终希望向华北各地,包括共产党控制区以外的那些地区,派遣军事观察员。费里斯将军表示同意。

费里斯将军和谢伟思5时40分左右离去,委员长和副总统仍继续进行会谈。

蒋介石致华莱士

重庆,1944 年 6 月 23 日

中央政府对中共问题政治解决方案。

根据王世杰及张治中在西安与中共代表林祖涵商讨之基础,中央政府考虑政治解决中共问题必须实行如下之条件:

一、关于中共军队者

1.第十八集团军及其分布各省之一切部队改编为 4 个军,包含 10 个师,其番号由中央政府以命令定之。

2.第十八集团军应服从军事委员会之命令。

3.第十八集团军之员额,应按照中央军队规定之编制(军政部颁发)加以固定,不得有额外之纵队、支队或其他混杂之单位,其以前所有者,应在中央政府核定之限期内,予以取消。

4.第十八集团军之人事,准予按照军政部之人事法规呈保请委。

5.第十八集团军之军费,由中央政府按照国军一般给与规定发给,并须按照经理法规办理。

6.第十八集团军之教育,应按照一般规定实施,并听候中央政府之校阅,该集团军可选派参谋军官在昆明及桂林之军官训练班受训。

7.第十八集团军应在限期内集中于指定地区,为有效之使用。在集中以前,其散布于各省之部队,应归所在地战区司令长官指挥或予以改编。

二、关于陕甘宁边区政府者

1.该边区定名为陕北行政区,其行政机构定名为陕北行政公署。

2.陕北行政区之区域,以其现有地区为范围,但须经中央政府之代表与陕北行政区之代表会同勘定。

3.陕北行政区应直属行政院。

4.陕北行政区须实行中央法令,其因地方情形特殊而需要之法令,应呈报中央政府批准后施行。

5.陕北行政区之主席,应由中央政府任免,其专员、县长,可由主席提请中央委派。

6. 陕北行政公署之组织及规程,应呈请中央政府核准。

7. 陕北行政区之年度预算,应呈请中央政府核定。

8. 陕北行政区及第十八集团军所属部队驻在地区,概不得发行钞票,其以前发行之不法钞票,应与财政部妥商办法处理。

9. 其他各地区所有中共自行设立之行政机构,应由各该省政府派员接管。

三、关于共产党者

1. 在抗战期内,依照抗战建国纲领关于各党派处置之规定办理。在战争结束后,召开国民大会制定宪法,实施宪政,中国共产党当与其他一切政党遵守国家法律,享受同等待遇。

2. 中国共产党应重申忠实履行其于 1937 年所提出共赴国难之四项诺言。

《战时外交》第 1 卷,第 867—869 页

中国官方发表美国副总统华莱士
离渝时对新闻界发表共同谈话之要点
1944 年 6 月 24 日

华莱士副总统在渝五日,与蒋主席晤谈多次,曾与我国政府方面人员交换意见。华氏已于昨(廿四)日离渝,兹录其离渝时对新闻界发表之共同谈话如下:

华莱士副总统留渝期间,曾与蒋主席及中国政府其他人员,在非正式与坦白友好之空气中,讨论共同注意及关怀之问题。彼等于交换意见后,彼此间互有获益,且对于基本之原则及目标均完全同意。

亚洲方面之对日战争,必须积极进行,实为至急之任务。中、美两国之尽力互助,以求此任务之早日完成,并以最有效能之方法完成之,乃两国关系上至要之事。

太平洋上胜利之目标,在建立以政治与社会之安定为基础之民治主

义的和平,而政治与社会之安定,则有赖于为各国人民增进福利之政治。

太平洋上之长期和平,其所赖者为:(一)以有效方法永久解除日本之武装;(二)太平洋区域内四主要强国——中国、苏联、美国及英国——彼此间,以及所有愿负战后国际秩序责任的联合国家相互间之谅解、友谊与合作;(三)承认目前亚洲各属领人民取得自治之基本权利,且须在政治、经济及社会方面早日采取步骤,使此等属领人民准备于确定而可能之时限内实行自治。

中国在亚洲所占之基石之地位,及中国在任何太平洋和平机构中之重要性,在此次讨论中均曾注意及之。且参加讨论者,均认为一定不易之理者,即此种和平机构之成立,必须具有下列之基本要素:中、美两国关系百余年来所表现之传统友谊必须继续,中国与壤地最近之伟大邻邦苏联之关系必须维持于互相谅解之基础之上;即中国与其他邻邦之关系亦复如是。任何均势之局面,决不能有助于和平之目的。

中国抵抗日本之侵略,业已7年,而在最近3年间,中国与外界几已完全隔绝,其结果遂令自由中国在经济及财政方面发生严重之困难,中国人民现方以坚毅沉着之精神,应付此种困难,盖彼等自信必能忍受一切艰苦,以待海外更大物质援助之到来。

中国人民与政府均有实行孙中山先生三民主义之决心。三民主义中之第一主义——民族主义——现已成为事实。其第二主义——民权主义——正包含于目前建立宪政,以保障个人权利与自由,并建立代议政治之种种计划之中。至于第三主义——民生主义——之实现,则为现有各种经济建设计划实行后必然之结果。

就民生而论,此次参加讨论者,均认为在任何经济与工业建设计划之中,农业建设占极重要之地位。华莱士副总统因对农业发展问题生平极饶兴趣,故对中国农业问题有特殊之了解,并能与蒋主席讨论实际之解决方法。华莱士副总统深信,蒋主席必能发现美国人民深愿与中国人民尽力合作,以求解决中国经济建设计划中所包含之农业问题及其他相关连之问题。此种经济建设实现之日,中、美两国商人必能于互相有利之基础之上,发展其商业之关系。

蒋主席与华莱士副总统对于中、美两国政府之主要目的系各为其本国国民谋求安全与幸福一点,未尝片刻忘怀。且均深信,彼等所讨论之各种广泛目标之追求,即所以促成此项主要目的之实现也。

《战时外交》第 1 卷,第 869—871 页

华莱士致蒋介石

成都,1944 年 6 月 27 日

蒋主席阁下:告别阁下以后,即对我们在尊寓进行的谈话以及在我访问重庆、昆明和桂林时看到的中国状况,进行了反复认真的思考。我们——美国人以及中国人——所面临的局面非常危急,但是如果迅速采取行动发挥新的力量,注入新的精神,局面并非无望。我认为要采取这一行动就应以全新的态度对待中、美之间的合作。我所想的不仅是军事合作,而且是在政治层次上确定利用我们所拥有的潜力的方法上的合作,以及使中国的对日战争汲取新精神的合作。为了应付危急的局面或许需要严厉的措施。

我信任中国,我相信您为之服务的中国人民,如果向他们指出道路,并使他们认识到他们为之而战的价值从而受到鼓励,他们是有勇气战斗到底的。

我回到华盛顿以后,将立即向罗斯福总统提出你的建议,即要他向重庆派出一名能和您一起工作、一起计划和实现我所说的有力合作的私人代表。

如果您能立即向华盛顿派出一名您对他完全信任、能向他授权亲自和总统讨论问题、代表您同意所有作出的决定的人,我相信这将使总统更容易地作出他的决定,更容易按局势所要求的速度完成必要的初步安排。

在这一点上,您一定能想起在重庆我们的一次谈话中我曾向您提出的建议:让宋子文博士离开重庆相当一段时间,让他迅速访问华盛顿

可能是有益的。

　　在离开中国前夕，我认为此信中所谈之事有其紧迫性，相信阁下将对我的建议加以认真考虑。亨利·华莱士。

FRUS,1944,Vol.6,pp.232-233

蒋介石致华莱士

重庆,1944 年 7 月 8 日

　　魏大使转华莱士副总统阁下:6 月 27 日由成都所发华函,其中重要各点皆为余心中所将言而未能详加面述之言也,足下诚为余志同道合之良友。函中所谓即行采取迅速积极之行动,以实现新力量与新精神一节,更先得我心,且为余时刻所切望者。惟此一行动必须对于中、美合作之问题有新的彻底之解决,非仅军事合作,同时政治方面亦有彻底合作之方法与事实,而后乃能将合作之新精神贯彻到底,而使我中国军民得到新的鼓励。只要如罗总统同具此见解,则余当不吝一切下紧急处置之决心。甚望阁下返抵华府后,能商承罗总统,拟定我两国合作具体实施之方案,并能由罗总统派遣一私人完全信任之有力的全权代表来华,得以随时与余工作,并设计关于军事、政治与经济各重要业务之处理,以实现吾人所期望如上述有力而彻底之合作,则中、美共同利益之增进,必有一日千里之势,岂仅有利于目前对日战争而已。我甚望阁下能大力促成此一有历史性的与积极而有建设性的中、美合作之大业也。至于中国目前情势之严重,诚有如阁下系念者,但实际内容并未如阁下在各地所得报告之危险与绝望之程度,此当能于今后事实演变以证明之,此不得不为阁下己者道之,请勿为此过预。关于余派遣全权代表常驻华府一节,自所心愿,惟宋子文博士一时未能来美之前,决派孔祥熙博士充任此职,以孔博士实为余最信任之人,必能完全代表余个人一切,胜任裕如也。并请以此意代达罗总统,予孔博士以彻底之信任与合作为荷。蒋中正。

《战时外交》第 1 卷,第 875—876 页

蒋介石致孔祥熙

重庆,1944 年 7 月 11 日

孔副院长:闻华副总统此次在昆明、桂林接其军官与教士等报告,皆称中国军队走私、营商,不能作战,而且桂林必于 7 月 15 日以前失守,美国在昆明军械不能再交中国军队,甚至军民皆对我政府全失信仰,军民之间亦不能合作,如往日者豫西失败时,农民即沿途缴夺军队枪械等各种报告,请兄注意。此种事实在某一地某一时或所不免,但此决非全国普遍之现象,而为一时一地偶然之变态,在所不免。余信中国国内除反动派有意造谣,动摇社会心理,破坏抗战,希图丧失我政府对国际之信誉以外,其他全国军民对我政府抗战之决心与信仰,固如昔也。惟战时经济至今益加困难,一般心理不免对战事之烦闷,则实有之,但抗战到底之精神,无论军民,始终一致,毫无动摇也。惟此意不必急于说明,否则以为政府有意强辩掩饰,是否虚实,往后自能有事实之证明也。中正。真已。

《战时外交》第 1 卷,第 876 页

华莱士致罗斯福

华盛顿,1944 年 7 月 10 日

总统阁下:兹送上我出访远东的报告。

附件:华莱士副总统总结报告摘要

我们访问中国的第一站是新疆省省会迪化(乌鲁木齐)。省政府主席盛世才将军是一位典型的军阀。政府是个人统治的,通过警察的彻底监视而实行统治。90% 的人口不是汉族,大部分是维吾尔族(突厥人)。汉人和非汉人之间的关系日趋紧张,几乎无从证明政府有能力对此问题作有效的处理。盛将军两年前亲苏联而现在反苏联,以致在新疆的苏联总领事和苏联公民的生活极为困难。

似乎没有理由怀疑早春在新疆与外蒙古边界发生的纠纷,是由于中国方面企图使逃入外蒙境内的哈萨克牧民返回新疆,并派军队追赶,

这些军队又被蒙古人赶了回来,从而造成的。苏联驻外蒙公使说,蒙古飞机轰炸了新疆几处地方,以报复中国对外蒙的轰炸。他对于现在的局面似乎并不关心。

苏联官员认为他们在新疆遇到的困难应由盛将军负主要责任。但是我国驻迪化领事和我们的大使馆官员认为,盛将军只是重庆的前线,不管他本人是否愿意,是否意识到,新疆是一个受到密切监视的地区。

由于重庆气候恶劣,我们在成都附近的第二十轰炸机大队(B-29)的大型机场停留了两个小时。该大队在几天前第一次轰炸了日本。我们发现这里士气高昂,但人们对于不能获得关于气候和日军在华北位置的情报以及向日本泄漏了情报等抱怨不已。

和蒋介石会谈的摘要,另有备忘录。讨论的主题是:(1)军事失利,蒋介石认为是由于士气低落,经济困难和没有在春季竭尽全力发动在开罗答应的反攻缅甸所导致的;(2)中、苏关系需要改善,以避免发生冲突的可能性(显然蒋的动机是出于需要而不是认识,他同意和苏联达成谅解是妥当的,并请求我们为此安排一次会议进行斡旋);(3)中国政府和共产党的关系,在这方面蒋显出他对共产党持有偏见,因而几乎无从指望目前在重庆进行的协商会得出满意并持久的解决办法;(4)派遣美国陆军情报组去华北,包括共产党地区,对于这一点蒋开始反对,昨天终于勉强同意,但看起来尚有诚意;(5)中国需要改革,特别是农业改革,蒋同意这一点,但没有积极表明他个人的关心程度。

值得注意的是,宋子文除作翻译外,没有参加讨论。然而,他在随后访问重庆以外地方时的谈话中非常坦率,他说,必须做些"富有戏剧性"的事挽救中国局势,对于重庆政府已是"只差5分钟就到午夜了"。他笼统地谈到,美国空军在华活动应当大大增强,重庆政府需要改革。他说,蒋已经被弄糊涂了,他的权力已经出现分裂迹象(过去半年中宋对蒋给予的冷遇非常苦恼)。

我和高斯大使及其他美国人就中国的局势和需要美国在中国实行积极领导进行了谈话,这些方面的情况是令人沮丧的。

华莱士和范宣德拜访孙科和孙中山夫人。孙科几乎没有提供什么情况,显然他很警惕。孙夫人坦率直言。她叙述了不民主的种种情况,并认为政府因此得不到民众的支持;她说孙科应当成为能在他领导下联合起来的自由主义者的发言人;她建议华莱士向蒋介石坦白说明中国的情况,因为没有人告诉他这些。孙夫人的真诚深厚的感情比她的政治敏锐性还要感人,她在鼓励中国自由主义人士方面是很起作用的。孙科并未使人感到他具备一个领导人应有的坚强性格,但他是孙中山的儿子这个事实使他具有自由主义人士的头面人物的潜力。

范宣德和前外交部长、任驻英大使多年的郭泰祺以及……进行了晤谈,他们对于蒋的领导几乎不抱希望。郭泰祺支持孙科,认为在他的领导下可能形成自由主义人士的联合。郭是一位明智但不坚强的人物……他说经济局势决定了它自己要和时间赛跑,他认为在年底以前如有新的希望和援助可能保持住局势。

和重庆的其他中国官员的谈话索然无味。农业部长(沈鸿烈,他恰恰几乎一点也不懂农业)是一个直言不讳的反共分子。总参谋长兼军政部长何应钦也是个反共分子,他作为政治人物而不是军事将领是有影响的。教育部长陈立夫是一位主要的反动党派政客,也没有说很多。可笑的是,他竟然带华莱士去访问他企图控制以免使之变为有自由化社会影响的若干中国工业合作组织。

和一些省政府官员进行的谈话也没有很大意义。根据未经证实的报告,云南、广西、广东诸省的官员计划成立一联合体,以便应付万一中央政府的统治分裂时的局面,这表明了当前的一种政治趋势。四川省政府主席张群是蒋主席的得力的挚友。然而,军界各派系是否忠诚不能肯定。甘肃省主席谷正伦是一位外表温和的反动分子,他在担任南京警察局长期间,得到了"谷屠户"的称号。

在昆明和桂林与陈纳德、范宣德谈话以后局势的发展,证实了他们对华东军事局势的悲观看法。我们的军官几乎一致认为,统一我们在中国的军事努力以及改善我们和中国在军事努力上的协调是绝对必要

814　中华民国时期外交文献汇编1911—1949·第八卷

的。人们也普遍认为,由于日本近几个月使中国成为一个军事行动活跃的战场,亟宜对诸如汉口、广州、南京和上海等日本基地采取更放手的空中行动。然而,大家都承认要慎重考虑在这些地方中国人的牺牲这个因素。大家一致同意,中国军队如能得到好的食物,好的装备和好的领导,是可以有效地加以使用的。提到了一些可以成为好领导人的中国将军,如陈诚、张发奎和白崇禧。

在外蒙古,关于健全的进展、军事准备和民族精神的证据是大量的。苏联的影响无疑是强烈的,但是政治和行政控制似乎还是由有能力的蒙古人掌握着。任何恢复有效的中国主权的想法都是不现实的。相反,倒是有理由预料,战后在内蒙古会为和外蒙古联合而发生严重的煽动事件。

关于中国的具体结论和建议均见6月28日从新德里发出的电报(附上电报副本)。

我们必须经常想到,中国人并不是不好斗的人民,但他们抗击日本人已有7年。经济困难和平庸的领袖诱发了类似肉体和精神上的贫血症的情况。人民普遍厌恶国民党政府。但是,人们也普遍强烈厌恶日本人,对胜利具有信心。

蒋是一个具有东方军事头脑的人,他眼看他的权力受到他并不明白的经济情况恶化的威胁,以及他彻底不信任的、象征社会动荡的共产主义的威胁;对这两种威胁他都无法用军事命令来加以控制。他希望,外国盟国的援助,会将他从一个由于不开朗的(受地主、军阀和银行家支持的)政府使得他和中国陷入其中的深坑拉出。

蒋在思想和观点上完全是"东方型"的。他被一群品质相同的坚定追随者包围着。在对外关系方面,他也勉强信任西方化的中国顾问(他的妻子和宋子文是突出的例子)。现在他感到被盟国舍弃,并以此和"共产主义威胁"为其政府的失败找替罪羊。他对中国共产党的憎恨和对苏联的不信任使得他远离自由主义人士。外援的间断使得他避开和他志趣不相投的"西方派"顾问,转而接近"东方派"顾问。他与这一派有着天生的亲密关系,而且多年来被他们视为政策焦点和实现政策的媒介,而不是一位实际的领导人。

在现时,似乎除支持蒋外别无选择。没有一个中国领导人或集团现在具有足够的力量接管政府。然而,在支持蒋的同时,我们能够尽可能地影响他采取由中国进步人士指导的政策,这样能鼓励群众的支持,并在中国的战争努力中注入新的活力……

FRUS,1944,Vol.6,pp.240–244

赫尔致高斯

华盛顿,1944 年 7 月 14 日

请将下列电文送达蒋介石主席:

主席阁下:副总统华莱士转交阁下 7 月 8 日答复副总统 6 月 27 日致阁下函件的电报业已收悉。我也非常感兴趣地收到了华莱士和阁下会谈的详尽报告。他把您要求他向我转达的十二点告诉了我,我对阁下表达观点时所持的坦率友好的态度深为赞赏。

关于现在正在进行的和中国共产党人的谈判,我非常满意地注意到阁下所作只用政治手段寻求解决办法的保证。对于华莱士所告阁下愿改善中、苏关系一节亦表示欢迎;对于阁下建议由我协助安排中、苏两国代表举行会议一节正在认真考虑。我想到在举行此种会议以前,中国政府和中国共产党对在华北有效对日作战达成一项事务性协议,将对会议大为有利。在这一问题上,华莱士还向我提到阁下的令人鼓舞的看法,即和共产党达成一项解决办法,将有可能比预期日期提前实行阁下的民主计划。

得悉蒋夫人玉体失和,希望她早日康复。罗斯福。

FRUS,1944,Vol.6,p.245

（三）中美关系出现裂痕

　　说明：在指挥缅甸作战过程中，蒋介石与史迪威便存在着分歧。缅甸作战失败后，史蒋之间的矛盾比较明显地显现出来。蒋介石对史迪威一身多职，不能听命于指挥尤其不满。中国不能参加盟军的联合参谋长会议，不能获得军需分配权，这一不能与英美平等的待遇，也使中国对美国对华政策颇为不满。为调解这些矛盾，居里再次出使中国。居里与蒋介石会谈达 14 次之多，谈话广泛，涉及诸多方面。居里说服蒋介石继续接受史迪威作他的参谋长，继续承认史迪威的多重使命。后来，居里曾提出让史迪威调职，但未为美国军方所接受。

1. 史蒋矛盾显现

宋子文致蒋介石
华盛顿，1942 年 5 月 15 日

　　密呈委座钧鉴：缅战不利之主要原因，无疑为（美）〔英〕国不能与我彻底合作①。但（一）此后我尚须利用印度为运输军械飞机之航空站，（二）英美战后或背道而驰，在战时则因生死存亡关系，不能不密切合作，故我如公然向英责难，反失美国同情。不若趁此时机，钧座密致总统及邱吉尔一电，直陈缅战过去之错误，措词严正而委婉。并告以中国为此原因，危难更为迫切，不得不要求：（甲）英、美即派大批飞机来华助战；（乙）英、美、华速策划雨季后反攻缅甸，夺回仰光，恢复中国之国际路线。又史梯威即将抵印，并请总统、邱首相责成史与魏佛尔会商反攻计划，飞渝呈核。拙见当否？仍乞裁定施行，并恳赐复。弟子文

---

① 原文如此，据上下文及有关史实，似为英国。

叩,咸。

宋美龄致居里电

重庆,1942 年 5 月 23 日

五年来的战争中,我国军民的士气从未有如缅甸沦陷以来之低落。我军三个师在密支那以北脱出日军的包围,但是他们中的许多人却死于饥饿。此间的反动分子正积极地展开活动,进行反战宣传。自 1937 年以来,中国领导人第一次显出悲观,承认形势危急。我之所以秘密通报于你,是因为前程极为险恶。马格鲁特正带给你一份要函。

FRUS,1942,China,p. 55

马歇尔致史迪威

华盛顿,1942 年 5 月 27 日

获悉你平安到达印度的消息,我极为宽慰。你没有任何理由因日本在缅甸的成功而感到个人的羞辱。我们完全理解你所面临的是一个无法克服的困难条件。不仅是我们,此间的公众舆论也意识到你所表现出来的勇气和智谋。这在你使你的部队能够安全脱出的非凡成功中已得到充分证明。我们完全信任你。

Stilwell's Personal Files:China,Burma,India,1942–1945,Vol. 1,p. 232

蒋介石与史迪威谈话记要

重庆,1942 年 6 月 4 日

委员长:将军在缅之时,曾否接得余之电报?

史迪威:共接得钧座电报三道,但各电电文均有错误,无可寻绎其中之意义,自 5 月 1 日以来未接钧座电报。惟自罗卓英将军处得悉钧座命令军队集中密支那,后罗在印道复告命令已改,嘱军队西开。据云:原拟将军队向密支那移动,但后悉日军即将攻抵八莫,遂不得不西撤矣。其时余与杜军长之间已无法通讯，遂离缅赴印，布置一切，准备军队之前往。

委员长：将军最后一次与罗卓英见面，系在何时？

史迪威：5 月 3 日，地点为印道，罗在该处告知接得军队西撤之令，事前于 4 月 30 日，余于士威波要求同飞腊戍视察，及挽回该方面局势，约定 5 月 1 日成行，当时表示愿意同往，不料晚罗忽乘火车自士威波赴密支那，事前未将行踪告我，是日罗以该区之指挥事宜交杜军长，自此而后，余不能统辖各部队矣。……

委员长：缅甸失利之原因为何？

史迪威：失利原因在于缺乏空军，我人盲目作战者先后凡两个月，而敌人则有适量之空军，且处主动地位。至于士气、训练、配备、人数、交通、供应、指挥、组织均优于我方，即以人数而论，棠吉战役之后，第二百师仅余五千六百人，第五军军额应有四万七千人，而实仅二万人。此外我方陆地侦察效率欠佳，每到一地，竟不知该处有无道路可通，我方将领谓照地图看来，并无道路，当余要求派人探索，则所派者恒为少数人员，难得圆满结果。

委员长：将军记得余于缅甸战役之初，所告将军之言否？当时余谓中国入缅军只能胜不能败。

史迪威：记得此言。

委员长：此次吾人已学得一好教训，值得所付之代价。

史迪威：取攻势较守势代价为小，我方如于平满纳获一胜利，战局将大为改观。平满纳自缅语译华文为"平蛮"之义，余得悉甚为欣喜，盖预兆吾人将予日本以重创也，结果实为失望。

委员长：拟请将军到黄山与余同处数日，将军此次自缅赴印，途中备尝辛苦，待略事休息之后，再商谈组织中国战区总司令部，以及组织空军及训练部队等问题。

蒋介石致熊式辉[①]

重庆，1942 年 6 月 18 日

熊团长天翼兄并转宋部长同鉴：兄等皆在美努力工作，为国事着急，故不愿报导普通不如意之事，使兄等短气也。删电悉。史蒂华事已于宋部长电中略示大意，想已鉴及。中国战区至今并未有何组织与筹备进行，对于维持中国战区至少限度与其可能之方案亦尚未着手。空军建立与补充，以及空运按月之总量，陆、空军作战与反攻时期之整个方案，彼等皆视为无足轻重，一若中国战区之成败存亡皆无关其痛痒，此为中最近所观察之真相。此人不重视组织与具体方案及整个实施计划，此其或未习幕僚长业务，或其从者在华日久，仍以 15 年以前之目光视我国家与军人，故事多格格不入，以后美国如再派人，请其再勿派从前驻华之武官。

缅战失败之原因须待罗卓英不久回国方能明瞭详情，然平心而论，其咎全在战略之失败，而军队之优劣不能说无关系，但并非失败之总因。然而彼乃完全归罪于我高级将领，且谎报罗卓英逃回保山，其实彼自缅甸退却之先，中电令彼与罗先到密支那基地布置防务，罗则奉命即先赴密支那，因中途碰车出轨，交通阻绝，乃折回温沙，而彼竟自赴印度，并擅令我军入印，而彼亦并未对我有一（中与史本约有特用密本，平时皆直接通电）请示或直接报告，于情于理，皆出意外。

惟史近病黄胆甚剧，而且为中、美国交与保全其友邦荣誉计，实不愿多言，在美更不可略露此意，以其政府对我国协助之意甚诚，不可令人对我有以怨报德之想也。故此时对马歇尔参谋长不必急于答复，将来彼或亦能了解吾人之苦心乎。故自此次缅战失败以后，心理上对国际前途发生另一感想，但此非对战争最后之胜败问题，而实为弱国参加国际战争，不仅利未见而害先入而已，即将来战后是否能获得我所牺牲者相当之代价，实成问题。然而此时我国尚有一块立足之干净土地，而

我政府幸亦未托呈于外国以寄人篱下,且亦有自立之道耳。吾人之哲学,厚于责己,而薄于责人,故不愿暴露人短,而西人之品性,因其为己关系而不能不损毁他人之信誉,甚至有碍于大局与其国家之宗旨,而亦不恤。中从未曾见推诿罪过逃避责任以图自保有如此之甚者也。照我国惯例,此次缅战失败之总因与责任应有一军事审判,方能明白功过之究竟,然而此非今日国际处境之所宜也。但此意切不可为外人略露一点。中正。六月十八日九时。

《战时外交》第 3 卷,第 603—604 页

蒋介石致宋子文
重庆,1942 年 7 月 2 日

宋部长:史蒂华将军今日致中一函,如另电中。对史地位与职务本甚尊重,而且对其并未用中国战区统帅地位号令一切,然彼平时态度时时以总统代表自居处理一切,中皆不以为意,毫不与之计较。不料租借案中已经拨给我中国航空公司之飞机,余令转拨两架于航空委员会使用之故,竟被该公司之美员拒绝。今复接史来函,其态度一至于此,是中国对租借物之受予形同乞怜求施而后可。此何如事,是再不能不与其政府坦白商讨,以免两国间友爱精神之偏失。中意中国战区参谋长在中国战区范围以内,执行其参谋长职务,应服从统帅命令,所有其他地位皆不适,否则名为参谋长,而事实以总统代表资格挟制统帅,而将美国政府精诚援助中国之盛情厚意,与其对华之政策,将发生不良之影响。而且其第四款中声明:参谋长工作并不包括获取器材在内,是其一方面以总统代表资格管理租借器材,而一方面对供应华军之武器不负任何责任,任其个人之好恶喜怒而以施恩示惠之态度加于统帅,想此亦非我盟邦政府之本意也。数月以来,中始终不敢与史要求器材者,亦正为此,盖恐其有此心理,反被轻侮耳。总之,美政府派员来华援助吾人,对一般美员,无不表示敬爱与感谢之忱,非特对史而已。但史将军此种之态度与心理,不能不请其政府重新协商参谋长之职权,而明确规定。

中以为凡在中国战区内既任参谋长职务,则其所有其他地位皆不能适用,否则必致军事、政治皆发生不良之结果。中国屡承美国之精诚协助,但有感激,岂复有权利与地位之争辩,何忍多言,然为吾两国精诚合作计,不能不开诚相告,请其谅察是荷。中正。

《战时外交》第 3 卷,第 609—610 页

2. 中国要求参与战略决策和军需分配

蒋介石致宋子文

重庆,1942 年 3 月 16 日

侵亥电悉。

(一)罗总统划分战区之提议甚赞同,惟缅甸究归何战区,应明确划定,如仍属英战区,则我军自当以友军之地位尽力协助,但缅北之中、英各军仍应照罗总统之意见,皆归史蒂威尔统一指挥。

(二)战区划定后,则太平洋方面应分为美国、中国、荷印、澳纽等四个战区,由美、中、荷、澳在华盛顿组织太平洋军事会议,推任美国为主席,凡关于太平洋作战之实施及反攻计划,皆由此会议决定实施。

(三)美英参谋团应改称为美英中参谋团,凡有关于战略、武器、政治、经济以及交通等,皆由此参谋团协定之,其它职务与前美、英参谋团同。

以上三点,请兄就近洽商为盼。中正。铣。

《战时外交》第 3 卷,第 124—125 页

蒋介石致宋子文

重庆,1942 年 4 月 19 日

鉴于近来所发生的一切,我认为你很有必要与总统进行一次坦率诚恳的会谈,我相信他不致于有所误解。如你所知,我必须不断地同我

的官员们中的低落沮丧的疑虑作斗争,他们认为美国对中国的态度在实质上是和其它国家没有什么不同的,在联合参谋会议和战争物资供应等重大问题上,中国并没有受到与英国和俄国一样的平等对待,而仅仅被作为一个受监护者。

总统一直显示出他是中国的一位伟大的朋友,在我们方面,我可以说我们也一直给以诚挚的回报。我们曾把中国军队置于美国人指挥之下,我们作一切准备以支持美国的政策,有时甚至不惜违背我们自己的判断,无论是过去或现在,我们都真诚地毫无保留地为联合国家的事业贡献了我们的一切。

与之形成鲜明对比的是英国和俄国人的态度。只要事关他们自己的利益,他们从不会对共同的利益作出什么让步,以至于时至今日,他们都不肯在最高军事委员会的指导和地点问题上对美国作出让步,这种不合作态度的结果,是使盟国之间迄今为止没有任何机构来制定并执行全面战略,每一个国家都只顾其自身的眼前利益,轴心国家遂得以成功地实行它们的全盘战略。中国对于联合国家的态度与英、俄对联合国家的态度竟有着如此巨大的区别。

如果将来英美联合参谋会议不予扩大以容纳中国,如果中国继续被拒于军火分配委员会之外,那么,中国则将仅仅是棋赛中的一个走卒而已。在我访问印度时,甘地曾对我说:"他们永远不会自愿地平等对待我们印度人,可是为什么,他们甚至不同意贵国参加他们的参谋会谈。"如果我们在战争的紧要时期尚受如此对待,那么,在和平会议上,我们的地位又将如何呢? 你必须坚持我们有我们自己的立场,我们必须维持我们的独立地位。

附:宋子文将上电转呈罗斯福时,附上自己的评论:

"……委员长深深地关切深远地影响中国未来的战略性的主要决定。将来是否从澳大利亚发起攻势,守卫缅甸是否有相当可能,印度洋航线将采取何种保护措施,有多少空军力量将被派至印度、缅甸和中国? 在所有这些至为重要的问题上,委员长的地位只是一个偶尔的旁听者,而且,应该记住,正是由这些战略决定了军火分配问题。"

《联合作战战略计划》(1941—1942),第 201—205 页

宋子文致霍浦金斯

1942 年 4 月

我正尽我所能以使委员长准确地知晓此间的局势及其所遇到的困难,另一方面,本人亦尽力使总统了解我方局势的严重情形……

我感到我还没有完全向你说清楚,我们对飞机和大炮是何等迫切的需要,这正是委员长焦急的主要原因。我们进入战争至今已是第 57 个月了,我们又投入了缅甸保卫战,新近得胜的日军不久可能再度向我们发起猛烈的攻击。这不仅仅是伦敦方面的猜测。4 月 16 日,一位重庆朋友(对其客观判断我极为信服)来电对我说日军进攻我最重要之战略中心的威胁迫在眉睫,局势严重,我个人认为日军将在 5 月或 6 月进攻长沙和衡阳(在湖南省),同时将进攻西安(在河南省)①。

如你所知,我们的大炮和飞机所剩无几,我们的经济形势亦不妙。与英国和俄国人的标准相比,我们对飞机和大炮的要求,实在是很有节制的,然而,这些正是我们用以抗击敌人的唯一的不可少的武器。

一年来,我们努力遵守既定程序。但是,我们已经得出结论,我们需要一个简单的直接的程序,我们应当参加检查和决定各方需求和分配的技术小组委员会。

除了我们自己之外,没有任何人能恰如其分地说明我们的需要,美国官员亦不能代办此事,这不仅是因为他对我们的局势了解不充分,而且,基于政治原因,这样的程序可能会招致我们人民的误解。我知道,在你那一边亦有实际困难,但是,一些可行的办法总是可以找到的。

有了这种分配程序的参与,有了你所设想的更为广泛的交流,我们就可以在这一战争的危急时期和中国的最关键时刻,弥补我们通力合

---

①　有误,英文原件如此——译者注。

作中的某些欠缺了。

《罗斯福与霍普金斯——二次大战时期白宫实录》,第 514—515 页

熊式辉致蒋介石

华盛顿,1942 年 4 月 24 日

渝。委员长蒋:一、本日访参谋总长马歇尔,其谈话要点:

(1)日前职等对罗总统提出之文件,彼已阅及,彼与罗总统对华战事最为关切。

(2)中国方面情况及其需要彼均悉,史蒂威尔为其至友,每日均有电告。

(3)关于军需品分配,于 12 月 7 日以前,仅英国要求分配,而美对英军需生产完全不明,12 月 7 日购机关系,要求英方共同组织委员会管理两方生产与分配,因同盟国仅英美有大量军需生产,年来非对有关国家有所歧视,美国必尊重中国之利益,如由南美、非洲、印度至华之航线,美不惜以最大负担维持,可见罗总统援华已下最大决心等语。其语气似谢绝中国参加军火分配董事会。职答以此次奉派来美任务,并非要求中国局部利益,而系为整个战局利益着想,同盟国作战应有整个计划,因此物资亦应根据整个作战计划而分配,一切人力、物力除作战需用外,不应以任何关系而分轩轾,职请其再加考虑,并拟日内再与交涉。

……

《战时外交》第 3 卷,第 138 页

罗斯福致蒋介石电(底稿)

华盛顿,1942 年 5 月 7 日

……

在我们进入战争之前,世界上的一些民主政府就已在华盛顿建立了有关使用美国物资的机构,他们和我们订立了租借协定。那时美国

用于战争目的的生产能力已负载至极限,为了满足这些使团的需求,我们限制我们自己的使用,只给予非常有限的训练配给。

战争爆发后,我们不得不立即把军火运到处于活跃战区的我们自己的军队手中,装备他们,以迎接必将到来的严峻的战斗。这给极为重要的军火和供应带来了一个新的突然的需求,我们不得不在某种情况下获取英国制造的装备,同时,我们都继续向其它盟国运送物资。在这种形势下,美英联合参谋长会议产生了。从此,在我们的坚持下,所有的供应品都被统筹分配。

我担心,对于英美联合参谋长会议以及它的各种下设机构(包括军火分配委员会)的作用和权威,可能产生了一些误解。美国和英国现在是仅有的能向其它反轴心国的国家提供部分战斗力量诸如飞机、弹药、船只、海军部队以及其它资源的国家。参谋会议提供了管理机器,通过它,支援工作在美国和英国之间根据各自的生产能力得到协调。参谋长会议的存在并不能排除与所有其它的联合国家就有关战略形势进行磋商,它的工作和这样的见解恰恰相反。尽管其它国家没有参加英美联合物资参谋会议,但我们已经在华盛顿确立了一些明确的方法,以处理牵涉到其它盟国的问题。我们已经建立了一个太平洋作战会议,所有太平洋沿岸的国家均可参加。它的成员负有研究政治——战略问题,并对它们获得共同协议的任务。在一些比较专门的问题上,有关国家的代表,无论它是来自中国、澳大利亚、荷属东印度或是新西兰,将和参谋们一起会商,提出他们自己的意见,并参与决议的形成。美国参谋长使我确信,有关你的杰出的国家从事这场战争的任何事情,都不会不与你的尊贵的代表协商而进行,他将获得充分的机会在平等的基础上进行合作。

宋子文博士能成为太平洋作战会议的成员,我感到非常高兴。我深深地感激他给予我们的巨大帮助和他经常不断奉献的建议和情报。

我毫无保留地向你保证,我们在这场战争中的唯一目标是击败敌人,它将确使我们两国人民得到一个公正的和平。我们将继续坚持我们的主要目标,它将有益于你的光荣的国家。

RG218

3. 居里再次访华

蒋介石致罗斯福

重庆,1942 年 5 月 27 日

缅甸路的沦陷,以及接踵而来的日军对我华南、华中和西北重要防区的大举进犯,已经造成了一个非常危险的形势。此外,对盟国军队在太平洋和亚洲大陆上的接连失利和反攻决心的明显缺乏,我国人民极为失望。我们的抵抗战争,现已到达我从未经历过的最严重的阶段。

我非常迫切地希望与你当面讨论这一形势,但是,目前我实在不可能离开中国。我恳切要求你立即派遣哈里·霍浦金斯先生来华,如此我可以告诉他此间情势,并通过他与你作密切的磋商。急盼惠复。

FRUS,1942,China,p. 57

宋美龄致居里

重庆,1942 年 5 月 31 日

因中国战区局势紧急,委员长电请总统要求霍普金斯来华商谈。台端可否同来。速复。

FRUS,1942,China,p. 60

居里致罗斯福

华盛顿,1942 年 6 月 3 日

事由:赴华特使

(一)能办事项

此时派遣一使团,我以为可完成之事甚多。它将被广泛宣传为美国即将采取某一重要行动之预兆,并能在一定程度上"鼓励驻防军等

待补给抵达",即:组织起我之空运机构,并在中国建立我空军力量。如此定将加强蒋之地位。此外还能为以下作法提供机会:

1.使蒋及政府其他官员对美国战争努力之重要性加深印象。

2.检查印、中合作关系。

3.检查通往中国之空中货运组织。

4.从史迪威手中获得第一手情报。

5.评估中国在实际上和心理上的持久力。

6.评估中国的经济状况。

7.获得建立一支美、中联合空军力量计划的背景资料,并直接听取陈纳德的意见。

8.探索中、俄关系。

9.考察日本和平触角的性质(如果有的话)。

10.考察印度军政状况。

11.改善史迪威军队和中国军队之间的关系。

(二)应该派谁去

我认为中国首先选中霍普金斯先生,其威望和办事能力,无疑为担当此一使命之理想人物。若霍普金斯先生对此项旅行嫌其过长和过于冒险,我不揣冒昧,愿提醒你考虑我是否合格。

1.我在中国有一定声望。上次访华,时机甚巧。紧接我访华之后租借法即扩展至中国。我推荐的税收改革亦被采纳。但自那以后并未滥用这一声望,蒋夫人曾数度邀我前往,均予婉辞,因为以为时机尚不成熟。自信本人与委员长志趣相投,他对我信任。

2.熟悉中国,熟悉整个中国租借法情况,熟悉我国地位。

3.本人返国后足以继续了解情况,进行工作。

4.与军队关系融洽。对华的有效帮助主要取决于军队,但该地已有史迪威将军,再派一军人前往恐不合适。史迪威及其使团中其他人员、陈纳德、中国航空公司的邦德等主要美、中人士,均我至交,必能与我倾心交谈,无所拘束。

5. 派我前往,中国人认为符合逻辑。我首次访华后,租借法接踵而至,公众周知我在促成租借法之事中出力不小,乃中国之一真正朋友。

6. 我已作过一切必要之预防注射,一俟通知,即可前往。

FRUS,1942,China,pp. 62-63

罗斯福致蒋介石

华盛顿,1942 年 7 月 4 日

亲爱的委员长:拉铁摩尔先生回国时捎来你的问候,此次居里先生访华,为我提供一机会向你致谢,承你认为居里工作对你有助,闻之颇为高兴。我始终认为他既是优秀的美国人,又是中国的好朋友;我和你同样信任其正直品德。他熟悉中国情况,对我们帮助很大。

至于你要求霍普金斯先生前往进行私人恳谈,我已作过认真研究。霍普金斯先生很愿前往,我原来也有派他之意。但我出于各种迫不得已的考虑,无奈最终改变了意见。他健康不佳,此次旅行旅途漫长,条件艰苦,再者,他在此间的战争努力中正在发挥极重要之作用,我不认为可以让他离开一段较长时间。

因此我已要求居里先生恢复早先与你进行过的极有益的会谈。居里先生深得我的信任,可随时与我联系。他自上次访华后,对中、美关系诸方面——军事、政治、经济——一直在幕后默默而积极地奉献。我确信他会忠实、准确地向你传达我的具体看法及总的态度,并将你的意见传达给我。其效果与你我私下会谈不相上下。至于你我私下会谈,我希望不致推延太久。

有一明显的误解,本人亟欲加以澄清。鉴于我们根本上意见一致,两国在战时及战后都有共同目标,我认为我能与你坦诚相见,畅所欲言。你最近来电称,中国战区在此间已不再被认为值得注意,对此我深感不安和烦乱。事情的真相很简单:我们正在竭尽全力帮助中国打胜这一战争,正如我们在帮助英国及所有其他盟国打胜这一战争一样。你之怀有任何与此相反的看法,使我感到你对战局的评估可能与我不尽相同。

在过去 6 个月中,之所以未能阻止日军进犯并占领菲律宾群岛、荷属东印度群岛、马来亚和缅甸,原因只在于地理因素。这一时期首先要做的是限制日军进犯之程度,以便守住南太平洋,防止我们在美国国内陷入困境并阻止日本控制太平洋及印度洋上之一切海运贸易。

以上作法似已胜利完成,不料 10 日前发生了一场极不幸而始料不及的情况。我写此信时,埃及、苏伊士运河、巴勒斯坦、叙利亚、土耳其、伊拉克及伊朗,乃至埃塞俄比亚均受到德军及日军占领之威胁。一望地图便知,设若发生这一情况,由于德、日控制了印度洋、波斯湾及孟加拉湾,美国对华援助实际将被排除。

鉴于目前形势,我肯定你不希望美国在此紧急关头不支援英国、埃及,因为这一做法将危及整个远东。你如处在我的地位,而用全球观点看待战争,肯定你会尽一切可能支持我在近东的立场。我确信,你即使仅从关注中国的角度出发,亦会从印度战区派出一些飞机的。

你本人曾建议过统一指挥整个战争的可取之处。出于各种令人信服的理由,此种统一指挥不可能以任何正式名义加以建立。然而由于美国之地位关系,我在很大程度上正充当这一角色。我即以此种角色,作为紧急情况,批准由印度——中国战区调出少数现有之飞机。

居里先生前往你处,正值我们大家,尤其你们处于最危急与忧患的关头。我毫不怀疑我们的事业必将取得最后胜利。唯一悲痛者为我盟国在未来数月中不得不在战斗中首当其冲。罗斯福夫人和我向你及蒋夫人致以最热烈的问候。

福兰克林·罗斯福

FRUS,1942,China,pp.95-96

蒋介石、居里谈话纪录

重庆,1942 年 7 月 22 日

居里:昨谈有一事忘未提及,敢再加解释。闻中国方面,以将其加入太平洋作战会议,不啻降其地位与自治领并列,深感不怿。蒋夫人于致华盛顿函中曾提及此事,罗斯福总统睹此,甚为震惊。盖太平洋作战会议之会员实以沿太平洋作反侵略战争诸国家为标准,别无他意,不久尚拟邀菲律宾参加。闻宋子文先生以参加此会议之后,每星期得与罗斯福总统晤面一次,颇感便利,故绝无视中国与自治领同等之意。

委座:中国不得参加英美联合参谋会议,益使中国感觉待遇之未得其平。

夫人:中国独力抗战已有五年,其贡献实不在英国之下,乃中国不能得与英国同等之待遇,何耶?

居里:此中实有理由,幸为钧座解释之。盖就物质方面言,英、美两国皆能以其剩余之生产,供给其他联合国家,其商船行驶世界各处,不得不求密切之联系,苏联亦未参加此项会议,其理由有二:苏联无剩余生产足供联合国之分配,此其一。苏联能独立支持抗战,不需与其他联合国家接触磋商,此其二。中国之处境正复相同,亦可继续其抗战,无求他国贡献意见之必要也。此外,审慎缜密亦为理由之一。盖事涉两国,即由两国密议,自易保守秘密。前曾有某次军事会议,列席者 48人,金上将[1]被请解释同盟国战略,金氏当场拒绝发言,盖多一人参加,即减少一部分秘密性。故组织参谋会议只限于两国,动机只求审慎,绝不涉及国家之威望。

……

委座:按现局言之,分配物资应以同盟国战略为根据。中国为一重要战区,其战争需要应加注意,此为不可否认之事实。前罗斯福总统曾建议集中运用同盟国之一切实力,中国应贡献其人力,其他各国则贡献其器材。然中国迄今仍未经视为一重要战区,战时所得之待遇如此,和平恢复之后,复有何希望可言。届时恐不能见真正持平之措置,一切和平条件,将由英、美独断为之。美国诚意维护人类之自由,罗斯福总统

---

[1]　Ernest J. King,美国海军参谋长。

已一再声言,深得我人之深信。我人且信美国公正为怀,故愿接受美国之领导,然绝非英、美联合之领导。倘世界战局由美国参谋本部指挥之,中国绝无闲言,愿服从其命令。今不幸非然,而为英、美两国之联合参谋会议,此为显视中国不能列于平等地位,然余言尽此矣。

居里:战事结束之后,一切将顿改旧观。目前局面可比之男女间互相利用之婚姻。美国对英国之作战亦颇多批评,即总统本人亦时有指摘之言,华盛顿一般感想,亦以为我人参战决非为挽救大英帝国主义而战也。余信战事结束之后,主宰世界者将不复为英国,印度将脱离英国之羁勒,而英国本国,亦将如本人昨所言者,将另产新人物治理国政矣。

……

《战时外交》第 1 卷,第 635—643 页

蒋介石、居里谈话纪录

重庆,1942 年 7 月 30 日

居里:昨日临别曾约讨论战后问题,惟史将军之地位,不得详加规定,终感不安,未识今日仍可讨论此问题否?

委座:愿聆高见。

居里:从美国人之观点言,华盛顿亟盼能保持史将军之双重任务。恐美国军政部因欲与史将军取得联系起见,将坚持此点。以一人而兼二职,可使一切建议经此桥梁,径达美国军政部,此种便利,本人前已言之。美国驻中印缅军队司令或可另行物色他人任之,然将此两项职务强行分开,实有困难。况此事亦涉及美国国家之威望与体面。若言以钧座参谋长资格晋谒始蒙延见,以美国政府代表资格请见,将遭拒绝,恐美国军政部闻之,不能不有所芥蒂。更有进者,即就参谋长一职言,若不加明白之规定,将来必发生误会,或可发生极端严重之误会,盖中、美两国参谋长所任之职务实截然不同。美国之参谋长,实际负指挥军队之职,且在前线有便宜行事之权;而中国之参谋长则不然。实际指挥军队之事,由钧座亲自为之,为钧座参谋长者,只奉命执行例行事务而

已。因此观念之不同,欲调整钧座及史将军间关系而得圆满之办法实至困难。

若建议将史将军调回美国将有四不利。三路攻势计划实行之重要自较一人之进退为大,史将军如调回美国,必将延误此项计划之实行,不利一。以史将军目前之心理状态,遽令铩羽返国,恐将多少影响中、美两国亲睦之邦交,不利二。觅得适当之继任人员固不易,即令幸而得之,恐与钧座之关系仍未必能有若干改进,不利三。新办法绝非能由电报往来所可商定,盖此间真相及钧座意见绝非美国人士所能顷刻了解者。即以本人而论,蒙数日来反复晓喻,直至昨晚始得略窥实际真相之涯际。故总统与马歇尔将军非经本人返国详加说明,无从确知此间之实在真相,则此后新办法之商定实多困难,不利四。

委座:此问题实无立即解决之必要。

居里:此过渡时期中,本人拟劝告史将军偕赴印度,暂住一个月左右。并即利用此时间在印研究三路攻势计划中之印度部分,确定英方在此攻势中所能贡献之实力与器材,同时并研究如何训练及配备在印之中国军队。

委座:此意甚佳。

居里:在彼离渝赴印之前,未识钧座可同时接见彼我二人,共同讨论此项作战计划否?

委座:当然欢迎,并拟邀史将军参加为阁下饯别之宴。余与史将军间绝无对个人之芥蒂。

……

《战时外交》第 1 卷,第 667—673 页

蒋介石、居里谈话记录
重庆,1942 年 8 月 3 日

……

居里:对于战后问题,尚有数点,可供参考:

（四）中国战后之稳定问题，华盛顿各方亦多加讨论，即总统亦曾注意及此。一般顾虑，以为维持中国稳定之责任，似恃钧座一人负责之处过多。彼等以为中国今日已成高度集权之国家，同时即有不能稳定之危险。盖目前中国若干有势力之集团，惟恃钧座一人之力量能联合而团结之。本为革命集团之国民党，今只知保持其已得之政权，不见有前进之倾向。

（五）其次，即关于中美邦交问题，两国亲善之日增为中国所热望，亦为美国所企祷，就总统本人言，亦曾再三努力使中国列为四强之一。故深盼两国政府，本此心领神会之默契，携手共建更亲密之关系，至无关大计之细枝末节，则希望彼此本相谅之诚，淡然置之。深信将来和平会议席间，英国以其所处之地位关系，或者对和平条件，主张颇多，而美国之态度，亦因种种关系，将受英国之影响。中国对此似应多加注意。目前英国正努力求增善与中国之关系，故本人为中国将来之利益计，竭诚希望中国能接纳英国之善意。

（六）兹再进而论美国对太平洋所关怀之问题，总统所最注意者，为战后中国之政体。美国今正竭其全力以鼓励中国民主政治之发展。总统对华，求其和平民主政体之实现，实较促进两国商务发达之心为尤切。目前美人心理，存中国战后或将发展而成一黩武国家与帝国主义国家之戒惧者颇多，然我人皆热切希望其不成事实。日前本人在中美文化协会招待席间，偶涉此点，谓美国最大之安全寄托于民主政治之扩展。总统对于中国之期望，为实现民主政治，既如上述，然另有一部份美人，则仍以开发中国资源为其目的。例如，中国救济联合会之中心人物，在战时发动救济运动以结中国人之好感，其目的在于战后投资中国，以达其吸收中国资源之目的。故见中国专利事业之发达，彼等即认为妨害其将来发展而感不快。对于夫人论文所涉及之国营事业，彼等亦予注意。

（七）最后愿报告者，为华盛顿在国务院领导之下，今正以沉默之姿态，推进一种极重要之运动。此项运动，目的在建立两大国际机构：

（一）为国际政府组织之世界开发大组合，（一）为组成一世界币制稳定委员会。此项世界开发大组合，拟于战后由各国政府投资，以开发工业落后之国家。就中国言，美国若能事前派遣工程师等技术人员来华，先将中国资源详加调查，或者战后该世界开发大组织实际工作之时，美国代表之报告，较中国政府之报告，更能有力也。

……

委座：阁下言中、美邦交之增善，勿计细枝末节之小问题，余绝对同意此言，此为政治家应有之风度。惟余仍主张领导同盟国作战者为惟一之美国，我人不愿受其他任何第二国家之领导。

居里：以美国为领导固佳，然中国与其他同盟国之关系亦应增善。倘中、英感情不良，将使罗总统之处境十分难堪，盖总统所期者，为中、美亲善，亦为中、英、苏之亲善。

委座：当然如此。我人愿增善邦交，然除美国外，不愿受任何人之领导……

《战时外交》第 1 卷，第 677—684 页

蒋介石、居里谈话记录
重庆，1942 年 8 月 4 日

……

委座：余愿再借此机会，重将我国之外交政策为阁下一言之。日前谈话时，余已声明，中国决不参加美国不愿签字之任何国际协定，惟美国参加之协定，中国始愿为签字国。简言之，此即为中国之外交政策。即以二十六国共同宣言论，中国实只追随美国之领导，倘美国非此宣言之签字国，中国亦决不参加。中国得为四强之一，实经总统所一手促成，英、苏两国并未作何臂助，此为中国所深切了解而铭感者也。就历史言，中国对苏、对英，关系皆未见十分融洽，就我国人心理推测，恐对英、苏诚意抱怀疑态度者，十居八九。吾人深知，在军事方面言，中国为一弱国，不论对苏、对英订立任何协定，皆不能增进其地位，或使之获得

任何利益。在中国参加二十六国共同宣言之前，我政界方面曾作热烈之讨论，曾有若干重要领袖，主张不必参加，当时余即向总统表示，中国于苏俄未向日本宣战之前，拟暂不对日宣战。总统来电，力劝我国不必等候苏俄，应即参加二十六国，先行对日宣战。我政府中若干重要领袖，闻此反对甚力。余不顾众论，毅然接受总统之建议，对日宣战。然此反对派之势力迄今仍在，每遇机缘，辄批评政府此项政策与措置之失当。然苟扪心自问，中国参加此项宣言之后，除得总统之助，得跻于世界四强之一，名义上提高其国际地位之外，究竟得何益处？余可以真相奉告，自本年１月１日迄今，中国始终并未获得英、苏二国之任何协助，其单独之抗战，一如旧也。然英国方面，今正竭力宣传英国对华经济与军事之协助。昨日尚得伦敦顾大使来电称，伦敦各报正以大字标题登载英国空军如何协助中国作战之消息。顾大使睹此消息，即往访英外相艾登，请其说明此项英空军活动究在中国何处？艾登答称不知，转询英国陆军部，后经陆军次长说明，彼等误以为在华活动之美国空军，如系由印度出发，应即视为英国空军。我国代表民意团体之国民参政会将于下月开会，余或将被邀说明英国对华之协助，今正感困难，不知究应如何措词为当，深惧将无辞以对。此既为英国之政策，余实不愿再向其要求任何协助。

……

居里：数月前，本人尚为反英者，然最近已改变态度，盖深感中国在缅、在印，皆将恃英国之合作。本人并不奢望英方积极之援助，但求其不横生阻碍已足。深惧中国对英关系如不改善，英国对华态度或将由淡漠或辩护转变而为积极之敌对，因而影响美国……

《战时外交》第 1 卷，第 698—703 页

蒋介石、居里谈话纪录

重庆，1942 年 8 月 5 日

（前略）

居里：中、苏关系如何？罗总统深虑中、苏之间发生不调协或互不信任之事，盖总统希望两国不致有危险之情态发生。

委座：罗总统之顾虑甚是。吾人亦有同感。

居里：华盛顿之俄方人员谓苏联对中国，包括新疆在内，并无领土野心，然中国人似不信任苏联。俄方如作一公开宣言，或为祛除此种误会之一法。犹忆去年本人到重庆晋谒之时，钧座曾谈及苏联问题。钧座谓苏联苟不完全为国家集团之一员，而参与太平洋各种问题之解决，则无永久和平可言。并承告苏联与美国迟早必须合作。本人且记得当时詹森大使谓合作为不可能之事。其后本人返华盛顿，即报告罗总统，总统对尊见甚表兴趣，彼正设法改善美、苏关系也。

委座：吾人必须尽力之所至，使苏联站在民主国家方面。

居里：如何改善中、苏关系？

委座：如苏联能停止对华之共产宣传及不作中国共党之后盾，则中、苏关系即可改善。

居里：钧座忧惧苏联之领土野心，更甚于共产宣传乎？

委座：余惧共产宣传为甚。观于苏联之所为，如非为美国计，中国将不加入联合国家，惟改善中、苏关系亦并不悲观。

居里：罗总统有为改善中、苏关系效力之处否？

委座：自有效力之处。罗总统可要求苏联勿在中国散布共产宣传，勿助中国之共产党。

居里：不仅俄国人，连若干美国人亦以为战事结束之后，政府将有流血剿共之举。

委座：如俄国不帮助中国共党，中国共党自无问题，亦不至流血也。

……

《战时外交》第1卷，第708—709页

蒋介石致居里备忘录

重庆,1942 年 8 月 6 日

余已将涉及一般战略之意见,面告阁下,兹再以书面撮述概要,藉供阁下参考之助。

承告总统对于该问题之见解,至感欣慰。兹愿坦诚奉告,于未晓教得悉真相之前,余耿耿戒惧者,总统计划,拟竭美国全力以完成败德之战役,其在远东只图沉机待变而已。此不啻预示远东战事将予延长,思之自感皇惑。我国人民经久战之后,疲惫甚矣!倘此间战事再任延长,实将使彼等难任此严重之巨负。况此后多延一日,日本即得多一日之准备,或运用、或开发其新占领区域内之资源以自固,则他日欲击败之,将日增任务之艰巨,日增牺牲之重大。今阁下言,对日攻势不必待击败德国之后始行发动,东西攻势或可同时发动,而远东攻势且或能发动于对德攻势之前,闻讯欣然,如释重负矣!

望告总统,余深切了解德国为我同盟国最强悍而危险之敌人,先拒德之攻势,再进而击败之,所需之实力自较击败日本为大,余复了解,在最近可能时期中开辟第二战场,以解苏联与近东之围,实有其重要之意义。

要言之,阁下所述总统之一般战略,余深佩其考虑之周详,至余以下所贡献之建议与批评,实皆与此项一般战略相符合,期于其实施于远东之时补充之,而使益臻完善而已。

一、在发动攻势以前,有应注意者二点:(一)凡有受敌攻击可能性之目标,应加强其防御工事;(二)应继续进行消耗敌人力量之工作,俾阻其开发新占领之资源及建议进攻及防守之新根据地。

对于上述第一点,余以为保卫澳洲、夏威夷及阿拉斯加,业已进行适当之举动。惟保卫印度,尤以保卫中国,深感尚须立即发动增强力量之努力。目前美国空军之在中国者,约有驱逐机四十五架,可调用之轰炸机七架而已。虽此小小实力之活动,已得光荣之战绩,自仍不免受战斗之损失,倘敌方活动作坚韧而集中之攻击,更有四面受敌之危险,余之此项观察,美国空军官长亦具同感。

对于第二点中印空军力量之微弱,欲其消耗敌方实力,效率实微,欲其阻止敌军在缅甸、印度、中国及中国沦陷区内之活动,更无成效可言。就英国言,增加若干轰炸机,以彼间固有之数量为比例,自不能若何影响其战果,然在此区域中,数机之增加,即具有决定性之重要。

务望转告总统,余深感空军立即大量之增援,实有急迫之需要,余今只就纯粹军事方面说明其需要,至具同样重要性之政治与精神各方面之关系,业已面述,不再赘及。

二、欲支援中国作继续有效之抗战,立即大规模增加空中转运之运输量,实有其绝对之必要,目前中国运输量之微小,思之寒心,我汽油、炸弹及子弹之积储本感缺乏,今又不得不竭泽而渔,勉强取用。此种现象,安可任其延长,深信如能得适当配备与人员,每日二十四小时,每星期七日之继续工作效率,必可维持。欲继续维持增强之空军及我兵工厂之工作,每月最少必需有物资五千吨之输入,而此每月五千吨之运输量,确有切实达到之可能。

望阁下以最大之努力,使总统亦能深感立即完成此每月五千吨运输量之计划实有其最迫切之需要。

三、向缅甸、泰国、越南发动攻势,应如何与从澳洲发动之攻势配合行动,应立即拟具计划。中国军队如能取得适当之空军支援,完全准备贡献其一切以参加此项努力。惟余愿坦白声明,若无空中支援,余实无力参加此项攻势。余等所讨论之计划,另从其他二方面观察,益足见美国协助之必要。阁下所述邱吉尔首相之言,经已聆听,然余仍感为增加印度军事当局之战斗精神起见,美国之援助,实有其必要。盖在目前,印度尚未见有任何认真进攻缅甸意图之表现及准备之征象可言。故余深感若干美国军队之入印,实为计划及实行此项攻势不可缺少之步骤。马歇尔将军航送军队赴印不如赴欧之说,固为余所深切了解,惟望代表转述解释之辞,倘能派美军一师入印,能使十五师或二十师其他部队激增其战斗精神,则其比较之效果,当可变更其结论矣!

四、凡上所述,皆有急速完成之时间性,亦望阁下注意及之。至所以必需立即行动之理由,一方面因我方资源与军民人力之日见疲惫,一方面更因不能坐视敌人整理与开发其收获所蕴藏之危机。

《战时外交》第 1 卷,第 711—714 页

蒋介石致罗斯福总统
重庆,1942 年 8 月 6 日

罗斯福大总统阁下:七月四日大函业由居里先生转下,诵读之余,如亲雅教,不胜感慰。居里先生于如此溽暑之中,跋涉长途,奉派惠临,不独鄙国军民深为感奋,而余得与之继续去年之欢晤,藉以详聆阁下之伟论,并向之说明余之见解,尤引为莫大之欣幸。

尊函见示各节,余均已详细阅读。阁下实际上已大部分执行盟国作战统一指挥之职权,此实我盟邦最大之佳音,一旦此项组织正式实现,自更可发挥我盟邦整个作战之力量,而予侵略者以莫大之打击。阁下担任如此空前重大之重任,辛劳可想,而尚以我中国问题深致怀念并为详尽之解释,使余阅之深感歉仄不安。复由居里先生处得知阁下对我中国种种关切,更使余深为感动也。

目前吾人战局确已达于最严重之阶段,然余对于吾人最后胜利之信念,则与阁下同之。今后二三月间将为决定战争久暂之关键。不论形势如何,吾人必须尽力在中国战场上消耗日本,同时并在海上阻止其在太平洋立足与利用南洋资源之机会,藉以粉碎其与德国呼应之企图。最重要之一点,则余认为我盟邦必须从速确立统一之战略与成立统一指挥之具体组织。凡此种种及其他要点,余已详告居里先生,请其面达,望阁下垂询而采择之。

余对居里先生之谈话,已将其要点别为纪录,其中论及战略之点,深愿阁下特赐注意。盖以余生平所留心研究者在于战略方面,自问对于日、德两国军人之作战心理与战略方式,较有深切了解与心得。余对盟邦作战中所最忧虑者,惟战略方面,而余之所能贡献者,亦在战略

方面,深信一得之愚,有足供阁下参考之价值,故特为详尽言之,亦藉以答阁下之高谊也。

吾二人虽远隔重洋,而实心心相印。余深信反侵略战争之伟大功业,必赖阁下负责领导以获得最后之胜利,而全体人类文明与正义自由之成功,即为世界历史对阁下最崇上之酬报也。敬祝健康。

蒋夫人同此致候,并问尊夫人安好。

《战时外交》第 1 卷,第 719—720 页

居里致罗斯福[①]

此间棘手局面之澄清,我已取得很大进展。你就史迪威地位致蒋介石的首次答复如果发出,是会大有帮助的,因信中内容清晰,支持史迪威采取之立场。实际由宋子文发出的电文内容模棱两可,先是引用国防部言及之史迪威双重作用,然后引用你所说的租借事务既系宋和霍普金斯所处理,此间又无作战委员会,史迪威便只有蒋介石之参谋长一职了。这对史迪威接收及转交租借物资、作出建议以及作为驻中国及印度美军总司令等职,均予忽略。再者,宋的电文也未曾说明:史迪威乃是中国战区的盟军参谋长。因何应钦将军为蒋负责的中国境内的国军参谋长。这两者之间有重要的区别。原先关于史迪威之职务,宋从未向蒋解释,因此混乱与误解迭起。期待在周末前建立充分谅解与真诚关系,但重要的一点是由你出面支持史迪威之双重任务。至于蒋之三项要求,似以推延至我返国后再行决定为好。甚盼能留有余地以便将其调整为一全面战略计划,使蒋对此能欣然同意。

3500 吨之计划项目,如能至少再持续一月,则甚为感激。建议通过宋转给蒋的电函及口信均发史迪威知照。例如蒋尚不知你已同意授权史迪威安排 5 月 1 日后所运物资所有权的转让工作。因宋致蒋之信系秘密让我一阅,请视此信为密件。如能先行得悉预期之决策,对我则

---

① 原件无日期。

大有帮助。

Stilwell's Personal Files:China,Burma,India,1942–1945,Vol.1,p.260

马歇尔致罗斯福

华盛顿,1942 年 10 月 6 日

　　陆军部长与我曾就史迪威将军一事私下进行过数次长时间讨论。我们认为至少在目下应继续支持其完成极艰难之任务。我们的伟大目标在于收复缅甸,打开进入中国之补给路线。英国单独办不到,中国肯定亦无能为力,两国双方谁也不接受谁的领导。唯一希望依我看来是得到一个美国人的指导。此人必须是部队将领而非谈判者或负责补给者,后两种人只在重庆起协调作用。我们业已物色过此类人才,此刻未见哪位军官兼具足够之汉语知识,并有部队将领之充分身份,可望取得英国或中国默认其有资格指挥此一战役。

　　史迪威在中国已近十年。我认为凡不具备某些这种经历之军官处理中国之行事方法时会一筹莫展,尤其在与西方方法相抵触之时。

　　居里先生认为史迪威应予调职,此事我已知道。但我认为居里先生并未意识到,这对于完成我们在缅甸之军事目标意味着什么。

FRUS,1942,China,p.159

(四)反攻缅甸的决策讨论

　　说明:缅甸保卫战失败后,中国战场形势更加严峻。史迪威和美国陆军部作战司认为,如不重新打通缅甸,美国援助中国的承诺就没有意义。7 月,史迪威提出中英军队联合作战收复缅甸的计划,得到蒋介石认可。但英国对此计划持有异议。从 1942 年夏起,美英参谋长们对收复缅甸的计划多次讨论。在 1943 年 1 月的卡萨布兰卡会议、5 月的华盛顿会议及 8 月的魁北克会议上,反攻缅甸问题一直是一个重要议题。

中美主张发动大规模反攻作战,但英方反应消极。开罗会议上,美方承诺将在孟加拉湾发起两栖作战。但这一计划不久即被修改。此时,中国驻印军在史迪威指挥下已经开始反攻。在盟军承诺已经改变的情况下,罗斯福仍希望蒋介石派远征军入缅作战,为蒋介石所拒绝。

1. 反攻缅甸计划的提出与讨论

陆军部作战司文件:保持中国继续作战
华盛顿,1942 年 5 月 26 日

一、讨论

1. 由于缺乏武器弹药,中国人对日军进攻的进一步抵抗面临着崩溃的严重危险。目前,大批援华的租借军火和其他必需的军用物资正在运往印度的途中,有的已运抵印度。然而,这些物资运不到在中国作战的中国军队之手。日军控制着通往中国的所有交通要道。

2. 中国人能否继续抗日取决于这些军需物资能否运到他们手中,而后者取决于盟国能否控制通往中国的交通线。滇缅路是唯一不需要动用船只在日军控制的水域进行运输的通道。这也是日军最难支撑的地区,如果盟军进行反攻,日军是难以进行抵抗的。

3. 要使中国的抵抗不趋于土崩瓦解,就必须继续把这些军需物资运到中国。不能指望印度至中国的空中运输线运送中国军队需要的大量物资;这就需要打通滇缅路。盟国方面只有发动攻势,打垮目前在缅甸的日军并控制孟加拉湾,才能重新打通滇缅路。这个计划是否可行,只有盟国目前在该地区的代表人物(韦维尔将军、史迪威将军和蒋介石)才能确定。

4. 一般认为,印度和缅甸在英国的战略圈之内,所以这次行动应该由英国人承担,美国则用目前在印度的军队和物资予以援助,其中包括第十航空队和大量援华租借军火。这些军火装备目前在训练营地的25 万印度军队都绰绰有余,他们从未从英国人那儿得到必需的军火物

资。这些军队和目前业已作好战斗准备的英国军队合起来约有 20 至 25 个师的兵力和 732 架飞机。

5. 如果盟国决定发动进攻,光复缅甸并重新打通滇缅路,那就能够把必需的军火运到中国。

6. 实现这一决定的程序是:

a,把这个行动计划告诉史迪威,假定中国人同意让挪用目前在印度的租借军需物资,让他探询韦维尔将军的看法和英国的意愿。

b,如果英国人表示赞成,就由史迪威将军把这个计划转呈中国人,争取让他们同意挪用军需物资。

c,在英国人和中国人都同意后,授权史迪威进行必要的准备和安排。

7. 中国人同意让英国人挪用租借军需物资的前提条件可能是,美国答应将来补偿所有被挪用的东西。此外,如果这次行动获得成功,中国就会对以后的租借物资提出要求,特别是大炮、飞机和军需品。

RG165,Box 1240

高斯致赫尔

重庆,1942 年 8 月 12 日

谨附上现属美国军事使团的使馆二秘戴维斯[1]的报告抄件一份,并呈送其为史迪威中将预备之评估中、缅、印局势之备忘录抄件一份。此项评估,据我所知系史迪威将军为组织美、英、中三国联合远征军以收复缅甸,打击法属印度支那和泰国境内日军,以及重开缅甸公路以供应和加强中国战区,为空袭日本本土及日本通往南方之交通供应线等拟订计划时所需要的背景材料。

史迪威将军曾与我提及其计划,但未加详细讨论。然我得悉其建议中将考虑在印度(美国拨交中国之租借物资及设备现已抵印,但因

---

[1]　John Davies,Jr。

空运不足无法运进中国）训练并装备中国数个师，另加若干英国师，或者作为"象征性的"美国部队，再加三个美国师，并给予适当的空中及其他支援，即可构成一支在美军集中指挥下收复缅甸的远征军。现已有从缅甸撤出的部分中国军队数千人集结在印度或阿萨姆。

戴维斯先生之备忘录提出，英国无意于在可以预见的将来收复缅甸，理由正如对积极保卫缅甸缺乏信心一样，即认为不值得为了收复亚洲属地而从英伦三岛抽出相应的兵力。他们的想法是，这场大战将在欧洲获胜；在和平会议上一切丧失的属地都将名正言顺地归还英国。备忘录宣称——有何根据，不得而知——英国在印度有足够的军队可以收复缅甸。备忘录未能考虑中东局势对印度安全之威胁，亦未考虑印度国内局势及其与派遣英军——主要为印度人——远征缅甸之任何决策有何关系。据我所见，如果进行缅甸战役，其中另一要素则为拟议中之缅甸未来地位问题，这个问题的决定，可能影响缅甸人对拟议中远征缅甸之态度。

戴维斯先生在考察中国情况时断言，中国之方针是保存而非耗尽中国之军事实力，中国寄希望于美国海空力量——可能还有俄国的陆空军力量——击败日本。然而戴维斯先生提出，中国可能被说服参加下次缅甸战役。这一见解，我本人亦表赞同；虽然众所周知，蒋委员长下令中国军队配合英军参加保卫缅甸时，其军事顾问中有不少人强烈主张只派少量"象征性"部队前往缅甸战线。

然而，拟议中的史迪威远征缅甸之举——是否确已提出，本人尚无确切消息——依我所见，需要大规模的海空支援，我认为此举只应作为对日总反攻战略中的一项同步措施。上述总反攻系指由澳洲经海路进攻日本在太平洋上各个外围海空基地，以压倒一切之海军力量直逼日本本土，同时利用空军力量自西伯利亚或任何其他可用之基地对日进行空袭。上述大规模对日反攻行动，必须待盟国在欧洲战区已稳操胜券，从而允许将必要的陆上兵力、空军、海军、作战物资及补给品等大量转移至太平洋地区，方可进行。

同时,在中国战场,应认真考虑给中国切实有效的大量援助,使其能够继续抗击日本,牵制现在该国的日军。事实表明,即使是有限的美国空军支援——飞机及美国人员——对于帮助中国地面部队袭击日本在华空军基地和其他基地、船只及补给线,及维持、鼓舞中国军队士气,均为极重要的切实援助。我认为目前十分有限的空中支援——因飞机及人员调往中东,较预想之限制尤大——应增加到足以维持现有之中国空军基地、供应飞机燃料、炸弹等补给品(包括补充合理的空运设施)。

在陈纳德准将领导下的美国空军力量……已经表明,在这个战区的现有条件下,以如此少的人力、装备……可以做出怎样的业绩。

驻华美军的空军力量,应在中国现有条件内予以补充、维护和加强,作为我们在现阶段战争中对中国所作的一项实际而重大的贡献。为维持这支空军,须单设一个实际的空运补给品服务机构,并应尽速提供及扩大此项服务,以便为中国的小型武器工厂及弹药厂持续开工供应日常所需的重要原料。

FRUS,1942,China,pp.126–128

美英联合参谋长会议第 40 次会议
1942 年 9 月 18 日

……

2. 收复缅甸计划

李海①海军上将说,美国参谋长联席会议建议应指示美英联合参谋部作战计划人员对夺回缅甸及在下次雨季到来前尽早重开缅甸公路所需兵力的情况作出估计,该估计应包括这一战争对当前的或拟议中的其他军事行动的影响。

美国参谋长联席会议进一步提议应授权其指示史迪威将军告知蒋介石委员长,联合参谋部正在研究为夺回缅甸及重开缅甸公路所能采

_____

① William D. Leahy,美国参谋长联席会议主席。

取的行动;美国参谋长联席会议应准备一份总统电复蒋介石建议的草稿。

约翰·迪尔①爵士说,韦维尔将军正准备一次军事行动,其有限目标为在1942年底或1943年初攻下阿恰布,具体日期取决于何时能调动现在马达加斯加作战之部队及飞机。为安全起见,此一行动目前以暂不告知中国为要。主要的是将此一行动的时机与美国在太平洋上的计划行动配合进行,从而尽量分散日军之防守兵力,尽管他预见到美国参谋长联席会议不大可能在当前所罗门群岛及新几内亚的军事行动见分晓之前提供消息。

金海军上将表示同意说,鉴于这一理由,在缅甸军事行动即将开始前,不得发布美国在太平洋中未来军事行动之消息。

联合参谋长会议的结论是:

(a)指示联合参谋部作战计划人员准备一份关于收复缅甸,并在雨季前尽早重开缅甸公路所需陆、海、空军力量的估计,该估计并应包括这一军事行动对当前或计划中之其他军事行动之影响。

(b)同意授权美国参谋长联席会议指示史迪威将军告知蒋介石委员长,联合参谋部作战计划人员正在研究夺回缅甸,重开缅甸公路的可能行动,并将作出一切努力以早日达成肯定性之解决办法。

(c)同意美国参谋长联席会议准备总统致蒋介石委员长的电文,表示收到委员长之计划并告知其以上(b)项结论中所述各节。

(d)注意到英国建议在缅甸进行有限之军事行动。

(e)同意上述军事行动应与美国在西南太平洋之军事行动进行协调。

由于发动此一行动之日期已日趋迫近,应根据目前局势研究其可能性。

RG218,Box 169

---

① John Dill,英国陆军元帅,参加美英联合参谋长会议的英国代表团团长。

罗斯福致蒋介石

重庆,1943 年 1 月 3 日收

12 月 28 日关于拟议中之缅甸战役一事来电收悉。

鉴于目前船只短缺,距离甚远而此刻难于提供军需及增援,现我认为打开缅甸公路对于我军的战略作用比占领南部缅甸更为重要。

据我理解,孟加拉湾作战所需之英国轻型海军舰只现正用于搜索好望角附近之日军船舰,这在目前是十分必要的。

我决意尽早与盟国最高当局商讨立即打开缅甸公路一事。

请接受我个人热烈之致意,并祝来年取得伟大的最后胜利。

Stilwell's Personal Files:China,Burma,India,1942-1945,Vol.1,p.430

蒋介石致罗斯福

1943 年 1 月 8 日

1 月 2 日来电敬悉,深为感激。就该电所谈,特作如下建议:

(1)日本深知,其最后失败,不在于西南太平洋中一个个岛屿被缓慢攻占,而在于其亚洲大陆上新占领地体系之要害受到沉重打击。

(2)日军顽抗一贯极其激烈,甚至在寡不敌众而为争夺一并非战略要地时亦复如此,新几内亚之战即为一例。如我首先痛击其要害,日之抵抗势必更为顽固,而置人力物力之耗费于全然不顾。进军缅甸,即使仅限于北缅,亦属于此种打击。再者,日军已有充分时间站稳脚根,巩固其在缅地位,修复其赖以增援部队、供给军需之河道、铁路、公路等供应线。为在北缅进行战役,我在印度一边及中国一边所有之供应线则甚为脆弱且极其有限。

(3)为此本人深信,夺回缅甸之举必须是陆地、海上之联合行动。若无海军阻挡敌人从海上增援,或使我登陆部队从南缅敌后打击日军,敌将能迅速倾注全力向我北缅部队反扑。鉴于我供应线之脆弱,无论我在后方有多大兵力,势将难以跟上日军之兵力集结,为此本人考虑:仅限进军北缅,我军终有失败之虞,此乃可能甚至很有可能之事。我并

确信,为避免失败,盟军必须在印、中两方面各集中数量足够之精兵。至于韦维尔陆军元帅现建议投入之兵力,我以为过于不足。

(4)有鉴于此,本人遗憾地得出结论:如海军不足控制缅甸公海,则以再等待数月甚至待今秋雨季结束之后进行,较诸冒险进行拟议之北缅战役更为可取。中国极愿重开其陆上交通,本人亦愿竭尽全力早日促其实现,但我未能忘记:缅甸如再失败,其对中国不啻严重灾难,后果实难预料。鉴于上述情况,慎审从事似我唯一可行之道。

(5)进军缅甸虽暂予推迟,但本战区各项准备措施,应按联合国家总战略之一致步调迅速向前推进。中国空军进攻之显著潜力已为一供给颇差之小小空军证实。我以为不妨早日进行空军进攻,因鉴于此间之特殊战术条件,供给、器材及人员之需要均不致影响联合国家他处之空军。其收效之大,我预料将大大超出投入。同时通过中国空军之进攻,还可进一步削弱日本空军,打击其与新占领地间之海上交通,将为我等盼望之最后总反攻作出直接准备。

(6)愿再敦促一事:如英军目前不能集结足够之兵力,应尽一切努力,促其定一确切日期,届时为进行缅甸战役集中足够之地面及海军部队。

(7)兹代表中国军队再次表示:中国正在全力以赴,进行准备。一俟我盟军作好战备,当随时挥师进击。

本人以诚恳之态度,将我国立场胪陈于你,此乃局势之严重性质使然。恕我赘言,本人得出上述结论,确实经过极审慎之思考,请鉴谅。

Stilwell's Personal Files:China,Burma,India,1942-1945,Vol.1,pp.435-437

联合参谋长会议第 59 次会议

1943 年 1 月 17 日

1. 东部战区

马歇尔将军提议讨论美国联合参谋部计划人员所拟关于 1943 年太平洋战区所需部队的文件。

　　英国三军参谋长称,他们希望有机会先研究该文件后再行详细讨论。

　　马歇尔将军指出,在同英军计划人员讨论时,美军计划人员被告知,英国认为"阿纳基姆"①不可能在1943—1944年旱季期间完成。他说由于中国战局的严重性,美国三军参谋长尤为关心这一军事行动的时机。

　　金海军上将补充说"阿纳基姆"军事行动对我击败日本的战略也很重要。

　　艾伦·布鲁克②爵士说,1943年进行"阿纳基姆"军事行动有两个绊脚石:一是要有海军掩护和调集登陆艇,二是要有足够的时间进行适当训练。他认为地面部队可以有着落,但恐难在"哈斯基"③行动后调集到所需的登陆艇。

　　达德利·庞德④爵士说,为了进行"火炬"⑤行动,必须从东方舰队调出相当兵力;1943年其他战区进行的军事行动,也可能发生类似情形。

　　金海军上将说,"阿纳基姆"离现在至少还有10个月。他又说暂推迟日期会使我们处境危急。充分利用中国的地理位置及其人力,此点确很重要,"阿纳基姆"乃是朝这一方向向前迈进一步。

　　库克⑥说,他认为可在1943年11月或12月开始行动,来年1月实际登陆。他说,从1943年4月到1944年1月,可生产出相当数量的登陆艇。有些新生产出的登陆艇将于10月份供缅甸之用。因此,需要登陆艇的问题很有可能解决。至于海军,他认为我们只需要航空母舰、驱

---

① ANAKIM,收复缅甸战役的代号。
② Alan Brooke,英陆军上将,帝国总参谋长。
③ Husky,盟军进攻西西里岛的作战行动的代号。
④ Doudley Pound,英海军元帅,第一海务大臣兼海军参谋长。
⑤ Torch,盟军进攻法属北4F的作战行动的代号。
⑥ Charles Cooke,美国海军少将。

逐舰和巡洋舰。他认为如果日本海军受到太平洋上美国舰队的遏制，就不再需要作战舰只。真正的难题在于有没有运输船舶。

金海军上将说，他肯定认为"阿纳基姆"行动必须以 1943 年发动为目标，如果情况允许，就进行到底。

达德利·庞德爵士认为必须以作战舰只作为海上力量的一部分，以便对付敌军的作战舰只。

金海军上将再次指出，这次行动至少 10 个月内不会进行。到那时，驱逐舰的生产计划理应进行得不错了，潜艇的威胁应当减少了，船只由于扩大生产和开通地中海航线也应有很大改善。要是 1943 年再推迟进行这项行动，那几乎在两年内就不会进行了。

马歇尔将军接着告诉参谋长们说，蒋介石委员长给总统来电说，他对中国部队不能参加进攻缅甸北部的军事行动表示遗憾，理由是英国的地面部队不足，英国又不同意把东方舰队投入孟加拉湾以阻断日本交通线。

路易斯·蒙巴顿①勋爵称，英国各参谋长都同意必须打开缅甸公路，全部问题是人力物力问题。

金海军上将说，美国参谋长联席会议承认，德国是主要敌人，在击败德国前，我们的战略并不指望完全击溃日本。不过他又补充说，必须以一切努力使我处于击败德国后立即转入对日行动的待命状态。

艾伦·布鲁克爵士同意这一看法，只要这种准备工作不致推迟或危害击败德国的军事行动。

马歇尔将军说，就日军而言，他认为还不只是建立待命状态问题。我们必须保持发动对日进攻的主动性。当前在南太平洋上的军事行动要动用商船、军舰和护航舰，花费极大。战事中也充满了风云变幻、突遭不测的可能性，而致丧失海上力量。他说，他极关心打开缅甸公路的事，主要不在于提高中国人的士气，而在于为中国进攻日军和袭击日本

---

① Louis Mountbatten，英海军中将。

的船只提供空中支援。他说我们现在南太平洋所进行的耗资巨大的军事行动,对同盟国企图做的其他每一项事都有影响。不论是在地中海、英国还是其他地方。他把太平洋上局势看得那么严重,使人一度感到不得不取消"火炬"行动。他还声称,除非"阿纳基姆"行动得以进行,他认为太平洋上随时可能发生使美国不得不遗憾地撤销对欧洲战场所承诺的义务的形势。

马歇尔将军谈及我们在太平洋上的承诺,谈及我们的责任,还特别提到我们在一些小岛上的驻军人数,以及不能放松任何一个小岛上的工作。他坚持说美国不能允许再来一次巴丹半岛事件了。他说他希望进行缅甸军事行动,减少我们在太平洋上的后顾之忧,以便对德作战。

……

RG218,Box 169

蒋介石致罗斯福

重庆,1943 年 1 月①

罗斯福总统阁下:去岁邱吉尔首相在华盛顿时,曾于太平洋作战会议席上,向各代表保证,在印度雨季告终之前,英国可集中战斗舰 8 艘、航空母舰 3 艘,附以通常应备之军舰于印度洋,以为参加克复缅甸之需,想在阁下记忆之中。敝国预期英国此项力量可资臂助,盖因海军方面,如不能占得优势,则克复缅甸之企图,终成画饼,其理甚明也。惟顷据史迪威将军新由印度开会携回消息,英国苏马维尔海军上将对史迪威将军明言,英国海军并无战斗舰、航空母舰及巡洋舰准备在孟加拉湾作战之用,其所有者不过驱逐舰及潜水艇数艘而已。尤有进者,二月前魏佛尔将军曾应允史迪威将军,以英印军七师参加克复缅甸之举,但彼最近向史迪威将军表示,英军只能动员三师,采有限度的作战计划,其目标不过为克复阿恰布(Akyab)及成立更的宛河(Chindwin River)战

---

① 原电日期不详。

线云。阁下可信赖敝国为克复缅甸而集中云南、印度之远征军,在任何情形之下,当可依照与史迪威将军商定之计划,于 3 月准备完成,以待向缅甸边境进攻。余相信贵国为此举所允协助之空军,届时亦必准备就绪。惟如英国方面不能践其诺言,则吾人欲反攻缅甸之计划,乃被英国无形打消,殊为遗憾。主要联合国之发言人,既已保证于 1943 年克复缅甸,余谨以至诚,请阁下敦促英方,以充分之陆、海、空军力量,负责共同克复缅甸。敝国军队与人民,经五年半军事上及经济上之消耗,实不能在缅甸冒第二次失败之危险耳。顺颂节禧。

《战时外交》第 3 卷,第 210—211 页

戴维斯致高斯

重庆,1943 年 3 月 9 日

史迪威来华使命

史迪威将军带着总统要中国坚持抗战,尽一切可能促使中国对轴心国联合斗争作出军事贡献的指令,于 1942 年 2 月来到中国。

史迪威将面临的根本困难是中国进行这场战争的方针并不总是与我们一致。

所有中国有识之士无不深切感到,联合国家的四大国中,中国在这场冲突中遭受的苦难时间最长,最为深重。而且中国人和俄国人、英国人一样,有比我们更为高度发达的政治意识。政治方面的考虑在他们评价局势(包括军事形势)时,甚至比俄国人和英国人显得更为突出。

中国政府深知自己军事方面的相对软弱,深知政治方面也和军事方面一样不强,深知在和平谈判桌前显得尽可能强大的重要性,以及和平以后很可能同中共打内战,因此在执行一种保存军事实力的政策,这是并不奇怪的。日本指责中国在谋求远交(美国)近攻(日本),则不无道理。

我们在 1941 年 12 月 7 日以前即已承认,中国在力图让我们替她打日本。中国没有理由改变这一态度,事实上也没有改变,尽管使人猛

醒的珍珠港事件正如打击我们一样同样强烈地打击了中国。

由于我们在打日本，中国的政策是要在法律的意义上参战，以便以"参战"盟国的身份坐在和谈桌前；同时尽可能少地耗费其实力，依靠其他同盟国——主要是美国——打败日本。由于喜欢上俄国人、英国人或者中国人，我们的鲜血还没有洒够。他们在自私的打算里都很突出政治方面的考虑，各自不仅在打共同之敌，并以消极的方式在打自己的盟国。

史迪威将军面临的第二个根本困难是，除了他本职军事任务之外，不管他喜欢与否，他已被卷进了中国的内政，他无异是中国政治中的一大力量。从本能、气质、信念说，他在设法避免卷入中国内政。但他统帅中国的军队，受权以委员长名义发布命令，以及掌握着向中国发放租借物资的大权等等，就足使其成为中国的一个政治因素，哪怕他的种种愿望与此相反。尽管他努力避免玩弄政治，但他却无法防止政治在玩弄他。

为了努力避免介入内政，史迪威将军尽可能多地直接与委员长打交道。但是委员长时时维护着他通过政治手腕获得的至高无上的地位。他并非独裁者。他并没有绝对的、全面的指挥权。他操纵着一个微妙的、不断变换的力量均势。因此史迪威将军可以与之打交道的人，没有一个具有确定的最后权威。

史迪威将军同中国军队当然有过长期的接触。因此，他刚到重庆所发现的一切，对他来说丝毫不感到惊异。中国军队不像我们使用"军队"这个词的意义上的军队，倒像是一堆或多或少靠个人效忠、金钱收买、高压威胁、麻木不仁等麋集在一起的封建军事力量。委员长同这个武装集团的关系各不相同。只有不多的几个师他可以指望在其能力范围内相当忠实地服从他的命令。其他的，则不然。他很聪明，对一些独立性很强的指挥官，从不发出他有理由认为他们可能不愿服从的命令。许多命令是在同有关司令或其在重庆的代表商量过后才发出的。

下面是一位极聪明的中国陆军军官所说的话,对中国的军阶一事颇能说明问题。当时我们正在议论可能推举谁当拉姆加尔中国军队司令的事。我提到了三十八师师长孙立人将军(我知道他不会被接受,但是有兴趣听听回答是什么)。原来是:"孙将军太年轻,他不属于哪个有力的派系,又没有政治背景。"

中国军队不仅组织很差,装备很差,这是尽人皆知的;而且缺乏训练。这在拉姆加尔已经明显地暴露出来。打从列兵起,除孙将军等少数人外,莫不如此。

除了共军的一些师和拉姆加尔的少数部队以外,中国军队的士气低落。其特征有二:(一)麻木不仁;(二)贪污受贿。

中国军队的军官对打日本不大感兴趣,即使在拉姆加尔,也有一些这样的迹象。那里有位懂汉语的美军军官,经常接触中国军官,他对中国同事(其中许多人的家在沦陷区)中无人表示愿意上战场打日本感到惊讶。在中国国内,情况更糟。

中国军队中的贪污受贿是这种对战事的麻木不仁的伴生现象。中国部队历来必须换防。多数部队鱼肉驻地百姓。许多与沦陷区交界的地方,情况尤为严重。这些地方的中国指挥官,携家带眷,在那里安营扎寨,干着买卖,他们凭借控制"战"线,通过在"战"线两边的走私买卖大获其利。

例如,英军驻湖南的一支从事破坏工作的部队打算破坏一座敌我前线间的桥,这时中国人和日本人正在桥上做生意,中国指挥官听得这一计划后,竟命令英军滚开,要他们打自己的仗去——言外之意是那里本来一切平安无事,英国人是想惹麻烦。在云南印支边境的河口,中国人与沦陷区的生意兴隆,一定数目的渡船按规定的时间在分界河上来来往往,川流不息。1月下旬一天早晨,中国驻军去日占区征粮,粮食没有按时运到,中国指挥官盛怒之下提出措词强烈的抗议。日军不想破坏双方关系,客客气气地在过了时间后还特差一条渡船送来粮食。

以上随便举了几个前线情况的例子,可以看出日本人和中国人一样腐败,然而区别在于日本人在得到上级命令时能指望他们打仗,腐败还没有使他们丧失活力。

总之,史迪威将军在谋求执行交给他们的指令中面临如下一些问题:(1)中国政府基本上不愿对日本采取攻势;(2)中国倾向依靠美国打败日本;(3)中国希望保存作战物资而不是加以使用;(4)中国各政治派系企图利用他;(5)在中国没有他能与之交涉的中央权威,无论是个人或集体;(6)中国军队缺乏组织,派系林立,办事无能,麻木不仁,贪污腐化。

认为要使中国在对日战争中成为一种有进取性的因素,史迪威只要把依租借法应得的武器交给中国人,然后同委员长商讨发出进攻命令就行了,这种想法是极其天真的。

事实上,他所能做的事只是争辩、祈求和讨价还价,用租借军用物资和拉姆加尔计划引诱中国听从他的意见。中国人想要作战物资,因为那是权力的要素。到拉姆加尔看过的中国将军想要部队在那里受训以后成为他们个人的军队。何应钦将军原本对拉姆加尔计划态度冷淡,到那里访问过后便表现出觊觎之意。史迪威将军能够并且正在利用这种个人野心迫使中国人准备对日军采取攻势。

但是只有向中国人保证这种冒险行动有利可图,消耗了的作战物资将获得补充,并且外带利息时,才能指望他们采取攻势,这便是一个盟国的代价之一。商定工作简直成了做买卖。如果中国人不能履行他们一方的成交条件,我们必须继续通过控制租借物资流量的办法,能够随时停止对中国的物资供应。

结果是,美国报纸上和无线电广播中出现的对中国军队的过分颂扬(主要是美国压力集团和不知情的亲华的美国人鼓动的结果),只能有利于中国那些希望获得租借装备而不限制其用途(或根本不用)的派系。无须多加注意便可得知:中国人可能建议来替换史迪威将军的任何一个人,大抵都是重庆当权集团认为能为自己的利益而加以利用的人。这样认为并不是说中国人可鄙或者邪恶——只不过是具有政客作风而已。

一些中国人和美国人都批评史迪威将军同中国人处不好关系。史迪威将军不是个甘愿作让步的人，他没有向中国人掩饰他对他们的无能、腐败的想法。自然，他因此得罪了他们中的许多人。

我对这种批评的反应是这样的：中国的军队和政府饱受政治和陋习之苦。任何想要调停和涉足中国政治的美国军人无不很快发现自己身陷其中，对派他出来的意图一筹莫展，无以为用。一次史迪威将军对我说："我最安全的道路就是勇往直前。"我倾向于赞同。要让中国军队打日本，靠的不是哄骗和慷慨施舍作战物资。

中国很需要清教徒精神。除了委员长身上有这种经过改变的精神外，中国人自己没有产生过这种精神。如果中国军队要获得新生，必须经过史迪威将军的改造。他说的话有时会刺痛中国人，但却不是完全没人赞赏。20 多位高级中国军官来他那里私下对他说，由于他的直率，他给中国做了一件大好事，人们需要他，需要他继续勇往直前。据说甚至他的政敌对他在拉姆加尔 6 个月间所作出的业绩，也都有很深的印象。他还可以作出看来是不可能的事——使中国发动对日攻势。如果真的实现了，那将是一个人独挑重担作出的业绩。

FRUS,1943,China,pp. 25-29

2. 华盛顿会议与魁北克会议前后的讨论

蒋介石致宋子文

重庆,1943 年 5 月 16 日

……如果此次华府会议放弃攻缅，不能照上次卡港与重庆会议诺言实施，则我军民对联合国从前所有各种宣言与决议之信约，不仅完全丧失信用而已。而对史迪华始则强催我军集中攻缅，今乃因抽调部队，而使重庆门户大受威胁，而结果则谓可以取消打通仰光与滇缅路计划，则我军上下对美国用意与作为，岂啻视为儿戏，直认为有意陷中国于灭亡之境,不啻协助日本完成其大东亚之新秩序,岂不令人惶慄无已。请即以此意明告史迪威与罗总统左右,使其知未有比此更重要之事也。并以此抄转三妹①。中正。铣。

《战时外交》第 3 卷,第 229—230 页

英美联合参谋长会议第 86 次会议
1943 年 5 月 17 日

……

三、中国局势

李海海军上将请宋子文博士就中国局势,尤其是中国的需要和开辟通往中国的陆路交通问题向联合参谋长会议发表高见。

宋博士说,诸位总还记得,中国受到围困已历时五年,日本占领我中国沿海,接着又夺取印度支那,最后又侵占了缅甸,除了空中航线以外,中国几乎已被完全封锁。由此造成的经济压力,每况愈下的民心士气以及缺乏军需品等,使得局势十分严峻。卡萨布兰卡会议后,蒋介石委员长接到总统和首相的信说,第一,陈纳德将军指挥的美国空军会有所加强,目的不但在于进攻在华日军,而且还在于进攻日本本土;第二,今年雨季结束时海、陆、空军将联合起来"全力"进击缅甸,委员长对这两项郑重宣告自然十分欢迎。

可以理解,现有每月载运量只有几千吨的航线不允许从中国发动强大的空中攻势,同时还须为云南的中国部队提供补给。因此委员长请总统在此后的三个月中,凡是空中航线运来的军需品,一律归陈纳德将军的空军使用。陈纳德将军已经制订出一项袭击日本空军及其交通线,更重要的是为中国地面部队提供空中支援的计划。这些部队迄今从未得到过任何空中支援,然而这却是至关重要的。须知日本人不但交通便利,而且装备优良,还有空军支援。最近日军进攻宜昌一带,夺

---

① 宋美龄,其时正在美国访问。

去长江以南一片沿江地带,这就为其提供了极好的长江交通运输线;除非将他们逐出这个地区,他们便能进攻长沙和重庆本身,因为他们的后勤状况比中国人好得多。由于日本空军的骚扰,中国已无法利用长江,中国的交通运输不得不翻山越岭,极其艰难。空中力量,也只有空中力量,在当前情况下有着无比的重要性。为此,委员长才要求为期三个月,把空军物资优先供应陈纳德将军所率的空军,以期上述军需品能被充分用于支援中国军队。

坦率地说,局势十分严重,蒋介石将军的军事观点一些年来不但一直受到美、英两国顾问的指导,而且还受到德、俄等国一系列杰出将军的指导。蒋介石将军是中国战区的最高统帅,他对这个战区负责。中国的安危存亡完全依赖于他。因此,除非他被解除了这一职务,他的军事观点必须受到压倒一切的重视。

至于总统和首相所许下的第一个诺言,也就是加强陈纳德将军的空军,委员长视之为最重要的事。日本已经改变了对华政策,它现在对南京傀儡政府作出了许多让步,其中包括控制货币权。它恢复了占领区内的一些工厂。对于国民政府来说,日本这种新的怀柔政策比原先的行动路线更难于对付。它要求采取强有力的积极对策。

至于第二个诺言,即联合国家将在1943年底发动大规模的缅甸反攻战,英、美、中三国代表在加尔各答举行的会议上,已把此事列入了正式记录。

本次讨论被认为是贯彻卡萨布兰卡和重庆会议上达成的决议,有关各方对此理应十分明了。何应钦将军早已概述了中国部队将采取的行动。大家都同意海军的支援措施极为重要;没有海军,便不可能成功。空军优势的重要性也予以强调,阿诺尔德将军还曾指出,即使日本空军像中国代表所估计的那样强,但英、美两国的空军比日本空军要强得多。中国代表同意在中国一端另外提供三个机场及附属设施,以便同英方在印度一端所提供的相对称。韦维尔元帅说他还没有时间制订出详细的计划,他必须考虑自己部队的种种需要,因为他们所依靠的交通线也很艰难。也许可以向委员长作出担保,他的要求将尽力得到满足。他确信要把飞机能运走的东西运到机场还是可以做得到的。

综上所述,1943年收复缅甸的计划显然是美、英两国一项明确的承诺,因此他坚持要求加以实现,并希望进一步了解有关此事的详细情形。

作为这一要求的背景,必需记住中国的形势。通货膨胀已经出现,经济困难重重,中国已经承担了多年的战争重负,日本对中国百姓已不采取"恐怖"政策,而在推行"怀柔"政策。在中国全军上下和平民百姓当中,1943年收复缅甸的计划已是公开秘密。倘若不能实现,他们会以为自己已被盟国抛弃,并且怀疑盟国不打算以武力迫使日本无条件投降。

卡萨布兰卡会议之前,曾经有人建议过采取局部军事行动的计划,对中国了解颇深的史迪威将军曾在1月间提出过3月初由中国部队在北缅发动一次进攻的建议,目的在于打开一条通往中国的陆上交通线。然而委员长当时和现在都不赞同这个计划,认为从后勤方面考虑这是不实际的,因为盟军只能依靠从利多开始的很有限的交通补给线作战,日本则既可利用伊洛瓦底江,又可利用铁路。委员长认为即使这个计划初战告捷,最后我们还是不能抵挡有优越补给线作为后盾的强大日军部队,至于中国部队的战备状态,为了实现他们会全力以赴进攻缅甸的承诺,可以说一切可能做的都做到了。从这一战区的许多地方调集了部队,有些部队行军达2000公里。全部准备用于缅甸战役的部队,现均驻扎在距昆明行军用不到一个星期的地方。承诺修建的中国机场已经竣工,尽管是靠人力肩挑手搬,艰苦施工的。中国一端的战备情况比起印度那头的情况还是要好一些。被史迪威将军认为是委员长手下最能干的陈诚将军,被任命为远征军司令官指挥中国驻云南各部队。但总的看来中国的形势很严峻,长江被阻断了,长沙和重庆受到威胁,后者在经济、精神和军事上有很大的重要性。中国人愿尽一切可能在上述军事行动中做好他们该做的事。他希望知道盟军部队现在的情况,他只请求执行卡萨布兰卡会议上所作有关进军缅甸的决议。

　　李海海军上将感谢宋博士就中国的形势作了引起极大兴趣的谈话。他问道,进行缅甸军事行动,可以调动多少中国部队。

　　宋博士说,32个师,不过实力不足,大约相当于22个整师,即22万人左右。此外还有在拉姆加尔受训的中国部队,另外还有防止日军从南部进攻昆明而待命作战的中国部队。

　　宋博士在回答马歇尔将军的问题时说,宜昌一带的军事行动是第五、第六军进行的。这些部队缺少大炮,因为中国人除收到过俄国人缴获的波兰大炮外,再没有任何其他大炮。尽管普遍缺乏大炮,中国地面部队仍能在拟议的军事行动中履行他们的职责,他们的战备程度可由这一事实来加以表明,那就是:今年1月,史迪威将军即准备在今年3月发动进攻。

　　李海海军上将问朱将军是否希望对宋博士的发言作任何补充。

　　朱将军说此刻他没有什么要补充的,以后如有需要时可以找他。

RG218,Box 170

宋子文致蒋介石

华盛顿,1943年5月19日

　　密呈委座钧鉴:极密。篠亥电计达钧鉴。(一)文于18日谒总统,请其答复文17日向英美参谋团会议所提两事。总统云完全了解钧座在军事上、经济上种种困难,故亟欲增强驻华空军力量,因有下列之决定:(甲)7月1日起,中印空运约可达7000吨,首先应以4700吨供应陈纳德空军,其次以2000吨供应陆军,最后所余之300吨,亦供应空军。(乙)9月1日起,每月空运可达1万吨,并逐渐增加。(二)文询总统,五六月份之空运吨位,扫数供应空军?总统答此事请与副参谋总长①协商,恐不免留小部分拨给陆军。(三)文旋与副参谋总长晤商,双

―――――――――――

　　① 宋子文曾于5月18日与参谋长联席会议主席李海商讨空运吨位事。

方决定如下:五六月份空运吨位,每月以 500 吨供应陆军,其余悉数为空军之用。自 7 月 1 日起,空军有每月 4700 吨之绝对优先权,其余可归陆军,使陆军在 10 月底前,共可收到 1 万吨。(四)总统命卫勒将军(Wheeler)①修理印度军用机场(其机场由邱相命令赶修)。(五)总统告文,美国对于攻缅之立场,定于今冬连合英国执行攻缅计划,目前英、美两方参谋团切实洽商运输吨位及特种装备,配合作战计划,随时将此项计划告文,转陈钧座参加意见。此节较为重要,并含有催迫英方之意,故将英文记录原文附陈察览。(六)以上总统及副参谋总长所告各节,本为口头答复,文以为不如书面正式,且恐滋他日误解,特将以上呈报钧座电稿译送总统核阅,顷已得复函同意矣。并陈。文叩。皓申。(十九日)

《战时外交》第 3 卷,第 232—233 页

宋子文致蒋介石

华盛顿,1943 年 5 月 26 日

密呈委座钧鉴:本日总统面告,攻缅计划现已决定进行,并授文关于此项决定之通知书。(原文英文原件另达,并闻另由美军事代表团转陈。)文谓蒋委员长亟欲知作战之详细计划,首先愿知美国部队是否可派三师参加。总统谓现只决定派遣工兵,其余尚未决定。文问将派战斗部队否?总统谓美方固愿,但英方称在缅有精兵 60 万之众,故似无派兵渡洋之必要。依总统意见,美国一师可等于英印部队三个师。文谓实可等于 5 个师。总统谓美方可派遣部队,但须视局势发展情形而定,惟美国海军陆战队自必参加登陆作战,仰光附近可登陆地点有五六处,英美联合参谋团正在研究,期于五六日内完成工作,余曾说过美海军定当助英作战……

---

① 即雷蒙德·惠勒。

附:罗斯福总统攻缅计划(译文)

关于对缅作战,前经加埠①会议讨论,兹经决定实行。并已略加修正,对于以下各项建议,敬祈惠赐鉴察:

(一)尽先集中可用物资,于阿萨密②缅甸区域内,以建立与增强对华空运路线,期于秋初到达每月 1 万吨之运输量,并发展阿萨密航空设备,使达成下列各种目的:一、加紧在缅对日空中作战;二、维持增强美国驻华空军;与三、支持对华航空所需补给物资。

(二)陆、空有力攻势作战,将于 1943 年雨季结束后开始,由阿萨密经里多③、伊姆法尔④进攻缅甸,同时中国军队由云南进攻,其目的在尽量牵制与吸引日本部队,保护对华航空路线,并作为打通滇缅路之一重要步骤。

(三)以海、陆军攻袭缅甸海岸,其目的为阻绝日本自海岸与其北境前线间之交通。

(四)阻挠日本对缅海上交通。

为达成上述各项之目的,将采取各种可能之方法,用适当之武力,以获取孟加拉湾之制海权。除受时间及环境影响外,对于上述作战不予任何限制,俾达成解救中国被围之目的。

《战时外交》第 3 卷,第 242—244 页

蒋介石致宋子文

重庆,1943 年 5 月 29 日

宋部长:对罗总统复电,另拟如艳酉电,提交此电时,请兄面告数点如下:甲、英国是否已允派有力海军协同美国海军在缅甸海共同作战?

---

① 即卡萨布兰卡。
② 即阿萨姆。
③ 即利多。
④ 即英帕尔。

并有否以占领仰光为目的之决定？乙、美国攻缅海军之数量是否与安诺尔①在重庆所报告者并无变更？英国是否亦能出同等之数量？现在北非战事已告结束，可否再增强攻缅海军之实力，以期更易达成占领仰光之目的。丙、阁下与邱相所决定之计划，固信英国必能实践信约，但仍须由阁下时时设法与督促，不使届时延误。丁、此次攻缅计划，陆军对北缅进攻与海军对仰光进攻，务须同时行动，不可参差不齐，否则步骤不一或单独行动，必被各个击破，务请阁下对英国行动于此一点特别注意为盼。以上各点请代补充，并望详复。中正。艳戍。

《战时外交》第 3 卷，第 244—245 页

宋子文致蒋介石

华盛顿，1943 年 6 月 4 日

密呈委座钧鉴：本晨谒总统，先转递钧座艳酉电，继遵艳戍电提出各点，总统逐项答复如下：(甲)英已决定派有力海军控制缅甸海，截断敌海上交通线，但先占仰光，或先占仰光附近城市，乃战术问题，要在占领缅南耳。邱②现在北非，关于英方攻缅新司令，本应早日告余，恐因近来忙于调停法国北非两派争执，故尚未来电，日内必有消息。英司令人选既定，史迪威与之当可商决一个完善计划。(乙)此次派遣海军，以英为主，美为辅助，目前英、美极力消灭地中海义③主力舰，觉颇有把握，此事能相当成功，海军可超过原定控制缅甸海力量。(丙)定当随时注意，设法推动英方实践诺言。(丁)所谓缅北、缅南同时行动，如同时进攻，恐非所宜，但至多不过两三星期之先后。余虽非军人，但依余判断，英印及中国方面当先由缅北发动，牵制敌人不能调遣，两三星期后，即以部队由缅南登陆，作背海之战。关于美国陆军参加此役事，总统谓目前只派工程队，俟英方新司令人选决定后，当考虑派海军陆战队

---

① 即阿诺德。
② 即邱吉尔。
③ 即意大利。

一、两个师参加。总统续问宜昌一带战况,文略述胜利情形,并谓此次充分证明美军部判断敌无攻重庆企图之错误,并证明总统注重派遣美空军助战之大成功,但在中国之空军,仍须继续补充增强,第十大队战斗机应悉调中国,总统甚以为然,并即饬副参谋总长执行之。

……

《战时外交》第 3 卷,第 246 页

罗斯福致蒋介石
重庆,1943 年 7 月 17 日收

我同意你委任陈纳德将军为中国战区中国空军参谋长。陈纳德将军当然仍指挥第十四航空队。我们已决定将第十航空队司令比斯尔将军召回美国,另由海恩斯①将军接替,此人我相信你认识。我肯定以上调动将使第十和第十四航空队得以建立大家盼望的亲密合作关系。我现拟派斯特拉特迈耶②将军前往印度指挥美国驻印度和缅甸的一切航空事宜。他不在陈纳德将军之上,但将负有保证军需、人员及武器弹药运至第十四航空队之责。因此他将负责有效地将军需品由印度运至驻华空军,以及在印度为第十四航空队和中国空军训练所有空军人员。斯特拉特迈耶将军是位具有实干精神的人,我相信他会尽一切努力从印度这一头改善局面的。对于越过山脉的货运数量,我一直很感失望,但在最近的将来可望增加。我们在西西里战役中,打得比预想的要好。尽管我预料我们在那里要打一场苦战,但我相信西西里守敌最后崩溃是不可避免的。今天上午我见了宋子文,就他即将访英的事同他作了一次饶有兴趣的谈话。

Stilwell's Personal Files:China,Burma,India,1942–1945,Vol.2,pp.779–780

----

① Caled V. Haynes,美准将。
② George E. Stratemeyer,美少将。

史汀生致赫尔①

华盛顿,1943 年 6 月 29 日

亲爱的国务卿先生:在中缅印战场进行战争,政治因素证明是很重要的。该战场美国陆军司令史迪威中将因此亟需训练有素的政治观察员派至该部充实其军事情报机构的工作。

史迪威将军已经指出外交人员服务局中某些官员如能为此目的派往该战场,则将有助于工作。其姓名如下:

派往重庆美国驻华大使馆以备分配给中缅印战场美国陆军司令者:

卢登②、谢伟思③、埃默森④

派往新德里美国代表团以备分配给中缅印战场美国陆军司令者:

克伦茨⑤

上述军官的职责不仅为史迪威将军搜集有关中国、印度、日本的情报,而且能就与缅甸各派系、英国殖民官员、自由泰国、印度支那的法国人和印度支那人有关系的种种问题对战地指挥官们提供服务。

有关此事,如蒙协助,不胜感谢。

FRUS,1943,China,pp. 68

联合参谋长会议第 107 次会议记录

1943 年 8 月 14 日

对日战争

海军上将金说,对拉包尔的进攻是目前对日军发动的主要攻势。

---

① 赫尔国务卿在 7 月 26 日复信中同意了对前三位任职的请求,克伦茨因健康状况不佳,建议由门罗·霍尔(Menroe B. Hall)替代。

② Raymond P. Ludden,其时任驻昆明领事,8 月起任美驻华使馆二等秘书。

③ John S. Service,其时任美驻华使馆二等秘书。

④ John K. Emerson,于 1943 年 2 月派到重庆任美国使馆二等秘书。

⑤ Kenneth C. Krentz。

这次攻势因物资的匮乏正在被耽搁和延误。他曾说过（他现在必须重申），他认为在卡萨布兰卡物资匮乏的原因，是没有把与轴心国的战争视为一个整体。假如15%的盟国资源现在被用于对付日本，那么只要增加5%，就意味着增加了二分之一。同时，如果把在欧洲抗击轴心国的军队减少5%，则只意味着减少了六分之一。现在缺的是空军，在反德军潜艇战中一时不需要的海军航空兵正在被派往太平洋地区……

他认为最重要的是，如何妥善地把目前在欧洲抗击轴心国的优势兵力调来参加对日作战。看来，在通过岛屿发动的进攻中，空中不可能得到充分利用。所以，把中国作为对日本采取空中行动的基地是非常重要的。

海军上将李海强调，在阿拉斯加、拉包尔、中太平洋和缅甸的战役都是整个抗日战争的组成部分。应该尽最大的努力尽可能早地击败日本。这一计划的各种必要条件、日期和战胜德国后可以调用的部队人数以及现在用来抗击德国的方法能否被用于进行对日作战等等问题，都应该加以研究。目前我们正在兵力不足的情况下尽一切努力消耗日本的资源。日本的抵抗力已越来越弱，但是，对德国战败后我们可能得到的物资数量，也应马上作出评估。

马歇尔将军说，在合理利用所能得到的物资的基础上作出决定是非常重要的。在太平洋，船只不足是最大的难题，因为亟需足够的船只运送部队，把那些在充满困难和卫生条件差的地区长期服役的部队替换下来，以便使他们恢复元气。目前正在尽一切努力改善各基地特别是空军基地的卫生条件……

目前对日作战中的一个有趣现象是，日本遭受了惨重的空中损失，其中有些是空中造成的，也有一些是在运货和运兵船上造成的。太平洋上的一切军事行动都与缅甸的战役有关。人们在两件事上存在意见分歧。第一，中国作为基地的重要性；第二，利用中国人力资源的可能性。他与史迪威将军持相同的看法，即只要给予正确的指挥，中国军队就会成为一支重要的军事力量。

随后,马歇尔将军把史迪威将军的一份电报念给大家听,电报详述了目前在拉姆加尔和云南的中国军队的装备和实力,简述了使用这些军队的大体计划。史迪威将军强调,尽早发动攻势打通滇缅路十分重要。

经苏门答腊、新加坡和金兰湾也可以进抵中国,虽然选择这条路线需要大量的船只往来运输。有一项计划(史迪威将军将进一步解释)拟铺设加尔各答至中国的输油管道。我们必须对下述四个问题作出结论。第一,中国军队的价值何在;第二,我们对中国做得如此之少,中国现政府要是垮了,我们能否担得起这个后果;第三,如果我们以中国为基地使用空军,日本人的反应是否会强烈到切断我们与中国的交通线的地步;第四,是否有必要经由中国夺取一港口,支援海军在太平洋上的军事行动。

在澳大利亚和锡兰之间无空中航线,他对此表示十分遗憾。两个统帅部的利益密切相关,没有空中航线的1万英里的距离对人们的心理造成了严重的影响。他认为,最重要的是找到最有效的方法对日本施加压力,而且,经由中国发动进攻比经由太平洋上的岛屿发动进攻能更快地获得战果。

把太平洋和欧洲的战略联系起来也是必要的。如果不推迟从印度发动进攻的计划,那么几天后必须开始从地中海调动船只。尤为重要的是,必须尽快制定出彻底打败日本的总体计划,因为德国崩溃后会产生部分军队复员的问题,美国各地民众尽快打败日本的心情也会更为急迫。

阿诺德将军说,在对日战争的早期,我们采取的是克制政策。现在,我们正在获得优势。过去六个月中,日本在空中的损失是与之作战的美国空军损失的四倍。

在太平洋战区,我们没有足够的机场容纳那些在德国战败后得以抽身的空军。只有中国能提供必要的基地。目前可调用的航空兵数量直接取决于这条航线的运输量。这条航线7月份的运量达4000吨。

他肯定运量会增加,但 4000 吨的运量只够陈纳德将军的 223 架飞机每架每月飞行 10 次。目前以中国为基地对河内、香港和上海实施空袭的重型轰炸机队每出击一次就得先往阿萨姆飞行三次。为减轻航空线上的运输压力,已制定出往中国铺设每月输送 600 万加仑(约 2 万吨)油的输油管道的计划。但这些油也只能使重型轰炸机队每月出击 10 次,另外还需 1000 吨汽油让战斗机为该队提供必要的护航。

从空战的角度看,打通滇缅路是必要的,如有可能,还应在中国东部沿海占领一个港口,以使空军得到足够的供给。

经千岛群岛飞往日本的北部航线有两个不利因素,一是世界上最恶劣的气候条件,二是缺乏航空基地。在这个地区,最多只能动用一个或两个航空队。目前各岛屿上的基地只能容纳约 20 个航空队。而一旦德国被击败,仅从英国就可调出约 50 个重型轰炸机队,此外还可从地中海地区调出一些。不过,形势是大有希望的。据估计,日本的飞机产量每月只有 600 架,他表示相信,对日本本土的重型轰炸可以打破日本人"不可战胜"的神话。

应阿诺德将军的要求,萨默维尔将军简述了往中国铺设石油管道的计划。管道先由加尔各答铺至利多,直径是 6 英寸,为的是解除阿萨姆邦条件极差的交通线上的负担。从利多开始铺设直径为 3 英寸的管道,经赫茨堡铺至昆明。管道的铺设不依赖于缅甸的军事行动。管道将在七个月后建成,需要的物资供应仅为 1500 吨。所需管道及其他装置已在美国准备妥当,一切必要的计划业经制定。

艾伦·布鲁克爵士要求得到一份简述该计划的报告供英国参谋部研究。他也认为有必要尽早制定一项与日本决战的总体计划。

有必要确定一项单独或联合使用部队并分派任务的政策。德国被打败之后,英国将面临部分军队复员的问题。许多英军在海外的时间已超过 7 年。目前正在制定一项计划,旨在保留那些受过良好训练的部队,同时又不让他们遭受特别的苦难。如果我们要从印度发起大规模攻势,就必须把印度发展为一个基地。目前,印度的接纳能力太小,交通条件极差。机场、港口和交通条件都需要发展,发展的程度取决于制定的计划。

　　打通滇缅路或者在中国占领一港口到底有多大益处,应根据时间因素和滇缅路运输量最大时的作用等因素加以考察。从英帕尔、利多和云南攻入缅甸及在若开邦海岸登陆的计划业已制定。温盖特准将曾提出,在发动大规模攻势的同时增加远程突击穿插部队,英国参谋部已考虑了这项建议。突击部队的目的在于对付日军的迂回包抄战术。日军的迂回行动只是 4 或 5 英里的扫荡,而温盖特拟议以旅为单位进行40 或 50 英里的扫荡。这些部队将携带运输工具和电报机,如有必要还可从空中得到补给。他们将在主力部队向前推进的同时深入到日军的领区。第二个突击旅正在组建中,第三个突击旅也有望建立。其中的一个旅将与中国军队从云南发起进攻,切断日军与曼德勒的交通线。另一个旅将在利多和英帕尔之间的地带采取行动。剩下的一个旅将在英帕尔公路以西活动。他认为,美国参谋部可能希望听到温盖特准将提出的使用远程突击部队的建议。

　　……

RG218,Box 170

蒋介石致宋子文
重庆,1943 年 9 月 10 日

　　宋部长:刻对共党之办法,决取宽容缓和态度,只宣布其非法行动之事实,而不加以法纪之制裁,不使为中国共党事件而使国际整个局势发展影响。至于史迪威不知共党十年来经过之历史,更不明了最近共党之内容及其阴谋之所在,徒听共党之煽惑,助长共党之气焰,殊为可叹。中正。蒸。

《战时外交》第 3 卷,第 632 页

史迪威致蒋介石

重庆,1943 年 10 月 6 日

1. 我们务必打胜缅甸一战,它将为中国军队增光。如果此战失利,我认为对中国后果将极严重。我们必须记住新的东南亚司令部是由英国人领导的;他们对缅甸战役并不热心,一旦失败,正好证实了他们的观点。我恐怕那时整个战场会转向苏门答腊、马来亚;果真如此,中国除依靠空运外,整个战争期间都可能被切断一切军需品供应,这对中国军队之影响不言自明。

2. 中国必须作出决定性努力以继续自助;否则情况严重,一切可获得之资源日后将转移至英人控制下之战役。如无通往中国之公路,便无从大量运送军需品,军需品将不可避免地转移到用得上的地点。

3. 以上情况现在即应予以审慎考虑。到 1 月 1 日就为时太晚了;事实上现在已经很晚。

Stilwell's Personal Files:China,Burma,India,1942–1945,Vol. 3,p. 1009

史迪威致贺恩①

1943 年 11 月

1. 蒙巴顿在缅甸工作上一直抓住不放。他的"作战参谋部"即助手们准备了一份文件,他签字后将送伦敦。其中有如下四点建议:

a、利多公路修至密支那后即停止施工,因它难以按时完工,即使完工亦无大用。应将工兵及设备转移至机场,以便最大限度增加飞越"驼峰"的货运吨位。但必须把公路通至密支那,以"保护飞机的航线"。

b、此时收复缅甸价值不大,可在钦山进行一些小规模战斗,当然要进攻阿恰布(有价值的大城市);但仅此而已。

---

① Thomas G. Hearn,美准将,史迪威的参谋长,常驻重庆,是史迪威与蒋介石、何应钦之间的联系人。

c、今秋攻打苏门答腊,然后北上(目的在于防止敌人修建克拉运河)。

d、将香港包括在东南亚统帅部所辖范围内!!!

英国佬现在表明了自己的真实用心。这个卑怯、骗人的计划充分证实了我们的所有怀疑。原来他们决心要让中国继续受封锁,无资源。他们的目标在新加坡,这就是他们所作贡献的限度,蒙巴顿当初设想他能指挥中国,不料却遭到许多反对,于是现在干脆阻挠任何援助到达中国。所谓收复缅甸价值不大的论点就是一个最新的论点。如果有诚意,何以要攻阿恰布?攻打苏门答腊的目的当然是在得到马来亚,附带控制克拉地峡,以保持新加坡的重要地位。但是报偿却是香港!因此香港必须置于东南亚统帅部所辖地域内,使中国不可能收回。

你可从中看出英国人对我们多么不满;我们同上述不妥的"想法"正好相反;蒙巴顿没有解我的职,倒让我很吃惊。我于1日在德里发表了自己的意见,他却根本不以为然——也许解职的事会突然发生。

我不知道是否应把这件事告诉委员长。恐怕他只会说"让一切见鬼去吧",于是抛开这些无赖。另一方面,他可以向苍天倾诉:他被遗弃了,让罗斯福总统向英国佬施加压力吧。英国佬把我们扔在这四野茫茫的丛林里,自己却在一旁泰然处之,无所事事,这样又能捞到多少好处?如果他们打下去,如果何应钦派兵来增援,我们就可以干上一番。我是说我们很有机会可以排难而进,但是单枪匹马,我们便会完蛋。

也许你已经知道了这个内部消息,我是假定你还不知道才写的。如果委员长原来同意了进攻缅甸,英国佬也不致逃避履行义务。现在他们大可以向他指手划脚,归罪于他了。必须告诉委员长发生了什么事,敦促他把Y部队拿出来,不然他就完了。英国佬肯定会按这个计划办的,除非把Y部队拿出来配合我们行动。即使现在委员长得到的条件比原来可以获得的要差些,但他已别无选择。告诉他情况紧急,如果他不出兵助助,会被人家大肆宣扬为懦夫,对中国抗战大业的一切同情也将化为乌有。英国人将获得所有放在印度的租借物资枪炮弹药。

我们的特种部队将统统撤走,否则就得任凭英国人摆布。中国人无从得到香港,中国仍将任人封锁。不仅是到今秋;很可能至少要有两年。

2.委员长如果不设法让 X 和 Y 部队出战,日本将至少能投入三个师团来进犯保山。中国人就不得不孤军奋战,得不到英军的任何帮助。北缅和西缅甸也没有牵制日敌之师,以防其集结兵力攻打中国的 Y 部队。一旦昆明陷落,其对中国是一很严重的打击。

再则,日本佬可从印度支那进攻昆明,如果感到缅甸有把握,也很可能从缅甸和印度支那同时出兵。

3.部队缺额需要补充:拉姆加尔的部队缺额 1.1 万人,而且我们还不断有伤亡。曾经保证 5 月份时第三十师达到足额,结果仍缺 8500人,要把他们投入战斗,也已为时太晚了,除非训练半途就投入使用。此事必须设法加快进行。要让何应钦将军对此有深刻印象,多多劝说(蒋)夫人尽力而为。你有关第二○○师的回件可能还在途中,目前尚未收到。我们的通讯效率很低。

Stilwell's Personal Files:China,Burma,India,1942–1945,Vol.3,pp.1234–1235

史迪威的建议

1943 年 9 月 6 日史迪威(向蒋介石)建议"转移西北的兵力来阻止日军(对陈纳德计划)的反应"……这是史迪威第一次建议大元帅下令国民党和共产党的师进攻日军,并要大元帅从他自己积存的武器里拨一些给中国共产党作为采取抗日行动的鼓励……史迪威建议:

完全根据军事的考虑,以下提出的计划是可实行且是值得的。

1.第十八集团军(共产党军队),第二十二军,及第三十五军处于深入华北日军侧翼的地位。这个军力可以有利地使用,威胁平汉铁路和归化——张家口区域……

2.把山西的军队调往山西南部,并指向郑州,将大大增加上述的威胁……

3.本计划的提议如下:

a、傅作义的第三十五军在平绥铁路以东采取行动,用骑兵切断铁路,孤立包头的日本的卫戍部队。

b、邓宝珊的第二十二军在包头、归化之间采取行动以配合傅作义。

c、第十八集团军(共产党军队)开进五台区域,袭击平汉铁路。

d、山西的一些师袭击同蒲铁路……

e、胡宗南向东移动数师,在几个地点渡河,以向郑州和新乡进攻作为威胁。

为了防止敌人集中兵力各个进攻,上述行动应同时进行……

4.我建议采纳这个计划,并建议西北部队应给予充分的供应,使这个计划得以实行(定期在 10 月初)。无论怎样坏,这个计划对部队来说不致有什么损失,供应甚微,都可以使用闲散的部队,并可以弄清楚西北部队的可靠程度……

Stilwell's Mission to China,pp.367-369

3.开罗会议的讨论及会后变化

史迪威备忘录:蒋介石委员长阁下
为即将召开的会议所拟的提议

大元帅的计划是加强有效实力,装备并训练 90 个战斗师,分成三组,每组 30 个师,和 1 个或 2 个装甲师。

1.第一组由在印度的师,及那些被指派到云南的 Y 部队组成。这些师应于 1 月 1 日到达规定的足额,并在那时予以令人满意的装备……

2.第二组的 30 个师已经指定,并已成立一个学校……通向印度的公路打通时(第二组 30 个师)应重新装备,并于 1944 年 8 月随时可以开往战场。

3.对第三组的 30 个师将接着进行类似的程序,应以 1945 年 1 月为目标。在通过缅甸的交通重新打通之后,1 个或 2 个装甲师将组织起来。

4. 中国一切可供使用的资源都将用来产生有效的战斗部队。现存部队中受过训练的人员将成为充实者。

5. 中国将按照约定的计划参加收复缅甸的战役,X 部队(利多部队)从利多进攻,云南部队从保山进攻。此军事行动将得到孟加拉湾海军行动的支持。在采取行动之前,英国海军应及时集中,为行动作好充分准备。

6. 训练计划将继续进行并加强。

7. 将建立并维持必要的机场。

8. 在重新打通通过缅甸的交通,并提供必需的装备时,将采取军事行动以占领广州—香港区域,并开辟海上交通。

大元帅指望:

1. 在 1944 年雨季之前,盟国将使用陆、海、空军,尽快作出努力以重新打通经由缅甸至中国的交通。

2. 美国将为三组 30 个师和装甲师提供装备。

3. 如约维持美国第十四航空队,并予以充分的补给,俾可持续采取行动。

4. 中国空军将迅速加强到两个战斗机大队,一个中型轰炸机大队,一个侦察机中队和一个运输机中队,并保持这样的实力。到 1944 年 8 月,将加上第三个战斗机大队,和一个重轰炸机大队,此后将保持这样的实力。

5. 在占领广州—香港区域之后,美国将派遣 10 个步兵师、3 个装甲师和适当的辅助部队到华南,进攻华中及华北。视部队的部署而定,在大元帅总的指挥之下,他将任命美国人指挥中美联合军队中的这些部队,中美联合部队将在战斗序列中予以指定。

约瑟夫 · W · 史迪威

委员长的联合参谋长

Stilwell's Command Problem,pp.57–58

罗斯福致蒋介石

重庆,1943 年 11 月 12 日收

我们现在能对日本本土重大目标发起大轰炸进攻的时间比先前估计的要早得多。为便于完成此举,须为威力十分强大之新型飞机①预备长跑道机场 5 处,及在大成都地区预备数量有限的房屋设施。至其建设,我们须请你密切支持,以确保于 1944 年 3 月底前竣工备用。我们可以提供技术工程之监督,但必要之劳力及物资,须依靠你们提供,以免使用空中补给线。我将着手从租借拨款动用必要资金,如果这能使工程按预定计划加速完成,本人坚信,通过此一突然奇袭,必能予敌重大打击,使我美中两国大快人心。

Stilwell's Personal Files:China,Burma,India,1942–1945,Vol.3,p.1173

戴维斯备忘录

开罗,1943 年 11 月 22 日(?)

有关中国战场和东南亚战场的一些政治问题

东南亚司令部的使命,是在前英国和荷兰殖民地以及泰国击败敌人,可能还要将其占领。随后可能包括法属印度支那。

由于我们参与了东南亚司令部的计划,因而我们卷入具有政治爆炸性的英属、荷属,可能还包括法属殖民地问题。一经卷入,在亚洲殖民地人民和包括中国人在内的亚洲自由人民中都损害了我们的名誉。在国内使我们的政府遭到公众批评:"为什么要让美国青年流血牺牲去重新创造英国及其卫星国荷兰和法国的殖民帝国?"结果,由我们参加东南亚司令部而发生的英、美之间的误会和摩擦可能要比战场上产生的多。

把我们在亚洲的力量集中在中国或从中国发动的军事行动,我们

---

① B-29 远程战略轰炸机。

就能把在殖民帝国主义中的卷入保持在最低限度。我们所从事的事业是广为亚洲人和美国人所知的。我们避免可能对融洽的英、美关系造成损害的在殖民地问题上的互不信任,互相指责。

史迪威提出过一份增强美国在中国战场实力的计划。这份计划设想夺回广州、香港和上海,还可能进攻台湾。他建议运用美、中两国军队完成这些任务。中国欢迎这一计划,因为它使中国为有所得而战斗。他们对于只是为了英国和法国的领土利益攻入缅甸、泰国和法属印度支那没有什么兴趣。但是他们自己的领土和要求归还的台湾,对于他们却是真正的鼓励。

中国军队规模庞大,但是训练甚差,而且普遍腐败。不论委员长及其军队可能在原则上多么愿意采取进攻行动,没有美国坚定的指导他们是不能有效进行反攻的。只有授与史迪威讨价还价的权力,才能具体地实施美国的领导权,因为中国人是非常敏锐、讲求实际的交易者。因此,所有对中国的援助和转让都必须通过史迪威或和他洽商后再进行。

将力量集中在中国战场,并非建议对东南亚司令部干脆置之不理,我们需要和东南亚司令部合作,立即夺回缅甸北部,以便重开通往中国的陆路。但是,在夺回缅甸北部以后,就要分道扬镳了。

英国要将其主力放在南进,以便恢复殖民帝国。我国在中国的利益是向东,由东边我们可以配合美国的其他进攻行动,直接打击日本的新帝国的中心。

FRUS,the Conference at Cairo and Tehran,1943,pp.371-372

联合参谋长会议记录

1943 年 11 月 23 日

罗斯福总统表示热烈欢迎蒋介石委员长、蒋夫人和中国代表团。他说,这是一次历史性会议,是最近在莫斯科结束的四大国会议的必然结果。他希望本次会议的影响不仅在今天和不远的将来,而且在以后数十年中都能产生效果。他建议让蒙巴顿元帅对拟议在东南亚进行的作战做一个全面介绍。这主要是指陆地作战,因为海上作战一直在进行中。他断定大家会一致同意,应竭尽全力向中国运送更多的设备,目的是加速我们向日本心脏地区发动空袭的进程。

　　……

　　丘吉尔首相说,这些都是非常重要的军事行动,比以前考虑在这一地区采取的任何行动都重大得多。行动计划尚未经参谋长们审议,但审议将尽早进行,可能就在同一天。大约有32万盟军可对这个地区的敌军施加压力。他对这些行动寄予很高的期望,它们的成功主要取决于突然性和隐蔽性,取决于敌人对进攻路线和地点的茫然无知。

　　鉴于意大利舰队已经投降,其他地方的海战也于我们有利,一支庞大的英国舰队将在适当时候在印度洋建立起来。这支舰队的舰只最终将有:5艘现代主力舰、4艘装甲运输舰、12艘勤务舰,另外还有巡洋舰和小舰队。这支舰队将比日本主舰队中抽调组建的任何特遣舰队都更具战斗力。除此之外,蒙巴顿将军将在春季之前组建一支水陆两栖作战部队,以用于此次水陆两栖作战,这件事的准备工作目前正在快速进行之中。

　　蒋委员长说,和他在重庆表示的看法一样,他认为缅甸战役的胜利不仅有赖于在印度洋所建海军舰队的力量,而且有赖于陆地作战和海上行动的协调配合。

　　首相说,孟加拉湾的海上行动未必非要与陆地战役互相联系和配合。我们在此地区海军力量的优势能够确保我方交通线的安全,对敌人的交通线造成威胁。不要忘了,主舰队的基地在离陆军作战地区2000至3000英里远的某个地方。因此,这些军事行动与西西里的军事行动无法比较,在西西里,舰队的行动得到过陆军的密切支援。

　　委员长认为,敌人会增援缅甸,只有强有力的海上行动可以阻止增援。

　　首相说,如果我们不能阻止日本人通过马六甲海峡和其他海峡运来大量援军,其后果将是灾难性的。我们不能保证在海上完全切断敌人的增援,但我们应竭尽全力阻止他们的到来。

委员长说,他不清楚海军在印度洋集结的确切时间。他相信,海陆同时作战是此次战役获胜的最佳手段。缅甸是整个亚洲战役的关键。当敌人被赶出缅甸后,其下一个立足点将在华北,最后是满洲。丢失缅甸对日本人来说将是十分严重的事件,他们会负隅顽抗,以保持对该国的控制。

首相说,他不能同意陆上行动的成功完全有赖于海军同时集结作战的说法。无论如何,舰队不可能在 1 月之前集结起来,1 月之后的某个时间也不可能。舰艇得适应热带气候,得配备特殊装备。某些舰艇将马上启航,但是全部舰艇迟至 1944 年春末或夏初才能集结起来。然而,敌人在这期间似乎不可能向孟加拉湾派遣任何海军力量。

总统询问了暹罗和缅甸间铁路运输线的情况。

……

最后,总统说事情在那天早晨未取得任何进展。他希望委员长利用这个机会会见美、英两国的参谋长,坦率地和他们讨论这些重要问题。

FRUS,the Conference at Cairo and Tehran,1943,pp. 312-315

联合参谋长会议记录

1943 年 11 月 24 日

……

7. 和中国代表讨论东南亚司令部作战计划

布鲁克爵士问中国代表,现在是否有时间讨论蒙巴顿海军上将提出的东南亚司令部作战计划。

商将军①回答有时间讨论这个计划,他有某些问题和意见……

---

① 商震——译者注。

蒙巴顿在回答另一问题时说明要从赫茨堡发动的作战行动。他提到，这些行动和史迪威印缅部队作战行动协调的细节尚未拟定。有关两栖作战计划还不能透露。当然要在地面朝着阿恰布方向推进，并对推进充分利用。他希望将远程突破部队用空降投入萨尔温江以西，由一名为本地区的钦族人所熟悉的军官指挥。

然后，商将军作了某些评论。蒋委员长确信，在缅甸的陆上的军事行动必须与海军行动同步进行，应在孟加拉湾集中海军力量，蒋委员长要他强调这一点。蒋委员长在离开会议以前如未被充分告知海军到达孟加拉湾的时间和实力，他会感到极大失望。蒋委员长还认为，在目前计划中各路纵队推进得不够远。他认为，计划中还应包括夺回缅甸并以仰光为目标，以夺回曼德勒、腊戍一线作为第一阶段。最后，蒋委员长坚持认为，无论陆地作战需要如何，对中国的空运每月不得低于 1 万吨。可能会认为这样将妨碍陆地的作战行动，但应知道中国和缅甸的作战行动是密切相关的，中国对日本的压力必须保持。委员长最坚持的是保持对中国的空运。

坎宁安①爵士说，他可以肯定到缅甸地面作战行动发动时，孟加拉湾就会有足够的海军力量。他肯定首相会将集中海军的实力及日期的详情通知委员长。

蒙巴顿说，商将军所说的第一阶段的计划和他原来考虑的极为相似，但是在后勤方面存在的问题使其不能实现。他的参谋人员可以向中国代表详细说明这些问题。但既要执行这一庞大计划，又要保 1 万吨空运，这样的要求是不合逻辑的。然后他提出，在一段时期内稍加缩减，略低于 1 万吨，这对他实现当前的作战行动是必不可少的。他指出，这 1 万吨空运从来没有达到，只不过是一个目标。他认为，美国空军越过"驼峰"达到他们的现有能力，实在是奇迹。重要的是，中国应在坚持 1 万吨空运还是实现拟议中的军事行动两者之间作出抉择。委

---

① Andrew Cunningham，英海军元帅，地中海总司令，驻华盛顿英海军部代表团团长。

员长曾对他说过,此项作战行动实际上是为了重开滇缅公路,对于为实现此项行动而必须将空运降低到略少于 1 万吨表示同情。他一定明了他的处境。中国不能同时兼有 1 万吨空运和重开公路的地面行动。

他愿就对拟投入的英国和印度部队人数所提出的问题作出说明。中国代表的意思是否以为印度军队的战斗素质不良?他非常反对这种想法。在北非的战争中,印度军队的战斗表现非常出色。另一方面,如果中国代表指的是英国军队仍留驻印度,而不去参加拟进行的作战行动,他愿意彻底说清楚,情况并非如此。只有两个英国师没有投入。一个师正在接受两栖作战训练,另一个师正分成若干远程突破部队。商将军解释说,他提的问题只是想知道详细情况,无意批评印度或英国军队的战斗素质。关于越过"驼峰"的吨数,每月 1 万吨是为向中国军队提供给养和装备所绝对必需的最低数字。如果可能,中国会要求十倍于此的数量。

蒙巴顿指出,为使空运线安全或打开滇缅公路,都必须把一切投入此次战斗。他认为,中国在现阶段,只应装备要投入此次战斗的部队;在此次战斗取得胜利以前,用于装备或维持其余部队的吨位只能照旧。

马歇尔将军指出,当前的行动是为了按中国的请求打开滇缅公路,而打开滇缅公路正是为了装备中国军队。中国是为打开滇缅公路而战,还是要求更多的美国飞机来增加"驼峰"空运,二者必居其一。他反对现在再增加用于"驼峰"空运的飞机。对此不能有任何误解。这次战斗的目的就是为了打开滇缅公路。除非打开了这条公路,否则现在不可能增加对中国的供应,因为美国在别处还承担着许多解决严重物资缺乏的义务,不能供应更多的飞机或装备。

商将军说,尽管大家都同意必须打开滇缅公路,他还是认为中国战区每月必需 1 万吨。这些物资不会被囤积或出售,而是用来抗击敌人的。这 1 万吨都是驻滇部队和中国空军所必需的。

蒙巴顿说,此项作战行动需要的物资,是和史迪威、陈纳德洽商后计算的。他提议的降低的吨数就是为了满足这些物资需要。1 万吨这个数字是武断的,而他自己的数字是根据精确计算得出的。委员长答应他以同情态度对待少量的缩减,他希望委员长现在会这样做。

商将军说,他无权就缩小吨位问题作出任何决定,他要将此事报告上峰。

史迪威说,委员长指示他把委员长认为最基本的四点在会上提出:第一,海军和两栖作战应和陆军作战同步;第二,利多和英帕尔部队应向前推进,直到曼德勒;第三,云南部队应推进到腊戍;最后一点,必须满足中国空军的需要。

陈纳德将军就十四航空队、中国空军当前和计划达到的实力,以及维持它们所需要的每月物资吨数作了说明。中国空军当前的任务是保卫四川盆地,但是委员长认为必须对中国空军进行装备和训练,以便执行进攻任务。按照这个计划,两支空军所需要的吨数差不多每月 1万吨。

阿诺德将军问及计划如何使用这 1 万吨,因为如果全部用于空军,地面部队就得不到空运物资了。

陈纳德说,计划对中国和美国空军进行并重的建设。他提出的数字就是为实现这个计划提出的要求。他不是在提任何建议。

马歇尔建议中国代表为蒙巴顿安排晋谒委员长,解释他的作战计划以及有关对中国空运的意见。

艾伦·布鲁克爵士说,他相信委员长迫切希望重开滇缅公路,这只有缩减空运才能实现。

商将军答应安排蒙巴顿和蒋委员长会晤。

联合参谋长会议:

a、关切地注意到中国军事代表和蒙巴顿就有关在东南亚司令部范围内缅甸作战行动的会谈。

b、注意到中国军事代表承担安排蒙巴顿和蒋委员长的会谈,以便向蒋委员长说明计划的细节,说明根据与此有关的巨大努力,以及对向中国空运物资产生的影响。

FRUS,the Conference at Cairo and Tehran,1943,pp. 340–345

联合参谋长会议记录
1943 年 11 月 25 日

1. 东南亚司令部作战计划

应联合参谋长会议要求,蒙巴顿将他和委员长就缅甸作战计划问题的会谈作了报告。在会晤时,委员长坚持应执行另一个作战计划,而这个计划在事实上得不到足够的物力资源,它需要再增加 535 架运输机。

当蒙巴顿表示无法提供这些飞机,坚持在这种情况下需要委员长对于要付诸实行的规模较小的计划亲自给予热情支持时,委员长表示同意,但他说,首先必须正式要求联合参谋长会议提供需用于规模较大计划的飞机。

委员长还坚持必须在缅甸北部地面军事行动的同时进行两栖作战。

首相将能参战的英国舰队的详情告知委员长,委员长表示非常愉快。

另外,首相还通知他,两栖行动不会影响地面战斗。

委员长的看法是,两栖作战是会影响地面战斗的。因为两栖作战会吸引住敌方的部分空军。

然后,查尔斯·波特尔爵士明确指出,这会发生两方面的影响,在地面作战同时进行两栖作战,这意味着不能将全部空军用于地面战斗。

阿诺德说,可以动用的飞机可能是 75 架,如果不从已经分配到其他战场的飞机中抽调,不可能达到 535 架这个数字。

关于两栖行动,布鲁克说,必须告诉委员长请他等待答复,因为这件事取决于“六分仪”会议的进展情况。然后又讨论对中国的空运问题。

　　蒙巴顿说,已经告诉过委员长,在该项作战过程中,六个月期间"驼峰"空运量将是平均每月8900吨。

　　委员长曾要求必须每月提供足1万吨。

　　蒙巴顿指出,这不过是一个目标数字,迄今从未达到过。

　　委员长然后说,他将和萨默维尔直接商量。

　　阿诺德说,他希望联合参谋长会议决定,给予中国空军的支援不得超过已经同意的额度。

　　蒙巴顿要求必须接受一项原则,即如果能增加越过"驼峰"的运输机,应由东南亚司令部保留使用额外增添的飞机的权力。

　　马歇尔将军说,必须先报告总统才能接受这一原则。

　　蒙巴顿说,由于涉及到重要的问题,对于要在1944年雨季以前在缅甸作战,必须得到委员长的书面同意。他认为委员长对于此项战斗行动将给予热心支持,并已接受缩减空运的用意。

　　经进一步讨论后,联合参谋长会议:

　　a、一致认为,为较大规模的缅甸北部作战,以及增加"驼峰"空运吨位所需的额外535架飞机无法筹得。

　　b、注意到蒙巴顿将拟出一份提交委员长的文件,请委员长书面表示同意现在计划的缅甸作战行动;鉴于委员长即将离开"六分仪"会议,应尽快将此文件提请联合参谋长会议批准。

　　c、同意最好由蒙巴顿获准发出此件,因为关于此事他已经和委员长进行了商谈。

FRUS,the Conference at Cairo and Tehran,1943,pp.347-349

美英联合参谋长会议备忘录

开罗,1943年11月26日

必须取得蒋委员长同意的几点

　　1.由于联合参谋长会议无法为曼德勒计划的需要再调遣535架运输机,同意蒙巴顿在第一次全体会议上提出的计划应予接受。

2. 注意到委员长对于要在 3 月份进行两栖作战的规定,联合参谋长会议在约一星期后研究世界各地的两栖作战时,将对该项规定进行考虑。如果随后得到批准,即按此日期为在东南亚两栖作战行动进行准备工作。

3. 在 3 月初集合一支有足够实力的舰队,用于该次两栖作战及控制孟加拉湾。

4. 授权东南亚司令部最高指挥官从"驼峰"空运的吨位中抽出一部分供应缅甸作战行动,平均每月不超过 1100 吨,超过这个吨位数的物资转拨只有为了应付战斗中出现的突发紧急情况,才能由最高指挥官决定,或经由最高当局批准。空军运输司令部将尽力提高其运输效率并在冬末将"驼峰"吨位增加到每月实足 1 万吨,到春季再进一步增加。

5. 最高盟国指挥官将对中、美特遣部队从利多到加迈的指挥权,授与英国第十四军军长斯利姆[①]中将,直到部队抵达加迈再由他交给史迪威指挥。

6. 打算在 1944 年 10 月恢复攻势,因为这时雨季将结束。决定可动用的资源的确切数字则为时过早。

FRUS,the Conference at Cairo and Tehran,1943,pp.430-431

罗斯福致蒋介石

开罗,1943 年 12 月 5 日

与斯大林元帅进行的会谈,要求我们于明年初春在欧洲大陆联合发动大规模军事行动,以期在 1944 年夏末结束战争。上述行动需大量使用重型登陆艇,所以在发动缅北战役的同时,已不可能投入充分的登陆艇在孟加拉湾进行两栖作战以确保军事行动的成功。

---

① 　William J. Slim.

情况既已如此,你可否按现在的计划作好准备发起"泰山"①行动,其中包括我方承诺从海上控制孟加拉湾之责,并在发起"泰山"行动的同时,以军舰及登陆艇进行两栖袭击,还可出动 B-29 飞机轰炸敌方铁路及曼谷港。

如果不行,可否将"泰山"行动推迟至〔来年〕11 月进行,以便策应大规模的两栖作战。同时集中一切空运力量,将军需品飞越"驼峰",运交中国空军及地面部队。

我对此事的感受是:中国和太平洋地区将因对德战争的早日结束而得益良多。

FRUS,1943,China,p. 178

蒋介石致罗斯福

重庆,1943 年 12 月②

开罗。罗斯福总统勋鉴:12 月 7 日来电奉悉。中返国后,曾将开罗会议公报对于敝国民心士气之振奋,使得继续积极抗日之良效,嘱内子代达于阁下,此简已交飞机师夏尔顿上尉带上,现正在途矣。第一,开罗会议以前,已有捣乱分子对于美、英参加世界大战之态度,与同时听任中国单独撑持对共同敌人作战之见解,表示不满与怀疑。然开罗公报已一举而将此种疑虑完全扫除,以吾等三人已联合公开保证在太平洋发动联合攻势故也。第二,今敝国军民如果知悉政策与战略现正在拟议根本改变中,则其反响为如何之失望,使中忧惧中国不能继续支持之结果为如何。第三,在阁下之意,首先将德国迅速击败,于中国与整个联合国家或有重大之利益,此为中所明悉,盖一战区之胜利,自必影响所有其他各战区;而自另一方面言之,则中国战区之崩溃,亦必同样予世界整个战局以严重之后果。故中乃作如下之结论:为挽救此严

---

① Tarzan,南北缅水陆夹攻收复缅甸计划的代号。

② 原电日期不详,似应为 12 月 10 日。

重局势，中愿接受阁下之建议，惟阁下必能察及，倘果如此实施，则中重振国内继续抗战之工作，将增无限之困难。因中国战区之危机不仅在于军力之薄弱，而经济之危机更足以影响战时军民心理之动摇，随时可以招致整个战局之崩溃。照目前形势，无论军事与经济危局，决不能支持至半年之久，更不能待至明年 11 月以后也。前与阁下最后晤谈时，中曾说明，中国经济情况实较军事为危急，其惟一可能之解决办法，即为向中国军民保证阁下之十分诚心关切于中国战区，与协助中国继续抗战，而继续贷予 10 万万美金之借款，藉以增强其经济之阵容，并解决其经济上迫切之需要。同时为证实吾辈坚强之决心，予暴日以无情之压迫，中国空军及美国驻华空军，应予增强，自明年春季起，至少将已同意之飞机数量增加一倍。又空运之总数亦须增加，自明年 2 月起，至少为每月 2 万吨，使得以加强新增飞机之作战。如此或可挽救明年一年间中国战区军事与经济之危机，而民心与士气乃亦以美国实际之协助，得以维持于不坠，此为补救中国与太平洋战略缺点惟一之办法，想阁下当能体察余之苦衷而能全力协助也。中已令史迪威将军从速返渝，并拟与彼商讨阁下所提改变计划之具体办法。至于阁下二种之建议，何者易实施，拟待决定后，另行奉告。自德黑兰会议之宣言公布后，暴日自将合理推论，以为联合国全部军力，实际将用于欧洲之前线，如此则中国战区可任暴日机械化空陆部队集中全力之驰驱矣。而暴日之战略在此未来之一年期间，得先从容解决中国问题，预料不久期内日寇必对华发动一全面之攻势，以消除其后顾之忧。盖如此方可挽回其军阀衰落之威信，与维持彼等在太平洋上战斗之士气，此乃为中当前之问题。素仰阁下明察实情，故以忠诚盟友之地位，特为阁下披沥言之。如何？盼复。蒋中正。

蒋介石致罗斯福

重庆,1943 年 12 月 17 日

12 月 10 日奉电,想此时定蒙览及,所拟变更作战方案,经已与史迪威将军商讨,并作如下之结论:倘登陆部队所需之战舰及运输舰,不能完全依照原定计划集中,则自以依照阁下之建议,将海、陆全面攻势展期至明年 11 月,使一举而击灭在缅之敌人,较为妥适。同时对于明春反攻缅甸之准备,仍当依照原定计划,尽速进行,如此能使我军于任何有利时间,或明秋以前,如能集中充分之船艇,大规模在敌侧背(英文原文为孟加拉湾照此改进)登陆,即可发动陆上攻势,固不必待至明秋,或能使缅甸前线(即战事之意,以英文中用此字较妥故未改)较预期而提前结束。中决接受阁下之建议,将对缅甸之总攻势展期至明年 11 月,如能发动原定之陆、海联合作战,或当提前。同时中不能不重加申说,在此相隔一年之中,滇缅路绝少希望打通期间,中国战区将处于最孤危之形势。故中亟望阁下能照 12 月 10 日电内所述,竭尽全力,允诺财政之协助,及空军与空运之增加,以期解救中国战区之危机,及补救对日战略之缺点,庶不负阁下援助中国之一贯友好政策也。并候早日惠复。

《战时外交》第 3 卷,第 288—289 页

罗斯福致蒋介石

重庆,1943 年 12 月 21 日收

委员长阁下:两次来电,我刚返国即已收到。你接受集中一切必要之手段以首先击败德国的战略,将我们大家完全团结在一起了。我完全理解你概述的中国军事及经济状况。我仍然坚信,在此情况下,我们为消除中国目前状况所能作的主要贡献,是在今年旱季着手建设经由缅甸通往中国的陆路补给路线。为完成此举所需进行的战斗,势将同时为空运路线带来很大安全,并使我们得以减少运输机的损失。蒙巴顿现正制订尽其人力物力的最大规模作战的计划,同时也望你继续作

出一切实际努力,命令驻滇部队随时准备发起缅北战斗,以支持由印度推进的英、美军队的努力。至于驻华空军,你深知陈纳德的第十四航空队因供应困难,其充分发挥潜在战斗力仍严重受到限制。为此,我们必须努力改善交通线及通往中国的空运线,方能致力于进一步加强目前驻华的美国空军。如你所知,由中国大陆向日本本土发动长距离空中作战的计划现正在制订中。以此法向敌之要害地区进行袭击,其作用当可大大有助于提高美、中两国人民的士气。至于空运线,约有 100 架大型运输机现正在途中或正准备调往中国战区。即使上述飞机到达中国战区后,要达到我们现在要求这条航线达到的载重量,还有很大差距。我们将继续尽最大努力,建起此条路线,从而不断改进作战条件。然而要预测能实际增加多大载重量,现在为时还嫌过早。如果飞机集结顺利,初期目标我们要求每月达到 1.2 万吨。我们认为,如果分配给上述空运线的飞机不另作他用,如果我地面部队的推进能阻止日军对上述航线的阻挠,以上目标可以达到。贷款及有关财政问题现正由财政部考虑之中,我当很快电告。罗斯福。

Stilwell's Personal Files:China,Burma,India,1942–1945,Vol. 4,pp. 1284–1285

蒋介石致罗斯福

1943 年 12 月 23 日

十二月二十一日惠电奉悉,自开罗会晤以来,对于阁下援华之厚与关怀之切,益深了解,故十二月七日惠电所示延缓对缅全面攻势之建议,以待海陆两栖大规模攻势之发动,经已表示接受,对英美参谋长会议所决定之总战略,用全部有益物资以首先击溃德国,余既未参加末议,故无从表示意见,惟有深信阁下卓见之精当耳。然余须披诚相告者,即关于最近军事之处置与活动,盟军战略置中国战区于不顾,已引起各方严重之误会,盖缅甸战役之成败,为中国生死存亡之问题,阁下犹能忆及前在开罗时余曾郑重申说,如派我驻滇部队开始北缅作战,若无大军于南缅登陆协助,以侧击敌军,乃为自觅其败亡,此项作战计划,余实不能同意;但中国部队能用于缅甸战役而不严重影响于中国战区者,如在列多及蓝伽等军队,余已交予蒙巴顿与史迪威矣。卓见以为由中国境内实施对日本本土之长程空战,定能提高贵我二国之士气,余甚同意,惟余竭力主张为保障此项空战之成功,则目前美国驻华之空军应即迅速增加,使足以保护我空军根据地,以防御敌机之袭击与破坏。余系一军人,不能不将目前实际之形势奉告于阁下,由军事及经济方面观之,明年均为中国战区最危急之一年,余恐此战区内之不利转变,势将影响于太平洋之整个战局形势也。

《先总统蒋公思想言论总集》第 37 卷,第 272 页

(五)史迪威指挥权危机

说明:美国一直希望中国出动远征军策应缅北作战。1944 年 3 月,驻缅日军发起了对印度英帕尔地区的进攻作战。美英迫切希望中国远征军尽快对滇西日军发起攻击。罗斯福在三四月间以严厉措辞催促中国发动进攻,甚至以停止租借援助相威胁。5 月,中国远征军发起滇西反攻战。随着中国军队在豫湘战场的溃败,美国提出了由史迪威指挥所有盟国在华军事力量的要求,以挽救危机。蒋介石采取了拖延策略,要求有一准备时期,并要求罗斯福派来一位完全信任的个人代表。赫尔利奉命来华,但关于指挥权的谈判仍然陷于僵局。美方采取了高压态度,最终迫使蒋介石摊牌。蒋介石坚决要求美国召回史迪威,并获得了赫尔利的支持。权衡大局,美国最终不得不召回了史迪威。

1. 罗斯福敦促中国出动远征军

蒋介石致罗斯福
1944 年 2 月 2 日

一月二十六日惠电,经由高斯大使转交,业已奉悉。对于阁下协助鄙人与余之政府之努力,殊甚感激,关于电内各项建议经与孔副院长(祥熙)磋商,并已嘱孔副院长将余与彼商决之办法,知照高斯大使与史迪威将军之代表矣。余信贵我两国共同满意之解决,最近当可达成,并欲郑重申述余与孔副院长已尽吾辈最大之努力,使达成阁下之期望,以减少中国经济崩溃之危险,与减少于继续抗战期间对我国民气之低落。对于阁下致余前电中所示之贵国财政部建议,已由孔副院长径行详复摩根索部长,其中对于中国财政经济之情形,皆有简明之叙述,倘蒙阁下拨冗调阅,尤所盼慰。又一月十五日惠电经由史迪威将军总部转递者,亦已奉悉。对于阁下期望打通列多公路一节,深为欣感。盖此期望亦为余所最关切者,因惟有打通此陆上路线,而中国乃能迅速获得其军队急需之重武器也。阁下无疑当能忆及,前在开罗时,余曾郑重表示:如大规模陆、海两栖战能于战略想定之地点发动,则余准备随时派遣云南部队进攻缅甸,余仍坚持此项决定,并望吾人能于今年十一月前发动作战,而此日期即阁下以为可能对缅实施陆、海作战也。明日余将赴湖南前线,约离渝二周,阁下任何电讯,皆可转达,余知阁下深悉今年乃为中国在经济上与军事上最危急之一时期,而余信阁下将愿继续协助敝国以渡过此难关也。

《先总统蒋公思想言论总集》第 37 卷,第 274—275 页

罗斯福致蒋介石
重庆,1944 年 3 月 20 日收

缅北之形势已到达一重要阶段,此一形势余以为可大有利于吾人,

亦可于吾人极为不利,假如吾人不能把握有利之时机。中国军队在列多①公路上已予日军一严重之挫折,敌人之兵力、地盘及声望,已受重大损害,此举诚属伟大。史迪威将军能因此相当有利地运用美军,此等予破碎之敌十八师团之挫败,诚为一重要之胜利。与此相媲美者,英军在阿拉甘海岸亦曾予企图截断英军交通线之日军以严重损失。最重要者,厥为曾受良好训练之英国远距离突击军,由特别训练之美国空军运输,已在克多附近建立坚固据点,约在日军后方160 哩,备有充足之接济品及运输工具,高射炮以及战斗轰炸等机队,曾在一天中毁坏在地面上之敌机约占敌在缅甸飞机20%,并予敌在列多公路之第十八师团及面对云南华军之敌师团接济线以严重威胁。显著地日军并不知悉此对其交通线之严重威胁,而向前推进,威胁伊姆法尔②及中印空运线之基地交通线。在寻常情势之下,此一威胁或甚严重,但在目前之形势下,却能进展为对日军之危机。据史迪威将军报告,立多方面之华军,刻在长步坝,不日当可抵达沙达浦附近,彼称华军富于战斗力,在过去三星期之艰苦战斗中有极好之表现,彼感觉如云南华军能前进至腾冲及龙陵,则可予在列多之华军以夺取密支那之良机。余怀疑史迪威将军处于深山之中,从事该方面之作战,是否能完了〔解〕认清此面对吾人之机会。据告,除非援军能到达,日十八师团之残存部队,该师团将在吾人军队推进前崩溃,可能地此一援军将自敌对云南华军之五十六师团中抽调,盖克多附近之有力部队突然出现,将阻止日军自该处抽调后备部队至列多前线也。阿拉甘及伊姆法尔前线之激烈战事,配以突击队之深入日军曼德来③至密支那间交通线之心脏,必将使日军处于极严重之崩散,或须略为后撤,此盖于我有利也。惟如吾人不能采取进攻行动,敌人必将自目今之劣势下复原。余所以奉告阁下余之见解若是

---

① 即利多。
② 即英帕尔。
③ 即曼德勒。

详尽者,盖深望阁下能命令云南华军,在此一良机中共同合作。专肃。敬请政绥。罗斯福。

蒋介石致罗斯福

重庆,1944 年 3 月 27 日

罗斯福总统勋鉴:本月廿二日接读阁下关于缅甸作战之电,聆悉一是,兹特详复如下:中国战区最近之形势险恶,实有不得不与阁下详告者。自本月中旬俄国空军与外蒙军队侵入新疆以来,至今犹在对峙之中,因此一般军民,对于联合国共同抗战之心理,不能不发生影响,即联合国往日之盟誓与宣言,是否已失功效是也。此时中国对盟国之义务,及其本身应负之责任,以其力之所能及者,应有以下二项:甲、目前应尽其全力保持中国战区现在之阵地,勿为敌寇乘机突破,以为盟国在陆上轰炸日本本土惟一之基地。乙、亟待盟国海、陆军迫近中国海岸时,中国陆军与之联接一气,共同作战,以巩固联合国在东亚大陆进攻日本重要之基地。此乃中国今日最大之任务,亦为其对盟邦应负之责任。然而今日抗战 7 年之中国,其国力兵力已极疲惫,若再赋予其力所不可能之任务,而强勉为之,则必致失败。惟此一失败,其所发生之恶影响,决不只云南与缅甸之一隅,必使中国战区全局动摇。若果形势至此,日敌自向我云南与四川基地乘机深入,而新疆之战乱与陕北之中共,必取进一步之行动,以实施其赤化中国之企图,使我中国政府不能尽其对盟邦应尽之义务与责任。而盟国在东亚进攻日本之根据地,亦完全丧失,此其所利者,惟在敌国之日寇,而于我中美两国尤为不利也。故余为对盟邦之义务与自身之责任计,新疆未安定以前,与中国战区正面对敌寇之抵抗防线未有十分之把握时,则中国主力军由云南发动攻势,殊不可能。惟余在开罗对阁下之面告者,即英国军队如在缅甸海岸海、陆两栖大规模之攻势一经发动,则中国主力军必向缅甸全力进攻之诺言,无论何时必践此约,决不失信。然缅甸目前战况实有增加军队之必要,此虽

非中国任务内之事,但既承阁下之督促,不得不有以应之。兹决由云南方面尽量抽调军队空运至印度,增加列多方面之实力,使其得以继续作战,打击敌寇,达成任务。总之,中国在东亚陆上作战,应负重大之责任,且历年来承蒙阁下对中国热忱之提携与爱护,未有不尽其最大努力以副厚望,故特将中国战区最近之形势与整个之计划,为阁下剀切直陈,谅阁下必能信任中国,信任友人,始终不渝,则中国自必竭尽其最大之责任,决不有负于友邦也。蒋中正。

《战时外交》第 3 卷,第 297—298 页

罗斯福致蒋介石

华盛顿,1944 年 4 月 3 日

当前日本在英帕尔地区的进攻,主要可能针对往中国运送物资的交通线。日军这一大规模攻势如能得逞,他们便可集中兵力打击并摧毁利多部队,然后从容不迫地挥师进攻贵国的 Y 部队。

英国人正在很好地应付日军对通往中国的交通线及支援孟拱谷地贵国部队的补给线所造成的强大威胁。缅甸西部及若开海岸一带鏖战正酣,萨尔温江前线却平静如常,因此日军得以抽调第五十六师团的部分兵力去迎战史迪威在孟拱流域的突袭,排除缅北远程突破部队的威胁。拥有美国装备的贵国 Y 部队竟不能向目前实力空虚的日军第五十六师团进击,在我看来这是无法想像的。贵国第七十一军不再迟延地挺进并占领腾冲—龙陵地区,我看时机已经成熟。在萨尔温江对抗贵军者乃一空架子师团,你军西进必将成功。

只为利用这一时机,在过去一年中,我们一直在装备和训练贵国 Y 部队。倘若不把他们用于共同的事业,则我们为其空运装备及提供训练人员而作出的极艰巨而广泛的努力岂非毫无道理? 他们不应以进攻南缅沿海的两栖战必须先于自己的出兵为理由而退缩不前。当前的形势发展否定了这一要求。日本人已在若开、亲敦江和孟拱谷地部署了 7 个师团的大部兵力。

切盼你能行动起来。

Stilwell's Command Problem, p. 310

蒋介石致魏道明

1944 年 5 月 28 日

如见罗斯福总统时,可告其中国抗战七年以来,其局势之严重,未有甚于今日者也。去年余自开罗会议回国以后,即发觉日俄妥协之象征,故深感远东战局之可虑,而中国战区必将益陷于孤立之困境,然当时因无确据,不敢直告其事,每于致罗斯福总统电中,只表示中国战区本年内实有崩溃之虑而已;今则日本调其驻我东北防俄之兵力,已抽其三分之二以上之大部,由榆关向津浦与平汉两路南运,自三月至今已超过五十万人之数,其中除由上海、宁波出海,向菲岛台湾及南洋群岛增防以外,其余皆在武汉、岳阳、宜昌一带集中,企图打通粤汉路与进攻重庆。自中日作战以来,其在华中所用兵力,亦未有如今日之多者,可知其此次动作已具彻底消灭中国之决心,此乃日俄彻底妥协之明证,除其所发表之渔业协议以外,必有军事秘密协议之缔结,此事不仅为中国之危险已临最后关头,而太平洋战局以后之变化,恐亦不能如吾人预想之乐观。武汉敌军,今晨已向湘北开始攻击,另有一路在广州集中兵力,向韶关进攻之准备,不久亦必发动,而且其在越南,亦有集中兵力向昆明进攻之征候,判断倭寇趁此中国战区国际路线未开通以前,不仅打通粤汉路,而且同时进攻我抗战根据地之重庆与昆明空军基地,情势紧急万分,若非增加美国第十四航空队之实力,与增加由印度至昆明之空运油量与器材,决不能挽回今日之危局,如照目前史迪威将军所分配之空运量,而不多增陈纳德空军运量之吨位,必误战局。可否由罗斯福总统特别设法在此三个月内,每月准增加陈纳德空运总量为八千吨至一万吨,并大量增拨飞机,或可使中国战局能有补救之望也。详情已由军令部直电启予兄转报美军部矣。请予接洽,并以此电交启予兄同阅。

《先总统蒋公思想言论总集》第 37 卷,第 283—284 页

2. 美国提出史迪威指挥权要求

史迪威致马歇尔

1944 年 7 月 3 日

第一,盟军最高副统帅职位问题。请勿为此挂怀,我可以请求解职,您可任命索尔登。索尔登处事仔细敏锐,是最有能力的人。作为副统帅,他比我胜任。事实上,我认为英国对我的职位所关心的,是把我放在不会再给他们造成麻烦的地位上。他们认为我是一个任性的人,考虑不当的行动可能给他们带来麻烦。他们的借口是,我必须承担起作为副统帅的责任,协助盟军最高统帅到处解决那些纠缠不清的事。上帝知道这该谁去做,可是谁也做不到,因为谁也不会获准简单地挤走一位即使是全然无能的英国将军。在这种情况下,如果把我的全部时间用在我现在不能做的工作上,我作为副统帅将一事无成。实际上,海陆空军的司令官们指挥权在握,盟军最高统帅几乎没有实际控制权。

第二,中国局势。如果我去中国,在我离职期间我可以委派索尔登接管指挥,相信中国不会反对。但是,如果委派索尔登为副统帅,在他一开始担任这个职务时,我们就会遇到和从前一样的局面。解决办法可以是任命惠勒或其实是任何人为副统帅,因为这个工作毫无意义,而将索尔登用于指挥驻印中国军队。我没有其他指挥中国驻印军的候选人。梅里尔有指挥能力,但他的体力不能承担。我曾不得不解除麦卡蒙①和博特纳的指挥工作。对韦塞尔斯②不能指望。很难找出一位在指挥美国、英国和中国军队上令人满意的人。假定能找到一位稳重温

---

① John E. McCammon,美准将,1944 年 5 月至 6 月任密支那中美突击部队指挥官,后由博特纳接任。

② Theodore F. Wessels,美准将。1944 年 6 月博特纳被解职后,韦塞尔斯由东南亚盟军司令部调往密支那接替指挥中美突击部队。

和的高级人员担负这一工作,而我去中国,这会引起蒋委员长的惊慌,但是他仍然会坐在后座上,对萨尔温江和湖南战场指手划脚。假如总统给他一个强硬的信息,强调我们在中国的利益和投入的人力物力,还有中国因对军队管理不当和疏忽而面临的严重不利局面,并且坚持必须破釜沉舟挽救危局,那或者会迫使蒋委员长把指挥工作交给我。我相信中国军队会欢迎我。何应钦应调离参谋总长职位,或者让他保持头衔而放弃实权。如果对军队没有指挥全权,我是不想承担这个任务的。即使有了全权,由于已经造成的损失很大,我看只有一个补救机会,这就是使用监视共产党的军队从陕西发动反攻,通过洛阳向郑州和汉口进攻。还有鄂西的军队可以利用。共产党也应在陕西参战,但是除非委员长和他们达成某种协议,否则他们不会参加。两年以前,他们提出在我领导下进行战斗。现在他们或许也会听从。但即使我们有良好的愿望和充分的合作,时间和空间的因素现在对我们不利。你不难想象,组织和调动这样一支散在各地、不密切联系的军队会遇到的问题,但是除了这一着以外,我看不出有挽救危局的机会。驻在萨尔温江的军队不能撤退,即使撤退也赶不上。在印度支那边境的军队必须留驻那里,否则昆明要受到攻击。关于空军的效率我不提任何意见,因你已有所闻,情况确实危急,现在正在自食对军队疏忽和管理不当所带来的恶果。如果不采取非常迅速的根本补救措施,我们将遭到极大的挫败。这些情况必须用强烈的措辞向委员长说明,否则他将继续混日子,继续呼喊援助,继续做他现在正做的丝毫无补于战局的事。总之,在中国做些挽救工作仍有一线希望,但是行动必须迅速有力,而且委员长必须授与一位司令官以全权。如果总统能理解这一想法,我们至少可以一试。希望人数众多并有决心的军队——虽然它战斗力弱、互相协调的配合差——能在日军彻底击溃全部抵抗力量以前制止住日军。机会肯定不多,但是现在看不出其他的解决方法。

RG218,Leahy Papers

罗斯福致蒋介石

重庆，1944 年 7 月 7 日收

鉴于日本在华中的进击造成极为严重的局面，不仅危及贵国政府亦危及美军在华的一切建树，据此，我认为欲挽救局面必须立即采取果断措施。我认为对当前的危急局面，需将协调包括共产党军队在内的盟国在华军事力量的权力授与一人。

我充分了解你对史迪威将军的看法，可是我认为他现在已经显示出具有远见卓识，在组织和训练你的中国军队、尤其是指挥他们作战方面显示出才能。对于克服当前危及中国及我们征服日本的全盘计划的灾难性局面，具有此种能力、魄力及决心的人，实非史迪威莫属。现将史迪威提升为四星上将，请惠予紧急考虑将他从缅甸召回，在您的直接指导下指挥全部中国及美国军队，并请授与阻止敌方进攻所需的作战行动的协调与指挥全权，使其担负全部责任。我以为中国情况非常危急，如不立即实施迅速的彻底补救措施，则我等共同事业将遭受灾难性挫折。

本人坦言直陈之处定能邀得鉴谅，并向阁下保证本人无意支配有关中国的事务。然而，由于整个亚洲的未来以及美国在该地区内所耗费的巨大力量都处在危急关头，因而我有理由对此事深表关切。

在意大利、法国和太平洋，已经明显表明仅凭空军力量不能击败坚强的敌人，此点尚请注意。

事实表明，空军在数目上虽占压倒优势，德国在进行防御战和发动强有力的反击战上还是成功的。

如阁下同意授予史迪威我现在提议的这一任务，我建议任命索尔登将军指挥在缅甸的中、美部队，但受史迪威节制。索尔登现在是史迪威的副手，是一位优秀的军官。

Stilwell's Personal Files: China, Burma, India, 1942–1945, Vol. 5, p. 2409

蒋介石致罗斯福

重庆,1944 年 7 月 8 日

　　孔副院长转罗斯福总统:7 月 7 日接阁下来电,甚感阁下对中国战局之关切,予以切实之建议,不胜欣幸。

　　阁下所提,史迪华将军在余直属之下,以指挥全部华军与美军之建议,其原则余甚赞成。但中国军队与政治之内容不如其他国家之简单,更非如在缅北作战少数华军之容易指挥者可比,故此事仓卒付诸实施,不惟不能补益中国之现在战局,乃必速致中国军事之不利,此乃现地之事实,亦为余对阁下坦白与至诚之贡献,决无有丝毫之掩饰或作推托之辞也。故余以为必须有一准备时期,可使中国军队对史将军能绝对指挥,而毫无阻碍,而后乃不辜负阁下之所期待也。余甚望阁下能派遣一私人完全信任之有力之全权代表,且能有远大之政治目光与能力者,得以随时与余合作,并可调整余与史将军二人间之关系,俾能增进中、美合作之效率。盖军事之彻底合作,必须以政治合作为基础。至于阁下对中国之友爱与挚诚,余信之已笃,决无丝毫犹疑,此意已为华莱士副总统面述甚详,想彼回美后必能转达一切也。以后凡关于此项重要案件,请与孔博士直接商讨,如阁下有电并可托其转发也。蒋中正。

　　　　　　　　　　　　　　　　　《战时外交》第 3 卷,第 636—637 页

蒋介石致华莱士

1944 年 7 月 8 日

　　阁下六月二十七日由成都所发之函,其中重要各点,皆为余心中所欲言而未能详加面述之言也。足下诚为余同道合作之良友,函中所谓即行采取迅速积极之行动,以实现新力量与新精神一节,更先得我心,且为余时刻所切望者。凡足以增进抗战力量,促成中国进步之一切措施,为中国力量之所能者,自必为中国政府切实规划,以求迅速实施;对于中美合作之问题,有新的彻底之解决,非仅军事合作,同时政治方面,亦有彻底合作之方法与事实,而后乃能将合作之新精神贯彻到底,而使

我中国军民得到新的鼓励,如罗斯福总统同具此见解,则余当不吝一切,下紧急处置之决心,甚望阁下返华府后,能商承罗斯福总统,拟订能使两国合作具体实施之方案,并能由罗斯福总统派遣一私人完全信任之有力全权代表来华,得以随时与余工作,并设计关于军事、政治与经济各重要业务之处理,以实现吾人所期望如上〔所〕述有力而彻底之合作,则中美共同利益之增进,必有一日千里之势,岂仅有利于目前对日战事而已哉! 甚望阁下能大力促成此一有历史性的、与积极而有建设性的中美合作之大业也。至于中国目前情势之严重,诚有如阁下所系念者,但实际内容,并未有如阁下在各地所得报告之危险与绝望之程度,此当能以今后事实之表现证明之,关于余派遣全权代表常驻华盛顿一节,自所心愿,惟宋子文博士一时未能来美,在宋博士未能来美之前,余决派孔祥熙博士充任此职,以孔博士实为余最信任之同僚,必能完全代表余个人,一切胜任裕如也。并请以此意代达罗斯福总统,予孔博士以彻底之信任与合作为荷。

《先总统蒋公思想言论总集》第 37 卷,第 288—289 页

蒋介石致孔祥熙

重庆,1944 年 7 月 10 日

孔副院长:前电述关于罗总统来电五点大旨,其中数点如其提出询问时,请兄注意之:一、中国军队性质多为革命军,而与其他国家军队组织规律已有健全之基础者不同,故中国军队除法令与组织之外,而以个人之信仰、感情与革命之历史为主要因素,中国军队抗战 7 年之所以尚能维持不颓者,全由于此等个人精神之贯注,而决非如其他国家军队可由一纸命令与纪律,或仅凭能力与学问所能指挥也。至于中国现在缅北作战军队之数量,仅为全国军队总数中 2% 弱,而且其性质单纯,完全可以贯彻政府之意旨,故交史迪威指挥,决无阻碍或生意外之事。而在国内之军队,性质复杂,决非任何外国军官所能了解,如一旦贸然交其指挥,不仅不能指挥如意,而难免发生意外,则弟之责任所在,更无

以副友邦之期望也。二、罗总统电中另有"阁下对史迪威平时之感想不良"之意,此亦可以相机与之表明,余对史感想决不以余个人之主观出之,而全以中、美合作是否有益为主也。只要史能与中国切实合作,于中、美两国能增进互助精神,则余对史必完全信用,且必可全权交托,如现在彼在缅印指挥中国军队者然也。因此即可证明余对史个人并非为个人对之有何成见也,此应请其谅解。三、惟其电中以物资支配权完全集中于史个人,而我政府不能预问,以及包括共产军在内二点,关系于合作前途最为重要,若不改正其观念,则此必引起全国军民不良之反响,更使史迪威将来不能与中国军队之合作。须知中国对共产军历史与行动之嫌恶,不只军队,而且全国民众必生疑惧也。然此意目前不必急于说明,更不可以弟意出之,待将来到适当时机时,再加剖释可也。中正。蒸已。

《战时外交》第 3 卷,第 637—638 页

蒋介石致孔祥熙

重庆,1944 年 7 月 11 日

孔副院长:关于中国战局,现在之情势在外人视之自不能不视为严重,但以七年以来在中国当局者观之,实不足为奇。以七年中每年皆有如今日严重之形势,而且开战之初三年,其危状实有甚于今日者,故今日战局只可言重要,而不能算为严重。此弟以中国战区之责任所在,不得不从实详告罗总统,以免其忧虑。并可直告罗总统,关于中国战场之成败,弟必始终负责到底,决不致失败,而且目前战局根本决无危险,只要其能对余七年来抗战一贯之精神笃信不撼,则弟决不辜负其所付托也。此节应在谈话以后或其谈至中国战局危急之言时,乃可特别代弟声明。中正。

《战时外交》第 3 卷,第 638—639 页

孔祥熙致蒋介石

华盛顿,1944 年 7 月 12 日

蒸、真三电敬悉。真、尤、队三电计呈钧鉴。总统本晚离此,事务极忙,因弟请其见,故于午后晤谈。当将钧电面告,并陈原委。伊即启封细阅,频频点首,认为钧意甚是,即谓当时发电即顾虑事实困难。对于派遣全权驻渝一节,伊觉人选困难,中、美双方人员均属不少,惟遇实际要务,均有无人之苦。弟谓此事关系两国合作,确极重大,人选困难,盼其从长考虑,以免人选不当,于事无补,反生妨碍。观审钧座复电,可见钧座考虑周密,并云弟本人对于实际情形较为清楚,愿为密陈:(一)华军过去因军事系统情形复杂,除法令外,尚赖个人情感维持。(二)对于军队之运用,无论中西资格威望关系,越级尚不可,何况以素无关系外人来发号施令,指挥一切。现在情形,论德望,除钧座可自由支配外,即军政主管,有时亦不得不勉就事实。至于史迪威事,过去于公务,或因观察不同,或因未明实情,与主管方面彼此意见不免稍有出入。至钧座对史迪威私人方面,绝无成见,只要为中、美合作而努力,对之必信赖也。惟弟私人对于史迪威之指挥全军,是否能达任务,不无疑问,如认识稍有不适,致命令万一不能执行,史迪威为伊荐派,深恐影响伊个人德望,碍及中、美邦交。且中、美合作,不但军事,尤重政治,单从军事不能解决整个问题。军略家未必皆有政治头脑与经验,为免日后误会,宁可慎重于始,盼其从我苦衷。伊谓极是,当时之建议,即慎重考虑,故先电商钧座,对钧意伊亦明了事实确有困难。嗣谈代表人选,伊提:(一)麦克阿瑟资深望重,且懂政治,惟其目的在夺回菲岛,且能改变初衷。(二)贺浦金斯为其至友,对国府及钧座均钦佩,如能去渝,必能完成任务,惟其病难以远行。(三)伊谓华莱士如何?弟谓人选之究否合宜,不敢妄作主张。总统谓华君有时不明实情,处事冒失,且其性情亦有关系。继谓明了华情懂中文之武官亦有,惟地位太小。弟谓仅略知中文,是否足以应付,亦成问题,且仅知军事,不知政治,亦不合宜,情形既然如此,盼其慎选,先行预商,再为决定,稍缓数日无碍。总统态度良好,谅解钧座苦衷,谈话间对史迪威任此重任,不甚相宜,伊已觉得。此次交涉因先略为布置,尤其贺浦金斯帮忙。对于我战局情况,因时间关系,只略为声明。熙叩。文(十二日)。

《战时外交》第 3 卷,第 639—640 页

罗斯福致蒋介石

1944 年 7 月 13 日

顷接阁下 7 月 8 日来电,对阁下直言无讳深为欣赏。我承认内部政治情况对重大军事决策确有很大关系。今获悉阁下原则上同意关于在阁下指导下史迪威将军拥有不受干扰地指挥中国军队的绝对权力的建议,对此深表欣慰。

实施该项建议涉及的困难是时间问题。我知道,我的建议代表一项重大的变化,必然要涉及很多困难方面。然而,由于情况危及我们的共同事业,需要迅速行动。如果灾难性局面淹没了我们共同抵抗在华日军所作的努力,则中、美的合作势必无法继续。因此,在全盘军事局面出现如此严重的险情并构成直接威胁时,是值得承担估计得到的政治风险的。

我正在物色一位具有政治远见和能力的人作为我的私人代表和你合作。

紧急情况主要是在军事方面,我一直想的是急需立即将直接指挥华中军队和作战行动的权力委托给一个人。从长远政治观点来看,我对阁下的建议甚感兴趣,现正仔细考虑。我必须确信,为此项任务选择的人是合适的。这项任务困难很多,必须进行充分研究。与此同时,再次敦请阁下采取一切步骤为史迪威将军能尽早就任指挥职务铺平道路。

孔博士处亦已提供本信副本,但由于事态紧急并考虑传递速度,特将此信通过本人通信渠道直接送达阁下。

RG218,Leahy Papers

何应钦致蒋介石

重庆,1944 年 7 月 18 日

委员长钧鉴:关于罗斯福总统提议,中国所有军队(含十八集团军)统归史迪威指挥,并将驻印军交史之次级人员指挥一节,职认为此事关系重大,谨具申意见如左:

为求与美军彻底协同迅速胜利结束战争,并使战后建军获得基础,及建国能得友邦援助,对于罗斯福之提议,似可援英国例,予以原则上之同意。至于实施具体办法,似可依左列原则与史迪威就近商定,得罗斯福之同意后,即付诸实行。

一、将重要战区之国军,依实际情况区分为攻击兵团(或称第一线兵团)与守备兵团(或称第二线兵团)两种。

二、依各战区当面敌情与我军之任务,决定攻击兵团之数量(每战区约二至五军),交史迪威指挥,担任攻势作战任务。其余部队,仍由原战区司令长官指挥,担任原阵地及后方之守备任务,并自行整理。

三、攻击军之编制装备及后方勤务,概由美方担任,其兵员之补充及人事,则由中国统帅部任之。

四、各攻击军之战斗序列及各高级指挥官之人选,与史将军协商办理,总以使史之指挥权能彻底为原则。

五、史迪威之指挥权,于战争结束之同时解除之。

六、第十八集团军之行动,违背抗战建国之国策,全属内政问题,理应除外(如因此美方竟不予我一切援助,中国宁肯单独抗战到底,亦不牵就)。

七、驻印军派史迪威之次级人员担任指挥,似可同意。至于中国军队全部归史迪威指挥一节,姑无论内容复杂,事实上不可能,且失却我国独立之尊严,殊非我血战 7 年争取自由平等之本意,惟鉴于我国实情,又不能援苏联例断然拒绝,贻抗战建国以不利之影响。

基于上述理由,似可在上述七条件下,同意罗斯福之提议,并先予以概括之答复,俟与史迪威商定后,再行详复之。

右议当否？恭请鉴核参考，并叩钧安。职何应钦谨呈。三十三年七月十八日下午七时。

蒋介石致孔祥熙

重庆，1944 年 7 月 23 日

孔副院长勋鉴：下列各点可作为余对罗总统答复之正式意见，请兄即谒见罗总统面陈，并事先译成英文，作备忘录格式，于晤谈后正式交付之。全文如下：甲、我中、美两国合作之基础，全在道义真诚与共同目的之上，我国抗战七年，罗总统自始即竭诚援助，我国本为一贫弱国家，得有今日之地位，皆美国一贯的援华政策之所致，此为我国上下所一致铭感而不能忘者。我中、美两国合作之深切，决非其他国家所可比拟，是以罗总统之主张与计划，无论其对中国、对国际，我国无不乐从。凡于中、美两国共同目的有益而与我国家立国基本无损之事，中国无不竭诚接受其主张，故彼提议以史迪威将军在余直属之下，以指挥中国军队一节，余在原则上表示接受而毫不踌躇。但在实行之程序上，余自应按照实际之情形，加以充分之考虑，务使其实行时能十分圆满，毫无窒碍而后可。换言之，凡事有急切行之反而有损于中、美合作之前途，而足以妨及吾人共同作战之目的者，则余亦必将其困难情形坦白直告，以尽我同盟之谊，此余上次复电之主旨也。乙、今接罗总统第二电，益感其对我中国战局之关心，且其剀切见示重申前议之精诚更足使余感动，余特对于此建议加以详审而具体之考虑。在考虑之时，余认为实行此事之前提：（一）应顾及中国之政治环境；（二）应顾及中国军队与人民之心理；（三）应使史将军在余命令之下指挥军事能圆满顺利，确实有俾于共同作战之进行。余觉此事仍应照余实地考虑之意见，须有一相当之准备时期，否则若军队与人民之心理皆无相当了解而急切行之，将使中国军民疑虑而惶惑，以致中国之政治与军事俱发生极不利之结果。丙、因此余直陈意见如下：第一，罗总统希望余于最早可能之时间迅作

准备一节,余必竭力进行准备,务使在短期内能达成此一彻底合作之目的。第二,罗总统第一电中,所称统率全部华军一节,此应指为国民政府统辖下在前线参加作战之军队而言,其指挥之范围与办法,当另行规定。至于共产党军能否在内,当视该军以后能否即时接受中央政府之军令与政令而定,故当另行计议,此时不便确定。第三,为使余与史将军顺利合作,毫无隔阂与阻滞起见,在史将军实行任务之前,应将下列各项即:(1)彼之职权;(2)彼之名称;(3)彼与余之间之关系等详细议定,此项请与罗总统先行交换意见再作具体之协定。第四,支配中国在租借法案下一切军需物品之权,应照租借法之精神,完全归于中国政府或最高统帅,但余可授权于美籍军官监督考核其用途。除以上四点外,余将设法使全国军民心理对此事有明白了解,同时余至少应征得国防最高委员会之同意。丁、最后余欲特为申述者,即希望罗总统能派遣一完全可信任之私人代表早日来华。此人到中国后,应能使余与之商谈,一如与罗总统当面晤谈者相同,不仅可助余商决一切关于增进中、美合作,及中国战场与太平洋战场密切联系等问题,且更望此人就其政治见解,得以明了我中国之实际情形,而使中、美两国军事与政治之合作更能密切无间也。以上全文完,尚有补充面述之言,详另电。中正。漾二。

《战时外交》第3卷,第645—646页

蒋介石致孔祥熙

重庆,1944年7月23日

孔副院长勋鉴:备忘录中有若干不便明言之语,兹再详达于兄,请口头补充说明,使罗总统充分了解我方之实际困难与真正之意旨。但本电只可口头申述,不可用书面提交之方式,切加注意。(一)罗总统来电中有军事危险如此严重,应不惜在政治上作意计中之冒险一语,可见其对中国战场之焦虑实深。中国今日军事情形诚为严重。然自1937年以来,几乎每年皆有类此之遭遇。尤以1941年日本在太平洋全面进攻后在南洋一带处处获胜之年为甚,然皆赖全国军民信心坚定在统一号令之下努力奋斗得以克服。余可向罗总统声明,中国军民虽因长期抗战经济困难以致生活上与心理上受到影响,至于对日坚强抗战之精神,则一贯不变,决无如所传之危险。(二)为挽救军事危机,自应不顾一切,但政治与军事绝对相关,任何国家皆必由于政治条件而决定其军事之胜负成败,以罗总统之伟识,必早已见及。(三)所谓政治条件,最重要者为立国精神之不可动摇,为国家尊严与政府威信之必须保持,尤其应使军队与人民信任“统帅必能负责到底”之信心绝对坚定。(四)我中国以贫弱而尚在建国过程中之国家,全国国民所以能忍受一切痛苦,抗战七年牺牲惨重,而百折不挠者,全为求得国家之独立与自由,保障国家之尊严,故必须无伤于国民誓死抗战宗旨,且无害于共同作战之目的者,则余始能竭诚接受而无所顾虑。(五)中国军事上所以能持久抗战七年以上,他无所恃,惟赖有对中央政府与对盟邦之信心。在欧战初起与太平洋战事初发生时,情势实甚危急,然吾人坚决抗战,对联合国之信念毫无动摇,而同时全国军民拥护政府,服从统帅,亦一贯不变,频年每遇艰危,皆赖此一政治因素而得以克服。故今日最紧要一点,即须稳定全国军队与人民之信念,而余在此军事不利之时,更应为贯彻全国军民抗战之意志而服务,且以今日中、美利害成败为整个而不可分,余之所有决定或措施,亦必须对美国对罗总统同样负责也。(六)于此应请注意中国政治情形尚极复杂,而敌人日本与国内反动派正在作种种离间中、美关系与挑拨中国军民反感以削弱政府威信之宣传。(七)因之余对于将指挥中国军队之权交付与外国籍之军官一事,实不能无充分之考虑与准备,否则中国军民将谓余对国家对军民不负责任,而敌人与反动派更必将信口雌黄振振有词,彼等制造一两句口号即可以破坏中、美合作妨碍共同作战而有余。(八)中国军队中各级官长对史将军颇多误会,故此事如未经准备成熟而操切行之,不仅不能有补于目前军事之局势,且或招致意外之挫折也。(九)余感于罗总统第二电语意之诚挚迫切,自必力排万难以加紧准备,但余必须有一相当时期之准备,若准备不充分周到,则余对于我中国军队能否切实服从史迪威之指挥与史之能否达成任务,殊无把握,不能不对罗总统坦白说明。(十)备忘录中所谓"其指挥华军全部应指在前线参加作战之军队而言",此语即谓,未曾列入战斗序列,未奉调作战之部队不在其内,至共产党军队更当另作计议,此意必须与其切实说明。(十一)如决定以史在余命令下执行指挥任务,则第一,必须史氏确守其所规定之职权与范围,则我国军队自必能绝对服从其指挥,务使外国军官指挥我国军队作战,其对我国家与统帅之尊敬,一如我本国之指挥官无异,则军队官兵方不致发生任何不同之感想。第二,租借法案物资支配权,应照租借法案之精神与性质,完全归于中国政府或最高统帅,但余可授史以考核监督之权,如此则我全国军民对美国租借之盛意方不致发生误会,而对史个人亦可增进谅解。(十二)中国军事将遇重大之危机,余在开罗会议时即已面告罗总统,如滇缅路今年春季不开通,则中国经济恶化,官兵给养大受影响,即有失败或崩溃之可能,此语罗总统当能忆之,故今日挽救之道,应注意于改善一般经济,而尤以充实官兵给养以提高其战斗精神为首,此为余忠实坦白之意见也。以上各点,均请兄婉言补充说明,余深信罗总统本于十分有经验之目光及其对我中国之友谊与精诚,必能设身处地考虑中国之事,一如考虑其本国之事,不仅谅解余意,且必有以见教,使其建议能顺利推行也。更有须为兄说明者:(甲)致罗电及备忘录中所谓"详审而具体之考虑"一语,详审即谓详细而审慎之意,具体之考虑,即谓不杂任何成见或感情,亦并不仅就中国立场而考虑之意,请于译述时注意之。(乙)此次答复案之整个精神,在使罗总统明了彼之建议,若不审慎准备而遽付执行,则目前足以增加军事之危机,而将来难免招致不良之后果,此意并望切实注意为要。电到并盼电复。中正。漾三。

3. 赫尔利来华调解

罗斯福致蒋介石

重庆,1944 年 8 月 10 日收

此电事关史迪威将军和阁下意欲我指派一名个人代表一事的讨论。

关于史迪威问题,我认为你的战区的危急局面需要立即采取行动,否则为时过晚。

现提出如下建议:由本人任命前陆军部长、前驻新西兰公使、最近由本人派往中东的特别代表赫尔利将军为派往阁下处的本人个人代表。赫尔利将军具有丰富的外交、政治及商业经验,在本国社会生活中是一位享有盛名受人尊敬的人物,曾在第一次世界大战中服役,熟悉我国的军队。在沟通你和史迪威将军的关系方面必能起很大作用。他曾在重庆和你晤面,对于此一极重要任务定能胜任。

同时我还愿推荐尊敬的唐纳德·纳尔逊先生,他已任战时生产局主席两年,战前为西尔斯娄巴克公司总裁。他的工作成绩杰出,我之所以肯放他只是因为目前我国的生产问题进行顺利。我认为,他一定能在非军事方面补充赫尔利将军的工作,必然能对您有所帮助。

Stilwell's Personal Files:China,Burma,India,1942–1945,Vol. 5,p. 2425

罗斯福致蒋介石

华盛顿,1944 年 8 月 21 日

欣悉阁下欢迎赫尔利及纳尔逊为我们执行重要使命。现在,派到阁下处的本人的个人代表既已确定,我认为应立即采取应付军事局面所需的积极步骤。我敦促阁下采取必要措施,使史迪威将军在您的指导下尽早担任中国军队的指挥职务。鉴于军事局面的严重性,过长时间的考虑和谋求准备工作的完善,极可能招致致命后果。

以我所处的地位,很能理解你们的政治问题,特别是在政治上难于将一位美国军官安置在所期望的指挥位置上。然而,我确信在赫尔利将军和史迪威将军之间,能够取得对阁下面临的政治问题的恰当理解。我强烈主张在任命史迪威问题上采取行动,因为我认为如再拖延,要想避免对中国和早日打倒日本的盟国计划的一场悲剧性军事灾难,恐为时太晚。

关于孔博士提出的细节问题:

我不认为交给史迪威指挥的保卫中国对日作战的军队应有所限制,除非军队不能用于此目的。当敌军把我们逼到可能崩溃时,似乎没有理由拒绝愿意帮助我们杀伤日军的任何人。

我不是在建议史迪威的职衔,但是我认为应该含有这样的意思:在您作为国家元首的指导下,他是战场上中国军队的指挥官。

我认为可以肯定,赫尔利在协调有利于史迪威行使指挥权的关系,以及使他了解有关的政治问题方面将起到很大作用,因此没有必要将事情拖延到每一细节都经过深思熟虑和妥善解决之后。

我建议提出一个新的处理租借事务的办法,以解除史迪威在这方面的负担。稍后即向阁下通报我的建议。

据孔博士告知,阁下将为执行我们的协议采取必要的行政步骤。我在这里直言无讳,因为我的唯一努力方向是为了中国的自由,为了尽快彻底击败日本。

我曾去夏威夷、阿留申群岛及阿拉斯加作了一次十分成功的视察。我认为,我们已经使日本非常焦虑不安,如果继续每天施加压力,它的处境定将更加恶化。

谨致热情问候。罗斯福。

FRUS,1944,Vol. 6,pp. 148–149

孔祥熙致蒋介石

华盛顿,1944 年 8 月 25 日

　　重庆。国民政府主席蒋:今午谒总统,谈话要点如下:首先对其最近远行巡视,足证重视太平洋战事,代表钧座表示慰劳之意,次询先后转去钧座两电,及弟备忘录。据告均已接阅,对于中国问题,美方极为关心,尤在现下欧战将告段落之际,今后对远东军事势将加紧,但因地理上关系,美方除有充分之海、空军外,希英方亦能在海、空方面为力,但欲彻底击溃暴日,非陆军不可,故对条文宜乘机加入华军。因鉴史迪威率领华军作战,颇具成绩,故美方主张商请交其指挥,此全为中国益处。当答对此意见钧座极为感动,允可接受,但为顺利达到目的,不得不有相当准备时期。因我军沿革组织,因过去种种,颇与他国有别,年来经钧座苦心整顿,始统一趋于近代化之途径,种种人事关系,决非如理想之易行,匆促行之,万一准备不周,不但所愿未遂,反致影响现在战事及将来共同之合作非轻。假若史迪威万一失败,且直接影响罗氏威望,如此次衡阳战事,举国注意,倘于该时交史迪威指挥,结果陷落,则责任势将由史负之,彼此均为知好,不得不为顾虑。当将钧示种种理由,详为转告,对钧座顾虑各节,伊极谅解,并谓现已派赫莱①赴渝,伊军事政治经验均丰,当可与钧座面谈一切,协调解决办法。罗总统称纳尔生②军政均非其主管,因屡次与弟谈话,深知中国物资之困难,故嘱其此行,重于经济计划,已令调查实情,确切设法协助中国,在纳主管范围内,可尽量供给中国增强抗战及复兴之用,并言不必专等滇缅路之重开,及其海口之占领,中国现时所需物资,必需设法飞机输送,尽量加多,并允加尔加答拨巨型机运送。最后询及,伊问国民党内部青年分子对钧座有摇动之意,确否。弟答,决无此事,本党内部决无问题,国民对钧座始终拥护,抗战意志坚定。伊续告如内部有纠纷,则事态严重,盖

---

　　①　即赫尔利。
　　②　即纳尔逊。

中国为四强之一,原由美极力主张,英方本不赞成,幸能拉拢史达林赞成,始能实现。目下英方对中国颇多闲言,倘内部有纠纷发生,英、苏乘机而起,则美将无词以对,千嘱注意。并云我只口说解释,不易征信外人,须事实表现,举国一致民主精神,使谣言谎评均能改善,则一切均属有利也。末谈及通讯密电,谓各方技术颇精,须加注意,因我方电码,均已被人私译,最好如有与伊机密要电,亦可利用美国陆军拍发,附闻。熙叩。有四。

《战时外交》第 3 卷,第 655—656 页

史迪威、赫尔利开始与蒋、宋进行谈判

9 月 7 日,大元帅打电话来,约定 9 点半会见。赫尔利和纳尔逊会见的时间是 11 点。为什么我在他们之前?这是为了消除意见的龃龉而举行的聚会。会见立即谈到正题,告诉我迄今为止我的工作 100% 是军事的——现在,作为中国军队的司令官,60% 将是军事的,40% 是政治的。

他说我如果使用共产党〔部队〕,他们就必须承认军事委员会的权力。他会随时通知我。他说我们之间用不着客气。他对我有充分信心。

9 月 8 日大元帅要我们开往八莫,以援救龙陵……

帕特(赫尔利)于 5 点会见宋子文。宋又出头了。他试图要我们同意于他所提出的一大堆条件。然后泄露了秘密:大元帅必须控制租借法案物资。帕特要他用大写写下"不同意"。我们甚至都不能控制我们自己所制造的物资。多么厚颜。这是大元帅所追求的——一张空白支票。我们现在到了摊牌的时候了。

The Stilwell Papers, pp. 326–327

赫尔利提出十点议程

赫尔利 9 月 12 日递交的议程包括十点:

1. 中美合作的首要目的在于为了立即打败日本和解放中国,实现中国一切军事力量的联合。

2. 与中国合作以实现和俄国及英国较为密切的关系和融洽来支持中国的目标。

3. 在大元帅指挥之下联合一切军事力量。

4. 为了战争目的集合在中国的所有资源。

5. 在民主的基础上支持大元帅关于政治联合的努力。

6. 为中国提出目前和战后的经济计划。

7. 规定史迪威将军的权力为野战司令官。

8. 规定史迪威将军的权力为大元帅的参谋长。

9. 准备送交一份关于指挥权的图表。

10. 讨论将来对于在华租借法案的控制。

在宋的建议下,将第五项"在民主基础之上"一语删去。大元帅对前六项的"目的"表示同意,然后,在看到关于史迪威〔的两项时〕,说史迪威的权力应在一个国际协议中予以规定。

Stilwell's Command Problem, pp. 424–426

赫尔利草拟的两个文件

赫尔利所建议的委任令:

蒋介石……兹任命约瑟夫·史迪威将军为中华民国地面和空军部队野战司令官。他在使用这些部队上,直接对我负责……

现授予史迪威将军奖励、惩罚、任命和罢免军官之权,一切按照中国的法律。

现授予史迪威将军对中华民国地面和空军部队颁发作战命令之权……

建议由大元帅给予史迪威的指示说:

你立即进行关于中华民国地面和空军部队的改编和重新部署的事宜,并准备关于盟军在中国战区采取攻势的计划,以收复现时被日军占领的中国地区。

在执行这项使命时,你被授权装备新部队,使有活动能力;解散旧部队;从一个部队调动人员到另一个部队,并从一个司令部和一个地区把部队调动到另一个司令部和地区,不顾司令官们或省和战区的管辖权限。

在改编过程中,多余的军官将被命令向军官替换中心的将级司令官报到,这个中心将由军事委员会设立。

……你立即着手拟订计划以改善中华民国地面和空军部队军官和士兵的生活(生活情况),使它至少和后方人民的生活一样。

你被授权为中华民国地面和空军部队在他们驻扎的地区征用给养,发给收条……所发的收条将由军事委员会偿还。

Stilwell's Command Problem, pp. 429–430

关于租借物资的一次谈判

9 月 16 日大元帅坚持要控制租借物资。我们的物资,是我们给他的。宋子文说我们必须记住一个大国的“尊严”,如果我控制分配权,他将受到“侮辱”。帕特(赫尔利)告诉他这是“糊涂话”。“宋博士,记住,这是我们的财产。我们制造它,属于我们所有,我们愿意给谁就可以给谁。这件事也涉及 1.3 亿美国人的尊严,和他们的子孙及子孙的子孙的‘尊严’,他们将不得不付帐。”为帕特喝彩。如果大元帅控制分配,我就完了。共产党将得不到任何东西。只有大元帅的亲信会得到供应,而我的部队(Y 部队)将吃残羹剩饭。

(下午 4 点)和宋子文就这局势打开天窗说亮话。他因我们对野战司令官的概念和大元帅的概念之间的差距而感到吃惊。我建议陈诚任军政部长,白崇禧任参谋长。用明白的语言向宋子文讲明要做的事情。我不想要这个可憎的职务,但是如果我接受了,我就必须拥有全权。发了两小时的牢骚。

The Stilwell Papers, p. 331

史迪威致马歇尔

1944 年 9 月 15 日

今日自桂林返回。对保护美国人员已作好安排。该地区局势现已无望。只留下了可靠的中国部队退入城内保卫桂林。因此该地和长沙、衡阳一样,又成为一个绝境。这些都是按委员长个人命令作出的处理。关于柳州的防守,只剩下不可靠的第九十三军残部和地方保安队两个团。华南完了。现正从桂林撤退。如日军打到柳州,也只好撤出柳州。长江以南的灾难主要是由于缺乏正当的指挥,以及重庆一贯的遥控干扰。麻烦仍来自上面。委员长今日召见,建议将部队从龙陵撤到萨尔温江以东。我大吃一惊,当即提出强烈抗议。我指出,我们是在为通到中国的道路进行战斗,保有龙陵就能控制这条道路的全线。蒋无功于衷。他担心的是,如果我们在龙陵被击败,日本将进攻昆明,但是他完全未能使 Y 部队得到兵员补充。Y 部队的有效战斗力现已减少到 1.4 万人,我们正加倍努力空运补充兵员。委员长说,在一周以内如果我不从密支那进攻八莫,他就撤退 Y 部队。这等于毁掉我们所取得的全部成果。他听不进道理,只是一再重复他自己发明的许多愚蠢想法。我现在确信,他认为华南的重大失利无关大局,他认为日军不会在这一地区再给他制造麻烦,幻想可以躲在萨尔温江后面,就在这里平平安安地等待美国打完这场战争。我们关于指挥权问题的会议一再拖延。明日将会见宋子文,打算和他进行坦率的谈话,希望能使委员长稍微看到一点一再拖延无所作为的后果。

Stilwell's Personal Files:China,Burma,India,1942-1945,Vol.5,p.2450

罗斯福、丘吉尔致蒋介石

1944 年 9 月 18 日

我们刚刚结束魁北克会议,会议期间我们讨论了如何尽早击败德国,以便将我全部兵力、物力东移打击日本。现将我们共同商定的努力计划,尤其是在东南亚的计划知照于你。

第一,我们决心充分调动一切人力、物力尽早进军日本本土。为此目的,我们已拟就作战方案,并正采取有力步骤在击败德国后加速移师对日作战。

第二,继续并扩大目前蒙巴顿海军上将指挥之北缅战争,以确保密支那地区的空运中途基地;同时在有利天气到来之初发起决战以打开印、中间之陆路交通。上述军事行动均需业已在缅甸立下显赫战功之中国军队及现在萨尔温江以西作战之贵军继续进行有效合作。上述军事行动,均有我空中优势兵力及充分之空中补给全力支援。若开展沿岸之小规模两栖战及远程突破部队之活动亦将为我获胜作出贡献。我们认为,通过以上奋战,明春前定可获得足供扩展利多公路并同时铺设管道之地区,以使支援贵军英勇作战。

第三,已进一步指示蒙巴顿海军上将进行准备,一俟欧洲战区之战局允许调出必要之人力物力时,即在孟加拉湾进行大规模两栖登陆作战。

第四,我们一致同意进一步作战,以加强对太平洋战区日军之进攻,包括开辟一进入中国之海上航道。罗斯福。丘吉尔。

Map Room Files,Box 10,Roosevelt and Chiang Kai-shek,1944

罗斯福致蒋介石

1944 年 9 月 19 日提交

读了关于中国局势的最近报告之后,我的参谋长联席会议和我都深信你于最近的将来将面临我所担心的灾难。你的 Y 部队渡过萨尔温江,奋勇作战,对北缅战役作出了有价值的支援。但我们认为除非他们获得增援和你的全力支持,你就不能指望从他们的牺牲中有所收获,除非他们对打通滇缅公路继续作出协助,他们的牺牲就将毫无价值。再者,你中止渡过萨尔温江的进攻,或提议撤退〔部队〕,正是日军所企求的,他们之所以在华东发动攻势也就是为了达到这个目的。日军知道如果你继续进攻以配合蒙巴顿即将发动的攻势,通向中国的陆路交通线就会在 1945 年初期打通,中国的继续抵抗和你的控制权的保持就将得到保证。反之,如果你不对你在缅北的师提供人力,如果你不向萨尔温江部队派遣增援,并撤退这些部队,我们就将失去打通中国陆路交通的一切机会,并立即危及飞越"驼峰"的空中航线。对此,你自己必须准备接受其后果,并承担个人责任。

我近几个月来曾再三敦促你采取果断的行动以抵御愈来愈迫近中国和你的灾难。现在,你仍然没有任命史迪威将军指挥中国的一切部队,我们面临失去华东重要地区,因而可能带来灾难性的后果。日军占领桂林将使昆明空运终点站处于不断遭受袭击的威胁中,减少"驼峰"吨位,并可能切断这条航线。

虽然我们正在世界各处迫使敌人败退,这在相当时期内对中国的局势也无所裨益。我们的部队通过太平洋迅速前进。但除非你现在采取有力行动,这个前进对中国来说也为时过晚了。只有你方立即采取果断的行动才能保全你多年来奋斗的成果,以及我们为了支持你而作出的努力。否则,政治和军事方面的考虑都将因军事上的惨败而落空。

首相和我在魁北克刚才决定全力加紧军事行动以打通中国陆路交通线,这一决定是假定你将坚持不懈地从萨尔温江方面发动进攻而作出的。我确信你当前要阻止日军达到其在华目的的唯一办法,就是立即增援你方在萨尔温江的部队并发动攻势,同时,让史迪威将军能够毫无约束地指挥你方的全部军队。我要求采取这样的行动,不仅有利于实现我们的上述决定,而且也可以使得美国建议继续维持和增加对你方的援助所作的努力能够充分发挥作用。我们是在欧洲和横渡太平洋进行另外两个战役的时候这样做的。由于你的远见,在这次战争中你领导并鼓舞了你的人民,我相信你将意识到立即采取行动的必要性。在这封信中我十分坦率地表达了我的想法,因为我们这里的人都清楚地看到,如果再事拖延,你和我们为了挽救中国所作的一切努力都将付诸东流。

Stilwell's Command Problem,pp. 443–446

这个日子要用红笔标出

9 月 19 日 在一生的日历中,今天这个日子要用红笔标出。好不容易,罗斯福终于说出了直率的话,很多这样的话,在每句中都带有爆竹。"赶紧干,否则……"一只强烈的爆竹。我将这包辣椒粉递交给花生,然后抽口气退后坐下,鱼叉击中了这畜牲的太阳神经丛,穿透进去。干净利落的一击,但除了脸色变得苍白,和丧失说话的能力以外,他没眨一下眼睛。他只对我说:"我明白了。"他沉默地坐着,摇着一只脚……长长的 2 年时间已经失去了,但罗斯福至少现在看清了真相,他打出了好而有力的一拳。

The Stilwell Papers, p. 333

赫尔利致罗斯福

1944 年 9 月 23 日

早在 9 月 8 日委员长对我说,为了中国的统一,愿将共产党的军队并入国军,但是只成为中国军队的组成部分,不是单独的独立军队,而且最终必须服从委员长的指挥。从我们来华以后,委员长对这个问题一直在用心研究。上星期,他公开了所谓的共产党提出的条件,并且在国民参政会发表了关于这个问题的演说。这一切都是走向和所谓的共产党军队取得调和的步骤。我坚持要将会议缩短,并且毫不延迟地采取行动。我知道国务院关于共产党问题致委员长的电报(赫尔 1944 年 9 月 9 日致高斯电)。我曾告知委员长,莫洛托夫并没有把在中国的共产党军队看作是真正的共产党人;俄国对中国的态度是友好的。俄国并不打算利用共产党军队去阻止中国统一。俄国愿意和中国的关系更加密切,更加融洽。我知道你的由史迪威于 9 月 19 日送交委员长的电文。我建议委员长对你的电报不急于答复,因为有可能造成僵局。挽救中国局面所需要的是协调的行动而不是僵局。委员长认识到这点。

史迪威使命的性质,中国参谋总长和其他人由于面子产生的嫉妒心情所造成的障碍,中国人、特别是蒋委员长所固有的不愿意受任何外国人控制的心理,保护美国利益的必要性,这一切因素使得史迪威在谈到真实情况时经常处在和委员长意见分歧和孤立的地位。以往因为委员长坚持己见,在大多数情况下不容商量,而史迪威又必须想方设法执行他的使命,以致引起摩擦。我相信尽管他们的意见分歧,现在将会使困难局面得以消除。史迪威将军已经同意合理分配权力的范围,他主要关心的是避免有责无权。委员长则说过,他要将地面部队及空军部队的战地指挥权交给史迪威,他对史迪威完全信任。这一切应能向你说明,局面虽然困难,还是有可能找出相互协调的解决办法。史迪威读过并同意这份报告。

Stilwell's Command Problem, pp. 449–451

史迪威致马歇尔

1944 年 9 月 22 日

蒋介石还是遵循他的一贯政策。首先他爽快地同意关于指挥权问题的安排,也按理同意使用共产党军队并交给我指挥。然后,他开始拖延,直到现在还在继续。他声称,有很多困难必须解决,这需要时间。实际上,他认为我们在太平洋的进攻十分迅速有效,而不用他去花气力,他还想避免吞服承认共产党并让一位外国人指挥其军队这剂苦药。由于纳尔逊的角色适合蒋的需要,所以蒋对他很和气。而纳尔逊居然相信,在一些主要问题上的口头协议表明了付诸实施的诚意。但是,唯一能证明这种诚意的是行动,而即使在面临现在这种危机并有总统紧急建议的情况下,也得不到这种证明。关于存亡攸关的统一的战线和统一的指挥问题,我们仍然坚持我们的立场。这两点既是必需的,也是可行的。及至总统来电的震动作用减弱,可望解决这两个问题。但是如果放松压力,只能使蒋更加相信他能继续他的拖延政策并取得最后胜利。

Stilwell's Personal Files: China, Burma, India, 1942–1945, Vol. 5, p. 2487

史迪威致赫尔利

1944 年 9 月 23 日

必须为打破僵局做些工作,这要由我们来做。蒋介石在生气,陆军部期待我们处理。

显然蒋介石听从了我们的建议。他改变了在桂林的计划,调回白崇禧,将第九十三军司令处决,并且正在从西北将(驻在西北监视共产党的)6 个师南调。看起来他准备发出命令利用红军,如果红军服从中央政府权力的话。他所计较的是获取租借物资。斯大林和英国能掌握物资而他却不能,这对他是一个严重的失面子的问题。反对和赞成两方面的情况很清楚:问题依旧存在。我提议我们去见委员长,提出下面几项请他考虑。

1. 派我去延安向共产党提出下列几条建议:

a. 共产党承认委员长的最高权力,并接受通过我的指挥;

b. 在黄河以北使用红军,和中央政府军队不接触;

c. 提供 5 个师的装备和军火,并配备用作支援的大炮;

d. 任何时候都保持这几个红军师的实力;

e. 在将日本击败以前,国民党和共产党都不再谈政治问题。

2. 租借物资(军用的)在运到中国时交给委员长分配,但条件是:

a. "X"和"Y"部队享有第一优先权;

b. 头 30 个师的其余部分、红军和(将由在华东的部队编成的)贵阳部队享有均等的优先权;

c. 在将这些部队充分装备好以前不再装备其他部队。这一点包括经常的补给;

3. 指挥权问题按赫尔利将军的建议,通过发布命令解决。

Stilwell's Command Problem, pp. 449-452

史迪威致马歇尔

1944 年 9 月 26 日

由于日本一条广播新闻,特电告下述意见以供参考,而不是如我前电所述要等阁下提出需要我的意见后再向你报告。上述广播新闻声称,我在策划从蒋介石手中夺权,成为中国大权独揽人物,这虽属无聊废话,但鉴于蒋的性格,却非常有害,这可能成为目前僵局的原因。这条新闻也可能就是在此地制造的。另外,基本的事实如下:

蒋介石无意进一步努力将战争进行到底。凡是催他采取这种行动的人,都要遭到解职或排除。蒋介石和军政部因为在华南失利而丢了脸,人们都将此事和缅甸的战果相比,越来越普遍地议论在美国人指挥下中国军队受到的关怀和对待。蒋介石担心军队中日益增长的要求根本改革的意见。他感到正在失去对军队的控制。他认为,利用得不到支援就退出战争的老一套把戏,就能继续榨取美国的金钱和军火。他认为太平洋地区的战事快要结束了,采取拖延战术可以把整个重担卸在美国肩上。他无意实行任何真正的民主改革,或和共产党成立统一战线。他本人乃是中国统一和中国真正致力于合作抗日的主要障碍。

现在的吵闹是掩盖他的真正动机的借口。他的备忘录是一大堆捏造之词。他拒绝向赫尔利指明我的罪责所在。但也指出一条,这就是毫无根据地指责我断然拒绝为解除对龙陵的压力佯攻八莫。他知道这不是事实。我向他说明了利弊得失,告诉他我们将作深入研究,并下令为佯攻作准备。实际上,当时佯攻正在进行。他拒绝举出其他任何一个我不对头的地方。原因非常简单,他说不出我有什么罪过。正因为实际情况如此,他不得不笼统地说他和我合不来。他说什么缺乏合作,完全是胡扯。我们倾全力合作。我们用卡车和飞机向各部队运送补充兵员,以补救军政部在这方面的严重玩忽职守,并且都是由我们付钱。为了纠正他的愚蠢战术,我们曾向各部队紧急空运我们计划以外的军火。我们曾经转移大炮,用于应付和支援在华南的糟糕局面,等等,等等。在待人接物方面,你可以放心,我从未违犯中国的礼节。他说我认为我是被任命去指挥他的。这种说法不值一谈。

　　根据上述理由,我现在确信只要蒋在掌权,美国便不可能从中国得到真正的合作。我相信他一方面还要继续他的拖延政策,一方面要攫取借款和战后援助,目的在于保持住在一党专政基础上的现时地位,坚持反动政策,同时积极利用他的盖世太保压制民主思想。

RG332,Box 1,Oklahoma File

史迪威致马歇尔
昆明,1944 年 9 月 29 日

　　何应钦和委员长的侍从室第一处主任林蔚都不知道关于蒋打击我的行动。两人都说委员长在一次公开会议上谈到指挥权问题,但没有提出如果我执行指挥会出现任何困难。从这次会议以来,显然宋子文是蒋信任的唯一顾问。何和林都不能理解为何不采取行动。他们对蒋所预言的在我担任指挥情况下可能出现的灾难也毫无所知。我想委员长可能怀有我试图武装共产党和他对抗的想法,因此我告知何、林两人,如果其他办法可行,而只是这一条使我们继续面临危机的话,可以将共产党参加一事暂时搁置。换言之,继续进行 X 和 Y 部队的工作,挽救局面,重新组织长江以南的剩余部队。两人都说这无疑是可行的。我不知道这样一种建议是否合适,但是我能想出的可以解释委员长立场的只有这一条原因了。值得注意的是,军事委员会里没有人反对我,而委员长改变主意只是在宋子文介入,别人离开之后。我们推迟答复蒋的文电,对于宋子文有着明显的影响,他现在是处于高度神经质和心理失常的状态之中。其他唯一可能影响局势的是,蒋或许认为,是我要求总统发出此电以使他受辱的。

RG218,Box 3,13th File

蒋介石与赫尔利谈话记录

重庆,1944 年 9 月 24 日

赫尔利:对于约定商谈之问题,委座经充分时间之考虑,必已有妥善之决定。

委座:今日谈话,正欲与将军商讨此事,谅将军对此亦必已作妥善之考虑。

赫尔利:余与史迪威将军已数度作长时间之商谈,余之态度,甚为谨慎。

委座:将军取此态度甚适当。

赫尔利:余现欲恭聆委座对此事所取之决心,以便向史迪威将军郑重提议。

委座:将军昨日托由杜副主任(建时)转致余一函,欲与余商讨中美联军指挥系统与租借物资之处置问题,余今日特就前者与将军详为一谈,但不知近数日来将军对我中、美两国今后应如何乃可彻底合作一事有所考虑否?

赫尔利:关于此点,概要言之,美国方面对委座本身之职权,以及在中国人民中委座乃为其唯一最高领袖之二点,必须有深切之谅解,否则,一切问题之讨论,必不致有何结果。现在余等所欲商决之种种问题,如指挥系统问题、租借法案物资问题、处置中共问题,以及后方勤务问题等,在讨论之先,美国方面必须承认委座为中国之最高领袖,而出之以真正友好之态度,委座方面亦必以宽大态度作适当之考虑。如此,则一切问题皆可开诚商讨,以求得解决。此点关系极为重要。实则美国今日之于中国,对其政府所持之政策,乃予以完全信任。其第一目标,即在驱逐日寇于中国之外,以解放中国。此事之实现,已不在远,盖欧洲战事将迅速结束,美国全部武力,即可转用以对日。但在欧洲战事尚未了结以前,中、美两国即应及早成立完全之谅解,有一共同之组织,一旦欧战完了,即可集结两国所有力量,以加诸日本,解决日本。如此,对于远东问题,我中、美两国乃可操完全决定之权,而不致受制于英、苏。否则,如中、美双方不能充分合作,甚至互相顾忌,即欧战结束以后,远东之局面必为英、苏所操纵,而我中、美两国,将失其决定之地位。中国今日实无须怀疑美国有何侵略野心,美国所希望者,唯在使中国能独立自强而已。

至于详细问题,余已与史迪威将军详加讨论,史将军谓渠与委座两人个性皆极强硬,故工作上不免发生困难。余乃告史氏,渠与委座态度上既不相融洽,余此来之目的,即在调和双方,为之拉拢。但渠必知渠之态度殊为错误,对于委座应无不可商决之事,且渠与委座于迭次辩论以后,双方仍能合作,根本上并无不能谅解之处。至此,史氏亦谓委座几次对彼甚为帮忙,当彼处境极为恶劣之时,曾蒙委座准予迭次派遣部队进攻缅甸,或强渡怒江,并增援前线,使龙陵区域之敌不能得逞。故今日缅北之胜利,实由于委座支援彼作战之结果,英国方面并未尽何力量。惟因过去彼曾与委座几次争论,遂使余认彼与委座态度上有不相容洽之处,实则彼与委座两人之间仍然是互相谅解的。渠并称着实言之,渠今后愿意接受委座之命令。此际余乃告史氏,美国运华租借物资,现皆操在渠之手中,而未奉交于委座,此于委座在世界之威望,殊有妨碍。于理渠应将一切租借法案之物资,全部交与委座,听由委座支配,始为妥当。史氏则谓,美国过去以租借物资接济英国与苏联,皆交由英、苏自行支配,此乃根本错误。但余谓渠决不应因邱吉尔首相与史达林委员长处理此事或有错误,而怀疑于委座。且渠如欲解决目前一切问题,首先应将运华租借法案之物资交于委座,其今后陆续运到者,俱应交与委座完全支配。渠当时虽表示屈服,而以余说为然,但于余要求与彼联名电呈委座一举,则仍不同意,且谓除非驻印度与滇境远征军数十师部队之武器军火皆已装备充足,此点渠不能赞同。余谓租借法案之物资如何支配,渠尽可于确定总方案时,贡献意见,而不必斤斤计较驻印军与远征军之装备应独占优先。且此事倘听命委座支配,事实上亦必能尽先顾及,殊无过虑之必要。

其次,史迪威将军询余对于中共问题之意见如何? 余答以中共军队应遵编为正规军,服从国民政府军事委员会之指挥调遣。数日前余得读委座对国民参政会之演词,认为中共无论提出何项要求,政府都可以考虑,但决不能破坏中央政府,更不容中共另设政府,另立军队,割据地区。此点渠与余亦抱同一见解,认此乃中共所必须遵行者。至于中共问题之解决,史氏之意,欲由彼提出调整方案,余乃告以此种非彼分内之事,彼决不可干涉。且吾人倘真正拥护委座,则此一问题,应听由委座处置。史氏亦以余所说之态度为然。但彼仍谓中共问题,早应解决,使彼此获得谅解,而将中共以及中央用以防共之军队,调出抗战。余以为渠此种说法,仍有未妥。盖在余此次未到莫斯科以前,吾人固不知苏联对于中共究取何种态度,过去委座之不能相信中共者,亦恐中共与苏联有勾结,致处理多有困难。不过自从此次余等亲访莫斯科以后,苏联外长莫洛托夫曾告余苏联并未帮助中国共产党,亦未促使中共另设政府,另立军队,而只希望中国统一,内部一致,以抵抗日本之侵略。由此可知苏联认定中共问题乃中国之内政问题,此问题之解决,完全要由中国政府自己主持。则吾人今日虽盼中国之统一,能更趋进步,但亦只能以纯客观之立场赞助中国政府解决中共问题,使所有中国抗日军队皆能听命于委座,而完全受其指挥。又罗斯福总统因政务甚忙,前次以关中共问题之事嘱斯汀生部长致电委座,措词口气有欠妥之处,但此并非罗斯福总统之意旨,当余离华盛顿时,罗总统曾告余凡属中国之问题,应特别慎重考虑,尤其一切事皆应商之委座,以谋解决。罗斯福总统之态度既属如此,故请委座对前此电报,不必介怀,亦不必过于重视。

　　复次,关于后方勤务问题,史迪威将军以此事责任重大,不愿主持,渠之态度,亦属错误。目前欧洲战事,即将结束,所有盟军可能东调之兵员武器,即将移用于远东,为适应将来作战需要,关于后勤组织,不能不预为准备,及早成立,因临时吾人决不能事事要求于委座也。余并明告史氏此次纳尔逊在华商谈中国战时经济问题时,委座已明言将来美军来华共同作战,其后方勤务之事,决由美国派员主持,美国亦已允诺承担,虽然中国之制度与美国不同,但亦应斟酌实际情形,加以改良,以期运用得当,而能切合战争之需要。

委座:将军对各项问题所述之意见,余甚佩服……

当将军未来华以前,时在 7 月初旬,距今已逾两月,罗斯福大总统曾电余请以史迪威将军在余直接指挥之下委其为中国战区总司令。余以罗斯福大总统对于中国之好意,以及彼与余个人平日之感情,余认为彼之提议,有利中国,余自愿赞同,但必须予余以充分准备与布置之时间,且必须由罗大总统派一亲信人员为余与史迪威将军间之联络,以免今后发生误会。余之处理此事,态度固十分慎重,其所以然者,因此电所涉及者乃关系我国家生死存亡之事,决非通常彼之来电余辄立予同意办复者可比。盖军队乃国家之命脉,而军队之指挥权,乃操国家生死存亡之大事,况余复负有国家成败存亡之重任,就余对国家对全国军队负责者之地位言之,余之处理此事,实不能不取十分慎重之态度,且非求得万全妥善之办法,亦决不能轻易处理。余之心理与态度如此,谅罗斯福大总统以一老练精明伟大之政治家,必然洞明此中情理,而对余能充分谅解。

余对罗斯福大总统之取消在华不平等条约提高我国家之地位,以及援助我抗战,其对中国之友谊与情感,既如此恳挚,无论彼欲余作何事,凡为余力所能及者,余无不惟力是视,竭诚以赴,以达成我两国共同之目的。故余深信罗斯福大总统对于中国问题所表示之意见,必系绝对诚恳与友好,而毫无疑问。但凡关于国家之根本问题或我两国之基本政策有妨者,则不能不慎重出之,如遇此类事件,而余认为有欠妥当之时,则无论彼如何来电,余亦不敢苟同。因此类重大之事,如一旦处置错误,结果,不仅有害中国,而且有害于美国,不仅余对中国不能辞此责任,即彼对美国历史恐亦不能辞其责任。此类重大之事为何? 概括言之有三:(一)中国建国的主义不能变更,即现行之三民主义,在建设三民主义之民主政治,故不能使共产党赤化中国,此为余对国家必负之责任。(二)凡于中国主权有损害之事决不容许。(三)为国家尊严与个人人格必须互相尊重,不可有丝毫之损害。中、美两国合作,必须于友好和善之空气中进行,而不能有丝毫之强制,或出于压迫之性质,否则于中、美两国皆属有害无益……

其次,请言执行政策之人,史迪威将军来华任职已两年半,于此期间,彼工作甚为勤劳而实在,处事亦甚坚决而勇敢,彼擅有此长,余甚为佩服。因此,凡彼力能胜任之事,余必授予全权,听其主持,并助其成功。即如缅甸之战,余初指派两师交彼统带,后又增派一师,继复增派两师,此五师部队之指挥运用与一切装备作战之事,余既全权交彼负责,即从不加遥制或干涉。但如除此五师之外,再要加派部队,归其掌握调度,则彼之能力即有所不胜,如欲委以中国战区全军总司令之职,使其指挥全中国 3000 公里战线之军队,则彼之能力,更不足任此艰巨。余观察史将军固为一勤劳朴实果敢之军人,然彼之政治与战略头脑殊为缺乏。而主持全部战局之人,不仅须有军事之素养,尤须具有政治之脑筋,二者兼备,始堪称职,否则未有不偾事者。

赫尔利:委座此意,余完全同感。

委座:至于中国之军队,其内部情形之复杂,尤非他国军队可比,如欲史将军任中国战区全军统帅之责,自更非所宜。又史将军对于战术之运用,固甚决断而娴熟,但彼之战略头脑亦甚缺乏。过去之事不必论,即就彼前此在渝与余筹商缅北之战一事而言,当时余研究全盘态势,认为我缅北军队如不对八莫方面实行佯攻,以牵制敌人,则敌人以西顾无忧,必倾全力向滇西进犯,而我滇边怒江西岸部队有全军覆没之险,甚至省会之昆明,皆将受其威胁。故余乃决定嘱其派队向八莫佯攻,而彼竟置滇边怒江部队之存亡与昆明之安危于不顾,拒绝余之命令,由此一端即可证明其战略脑筋之不够。且以彼为余之部下,缅北各部多为中国军队,而佯攻又轻而易举之事,彼竟不予考虑奉行,就余之立场与余对彼之期望而言,尤使余痛心而失望。彼于缅北局部之战尚且如此,如将来委以中国战区全局之事,彼如何能服从余之命令,接受余之指挥?彼与将军所言,今后必能听余之命令与指挥者,证之既往,实亦徒托空言而已。盖彼之不能受命,并非对余个人有何成见,而实由于彼之性质如此,一时无法可以改变。换言之,即由于彼之政治脑筋与战略脑筋不够,而此种缺陷,一时实无法补救也。故准此以论,史迪威将军实不能负此重大之责任,如强其从事,将来必致失败无疑。如此,是余等为之上官为之朋友者,已明知其力有不逮,且对彼缺乏信心,而竟授以大任,致彼陷于失败,则此种失败之结果,非彼一人之罪过,乃余等为上官者之罪过。故余等对此事不能不郑重考虑。

然则如之何方可?罗斯福大总统即早已来电必欲委以总司令之事,彼之提议,实具一片好意,余不能辜负,亦不便拒绝,则解决之方,唯有希望将军来此任余与史迪威将军两人间之联络,以补正史将军之缺陷。但史氏今后必须能接受将军之劝告,或可于余之命令与意旨,不致再有违背之事,否则,余对史将军最后一线之希望即告消失。然回忆去年10月美国后勤部长萨姆威尔将军来华时,余亦曾拟商请贵国将其调回,但彼后来表示绝对服从余之命令,不使余再有失望之事,此议乃作罢论。然迄今将逾一年,彼之故态仍未改变,即如余前此要求彼按月划出千吨之空运吨位,以运入中国所急需之物资,彼不同意,今要求彼发动佯攻,亦不奉行,可知彼之言不顾行,已不足取信于人。余于彼所得之经验如此,不能不为将军明告,日来将军亦已与彼迭有接触,期能解决一切问题,而彼对如此重要之函件亦不允交出,对余之战略意见,更无一点接受之诚意,彼之习性如此,诚极可虑。而罗大总统前电所商,既关系中、美两国军事之成败与合作之前途,非经慎重考虑,实亦不能轻易决定。

史迪威将军来华,余与共事已两年多,彼虽有所短,亦有其所长,彼为余之朋友且私人情感素笃,余必使之成功,而不能使之失败。彼为美国参谋总长马歇尔将军之旧部,马歇尔将军相信其可以任事,故寄予信任,余对部下亦系如此,凡余对其有信心者,必可成功,反之,必归失败。不过马歇尔将军所信于史氏者,在其他战区或可,对于中国战区复杂之情形,恐彼尚不甚了解,而余则十分清楚。余在中国军界已30余年,而最近20年来,余乃为中国军事之领袖,以余20余年之经验,对于军事、政治之处置,有时尚不免失当。然则以史将军之情形而出任全中国战区统帅之重任,余实不能保证其必无意外,如其万一对各军处置失当之时,如共产党使阴谋乘间激怒其所指挥之军队,杀害我盟邦军官之时,则余将何以对吾共同作战之盟国。故此事关系实太重大,如余对史将军尚有一分之信心与希望,余亦愿赞同罗大总统之提议,而早作肯定之答复,无如就史将军过去与余相处之情形与此次在渝与将军共同商讨之结果,已使余对彼失去最后一分之希望与信心! 因此,余认为彼决不能担负中国战区中美联军统帅之重任,在余个人,以免牺牲一好友,而于中、美两国,亦免影响将来之合作。余之意见,甚盼贵国能另派一资望素著能力卓越之将领前来中国继续执行我两国合作抗战之政策,以达到我两国共同胜利之目的。

　　……

《战时外交》第 3 卷,第 662—671 页

4. 召回史迪威

蒋介石致赫尔利

重庆,1944 年 9 月 25 日

　　一、连日会商之一切重要问题,经审慎考虑后,特将余最后所决定之意见奉告,并请即转达罗斯福总统。

　　甲、余同意遴选美国将领一员为中美联军前敌总司令,且同时任为中国战区参谋长。余曾更进一步告知足下,余且欢迎美国人员担任改组与主持后方勤务部,余亦有意对于中国军事机关之人员,作重要之更动,以使有效配合美方前敌总司令之作战。

　　乙、但余再不能委史迪威将军以如斯重大之责任,且拟请其辞去中国战区参谋长之职务,并请由此战区遣调离任。

　　二、当足下奉派来华,协助余与史将军合作之工作,余认为足下之莅临,为中、美倍加诚意密切合作之最后机会,抑亦唯一之希望。故余

不顾本人以过去深切之感觉及判断,乃善意考虑派史将军为前敌总司令。余曾面告足下,余有意委派史将军此职,并予以信任,盖为依从罗总统之愿望,虽与余对史将军个人之认识相违,亦所不顾。是以余即开始商谈指挥中国作战部队之具体办法,满拟新指挥系统早日成立,以副罗总统之期望,一切困难问题,在余与足下互相体谅之空气中,似皆可圆满解决。足下曾一再表示史将军此后当能合作,惟事实证明,史将军非但无意与余合作,且以为受任新职后,余将反为彼所指挥,故此事因而终止。足下如一设身处地,当了解以后如何再能使余指挥史将军,而史将军将如何能再受余之指挥,即使余不顾事实,委任史将军为前敌总司令,因循迁就,其结果必遭不测之失败。

三、以史将军平时之勇敢勤劳,余之此举,实深遗憾,但余以最近之所感,回忆二年来经过之事实,更以为史将军对于新职务种种重大复杂繁难之责任,不堪负荷。盖盟军合作之要素,为互相谅解,互相尊重,史将军莅华之始,即对此漠视。关于史将军此种缺点,余曾屡次转达罗总统。去年10月,余本欲要求将其调回,后因史将军郑重声言,此后绝对听余命令,不使余再对彼有所失望,是以作罢,乃史将军之言,至今并未实践。如委史将军,其结果不但不能加强作战之努力,以抵抗共同之敌,并致其指挥之系统内部发生纠纷,中、美军事合作,亦只有趋于失败之一途。

四、美国派出之各战区将领,能表现盟军友谊合作之精神者,颇不乏人,故余请向罗总统声明,如罗总统指派之任何美国将领,而富于友谊合作精神,以接替史将军,并负余以上提及之其他重要职务者,余当竭诚欢迎,且将尽力之所及,以遂行其计划,支持其作战,加强其权限也。

蒋介石致孔祥熙

重庆,1944 年 9 月 26 日

孔副院长并转蒋夫人:最近接罗电,除严责中国军事严重之外,并强调我速委史迪威为中国总司令,其措词实不堪忍受,余对其来电决置之不复,而仅对哈雷①谈话,表示余之态度,嘱其转罗之要旨如下:

因罗对华竭诚援助,故余对罗平时主张与意见无不尊重,但关于中国立国之三民主义与中国之主权,以及中国国家与个人之人格,如稍有损丧,则余必不惜任何牺牲,决不能因循迁就,否则即使联盟国作战完全胜利,则虽胜犹败。余决不能使中国赤化与主权动摇,并望友邦间能互相尊重人格也。又另交其备忘录一份,要求其撤换史迪威,其原文详另电。情势至此,不能不下最后之决心,但无论美国如何变化,余自信抗战根据地与军队,决不致崩溃,吾人如再恢复独立抗战之态势,则对内政与军事情势,决不能比现在更坏。只要内容简单,无外力牵制,则国内一切措施方能自如,决不如今日皆受人束缚之苦痛也。史决难再留,如有人来说情,应严正拒绝,亦请其从速撤换,以免阻碍今后之合作也。中正。宥未(九月廿六日)。

《战时外交》第 3 卷,第 674—675 页

孔祥熙致蒋介石

华盛顿,1944 年 9 月 28 日

急。重庆。国民政府主席蒋:密。昨约霍浦金斯餐叙,对于史事,经详为解释。据密告:备忘录罗氏业已接阅,并已与伊面谈,罗表示尚不信坏言,中国为独立主权国家,钧座为我国领袖,对其建议原则,既表接受,史迪威原属人事问题,既有不宜,当接受遴选妥员继任,惟尚须与

---

① 即赫尔利。

马歇尔商酌后,即可奉复云云。知注特陈。熙叩。俭二。

史迪威致马歇尔

1944 年 10 月 5 日

今天宋子文告诉赫尔利说,他接到孔的来电,其中称"总统想要任命陈纳德为参谋长"。由于没有接到任何消息,不知情况究竟如何,或者在我听到的报告中是否有属实之处。不管是真是假,我报告此事。在这种情况下,我应让您知道我已派监察员到第十四航空队,调查那个看来很像该航空队司令所作的虚假的官方说法。情况没有新发展。

Stilwell's Personal Files:China,Burma,India,1942–1945,Vol. 5,p. 2503

马歇尔致总统备忘录

1944 年 10 月 4 日

事由:如解除史迪威在华职务应采取的行动

切勿将史迪威留在中缅印战场。由于失去威望和他对中国人的影响,如再使他和英国人处事,将无结果可言,因为英方从来不同意他的进攻性政策,而且也会使他处于屈辱的地位。

既然在中国本土中国地面部队溃败如此之快,美国政府现在不应派美国人去负指挥这些地面部队之责,特别是因为我们可能提出的任何指挥官实际上都无力对如此年深日久的地面防御做法施加任何实质性的影响,并会发现自己处于严重的进退两难的境地。

按现在的计划,本月和下月将逐渐增加 B-29 轰炸机出击架次,日本受到破坏后极有可能决心继续其现在的攻势,直到我们不再能有效保护成都机场。上个月机场的损失情况已经甚为严重,这将很快使"驼峰"航线昆明终点站上的运输机处于极易受到频繁攻击的危险境地,因为附近是山地,使雷达受到很大限制,而日本的机场将十分迫近,以致几乎不能获得先期目视警报。顺便说一句,陈纳德原来的意图是,在"驼峰"运量为 7000 吨的条件下,他就能保护机场。现在他一个月收到约 1.3 万吨。向陈纳德提供如此大量的供应,已不可能以有效的规模再向地面部队运送装备了。

目前,穿越"驼峰"飞行的运输机为 176 架。其中 70 架属于最大型,相当于 140 架用在意大利和法国的 C-47 型飞机目前每月运入该战区约 18 架大型运输机(C-46 型)。原打算将"驼峰"线上的飞机数目增加到 200 架,但由于在荷兰的空降行动受到严重损失而不能办到。此外,还应提到,由于在法国和意大利都缺乏足够的运输机,美国和英国士兵还在付出极大的代价。我们不能调动我们可用的部队,而飞机则在中国用于执行已经证明不能制止日本进攻的极其有限的勤务。因此,我们认为不能再增加"驼峰"的设备,如果要作任何变更,则应该是减少,以便使欧洲的作战行动更快些,更经济些。

鉴于上述情况,如同意蒋委员长拒绝史迪威,美国参谋长联席会议提出如下建议:

立即解除史迪威现在的任务,调回美国。任命陈纳德担任蒋的参谋长,并指挥现在中缅印战场中中国战区的那一部分。陈纳德负责分配"驼峰"空运吨位。

将当前的中缅印战场中的缅印部分,组成一个新的美国战场,受史迪威在新德里的副司令索尔登将军指挥。索尔登应向蒋委员长承担缅印战场内中国部队的责任及培训中国军队骨干的责任。

赫尔利仍然保留你派往重庆的私人代表的地位。以后,由你及早提出一名军官,承担向陈纳德指挥的美国部队供应军需的责任,并在中国部队的同类事务方面担任委员长的顾问。

根据上述设想,附上一份建议你致委员长的电文稿。

RG218, Leahy Papers

罗斯福致蒋介石

华盛顿,1944 年 10 月 5 日

阁下 9 月 25 日来电业经仔细研究。我必须声明,对于阁下撤销本已于 8 月 12 日同意接受史迪威担任所有在华部队指挥官一事,我深感惊异和遗憾。从我原来的建议提出以后,中国地面局势继续恶化,以致我现在感到美国政府不应再负责任命一位美国军官指挥你在全中国的地面部队。然而,由于保持"驼峰"运输吨位对于贵国政府的稳定至关重要,以及为使飞越"驼峰"的行动能有适当的安全保证,因而需要任命史迪威在你的指导下直接指挥在缅甸的中国军队以及在云南省的全部中国地面部队,但须请你同意由贵方对这些军队的补充兵员及军需品提供充分的支援。否则,我肯定"驼峰"运输将被日军的行动截断。

我接受你提出的解除他作为你的参谋长职务的建议,并且我想解除他在有关租借事务方面的责任。

按当前情况,我打算让陈纳德继续指挥第十四航空队,赫尔利则继续在中国的军事事务方面作为我派驻你处的私人代表。

跨越"驼峰"的运输将由在缅甸的索尔登将军指挥。此外还有一些涉及在华事务安排的不属于中国人员但属于美国行政人员责任的细节,有关这些事务的指令一经仔细研究将立即发出。其中包括美国军官训练中国军队的事务,但在云南的部队和在缅甸的中国部队除外,这两部分军队当然应交给史迪威训练。我将早日任命一位官员,承担供应在华美军军需的责任,他也可在关于中国部队的同类事务中充当你的顾问。

上述建议如蒙接受,请电告,因为我感到如果将史迪威从缅甸战斗中撤出,其后果之严重恐远非阁下所能预料。

FRUS,1944,Vol. 6,pp. 165–166

蒋介石与赫尔利谈话记录

重庆,1944 年 10 月 7 日

委座:关于滇缅地区之作战,乃属于整个中国战区之一部,而不可分割,故不能有违中国战区最高统帅部之节制与指挥。且史迪威将军如已解除其参谋长之职务,则以后对于滇缅之中国军队自不能再交彼指挥。因彼前此之所以能指挥缅甸华军者乃以其任中国战区统帅部参谋长之故,其所称总指挥之名义,不过一时之兼职而已。至于复文中最后一项所称如史迪威将军于缅甸战役已获成效之后,忽予以撤换,其后果之严重恐出吾人意料之外云云,此点余之意见适相反,余认为撤换史迪威之后,不仅双方之隔阂可以消除,而且我中、美两国更可趋合作。故余之复电拟说明下列两点:

(一)声明余对于美国派遣将领来华指挥中国战区之军队一事,前后主张完全一致,并无变更。

(二)史迪威将军既不能服从余之命令,又缺乏与中国合作之精神,故不能再委以指挥中国战区任何军队之名义与职务,其继任人选,惟有请另派来华。

至于因缅甸战事之影响而形成整个中国战局之恶化,及其不利之情形与责任之所在,余已预拟草稿一份为将军说明(宋部长口译原稿全文,赫尔利将军静听)。另就将军 10 月 6 日之复件,余拟电复罗斯福大总统之草稿一份,亦拟就商于将军(宋部长口译全稿,赫尔利将军静听)。此外余尚有一文稿,内容或不免稍嫌烦琐,亦拟先与将军一商,有便请转达罗斯福大总统。余与将军此次所商有关中国战区之各项问题,悉根据两国之盟谊进行,我中、美两国既系盟邦,即应本同患难共成败之精神以助人之所需,赴人之所急,方无亏同盟合作之义。

除此之外,余今日以与将军至相契好之关系,尚有一点感想,愿明告将军。余以为今日无论美国政府或其军方人士皆未能认识中国政府与中国军队之特性。夫中国今日乃一方从事于革命之国家;其政府乃革命之政府,军队乃革命之军队,而美国朝野尚昧于此义,乃以通常之国家视之，故其对于中国事情之观察，常不免差失。即如 7 年前，当中国抗战初起之时，一般中外人士，美国人士亦然，佥认中国之抵抗日本，其力不能支持三阅月，三阅月后中国必致失败，殊不知中国真正之革命力量乃足以抗战至今而不败……此乃余对中国战局之观念，亦即中国抗战真正力量与精神之所在，彼国际人士或慑于中国共产党所造成之种种恐怖空气，而谓中国局势如何危殆，甚且已朝不保夕，此与我抗战初起时外人之谓中国不能抵抗三个月者，其心理与观念之错误，如出一辙。贵国罗斯福大总统远在华府，对于中国此种实在情形与革命特点，恐有未悉，而余此时惜亦不能与罗大总统面晤说明，如将军以余言为当，即盼便中先函婉达，务请告以中国抗战之形势，甚为稳固，决无失败之虞。

总之，吾人自 1942 年与各友邦于华盛顿结盟以来，依照盟约中国所应尽之一切义务，实已百分之百的尽到，而从无丝毫之规避或畏危却愿者。如增援印缅，救助盟军，即无不竭尽我最大之力量，对于盟邦应可告无罪。但中国根据盟约所应得之权利与接济，迄未得到。虽然，吾人遵守盟约笃于盟谊之精神，决不因此而改移，过去如此，现在如此，将来亦必如此，无论盟邦之助我与否，中国必始终一致以克尽同盟一分子之义务。盖吾人无论为国家为个人，既已缔结为盟邦，订交为友朋，则必须首先履行我为盟友者之责任，以无愧为真正道义与精神之交也。余之此意，他人不足与道，但于将军，则不能不披沥以告，不知将军对于余上述拟电复罗斯福大总统之要点与各备忘录之内容，意见如何？

赫尔利将军：委座之复电稿，承宋部长转译，余已详悉。内中对于 8 月 12 日同意委任史迪威将军一事，要求予以充分时间，俾便准备与布置一切，此点尚未约定，似应于复电中指明。

其次，复电中对于罗斯福大总统对中国之友谊，似应表示感激之意，因我两国间种种交涉与讨论，罗大总统无不赞助中国，今委座既不同意委任史迪威将军以中国战区之事，则尤须对罗大总统特表好感，以示不忘彼援助中国之友谊。

　　复次,委座谓史迪威将军过去于缅甸作战失败,曾影响于中国全国军队精神与力量之恢复,又谓由于史将军之请派兵增援印缅,致减弱其他中国战场之兵力,使国内战争受到影响,夫印缅乃英国之属地,其责任似应归之英国,故此点似不宜说得太多,而只可说欲经由史迪威将军与委座合作,绝不相宜,此乃仅对史迪威将军个人表示不赞同,而词意之间,不致得罪于罗斯福大总统。

　　还有,史迪威将军曾报告罗大总统,谓美国欲援助中国必须重开滇缅路。此事委座虽亦同样重视,但为顾及中国其他战场起见,尚不能全力以赴,故一般人虽甚盼能收复整个滇缅失地,但委座之意以为只要打通滇一非常之缅路(原文如此,似应为"打通滇缅一非常之路",与海港即足,尤其国际上种种宣传使英、美、苏人士,尤其美国军政当局都认为史迪威将军为将领,彼之从陆地辟一通路以援助中国打击日本,甚有见解。其实打通滇缅路应视为委座自己所预定之计划,史迪威将军不过率部奉行此项计划而已。

　　余意目前即令滇缅路重开,滇缅空运仍继续维持,中国之所得仍不足以大举反攻,如欲运入大量接济以遂行全力反攻,则必须于中国战区另辟通海口岸,始能达到目的。

　　又史迪威将军宣称中国军队不能保障美空军在华基地,以致此等基地相继沦陷。实则此应归咎于史将军本人,因彼曾要求中国尽量增派部队开赴印缅,以致减弱中国战区其他方面之兵力。此外余尚有几点意见奉呈于委座,但余非敢妄肆批评余所代表之罗斯福大总统。罗大总统于其电报上曾引圣经所说,耶稣于上十字架之前,走上一山,甚感痛苦,其意即在借喻中国军队行将崩溃之危险情形。今委座以此电稿相复,彼必甚感伤心。盖罗斯福大总统之意以为依据同盟条约于盟邦中国遇有危急时,美国自应尽力相助,而其结果竟属如是,自然不免令人失望。然而罗斯福大总统于电文中虽说要维持史迪威将军,但并未说如史迪威将军被撤换,则美国在华之陆、空军及其他有关人员即须撤退。不仅如此,彼并曾同意仍将派遣后勤人员及其他部队来华。不过余于抵渝之初,即谓史迪威将军与马歇尔参谋总长感情甚笃,而美国参谋本部乃主管美国最高统帅部之军令与人事之机关,则于参谋本部对于其最高统帅罗斯福大总统陈述意见时之有力量,此一事实,委座似不可忽视。因此之故,余以为委座此项复电一方面固应坦白说明不同意委任史迪威将军之事,而同时语气之间,必须十分和缓,不可得罪何人。至于此电之性质,实至关重要,无论罗斯福大总统同意与否,此电已可表现委座及委座所代表之中国之精神与人格,并已充分表现委座之大方与忍耐。而且以委座为中国元首之地位,此电亦应该表现全体中国人民之胆量与品格。正惟如此,故电文措辞必求纯粹简畅,不必引起辩论。愚意拟恳就委座所示要旨即起草电稿,并译成英文与余一商,如余认为有应行斟酌之处,当竭诚坦白奉告也。

委座:将军之意甚善甚善!

《战时外交》第 3 卷,第 678—682 页

蒋介石致罗斯福

重庆,1944 年 10 月 9 日

罗总统阁下:10 月 6 日接读尊电,无任感慨。阁下所提关于中国全线军队或缅甸与云南局部军队由余委任美国将领之指挥以及其他各种之建议,余固无不乐予接受,但其人选,务须能与中国诚恳合作而得余之信任者,此为必不可少之条件。9 月 25 日之备忘录中,余已详述史迪威将军显然缺乏上项必要之条件,故余不能再授彼以指挥之权,当荷阁下谅解。在余之立场,既归余指挥之将领,必须得余之信任及能合作者,是以余之主张,前后始终一致,而并无改变。今余仍本初衷,即请阁下调回史将军,而另派胜此重任之将领来华以替代之,则余深信阁下之主张,当能切实推行无阻也。余不得不一再声明,阁下与余之主张,实乃完全一致,阁下对华之友谊及热忱之援助,余尤为感激。但以余对国家非常之责任,余不能明知故犯,将关于国家如此重大之职责,委诸不堪胜任之将领。因实况之迫切,余不得不作此呼吁。此外余已与赫

尔利将军详细商谈,并以此电文单简,托其于必要时补充未尽之意。鉴于战局之需要,余至盼阁下早日决定。顺祝健康。

蒋介石致赫尔利

重庆,1944 年 10 月 9 日

(一)顷送达阁下余复罗总统之电,为免申述内容复杂情形,仅简单提及余不能信任史迪威将军,并要求将其调回,因余为中国之元首及统帅,有权要求调回余不能信任之将领,固无疑义也。

但尚有若干要点,余愿非正式提出,使余与罗总统间之谅解,更为圆满明确,并保持毋坠。盖以罗总统领导世界,抵抗轴心侵略之英明伟大精神,余及中国人民均无任钦仰,而罗总统对中国争取独立及其应有国际地位之慷慨援助,尤深感激,是以余与罗总统间之任何隔阂,均属不幸之甚。

(二)关于中国战事,罗总统及陆军部,概由史将军供给情报,或不知余对彼不但无信任,即对其军事见解,亦多怀疑,依过去之经验,已充分证明不误,兹略述如下:

对于缅甸战事,余之意见与史将军迄不一致,余固深愿在缅作战,以期恢复中国陆路交通,但同时因敌人在缅交通条件之优越,以及地势之困难,余始终坚持在缅作战惟有包括缅甸南部,水陆配合并进,以迅速击溃敌人之抵抗,方为完善之战略。余自始即屡诫史将军,缅北局部之战,不但得不偿失,且极为危险,余亦曾将此意在开罗面告罗总统。

在开罗会议之时,英、美代表对于缅甸战事所作之最后决定,采用余南北并进之主张,不幸旋被放弃。嗣史将军谒余,以彼主张进攻缅北相告。余再语以此举之影响,并特指示此项计划之困难,消耗之重大,以及利用中国有限力量于此战事之危险可虑,彼竟置余之警告于不顾,并暗示若余坚持己见,则中国不免有不愿实力参加盟军作战之嫌。是以余最后同意仅使用驻兰姆加由美国训练配备之部队,并明白告彼,中

国之其他部队,不得调用。

不久,余之警告,竟为事实证明不误。缅战困难之际,史将军即多方要求增派部队,经过详情,不必再述。简言之,迄本年5月初,大部分之中国总预备军,其训练及配备良好者,几完全消耗于缅甸战场。同时中印空运吨位,亦大形减少,因之此后数月战局危急之时,竟无法补充中国任何战区之实力。中印空运吨位,除关于B29计划外,至本年6月份,始恢复1月份之水准。

正不出余之所虑,日敌果利用机会,先后在河南、湖南发动攻势,因缅战之进行,致无充分训练及良好配备之部队,增援于国内各战场,复因缅战对于中印空运吨位之影响,豫、湘之华军不能获得必要之补给,日敌所用之部队,6倍于史将军在缅所遇日敌之数,失败之影响,远非缅战局部胜利所可补偿。然史将军置华东战场之成败于不顾,甚至华东最危险之时,彼犹坚拒拨发业已运抵云南可供华东战场应用之武器。在本年6月以前,除云南远征军以外,中国全部军队,并未得美国租借案一枪一炮之供给。迄6月初史将军来渝,与余讨论华东战局时,在此战区之美国空军,几因供应缺乏,不能活动。当日敌节节进迫,已逐渐达成其目的时,史将军始允以少量之配备,供给华东之部队,加强空军之支援。然除云南远征军外,中国军队亦只获得山炮60门、战防枪320支、火箭炮506门而已。

扼要言之,吾人虽已攻取密支那,但华东全部几均沦陷,史将军不能不负此重大之责任。即在现时,彼仍似不明此举之关系,以彼之不能认过,谅彼亦未陈明罗总统也。然此乃一最要之事实,不论余对彼个人之印象如何,若彼为一真正之将材,余自可能授以指挥华东之权,但鉴于过去之经验,余深信彼对此当前广泛复杂之问题,未能胜任。

(三)据上所述,则中国之各个战场,显然不能强分为若干独立区域,滇西、缅甸战事之经过,已影响全局,如仅以限制史将军之权责于滇缅,为解决问题之方法,余不敢赞同也。

(四)罗总统最近来电,谓中国之情势如此恶化,使其感觉美国政府不应负荷因派美国军官指挥所有中国部队而引起之责任一节,余不能无疑,理由有二:1. 无论变化如何,无论任何军事合作之方式,余对于中国战区之成败,自当负其全责,即使将军之错误,亦应由余负责,因余听其论辩,放弃本人之正确判断,而勉从其请,致有此失。2. 余以为战局之恶化,不如罗总统想像之甚,余积多年之经验,深知日敌作战之方法及其实力,华东战事虽一再失利,而中国即从此一蹶不振,尚不至此。

上述罗总统之言,在另一意义上,使余不胜怅惜。中国之不幸,虽不如其所想像,然情势实属严重危急之时,亦正需要盟邦援助最切之时,而总统之言,似含到此紧要关头,不加援助之意也。

(五)罗总统所谓余有"改变关于委任史将军指挥华军之协定"而表示遗憾一节,余至感惊异。余 8 月 12 日致罗总统之电,显示余愿尽量接受其建议,但余深信 9 月 25 日之备忘录中所述之经过,已将不能委任史将军之理由透切说明,无庸再赘。

余确信若罗总统另派适当之美国将领来华,以替代史将军,吾人当能同心协力,挽回危局,而对于共同之胜利,有伟大之贡献。酉灰。

《战时外交》第 3 卷,第 684—687 页

赫尔利致罗斯福①

重庆,1944 年 10 月 10 日

以下是我的评论:

"我几乎不断与委员长会谈。上周末我和他在乡下会谈。我们一直讨论有关史迪威的问题。在我离华盛顿前,你告诉我,你的总意图是防止中国崩溃和使中国军队继续作战。作为你这样做的计划的一部分,你决定支持蒋介石的领导地位。研究这里的形势使我确信,中国没有一位领导人能象蒋介石那样和你合作。据我所知,没有一位中国人象蒋介石那样具有领导人必须具备的素质。蒋介石和史迪威是根本不

---

① 这是赫尔利在送呈蒋介石 10 月 9 日致罗斯福电时加的一段评论。

能相容的。现在你面临的局面是在蒋介石和史迪威两人中作出抉择。你和蒋介石之间没有其他争端。除史迪威的任命以外，蒋介石同意你的每项要求，每项建议。"

FRUS, 1944, Vol. 6, p. 170

史迪威致马歇尔
1944 年 10 月 10 日

蒋委员长及赫尔利致总统电另发。蒋现在的态度是，认为我表现无能，我要对华南的惨败负责。因此，虽然他在 9 月 12 日同意 F 对我的任命并说对我完全信任，现在他想要我离职。除我已经报告的之外，对此不再作任何评议。

我知道总统和陆军部想支持蒋介石，维持他在中国和国外的声望，但又要使中国军队在对日战争中最大限度地发挥作用。

两年半的奋斗向我证明，如果要中国在这次战争中作出任何有助于实现击败日本的全盘计划的努力，必须逼着蒋介石去这样做。现在日本在华的军队是 24 个师，中国最低限度的贡献应该是牵制住这 24 个师，阻止他们被调去增援对抗我们在太平洋作战的部队。这是中国军队有潜力可以做到的。然而，如果蒋介石现在有他的打算，很可能是不想作出任何努力来对抗这 24 个师，那么中国的潜力就会被一笔勾销。

问题并不是在撤换我和失去蒋甚至中国之间作出抉择。如果现在听任蒋的支配，这是失去中国巨大潜力的问题。我认为，解决的方法在于坚持要他接受我们的建议，同时又增强他的威望，在不使他丢脸或不冒犯中国人的民族主义精神的条件下，让他同意。这样的解决方法，或许可能是在重庆设立一个中美联合军事委员会，由中、美高级参谋人员组成，成为蒋的政策顾问团。其方式可以大致按照 1944 年 9 月 16 日联合参谋长会议第 680/2 号文件第 17 至 20 节中为俄国设计的方案（协调美、英、苏军事努力的机构）。这样一个计划可以产生使中国和其他盟国处在同等地位从而增强蒋的声望的效果。对于我个人来说，这样可使他得分，而我不过是执行委员长命令的战区司令官。我作为一名战区司令官，保证服从命令，保证在实际上执行主要由中美联合军事委员会拟定的计划和政策，并得到最大限度的军事效果。

简而言之，形势已成僵局，其真正的原因不是蒋反对我，而是他希望避免作出任何进一步主观上的军事努力。他完全把反对我个人作为他当前的立场的依据。但是如果他在这方面得胜，他又会找其他理由来规避和我的后任进行真正诚实的合作。他只是选择把将我解职作为他的拖延战术的第一步，并从孔祥熙的关于与霍普金斯先生谈话要旨的错误报告中受到鼓励。我感到，可以向委员长指出一种办法，使他能弥补他根据孔的报告对中央执行委员会所作的仓促声明所造成的损失，问题仍然是能够解决的。我已经提出了解决问题的一种可行的办法。如果我认为将我解职是解决问题的办法，我将第一个建议这样做。

一位中国将军最近的说法非常中肯。他说，中国好像是一个在告诉医生应如何进行治疗的病人，现在医生如果要治愈这个病人，就必须非常坚定。

RG218, Leahy Papers

赫尔利致罗斯福

重庆，1944 年 10 月 13 日

10 月 6 日下午 6 时将你的来电面交蒋介石。这封电报当着我的面向他译出。他凝神静听，对这封电报他未作任何评论。我于是打破沉默，建议委员长在作评述或答复以前或许愿对此电进行考虑。他表示同意，他曾经邀请我和他在山上共度周末。我将应邀。

10 月 2 日，蒋委员长在秘密的最高级政府会议上，除了谈到其他事务外还表示，他决不任命史迪威将军担任中国部队的野战司令官，但是他要任命一位美国将军担任此职。

又据外交部长宋子文函告，蒋委员长收到孔祥熙 10 月 1 日来电，

其中说,孔曾从霍普金斯处得悉,总统收到了蒋委员长的备忘录和宋子文的送件函;总统对于蒋委员长接受一位美国总司令深表欣慰;因为事关中国主权,总统打算接受委员长的要求,召回史迪威将军,由另一位美国将军代替。据称,霍普金斯还告诉孔,总统尚未和马歇尔晤面。按照孔的未经证实的信息,总统须和马歇尔讨论史迪威的继任人,一经决定即答复委员长。我对所称孔来电所言是否确实多少抱有怀疑,因为我认为这种答复应该通过我而不是经孔传达。

蒋介石作了讲话的 10 月 2 日政府会议是秘密的,到会的有 20 多位官员。目前所有中外感兴趣的人士都知悉会议的大概情况了。

孔的信息无疑促使蒋委员长将关于史迪威的决定通知政府会议,而在此以前这里只有蒋最亲密的顾问和我知道此事。我之所以在蒋答复以前将此信息奉告是因为我确信,这个信息对于蒋现在的处境,及对他答复的性质绝对是有影响的。

Map Room Files, Box 11, Roosevelt and Hurley, 1944—1945

赫尔利致罗斯福
1944 年 10 月 13 日

我曾力求和史迪威合作。我同意他从我 9 月 21 日致阁下电报中删去我所得出的结论,因为他认为这无异于建议将他解职。那时我仍然相信史迪威和蒋介石之间可以协调。我现在确信如我以前向阁下所说的,这两个人是根本不相容的,他们互相猜疑。

蒋委员长赞成合乎逻辑的劝说和领导,你可以和他相处。他对于任何形式的压迫紧逼手法或最后通牒都抱强烈反感。史迪威在政治上不能理解蒋介石,不能和他合作。史迪威说过,蒋介石在受到压力以前从来不肯行动。按照这个论点,史迪威的每一行动都是要蒋介石完全屈服的步骤。除史迪威问题外,你和蒋介石之间并无争议。我为了支持史迪威的想法更改了 9 月 21 日致你的电文以后,史迪威同意我的看法,认为蒋介石是合作的。史迪威说:"我认为蒋介石是听取我们建议的。他在桂林改变了他的计划,重新让白崇禧指挥,处决了第九十三军军长,正在从西北调来 6 个师。看起来,他准备交出指挥权,如果红军承认蒋的权力,他甚至会使用红军。"史迪威的这一段话证明,蒋介石不是象史迪威 10 日致马歇尔电文中所说那样不合作。现在,我正讨论所谓共产党问题,我感到满意的是,对于这个问题我们将得出解决办法。蒋委员长也明确声明,他要在美国的协助下重新组织他的全部军事机构和政府,以便促进我们在联合作战中的合作。

蒋委员长确曾告我,他准备按你的愿望将指挥权交与史迪威将军。同时,他又说,他不信任史迪威,但是现在你向他派了一名代表,他可以重新开始和你更密切地接触,并且为了创造和谐气氛他要对史迪威寄予完全信任,努力重新开始。在这一声明以后,史迪威一再表示他无意和蒋合作。他的一个意图是使蒋屈服。史迪威的根本错误在于,他认为他能使一个在革命中领导国家、领导一支粮饷不足、装备低劣、实际上无组织的军队抗击占压倒优势的敌人达 7 年之久的人屈服。我的意见是,如果你在这一争论中支持史迪威,你将失去蒋介石,甚至还可能连同失去中国。因此,如果你不想任命其他某位军官,我们应该从中国撤出。你在致蒋的电报中说,美国担心中国崩溃而不再承担中国局势的责任,对此我不同意。正是因为中国有崩溃的危险,美国必须担起责任。史迪威和蒋介石之间的僵局是严重的,有可能导致延长战争和加重美国物资和生命的损失。如果不能保持中国军队继续参战,看着中国崩溃,那么即使天国中的所有天使都发誓证明我们支持史迪威是正确的,也改变不了历史的判决。美国将在中国失败。我现在确信,我们能够保持中国继续参战,能够重新组织中国军队,能够设法通过蒋介石做到这些。然而史迪威无法做到。我认为对中国目前局势究竟应由蒋介石还是由史迪威负责一事进行无休止的辩论,于事无补。这种辩论是一种参孙—非利士人式的争斗,什么问题也解决不了。我反对史迪威在 10 月 10 日致马歇尔的电报中所建议的在重庆设立军事委员会的计划。他建议的军事委员会纯属顾问性质。这将是在本不健全的局面上又加上一层官僚机构。这一计划将使目前的问题更复杂化而不是简单化。如果我们还要留在中国，我们应该接受蒋介石的提议，任命一位美国将领，在委员长领导下指挥全部中国地面部队和空军。我们必须要求授与美国将军充分的权力，不得使他受到任何多余的监督人员或象史迪威所建议的顾问性委员会的干扰。

蒋委员长的威望因为他在华东受挫而遭到损害。他信赖孔在华盛顿发出的电报，所以当他宣布拒绝任命史迪威时，他相信他的行动已经得到你的同意。如果迫使他公开声明取消前言，即使不是毁灭也将削弱他的作用。所有关于中国出售租借物资的宣传纯属无稽之谈。所有运到中国的租借物资都是经我们自己的机构管理，由我们自己的官员直接交给中国军队的。中国的租借物资——不论是能用的还是能卖的——为数都极为有限。在世界其他部分确有滥用租借物资的情况。如果对情况不加仔细监察，中国无疑也会有滥用情况。直到现在，中国人出售租借物资的说法是捕风捉影。认为中国是一个共和国的想法也是不合实际。中国试图成为一个共和国，并且力求沿着民主的道路前进。但现在它实际上是一个独裁国家。

我建议你任命一位蒋委员长能接受的美国将军。选出的将军必须年轻。他必须是一位有经验、有能力和眼界广阔的人，这样可以使他既能容忍别人的意见，又能进行充分坚强、有充分说服力的领导。我想，如马歇尔的作战处长汉迪将军，是能够协调、重组和恢复美国在中国的地位的，我不知道能否调用汉迪，我是以他为例。还有其他一些人。蒋委员长希望让美国指挥中国的全部陆军和空军，重新组织他的物资供应机构，训练他的军队，我们应当负起这个责任。总之，凡是他愿意授予美国官员充分权力的事，我们都应当负起责任。我们必须防止中国崩溃。中国的局面混乱，但是并没有绝望。史迪威不仅和委员长争论，和自己司令部的某些单位也有麻烦，而且还有国际性的麻烦。史迪威是一位品质优秀的人，我对他尊重钦佩。但是，我们必须保持中国继续参战，而我们不能用史做到这一点。他不是做这一工作的人。马歇尔将军无疑会给他一个能增加他的已享有的卓著声望的指挥官职位。虽然情况如此,我还是敬请解除史迪威的职务,另行任命一位美国将领指挥受委员长节制的所有在中国的陆军和空军。

Map Room Files,Box 11,Roosevelt and Hurley,1944–1945

罗斯福致蒋介石
1944 年 10 月 18 日

你 1944 年 10 月 9 日的电报由赫尔利将军转送给我。我现下令立即将史迪威将军从战场召回。

关于在缅甸北部进攻,而不是在缅甸南部进攻的决定,史迪威将军是没有责任的。这个决定是由英美联合参谋长委员会作出的,得到首相和我本人的完全批准。我们只是在对所有有关的因素加以认真考虑后才作出不可避免的结论的。我认为,你在萨尔温江使用驻滇军队的决定是正确的。为了维持中国供应线并增加其设备,必须占领密支那,我现获悉由于密支那的油管于 9 月 29 日开始畅通,保证了重要的汽油供应和低空航线。

如我在 10 月 6 日的电报中所说明的,我不认为美国人在当前局势中应为中国部队在华作战承担指挥职务的责任。但我将提供一名合格的官员担任你的参谋长。赫尔利将军告知我你愿意要帕奇将军,或魏德迈将军,或克鲁格将军。帕奇将军现正率领部队在法国贝尔福附近进攻德军,他不能另就他任。克鲁格将军现正指挥军队发起最困难的进攻战役。如果你认可,魏德迈将军可以出任你的参谋长。我也将任命他为所有在华美军的司令官。

召回史迪威将军和任命魏德迈将军需要作出一些改变,我将略述其中最重要的一个改变。就美国利益而言,迄今为止的中缅印战场将分为两个战场,中国为一个战场,而在索尔登将军指挥之下的印缅战场将组成另一战场。陈纳德将军所指挥的第十四航空队仍将留在中国战场,他将隶属中国战场美军司令魏德迈。我假定你会愿意将拉姆加尔训练〔中心〕继续办下去,并继续补给和训练 X 部队,否则这些部队的战斗力将不可避免地迅速趋于削弱。我希望你将继续提供必要的补充使得 X 部队可以继续执行其现时的使命。你将授权索尔登将军指挥在印、缅的中国部队。关于以上各点请即回电。

Y 部队的攻势仍将极为重要,我愿获得你的保证,他们将前进以配合蒙巴顿海军上将在缅甸的攻势。以中国为基地的云南部队和在缅甸基地的中国部队之间军事上的协调可由你的参谋长魏德迈将军与索尔登及蒙巴顿进行联系,从而得到实现。

Stilwell's Command Problem, pp. 468–469

马歇尔致史迪威
1944 年 10 月 18 日

很可能不久即发出总统致委员长电,勉强同意解除你的在华职务。你将被召回国。我将在总统电报发出以前电达,使你不致从中国的消息来源得知此事。此简讯旨在使你对看来无法避免之事有所准备。请勿对任何人评论此事。

Stilwell's Personal Files:China, Burma, India, 1942–1945, Vol. 5, p. 2512

史迪威致朱德
1944 年 10 月 20 日

亲爱的朱将军:我愿向你——共产党的军事领袖表达我的极度失望的心情,因为我已卸去在中国战区的职务,不能再在抗日战争中和阁下合作。前此本期望在抗击共同敌人中,和阁下以及阁下所建立的优良部队并肩奋斗,我已无从实现。祝你幸运及战绩卓著,并致敬意。美国司令史迪威。

Stilwell's Personal Files:China, Burma, India, 1942–1945, Vol. 5, p. 2542

蒋介石致罗斯福

重庆,1944 年 10 月 20 日

　　一、阁下本月 19 日电奉悉,承建议各节,余完全同意。二、余乐愿委任魏德迈亚为中国战区参谋长,并欣悉阁下将同时委其指挥美国在华军队,该项军队,自仍隶属余最高统帅之下。三、对于缅甸战事,余可保证尽量合作,印缅区之中国部队,余将授权索尔登中将指挥,并供给该项部队及兰姆加训练处需要之兵员补充,索尔登将军在指挥方面,余可授予全权,但缅甸之战略,与所在中国部队作战有关时,应与余协商。怒江线之军队,现正积极补充,自当令其继续原定任务,余亦以为在缅甸共同之努力,将因魏德迈亚而有实效及易于配合。四、印缅空运之各项支配,谅由魏德迈亚主持,亟盼其早日就职,以资协助余保持华东各重要据点。五、最后,余再竭诚表示欢迎魏德迈亚将军,希望与其彻底密切合作。

《战时外交》第 3 卷,第 689—690 页

史迪威日记

　　10 月 20 日忙来忙去。告别电报。布鲁克斯和怀特来了。特迪·怀特写了最后一篇文章。赫尔利带来了"玫瑰花"。"花生米"授予我中国最高的勋章。让他把它别在他的＊＊＊身上。见孙中山夫人。她哭了,很苦恼。

　　"花生米"说他对这一切感到十分遗憾;我为中国做了许多事,训练部队——领导部队,等等,等等。只是由于我们性格上的不和他才要求把我解职。希望我与他通信,继续做中国的好朋友。询问人事意见——谁是最可信赖的美国人,中国的美好前景如何。征求对组织机构尤其是高层组织机构的意见和建议。询问柳州的形势。对我去过那里感到惊讶。他说,我可以继续在缅甸指挥,直到总统做出决定。我对他说无论他对我怎样看待,请他记住我的动机只是为了中国的利益。

The Stilwell Papers, p. 301